인공지능 권력시대

인공지능 권력시대
: 원시시대부터 AI 시대까지의 인류사회 권력구조 변천사

초판 1쇄 발행 2025년 5월 1일

지은이 한세경 / **감수** 홍승표 / **펴낸이** 이동철
펴낸곳 (주)아이리포 / **주소** 서울시 마포구 월드컵북로 396 누리꿈스퀘어 비즈니스타워 8층
전화 02-6356-0182 / **팩스** 070-4755-3619
등록 2020년 12월 23일 제 2020-000352호 / ISBN 979-11-93747-06-3 / 03900

기획 / 편집 송성근 **표지 / 내지디자인 / 조판** 로아스

이 책에 대한 의견이나 오탈자 및 잘못된 내용에 대한 수정 정보는 (주)아이리포의 카페나 아래 이메일로 알려주십시오.
잘못된 책은 구입하신 서점에서 교환해 드립니다. 책값은 뒤표지에 표시되어 있습니다.
아이리포 블로그 https://blog.naver.com/ilifo_book
아이리포 카페 https://cafe.naver.com/ilifobooks / **이메일** books@ilifo.kr

Published by ILIFO, Inc. Printed in Korea
Copyright © 2025 한세경 & ILIFO, Inc.
이 책의 저작권은 한세경과 (주)아이리포에 있습니다.
저작권법에 의해 보호를 받는 저작물이므로 무단 복제 및 무단 전재를 금합니다.

지금 하지 않으면 할 수 없는 일이 있습니다.
책으로 펴내고 싶은 아이디어나 원고를 메일(books@ilifo.kr)로 보내주세요
(주)아이리포는 여러분의 소중한 경험과 지식을 기다리고 있습니다.

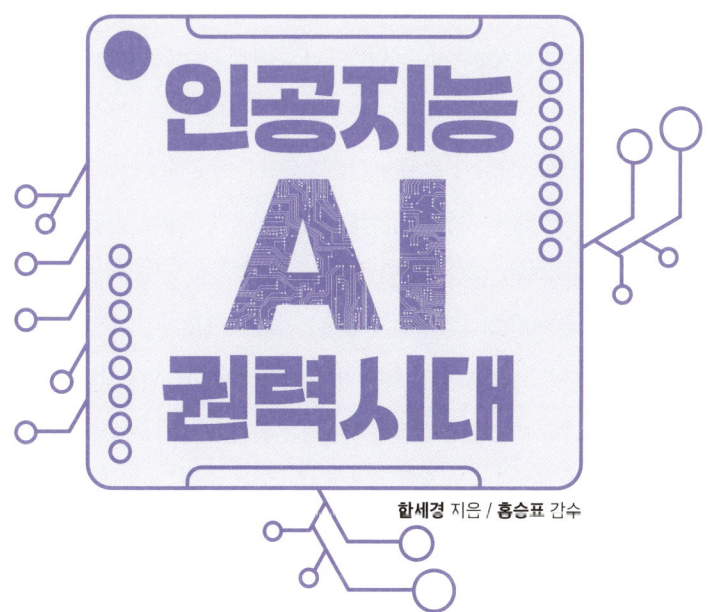

인공지능 AI 권력시대

한세경 지음 / **홍승표** 감수

아이리포

추천의 글

처음 인간의 권력은 모닥불 근처에 고루 펼쳐져 있었습니다. 그러다 농업 혁명을 거쳐 수평적 권력이 수직적으로 재편되었고, 권력은 바벨탑과 피라미드와 같이 좁고 높은 구조물에 집중되었습니다. 18세기 산업 혁명은 5천 년 가까이 이어진 수직적 권력 구조를 다시 변화시켰습니다. 금융 자본의 발달은 국경에 구애받지 않는 광활한 글로벌 권력을 만들었고, 때로는 지역에 국한된 것처럼 보였던 불평등의 문제가 지구적 사회 문제임을 새삼 깨닫게 했습니다.

그리고 이제, 인류는 이런 인간의 권력 구조에 근본적 충격을 안길 다음 혁명, '인공지능 혁명'의 시대를 맞고 있습니다. 지난 역사를 반추했을 때, 인공지능이 단지 기술이 아니라 사회의 구조와 인간의 삶을 재편하는 하나의 '질서'로 작동할 것은 자명합니다. 데이터가 권력이 되고, 알고리즘이 판단을 대신하는 시대에 우리가 기술을 바라보는 관점 자체를 다시 정립해야 하는 까닭입니다. 그 정립을 위해서는, 기술에 대한 깊은 이해와 더불어 역사와 인문학을 통섭적으로 헤아리는 특별한 통찰이 필요합니다. 한세경 교수의 『인공지능 권력시대』는 바로 이 지점에서 중요한 사유의 틀을 제시합니다.

저자는 기술의 기원과 그 사회적 귀결을 치밀하게 탐구하며, 인공지능이라는 최첨단 기술이 인간의 자유, 판단, 선택에 미치는 영향을 본질적으로 성찰해 왔습니다. 그렇기에 이 책은 단지 기술적 지식이 아니라, 사회적 감수성과 역사적 고찰을 바탕으로 인공지능의 권력화 과정을 해석하려는 중요한 시도로 비치기도 합니다.

우리 사회의 법과 제도의 기초를 마련하는 국회에서는, AI와 디지털 자산, 4차 산업 혁명과 관련된 법안과 정책 세미나, 토론회가 하루에도 수십, 수백 건 쏟아집니다. 그러나 범람하는 아이디어의 홍수 속에서, 때로는 더 나은 국민의 삶과 인류의 지속 가능성이라는 무게 중심이 상실되어 이 많은 논의가 자칫 좌초하고 마는 것은 아닐까 염려되는 것도 사실입니다. 저 또한 전기차 배터리 재제조 제도와 관련한 입법 활동과 디지털 자산 거래소, 디지털 자산 제도화 법안 등을 논의하며 새로운 시대의 법과 제도에 맞는 공공 윤리에 대한 고민을 이어왔습니다. 앞으로 『인공지능 권력시대』에서 다뤄진 첨단 기술과 사회적 구조 사이의 균형 모색이, 저와 같은 고민을 공유하는 모든 이에게 중요한 참고가 되길 기대합니다.

『인공지능 권력시대』는 기술이 만들어가는 새로운 권력의 풍경 속에서, 인간과 공동체가 놓인 처지를 되돌아보게 합니다. 더 나은 법과 제도, 그리고 사회적 합의를 고민하며 이 책을 반갑게 추천합니다.

_국회의원 민병덕

추천의 글

디지털 전환이 가속화되는 오늘날, 인공지능은 단순한 기술 혁신을 넘어 인간의 인식과 선택, 사회적 작동 원리 전반을 재구성하는 주체로 부상하고 있습니다. 특히 데이터 기반의 예측 알고리즘은 권력의 양상을 변화시키며, 인간의 자율성과 판단에 깊숙이 개입하는 방식으로 작동하고 있습니다. 『인공지능 권력시대』는 이러한 시대적 전환의 본질을 정면에서 사유하고자 하는 시도입니다.

저자는 전기공학과 소프트웨어 개발에 대한 기술적 전문성을 바탕으로, 인공지능이 어떻게 권력화되는지를 분석하고, 인간이 그 체계 속에서 어떻게 소외되고 재구성되는지를 통찰력 있게 풀어냅니다. 특히 기술적 진보만을 다루는 것이 아니라, 그것이 인간의 행동과 의식, 역사적 주체성과 어떤 방식으로 교차하는지를 다층적으로 고찰합니다. 이는 인공지능을 단지 과학 기술의 산물로만 보지 않고, 인문학적 탐구의 대상으로 확장해낸다는 점에서 중요한 학술적 이정표로 평가할 수 있습니다.

한국연구재단은 융합형 인재 양성과 인문학의 대중화를 통해 학술 연구의 저변을 넓히는 데 주력하고 있습니다. 그런 점에서 이 책은 인공지능이라는 복합적 대상에 대해 학제 간 통섭적 접근을 시도하며, 기술과 인문, 사회와 철학을 아우르는 사유의 장을 열어주는 귀중한 성과입니다. 재단이 지향하는 융합 학문과 공적 담론의 확산이라는 가치와도 깊이 맞닿아 있습니다.

『인공지능 권력시대』는 기술과 권력, 인간과 시스템이라는 중층적인 관계를 이해하려는 이들에게 의미 있는 사고의 틀을 제공하며, 향후 인공지능 시대를 통찰하는 다양한 연구와 실천의 출발점이 될 것입니다. 이 책을 계기로 보다 많은 융합 연구가 시도되고, 그 위에 새로운 지식의 지평들이 확장되기를 기대합니다.

_한국연구재단 이사장 홍원화

감수의 글

인공지능, 그리고 인간의 자리

지은이와 나는 지난 몇 년간 데이터 기반의 배터리 진단 솔루션이라는 주제로 함께 고민하며 일해왔다. 스타트업이라는 시대적 고충을 함께 감내하면서도, 우리는 사업과 기술만이 아닌, 사람에 대해, 그리고 인간의 행복이란 무엇인가에 대해 숱한 대화를 나눴다. 그 대화는 과학과 철학, 심리학까지 동원된 깊은 사유의 시간이기도 했다. 이 과정은 서로를 설득하려는 시도이자, 우리 스스로의 사고 지평을 넓혀 가는 여정이었다.

지은이는 전기공학을 전공한 공학자이지만, 동시에 탁월한 소프트웨어 개발자이기도 하다. 물질과 에너지에 대한 물리적 이해 위에 논리적 사고를 펼치면서도, 직관의 중요성을 놓치지 않는다. 그는 인간이 때때로 비합리적으로 사고하고 행동한다는 사실을 있는 그대로 받아들이며, 그것이 역사를 통해 형성된 인간의 존재 방식임을 잘 이해하고 있다. 그런 점에서 그는 인간을 '공간적 존재'이자 '역사적 존재'로 바라보는 드문 기술자다.

이 책은 그런 그의 시선이 고스란히 담긴 결과물이다. 인공지능이라는 기술적 대상에 대한 단순한 찬탄이나 비판이 아니라, 인간이 인공지능의 소비자로 전락하며 권력 구조에서 소외될 수 있다는 본질적 문제를 제기한다. AI의 '제안하는 권력'은 우리의 인식과 행동 구조를 예측하고 조정함으로써, 인간의 자율성과 판단력을 점차 흐리게 만든다. 그 위험을 저자는 냉철하게 짚어내며, 독자들이 기존의 고정된 시선을 벗어나 새로운 지평을 마주하길 바란다. 또한, 인공지능이 만들어내는 '몰지각'과 '몰윤리'가 우리가 익숙하던 불법이나 갈등보다 더 큰 위협이 될 수 있다는 사실을, 역사라는 귀납의 언어로 설득력 있게 풀어낸다.

이 책을 읽는 독자들은 선사 시대 우리의 조상들이 처음 마주했던 '데이터'의 세계와, 지금 우리가 맞닥뜨리고 있는 '인공지능'의 세계를 비교하며, 새로운 통찰의 균형을 찾아갈 수 있을 것이다. 무엇보다 이 책을 읽는다는 것은 '다른 시각을 가진 사람과 만나는 경험'을 하는 일이다. 그것이야말로 오늘날 우리가 일상 속에서 익혀야 할 가장 인간적인 훈련이며, 동시에 AI 시대를 살아가는 데 필요한 가장 근본적인 지향이 될 것이다. 이 책이 그러한 따뜻한 시선의 회복으로 이어지기를 바란다.

_홍승표

목차

추천의 글　006
감수의 글　010
서문. 권력의 새로운 문법, 데이터가 재편하는 인간의 욕망　016

1장　모닥불에서 성채까지　019

1.1 평등 사회에서 계급 사회로　022
1.1.1 수렵채집 시대의 사회 구조 – 공유의 시대　022
1.1.2 농경 사회로의 전환　027
1.1.3 초기 계급 사회의 형성　035
[통찰의 나침반] 과거와 현재의 대화　045

1.2 거대 문명의 탄생 – 제국의 시대　047
1.2.1 메소포타미아 문명　047
1.2.2 이집트 문명과 중앙집권　052
1.2.3 그리스–로마 시대　059
[통찰의 나침반] 플랫폼 권력의 해부　065

1.3 새로운 질서의 탄생　067
1.3.1 제국의 몰락과 새로운 질서의 탄생　067
1.3.2 봉건제의 전성기　074
1.3.3 중세 후기의 변화　080
[통찰의 나침반] 새로운 질서의 탄생　089
[시대의 끝에서] 권력의 진화와 새로운 가능성　091

2장 기계가 삼킨 권력 093

2.1 산업 혁명의 시작 096
2.1.1 기술 혁신과 생산 방식의 변화 099
2.1.2 공장제 생산과 노동 분업 103
2.1.3 도시화와 새로운 사회 문제 107
[통찰의 나침반] 4차 산업 혁명과 노동의 미래 112

2.2 자본주의의 발달 115
2.2.1 주식회사와 소유권의 분산 118
2.2.2 금융 자본의 성장과 영향력 124
2.2.3 국제 무역과 글로벌화 132
[통찰의 나침반] 디지털 자본주의의 새로운 형태 142

2.3 노동 운동과 사회 변화 145
2.3.1 노동자 권리 투쟁의 역사 149
2.3.2 사회주의 운동의 영향 152
2.3.3 복지국가의 실험 162
[통찰의 나침반] 긱 이코노미와 노동권의 재정의 167
[시대의 끝에서] 자본주의의 진화: 산업 사회에서 디지털 경제로 170

 ## 3장 데이터가 재구성한 권력의 지도 173

3.1 정보 혁명의 시작 176
3.1.1 컴퓨터와 인터넷의 발달 178
3.1.2 정보 접근성의 민주화 190

목차

3.1.3 디지털 문화의 형성　196
[통찰의 나침반] 정보 민주주의의 가능성과 한계　210

3.2 플랫폼 경제의 성장　212
3.2.1 네트워크 효과와 승자독식　214
3.2.2 데이터 기반 비즈니스 모델　219
3.2.3 플랫폼 기업의 영향력　223
[통찰의 나침반] 디지털 독점의 새로운 형태　229

3.3 디지털 불평등　231
3.3.1 정보 격차와 사회 양극화　232
3.3.2 디지털 리터러시의 중요성　236
3.3.3 알고리즘 차별의 문제　240
[통찰의 나침반] 디지털 시대의 새로운 계급 구조　245
[시대의 끝에서] 정보 혁명이 가져온 권력 구조의 근본적 변화　247

 4장　인공지능이 다시 쓰는 권력의 문법　251

4.1 AI 기술의 발전　256
4.1.1 머신러닝과 딥러닝의 진화　259
4.1.2 자동화와 일자리 지형 변화　265
4.1.3 AI 윤리와 통제 문제　269
[통찰의 나침반] 인공지능 시대의 인간 역할　274

4.2 새로운 권력 구조　276
4.2.1 AI 기업의 글로벌 영향력　278
4.2.2 알고리즘 기반 의사결정　289
4.2.3 데이터 주권과 프라이버시　295

[통찰의 나침반] 테크노크라시의 새로운 형태　305

4.3 미래 사회 전망　307
4.3.1 기술 발전과 불평등 심화　309
4.3.2 사회 계약의 새로운 지평　316
4.3.3 민주주의의 재구성　321
[통찰의 나침반] 포스트 AI 시대의 권력 구조　328
[시대의 끝에서] AI 시대의 권력 재편: 도전과 기회　330

5장　결론, 역사적 고찰과 미래 전망　335

5.1 우리는 지금, 역사적 전환점에 서 있다　336
[통찰의 나침반] 마지막, 한 장 요약　344

에필로그, 자율적 존재의 역습, 권력의 새로운 이면　345

서문. 권력의 새로운 문법, 데이터가 재편하는 인간의 욕망

인류 역사의 어둑한 새벽, 한 무리의 원시인들이 모닥불 주위에 모여 앉아 있었다. 그들은 그날의 사냥 이야기를 나누며 경험을 공유했고, 누군가는 그 지식을 다음 세대에게 전하기 위해 동굴벽화를 그렸다. 이것이 인류 최초의 데이터 기록이자, 권력의 시작이었다. 지식을 가진 자가 생존을 이끌었고, 경험을 전달할 수 있는 자가 공동체를 이끌었다. 시간이 흘러 농경 사회가 도래했을 때, 권력은 새로운 형태로 진화했다. 더 이상 사냥 실력이나 구전 능력이 아닌, 토지와 잉여 생산물을 누가 통제하느냐가 권력의 핵심이 되었다.

오늘날 우리는 또 다른 변곡점에 서 있다. 데이터와 인공지능이라는 새로운 도구가 등장했고, 이는 과거 농업 혁명이나 산업 혁명에 버금가는 변화를 예고한다. 흥미로운 점은, 이 모든 변화의 중심에 있는 인간의 근본적인 욕망은 그럼에도 크게 달라지지 않았다는 사실이다. '더 많이 알고 싶고, 더 넓은 세계를 통제하고 싶으며, 더 오래 살고 싶은' 본능적 욕구는 여전히 우리의 행동을 움직이는 원동력이다.

과거 메소포타미아의 서기관들이 점토판에 기록을 남기던 순간부터, 오늘날 데이터 과학자들이 알고리즘을 설계하는 순간까지, 인류는 끊임없이 세상을 이해하고 예측하려 노력해 왔다. 이러한 노력은 단순한 호기심이나 지적 탐구를 넘어서는 것이다. 그것은 생존의 도구였고, 그렇기에 동시에 권력을 획득하고 유지하는 수단이 되었다. 바빌로니아의 천문학자들이 별의 움직임을 기록했던 것은 호기심 어린 관찰이 아니라, 농사의 시기를 결정하고 미래를 예측하기 위함이었다. 오늘날 빅테크 기업들이 사용자 데이터를 수집하는 것 역시, 단순한 정보 축적이 아닌 미래 행동 예측과 영향력 확대를 위한 것이다.

그러나, 데이터와 권력의 관계는 결코 단순하지 않다. 과거 문자를 독점했던 특권층이 그랬듯, 오늘날 데이터를 독점하는 이들은 새로운 형태의 권력을 쥐게 되었다. 동시에, 정보의 민주화와 기술의 발전은 이러한 권력 구조에 균열을 만들어내고 있다. 인터넷과 소셜 미디어는 정보의 흐름을 바꾸었고, 블록체인과 같은 기술은 중앙화된 권력에 도전장을 내밀고 있다.

우리가 주목해야 할 것은, 이러한 변화가 단순한 기술의 진보를 넘어선다는 점이다. 데이터는 우리가 세상을 바라보는 렌즈가 되었다. 그것은 현실을 재구성하고, 의사결정을 지원하며, 미래를 설계하는 도구가 되었다. 하지만 이 렌즈는 완벽하지 않다. 데이터는 항상 특정한 관점과 목적에 따라 수집되고 해석되며, 그 과정에서 필연적으로 왜곡과 편향이 발생한다.

이 책은 바로 이러한 복잡한 관계를 탐구하고자 한다. 우리는 단순히 기술의 발전사를 나열하거나, 데이터 활용의 방법론을 설명하는 데 그치지 않을 것이다. 대신, 권력과 데이터, 그리고 인간의 욕망이 어떻게 얽혀왔는지, 그리고 그것이 우리의 미래에 어떤 의미를 지니는지를 깊이 있게 살펴볼 것이다.

역사는 우리에게 중요한 교훈을 준다. 권력의 형태는 변화해왔지만, 그것이 작동하는 근본적인 메커니즘은 크게 달라지지 않았다. 정보의 비대칭성, 자원의 불균등한 분배, 의사결정 과정의 투명성 문제는 고대 사회에서도, 현대 사회에서도 여전히 중요한 이슈다. 다만 차이가 있다면, 우리는 이제 이러한 문제들을 더 정확하게 인식하고, 더 효과적으로 대응할 수 있는 도구를 가지게 되었다는 점이다. 특히 인공지능의 등장은 이러한 논의를 새로운 차원으로 전개한다. 알고리즘은 이제 단순한 계산을 넘어, 판단과 결정을 대신하는 단계에 이르렀다. 이는 권력의 작동 방식 자체를 근본적으로 변화시키고 있다. 과거의 권력이 권력자의 물리력과 지력에 기반했다면, 이제는 알고리즘의 자동화된 의사결정이 그 자리를 대신하고 있다. 이는 효율과 객관성을 높일 수 있는 기회인 동시에, 책임과 윤리에 대한 새로운 도전을 제기한다.

이 책이 집필되는 중 공교롭게도, 한국 사회는 권력의 본질을 다시 한번 생각하게 되는 순간을 맞이하게 되었다. 계엄이라는 중대한 권력 사태와 대립하며 이를 보정해 나가는 제도와 규율의 존재는 절차 민주주의의 의의를 재음미할 수 있는 기회가 되고 있다. 이 사건이 특별한 의미를 갖는 것은 새로운 권력의 시대에 나타난 전통적 권력 현상이기 때문이며, 새로운 시대가 이를 어떻게 수용하고 지양해 나갈지 본서가 제공하는 관점으로 지켜보는 것은 흥미로운 일이 될 것이다.

기술이 변화하고, 권력 구조의 형태는 바뀌어도, 인간의 근본적인 욕망과 두려움은 변하지 않았다. 우리가 데이터와 인공지능을 어떻게 바라보고 다룰 것인지, 그리고 이를 통해 형성되는 새로운 권력을 어떻게 통제할 것인지는 결국 시민 개개인의 이해와 참여에 달려 있다. 이제부터 시작할 여정을 통해 독자들이 오늘날 우리가 직면한 은밀하고 강력한 플랫폼 권력의 본질을 이해하고 이를 민주적으로 통제할 수 있는 지혜를 얻게 되기를 희망한다.

1장 모닥불에서 성채까지

밤하늘 아래 타오르는 모닥불을 바라보며, 초기 인류는 어떤 생각을 했을까? 혹독한 자연 앞에서 생존을 위해 서로를 의지하며, 협력의 방식을 찾아가던 그들의 경험은 인류 최초의 사회 조직을 만들어냈다. 이 원초적 협력의 순간은 오늘날 복잡하게 얽힌 권력 구조의 시작점이었다.

이 장은 인류 문명에서 권력 구조가 어떻게 발생하고 진화했는지를 탐구하는 여정이다. 수렵채집 사회의 평등한 구조에서 시작하여, 농경 사회의 계급 형성, 제국의 성립과 발전, 그리고 봉건제의 변천까지를 살펴본다. 단순한 역사적 고찰이 아닌, 오늘날 디지털 전환기에서 나타나는 새로운 권력 구조의 본질을 이해하기 위한 기초를 제공한다.

초기 인류 사회는 놀라울 정도로 평등했다. 리더십은 상황에 따라 유동적으로 이동했고, 중요한 결정은 공동체의 합의를 통해 이루어졌다. 수렵채집인들의 사회에서 발견되는 과시적 겸손이나 권력 견제 시스템은 현대 사회에도 중요한 시사점을 제공한다. 그러나 농업의 발달은 이러한 평등 구조를 근본적으로 변화시켰다. 잉여 생산물의 축적은 이를 관리하고 통제하는 새로운 형태의 권력을 낳았고, 전문가 계층이 형성되었으며, 지식과 기술은 특정 집단에 의해 독점되기 시작했다. 이러한 변화는 메소포타미아와 이집트에서 거대 문명의 탄생으로 이어졌다. 이들 문명은 놀라울 정도로 정교한 관료제를 발전시켰고, 문자의 발명을 통해 정보를 통제했으며, 종교와 정치가 결합된 복합적인 지배 체제를 구축했다. 특히 메소포타미아의 도시국가들과 이집트의 중앙집권적 제국은 서로 다른 권력 구조의 가능성을 보여준다. 정보의 통제, 관료제의 발달, 이데올로기적 지배 등 이들이 발전시킨 통치 기술은 현대 사회의 권력 작동 방식을 이해하는 데도 중요한 참조점이 된다.

로마 제국의 붕괴 이후, 유럽은 또 다른 형태의 권력 구조를 발전시켰다. 토지를 매개로 한 주종 관계, 기사 계급의 형성, 교회의 이데올로기적 지배는 봉건 사회의 근간을 이루었다. 제국의 중앙집권적 지배와는 달리, 봉건제는 복잡한 충성 관계의 네트워크를 통해 권력을 분산시켰다. 상업의 발달과 도시의 성장은 이러한 구조에 균열을 가져왔고, 새로운 형태의 권력이 태동하기 시작했다. 길드의 발달, 대학의 설립, 상인 계층의 성장은 지식과 부의 새로운 원천을 만들어냈다.

이러한 역사적 고찰은 현재 진행 중인 디지털 전환기의 권력 구조 변화를 이해하는 데 깊은 통찰을 제공한다. 과거 농업 혁명이 최초의 계급 사회를 만들어냈듯이, 디지털 혁명은 새로운 형태의 권력 관계를 형성하고 있다. 메소포타미아의 문자 독점이 권력의 중요한 기반이었듯이, 오늘날 데이터와 알고리즘의 통제는 새로운 형태의 권력을 창출한다. 봉건제의 분산된 충성 관계가 새로운 형태의 네트워크를 만들어냈듯이, 디지털 기술은 기존의 위계적 구조를 재편하고 있다.

역사는 권력 구조의 형성과 변화가 필연적으로 기술의 발전, 경제적 조건의 변화, 사회적 관계의 재편과 맞물려 있음을 보여준다. 수렵채집 사회의 평등 구조가 영원할 것 같았지만 농업의 발달로 변화했고, 견고해 보이던 제국의 통치 체제도 새로운 도전 앞에서 무너졌으며, 봉건제의 질서도 상업과 도시의 발달로 재편되었다. 이러한 역사적 통찰은 AI와 빅데이터가 주도하는 새로운 시대의 권력 변동을 예측하고 대응하는 데 중요한 교훈을 제공할 것이다. 모닥불에서 성채까지, 그리고 이제 디지털 네트워크로 이어지는 권력의 진화. 그 형태는 끊임없이 변화했지만, 권력이 작동하는 근본적인 메커니즘에 대한 이해는 여전히 중요하다. 이 장은 그러한 이해를 위한 역사적 여정의 시작이자, 미래를 전망하는 렌즈를 제공한다.

1.1 평등 사회에서 계급 사회로

1.1.1 수렵채집 시대의 사회 구조 - 공유의 시대

유동적 리더십의 원형

새벽 안개가 자욱한 구석기 시대의 어느 날이었다. 동굴 입구에서 모닥불이 타오르고 있었고, 그 주위로 십여 명 남짓한 사람들이 모여들고 있었다. 손에는 날카롭게 다듬어진 돌도끼와 창이 들려 있었다. 부족의 생존이 걸린 중요한 사냥이 예정된 날이었다. 이 장면은 인류가 수십만 년간 유지해온 가장 자연스러운 삶의 모습을 보여준다. 수렵채집 사회의 기본 단위는 10~20명 정도의 소규모 집단이었다. 이는 우연이 아닌 필연적인 선택이었다. 이동하는 생활양식에서 이보다 큰 규모의 집단은 유지하기 어려웠고, 이보다 작은 규모는 생존에 불리했다. 이러한 규모는 모든 구성원들이 서로를 직접 알고 신뢰 관계를 형성할 수 있는 최적의 크기였다.

마루라는 이름의 젊은 사냥꾼이 모닥불 앞에 앉아 있었다. 그는 지난 달 처음으로 매머드 사냥을 이끌었고, 성공적으로 부족을 이끌어 돌아왔다. 하지만 오늘은 다른 사람이 사냥을 이끌 차례였다. 수렵채집인들의 사회에서 리더십은 이렇게 상황에 따라 자연스럽게 이동했다. 이것이 바로 유동적 리더십의 원형이었다. "오늘은 카라가 이끕니다." 부족의 원로인 투카가 말했다. 카라는 50대 중반의 여성으로, 이 지역의 지형과 동물들의 이동경로를 누구보다 잘 알고 있었다. 성별은 리더십의 장애가 되지 않았다. 중요한 것은 오직 전문성과 경험이었다. 이는 현대 사회가 잃어버린 중요한 가치를 보여준다. 리더십은 고정된 지위가 아닌, 상황과 맥락에 따라 변화하는 유동적인 것이었다.

카라는 모래톱에 지도를 그리기 시작했다. "매머드 무리가 이쪽 계곡으로 이동하고 있어요. 우리는 세 팀으로 나눠서 포위할 겁니다." 그녀의 설명에 모두가 집중했다. 이것이 초기 인류의 의사결정 과정이었다. 복잡한 관료제도 없이, 자연스러운 토론과 합의로 이루어졌다.

수렵채집 사회의 또 다른 특징은 수평적 의사소통이었다. 모든 구성원이 의사결정 과정에 참여할 수 있었고, 각자의 의견이 존중받았다. 심지어 어린 이들의 관찰과 의견도 진지하게 고려되었다. "저 구름의 모양이 평소와 달라요"라는 아이의 말 한마디가 중요한 결정의 단서가 되기도 했다.

의사결정은 대개 만장일치를 원칙으로 했다. 이는 비효율적으로 보일 수 있지만, 실제로는 매우 합리적인 선택이었다. 생존이 걸린 결정에서 소수의 반대를 무시하는 것은 위험했다. 한 사람의 우려나 직감이 전체 집단의 생존을 좌우할 수 있었기 때문이다. 이것이 바로 진정한 의미의 집단지성이었다. 특히 주목할 만한 것은 권력의 견제 시스템이었다. 수렵채집 사회는 누군가가 지나친 권력을 갖는 것을 막는 다양한 문화적 장치를 발전시켰다. 예를 들어 과시적 겸손이라는 관행이 있었다. 뛰어난 사냥꾼일수록 더 겸손해야 했고, 자신의 성과를 자랑하는 것은 금기시되었다. 이는 단순한 문화적 관습이 아닌, 권력의 집중을 막는 정교한 사회적 메커니즘이었다.

과시적 겸손을 통한 자원 관리 시스템

사냥이 시작되었다. 첫 번째 팀이 매머드 무리를 향해 조용히 접근했다. 두 번째 팀은 계곡 반대편에서 대기했다. 마지막 팀은 좁은 협곡으로 이어지는 길목을 막았다. 수천 년에 걸쳐 발전해 온 인류의 협동 전략이 완벽하게 작동하고 있었다. 이것이 바로 수렵채집 사회의 핵심 경쟁력이었다. 개인의 능력이 아닌 집단의 협력이 성공을 좌우했다.

사냥은 성공적이었다. 젊은 매머드 한 마리를 잡는 데 성공했다. 이제 가장 중요한 순간이 다가왔다. 바로 분배의 시간이었다. 수렵채집 사회의 분배 시스템은 매우 독특했고 정교했다. 이는 단순한 나눔이 아닌, 사회적 유대를 강화하고 생존을 보장하는 핵심 메커니즘이었다. "오늘의 사냥을 이끈 카라가 분배를 시작하겠습니다." 투카가 다시 한번 입을 열었다. 카라는 먼저 가장 어려운 일을 한 사냥꾼들에게 고기를 나누어주기 시작했다. 그러나 놀랍게도 그들은 받은 고기를 다시 다른 사람들과 나누었다. 이것이 수렵채집 사회의 특별한 점이었다. 과시적 겸손이라고 부를 수 있는 이 행동은, 장기적인 사회적 신뢰를 구축하는 핵심 전략이었다. 분배 과정에서 특히 주목할 만한 것은 약자 우선의 원칙이었다. 노인, 어린이, 병자, 임산부 등이 우선적으로 고려되었다. 이는 단순한 인도주의적 배려가 아닌, 집단의 지속 가능성을 위한 전략적 선택이었다. 노인들은 중요한 지식의 보고였고, 어린이들은 집단의 미래였으며, 약자들에 대한 보호는 사회적 유대를 강화했다.

자원의 저장과 관리도 독특했다. 현대인들은 종종 수렵채집인들이 당장의 필요만을 충족시켰다고 생각하지만, 실제로는 매우 정교한 자원 관리 시스템을 가지고 있었다. 식량은 훈제나 건조 같은 방법으로 보존되었고, 계절에 따른 이동경로는 자원의 지속 가능한 활용을 고려해 신중하게 계획되었다.

또한 순환적 자원 이용 시스템도 주목할 점이다. 한 지역의 자원을 모두 소진하지 않고, 자연의 재생산주기를 고려해 이동하는 방식을 택했다. 이는 현대의 지속 가능한 발전 개념을 선취한 것이었다. 그들은 자신들이 이용하는 자원이 미래 세대를 위해서도 보존되어야 한다는 것을 잘 알고 있었다. "이 열매들은 다음 달에 돌아올 때를 위해 남겨두어야 해요." 채집을 이끄는 세라의 말에는 깊은 생태학적 지혜가 담겨 있었다. 그들은 자연의 순환 주기를 깊이 이해하고 있었고, 이를 바탕으로 지속 가능한 자원 이용 체계를 발전시켰다.

지식 체계와 현대적 함의

동굴 한편에서는 또 다른 중요한 일이 진행되고 있었다. 부족의 샤먼*인 루카가 사냥의 성공을 기념하는 의식을 준비하고 있었다. 그는 단순한 주술사가 아니었다. 부족의 역사를 기억하고, 약초로 병을 치료하며, 자연의 징후를 읽을 줄 아는 종합적인 지식인이었다. 수렵채집 사회의 지식 체계는 현대의 분절된 지식과는 달리, 매우 통합적이고 전체론적인 특징을 가지고 있었다.

루카는 동굴 벽에 새로운 그림을 그리기 시작했다. 오늘의 성공적인 사냥을 기록하는 일이었다. 그의 손놀림은 마치 무용수처럼 우아했다. 붉은 진흙과 목탄으로 그려진 그림은 단순한 장식이 아니었다. 그것은 다음 세대를 위한 교과서였고, 부족의 역사책이었다. 동굴벽화는 세계 최초의 데이터베이스였다고 할 수 있다. "이 그림은 우리의 자손들에게 사냥법을 가르쳐줄 거예요." 루카가 말했다. 그의 곁에는 어린 견습생 타나가 앉아 있었다. 타나는 루카의 후계자가 될 아이였다. 샤먼의 지위는 혈연으로 이어지지 않았다. 오직 재능과 열정을 가진 이들만이 선택받았다. 이것이 바로 수렵채집 사회의 능력주의였다. 이는 현대의 차가운 능력주의와는 달랐다. 공동체의 필요와 개인의 재능이 자연스럽게 조화를 이루는 방식이었다.

----

* 고대 수렵채집 사회에서 초자연적인 힘과 교감하며 부족의 의료, 종교, 문화적 지도자 역할을 수행한 사람. 시베리아 퉁구스어 'šaman'에서 유래한 용어로, 약초 치료, 의례 집행, 부족의 역사와 전통 전수 등을 담당했다. 현대 인류학에서는 원시 사회의 주술—종교적 직능자를 통칭하는 용어로 사용된다.

밤이 깊어 갔다. 모닥불 주위로 부족 사람들이 다시 모여들었다. 이제는 또 다른 형태의 지식 공유가 시작될 차례였다. 루카는 목소리를 가다듬고 이야기를 시작했다. 그것은 부족의 오래된 이야기였다. 대홍수와 혹한기를 이겨낸 조상들의 이야기, 처음으로 불을 사용하게 된 이야기, 그리고 다른 부족들과의 만남과 교류에 대한 이야기였다. 이야기는 단순한 오락거리가 아니었다. 그 속에는 생존을 위한 중요한 정보들이 담겨 있었다. 어떤 식물을 먹을 수 있고 어떤 것이 독성이 있는지, 날씨의 변화는 어떻게 예측하는지, 다른 부족을 만났을 때는 어떻게 대해야 하는지 등. 이것이 구전 문화였고, 인류 최초의 교육 시스템이었다. 오늘날의 디지털 스토리텔링이나 소셜러닝의 원형이 여기에 있었다.

다음 날 아침, 여성들과 아이들이 채집을 나갈 준비를 하고 있었다. 흔한 오해와 달리, 채집은 사냥보다 더 안정적인 식량 공급원이었다. 마루의 아내인 세라가 채집단을 이끌었다. 그녀는 이 지역의 모든 식용 식물을 알고 있었고, 각각의 수확 시기도 정확히 파악하고 있었다. 이는 현대의 빅데이터 분석 못지 않게 복잡하고 정교한 지식 체계였다.

한편, 동굴 입구에서는 새로운 형태의 권력이 움트고 있었다. 젊은 도구 제작자 키토였다. 그는 돌을 깨는 특별한 기술을 가지고 있었다. 그의 손에서 만들어진 도구들은 다른 어떤 것보다 날카롭고 견고했다. 점점 더 많은 사람들이 그의 도구를 원했고, 이는 자연스럽게 새로운 형태의 사회적 영향력으로 발전하고 있었다. 이는 후대의 전문가 계층 형성의 시초를 보여주는 중요한 장면이다. 그러나 이 시기의 전문성은 후대의 그것과는 달랐다. 키토의 기술은 공동체 전체와 공유되었고, 그의 영향력은 항상 임시적이고 상황 의존적이었다. 이는 농경 사회에서 나타나는 지식과 기술의 독점화, 그리고 그에 따른 권력의 고착화와는 완전히 다른 모습이었다.

이러한 수렵채집 사회의 특징들은 현대 사회에 중요한 시사점을 제공한다. 특히 디지털 전환기를 맞이한 오늘날, 우리는 다시 한번 권력 구조의 근본적인 재편을 경험하고 있다. 플랫폼 기업들의 데이터 독점, AI 기술의 집중화, 디지털 격차의 심화는 마치 농경 사회로의 전환기와 유사한 도전을 제기한다.

그러나 동시에 우리는 새로운 가능성도 목격하고 있다. 오픈소스 운동, 공유 경제, 분산형 조직 등은 어쩌면 수렵채집 사회가 보여준 협력과 공유의 가치를 현대적으로 재해석하는 시도일 수 있다. P2P 네트워크, 블록체인 기술, 집단지성 플랫폼 등은 중앙집중적 권력에 대한 대안적 모델을 제시한다. 결국 수렵채집 사회가 우리에게 주는 가장 중요한 교훈은 이것이다. 권력의 집중과 불평등은 필연적인 것이 아니라는 점이다. 인류는 수십만 년 동안 훨씬 더 평등하고 협력적인 방식으로 살아왔다.

이제 우리는 새로운 기술을 통해 이러한 가치를 현대적 맥락에서 재창조할 수 있는 기회를 맞이하고 있다. 다만 그것은 기술 자체가 아닌, 우리의 선택에 달려 있다.

1.1.2 농경 사회로의 전환

혁명의 시작

새벽 안개가 걷히는 비옥한 강가 평원, 한 무리의 사람들이 멈춰 선다. 그들의 눈앞에는 야생 밀이 아침 바람에 흔들리고 있었다. 약 12,000년 전, 현재의 메소포타미아 지역에서 시작된 이 장면은 인류 역사의 가장 중대한 전환점을 알리는 서막이었다. 이들은 아마도 수백 세대에 걸쳐 이 지역을 순회하던 수렵채집인들이었을 것이다. 그들은 이미 이 지역의 계절적 변화와 식물의 생장주기를 잘 알고 있었다. 그리고 그날 아침, 그들은 중대한 결정을 내린다. 더 이상 이동하지 않기로 한 것이다. 이 결정의 배경에는 오랜 관찰과 경험이 있었다. 수천 년에 걸친 식물의 생장 관찰, 씨앗의 발아 과정에 대한 이해, 토양과 기후의 관계에 대한 깊은 통찰이 축적되어 있었다. 그들은 씨앗이 떨어진 자리에서 새로운 식물이 자라나는 것을 보았고, 특정 지역에서 자라는 식물들이 더 크고 영양가가 있다는 것을 알았다. 또한 동물들이 특정 장소에 모여드는 패턴을 파악했고, 계절에 따라 어떤 식물이 어디서 자라는지도 이미 알고 있었다.

"이곳에 머물러 씨앗을 심읍시다." 부족의 원로가 제안했다. 이 단순한 제안은 인류 역사상 가장 극적인 전환의 시작이었다. 수만 년간 이어져 온 수렵채집의 전통이 새로운 패러다임으로 전환되는 순간이었다. 이는 단순한 생활양식의 변화가 아닌, 인류 사회의 근본적인 재구성을 의미했다.

첫 번째 변화는 시간에 대한 인식이었다. 수렵채집인들에게 시간은 순환적이었다. 계절이 바뀌고, 동물이 이동하고, 식물이 성장하는 자연의 순환에 맞춰 살았다. 그러나 농경 생활은 선형적 시간 개념을 도입했다. 파종에서 수확까지의 긴 기다림, 다음 해를 위한 계획, 여러 해에 걸친 농지 개간 등은 완전히 새로운 시간성을 요구했다.

다음으로는 공간에 대한 인식 변화가 있다. 이전까지 땅은 그저 지나가는 곳이었다. 그러나 이제 땅은 소유와 관리의 대상이 되었다. 처음에는 마을 공동체 전체의 영역이라는 느슨한 개념이었다. '이곳은 우리 마을의 땅이다'라는 정도의 인식이었다. 그러나 농경이 발전하고 인구가 증가하면서, 점차 경작지별 구획이 이루어지기 시작했다.

노동의 성격 역시 변화를 맞이하였다. 수렵채집 활동은 즉각적인 보상을 제공했다. 성공적인 사냥이나 채집은 곧바로 식량으로 이어졌다. 그러나 농경은 완전히 다른 노동 개념을 요구했다. 파종과 수확 사이에는 수개월의 시간이 필요했고, 이 기간 동안 지속적인 노동과 관리가 필요했다. 이는 인내

심과 계획성이라는 새로운 덕목을 요구했다.

정착과 소유의 개념

초기의 정착은 매우 조심스러웠다. 완전한 정착이 아닌, 계절적 정착의 형태로 시작되었다. 파종기와 수확기에는 한 장소에 머물다가, 농한기에는 다시 이동하는 반유목적 생활이 이어졌다. 이는 새로운 생활 방식으로의 전환 과정에서 나타난 과도기적 현상이었다. 그러나 점차 농작물 관리의 필요성이 증가하면서, 영구적 정착의 필요성이 대두되었다.

"이 밭은 내가 경작하는 땅이다." 어느 농부의 선언은 인류 역사상 가장 혁명적인 개념의 등장을 알렸다. 소유권의 탄생이었다. 수렵채집 사회에서는 대부분의 자원이 공유되었다. 물론 도구나 장신구 같은 개인적 소유물이 있었지만, 이는 매우 제한적이었다. 그러나 농경 사회에서는 토지라는 새로운 형태의 소유 개념이 등장했다. 토지 구획은 처음에는 자연적인 경계를 따랐다. 강줄기, 바위, 나무 등이 경계선 역할을 했다. 그러나 농경이 발전하고 토지에 대한 권리 관계가 복잡해지면서, 인위적인 경계 표시가 필요해졌다. 이는 최초의 측량과 지도 제작으로 이어졌다. 돌을 쌓아 경계를 표시하거나, 도랑을 파서 영역을 구분하는 방식이 도입되었다.

마을의 구조도 새롭게 재편되었다. 초기 마을의 구조는 대체로 중앙광장을 중심으로 방사형으로 퍼져나가는 형태를 취했다. 이러한 배치는 단순한 물리적 구조 이상의 의미를 가졌다. 중앙광장은 공동체의 결정이 이루어지는 정치적 공간이자, 잉여 생산물이 교환되는 경제적 공간, 그리고 의례가 행해지는 종교적 공간의 역할을 했다.

정착 생활은 새로운 형태의 위험도 가져왔다. 이동 생활에서는 위험을 피해 다른 곳으로 이동하는 것이 가능했지만, 정착 생활에서는 경작지와 저장된 식량을 지켜야 했다. 이는 최초의 조직적 방어 시스템의 발달로 이어졌다.

초기의 방어 시스템은 자연 지형을 이용한 간단한 형태였다. 강이나 절벽 근처에 마을을 건설하거나, 구릉 위에 정착지를 만드는 방식이었다. 이러한 변화는 완전히 새로운 사회 조직을 필요로 했다. 방어 시스템의 발달은 최초의 전문 전사 계층을 탄생시켰다. 초기에는 모든 성인 남성이 번갈아가며 방어를 담당했지만, 점차 이에 특화된 집단이 형성되었다. 이들은 평시에는 훈련을 하고, 전시에는 마을을 방어하는 것을 주된 임무로 삼았다.

토지 소유 개념의 발달은 새로운 형태의 갈등도 만들어냈다. 수렵채집 사회에서도 물론 갈등은 있었지만, 대부분 일시적이었고 이동을 통해 해결할 수 있었다. 그러나 정착 사회에서는 토지를 둘러싼 갈등이 더욱 심각하고 지속적인 형태로 나타났다. 이는 새로운 형태의 분쟁 해결 메커니즘을 필요로 했다.

잉여 생산물과 관리 시스템

태양이 중천에 떴을 때, 한 남자가 거대한 곡물 저장고 앞에 서 있었다. 그의 손에는 진흙판이 들려 있었고, 그 위에는 복잡한 기호들이 새겨져 있었다. 이는 인류 최초의 회계 기록이었다.

잉여 생산물의 출현은 인류 역사상 가장 혁명적인 변화 중 하나였다. 수렵채집 사회에서는 대부분의 식량이 즉시 소비되었다. 보관이 가능한 일부 식량도 있었지만, 그 양은 제한적이었다. 그러나 농경 사회는 처음으로 대규모 잉여 생산물의 저장을 가능하게 했다.

저장 기술의 발전은 필수적이었다. 차탈회육(Çatalhöyük)*의 발굴에서

---

* 터키 중부 아나톨리아 지역에 위치한 신석기 시대 유적지. 기원전 7,500년경부터 기원전 5,700년경까지 번영했던 초기 도시 문명의 중요한 사례다. 수천 명의 주민이 거주했던 이 정착지에서는 정교한 벽화, 조각상, 건축물이 발견되었으며, 초기 농경 사회의 사회 구조와 문화를 이해하는 데 중요한 고고학적 증거를 제공한다.

발견된 저장고들은 현대의 고고학자들을 놀라게 한다. 완벽한 환기 시스템과 습도 조절 장치를 갖춘 이 시설들은 당시의 뛰어난 기술력을 방증하고 있다. 고고학자들은 이러한 저장 항아리들이 최대 1톤까지의 곡물을 보관할 수 있었다고 추정한다.

잉여 생산물의 관리는 새로운 형태의 전문가 집단을 필요로 했다. 곡물의 보관 상태를 점검하고, 해충을 방지하며, 분배를 관리하는 일은 높은 수준의 전문성을 요구했다. 이들은 단순한 창고지기가 아니었다. 그들은 도시의 생존을 좌우하는 중요한 결정권자였다. "이번 달 보름달이 뜨면 봄 파종을 위한 씨앗을 분배해야 하고..." 관리인의 계산은 단순한 더하기와 빼기를 넘어섰다. 메소포타미아의 수학 점토판들은 당시에 이미 복잡한 곱셈과 나눗셈, 심지어 기하학적 계산까지 가능했음을 보여준다. 이는 문명 발전의 새로운 단계를 알리는 신호였다.

잉여 생산물의 존재는 사회 구조 자체를 변화시켰다. 더 이상 모든 구성원이 식량 생산에 참여할 필요가 없어졌다. 일부는 다른 전문적인 활동에 전

그림 1-1 인류 최초의 기록 보관소

념할 수 있게 되었다. 이는 인류 최초의 전문가 계층 형성의 시초였다. 천체의 움직임을 관찰하여 농사의 시기를 결정하는 천문학자들, 관개 시설을 설계하고 관리하는 기술자들, 금속도구를 제작하는 장인들이 등장했다. 특히 주목할 만한 것은 기록 시스템의 발달이었다. 우루크에서 발견된 점토판들은 놀라울 정도로 정교한 회계 시스템을 보여준다. 각 가구의 생산량, 저장된 곡물의 양, 분배 기록 등이 체계적으로 정리되어 있었다. 이는 문자의 발명으로 이어졌다. 최초의 문자는 회계를 위한 실용적 필요에서 탄생한 것이다.

"작년 가뭄으로 서쪽 마을의 수확이 좋지 않았다고 하네. 그들이 우리 도시에 곡물을 요청해왔어." 이것은 잉여 생산물이 가져온 새로운 형태의 권력관계를 보여주는 장면이다. 고고학적 증거들은 기원전 7,000년경부터 도시들 간의 곡물 거래가 활발히 이루어졌음을 보여준다.

잉여 생산물의 관리는 새로운 형태의 사회 조직도 필요로 했다. 생산, 저장, 분배의 각 단계를 관리할 관료제가 발달했다. 우르에서 발견된 점토판들은 이미 상당히 체계화된 관료 조직이 존재했음을 보여준다. 각 관리자의 역할과 책임이 명확히 규정되어 있었고, 의사결정의 위계질서도 확립되어 있었다. 더욱 중요한 것은 잉여 생산물이 새로운 형태의 불평등을 만들어냈다는 점이다. 더 비옥한 토지를 가진 사람, 더 많은 노동력을 동원할 수 있는 사람, 더 효율적인 농기구를 가진 사람들이 더 많은 잉여를 축적할 수 있었다. 이는 후대의 계급 사회 형성의 경제적 기반이 되었다.

저장된 곡물은 또 다른 혁신적 개념을 낳았다. 바로 미래 가치의 개념이다. 현재 보유한 곡물을 미래의 더 큰 수확을 위한 종자로 사용할 것인가, 아니면 당장의 소비나 교환에 사용할 것인가 하는 선택은 인류 최초의 투자 결정이었다. 이는 현대 금융의 원형이라고 할 수 있다.

해가 저물어갈 무렵, 관리인은 마지막 점검을 위해 다시 저장고로 향했다. 토치 불빛 아래에서 그는 잠시 생각에 잠겼다. 그의 손에 들린 진흙판에는 도시의 생명줄이 기록되어 있었다. 그것은 단순한 숫자가 아니라, 한 문명의 운명이었다. 잉여 생산물의 관리는 이제 권력의 핵심이 되었고, 이는 인류 사회의 근본적인 재편을 가져왔다.

교환 경제의 발달

새벽녘, 우르(Ur)*의 교역 광장에서 시장이 열리기를 기다리는 인파가 모여들었다. 기원전 4,000년경, 메소포타미아 평원의 이 도시는 이미 당대 최대의 교역 중심지 중 하나였다. 고고학자들이 발굴한 이 도시의 유적에서는 수천 개의 교역 관련 점토판이 발견되었다. 이는 매우 체계적인 교환 경제가 발달했음을 보여준다.

"오늘은 북쪽 산지에서 온 상인들이 청동을 가져올 거라고 했지." 광장 한편에서 서기가 점토판을 준비하며 중얼거렸다. 우르에서 발견된 점토판들은 도시의 교역이 얼마나 체계적으로 이루어졌는지를 보여준다. 각 상인의 이름, 상품의 종류와 양, 교환 비율까지 상세히 기록되어 있었다.

태양이 떠오르자 먼지를 일으키며 긴 행렬이 도시로 들어왔다. 당나귀들이 끄는 수레에는 다양한 물건들이 실려 있었다. 청동 덩어리, 래피스 라줄리 원석, 백향목 목재 등. 고고학적 발굴은 당시 메소포타미아가 이미 광범위한 교역망을 가지고 있었음을 보여준다. 아프가니스탄에서 온 청금석, 레바논의 백향목, 오만의 구리 등이 발견되었다.

교역의 발달은 표준화의 필요성을 가져왔다. 처음에는 물물교환으로 시작된 교역이 점차 은을 매개로 한 교환으로 발전했다. 고고학자들은 기원전

---

* 메소포타미아 남부에 위치한 고대 수메르의 도시 국가. 기원전 4,000년경부터 번영했으며, 특히 기원전 2,100년경 제3왕조 시기에 메소포타미아의 정치, 경제, 문화의 중심지로 전성기를 누렸다. 지구라트로 불리는 거대한 신전 건축물과 정교한 도시 계획, 발달된 문자 체계를 가진 행정 중심지였다. 현재의 이라크 남부 탈 알-무카야르(Tell el-Muqayyar) 유적지에 위치한다.

3,000년경부터 표준화된 무게의 은괴가 사용되었다는 증거를 발견했다. 세켈이라는 화폐 단위가 등장했고, 이는 다양한 상품들의 가치를 측정하는 기준이 되었다. 특히 주목할 만한 것은 신용거래의 등장이다. "다음 보름달이 뜰 때까지 갚겠다는 약속이군." 관리는 진흙으로 만든 작은 봉투에 계약서를 담았다. 이러한 봉투들이 실제로 발굴되었는데, 이것이 공문서 보관 시스템의 원형이다. 외상거래, 대출, 이자의 개념이 이미 존재했던 것이다.

가격 결정 시스템도 매우 정교했다. "북쪽에서 전쟁이 일어나 교역로가 막혔다는 소식 못 들었나?" 이 장면은 당시 가격이 수요와 공급에 따라 변동했음을 보여준다. 우르에서 발견된 점토판들은 계절별, 상황별로 가격이 달랐음을 기록하고 있다.

교역의 발달은 새로운 직업군도 탄생시켰다. 상품을 보관해주고 수수료를 받는 사람들, 교역품을 운반해주는 수송 전문가들, 외국어를 통역해주는 사람들이 등장했다. 특히 통역관의 존재는 당시 교역이 얼마나 국제적이었는지를 보여준다.

신용 인증 시스템도 발달했다. "이 인장은 신뢰할 수 있는 상인이라는 증표입니다." 원통형 인장들은 메소포타미아 전역에서 발견되는데, 이는 최초의 신용 인증 시스템이다. 각 상인이나 도시는 자신만의 고유한 인장을 가지고 있었다. 교역은 단순한 물건의 교환을 넘어 문화 교류의 통로가 되었다.

상인들은 물건만이 아니라 이야기와 기술, 종교와 예술도 함께 가져왔다. 발굴된 유물들은 서로 다른 문화권의 예술 스타일이 융합되는 과정을 보여준다. "듣자하니 북쪽에서는 철을 다루는 새로운 방법을 개발했다던데…" 상인들의 대화는 기술 전파의 중요한 수단이었다. 야금술, 도예 기술, 직조 기술 등이 교역로를 따라 빠르게 전파되었다.

교역의 발달은 도시의 성장을 가속화했다. 우르나 니푸르와 같은 도시들은 교역의 중심지로서 번영했다. 더 나아가 교역은 새로운 형태의 권력 구조도 만들어냈다. 부유한 상인들은 점차 정치적 영향력을 가지게 되었으며, 상인 계층이 도시의 중요한 의사결정에 참여하기 시작했다. "이제는 바다 건너의 도시들과도 교역을 해야 할 때가 되었습니다." 한 상인의 제안은 새로운 시대의 도래를 예고했다. 고고학적 증거들은 기원전 3,000년경부터 해상 무역이 시작되었음을 보여준다. 페르시아만을 건너 인더스 문명과의 교역이 이루어졌다. 이러한 교환 경제의 발달은 인류 문명의 발전에 결정적인 기여를 했다. 그것은 단순한 물건의 교환을 넘어, 문화와 기술의 교류, 새로운 사회 구조의 형성, 도시의 발전을 가져왔다. 우리가 오늘날 당연하게 여기는 많은 경제 제도들 - 화폐, 신용, 계약, 회계 등 - 의 기원이 바로 이 시기에 일어났다.

1.1.3 초기 계급 사회의 형성

전문가 계층의 출현

태양이 떠오르는 새벽, 한 사람이 마을의 가장 높은 지점에 서 있다. 그의 손에는 정교하게 제작된 점토판이 들려 있다. 기원전 7,000년경 메소포타미아의 어느 아침이었다. 그는 지난 수개월 간 천체의 움직임을 관찰하고 기록해왔다. 이제 그는 마을 사람들에게 중대한 발표를 할 참이었다. 다음 달의 초하루부터 파종을 시작해야 한다는 것. 그의 말 한마디에 마을의 운명이 달려 있었다.

"하늘을 아는 자가 땅을 다스린다." 메소포타미아의 한 점토판에 새겨진 이 구절은 단순한 격언이 아니었다. 농경 사회에서 천체의 움직임을 이해하는 것은 생존과 직결된 문제였다. 파종의 시기를 잘못 결정하면 한 해의 수확을 모두 잃을 수 있었다. 홍수의 시기를 예측하지 못하면 관개 시설이 파괴될 수 있었다. 우루크의 발굴 현장에서 발견된 기원전 6,000년경의 건물 유적은 이러한 변화를 잘 보여준다. 이 건물은 마을의 중심부에 위치했으며, 다른 건물들과는 확연히 구분되는 구조를 가지고 있었다. 건물의 상층부는 천체 관측을 위한 공간으로 사용되었으며, 하층부에는 점토판들이 체계적으로 보관되어 있었다.

그림 1-2 영역별 특화된 전문가 계층의 등장

천문 관찰자들은 단순히 별을 보는 사람들이 아니었다. 그들은 자신들의 관찰 결과를 기록하고 분석했으며, 이를 바탕으로 농사 시기를 결정했다. 그들의 예측이 정확할수록 마을의 생산성은 높아졌고, 이는 자연스럽게 그들의 권위를 강화했다. 더 나아가 그들은 자신들의 지식을 신비화함으로써 권력을 공고히 했다.

한편, 관개 시설의 설계와 관리를 담당하는 새로운 전문가 집단도 등장했다. 우르에서 발견된 기원전 5,000년경의 관개 시설은 상당한 수준의 정교한 공학적 지식을 보여준다. 물의 흐름을 제어하기 위한 수문, 수압을 조절하기 위한 저수지, 경사도를 계산한 수로 등, 이 모든 것들은 전문적인 지식 없이는 불가능한 것들이었다.

"물을 통제하는 자가 땅을 통제한다." 이 말은 실제 현실이었다. 관개 시설의 관리자들은 물의 분배를 통해 실질적인 권력을 행사할 수 있었다. 그들은 어떤 지역에 먼저 물을 공급할 것인지, 얼마나 많은 양을 공급할 것인지를 결정할 수 있었다. 이는 농업 생산성에 직접적인 영향을 미쳤고, 결과적으로 그들의 사회적 지위를 높였다.

더욱 주목할 만한 것은 금속 가공 기술자들의 등장이다. 터키의 차탈회육 유적에서 발견된 기원전 7,000년경의 구리 제련소는 이미 상당히 발달된 기술 수준을 보여준다. 금속 가공 기술자들은 자신들의 기술을 철저히 비밀로 유지했다. 제련 과정, 합금 비율, 단조 기술 등은 모두 엄격히 통제된 비밀이었다.

의료 전문가의 등장도 중요한 의미를 가진다. 정착 생활로 인한 인구밀집은 새로운 형태의 질병을 가져왔고, 이는 의료 전문가의 필요성을 증가시켰다. 메소포타미아의 점토판들은 이미 기원전 6,000년경부터 체계적인 의료 지식이 존재했음을 보여준다.

지식의 독점화

달빛이 희미하게 비치는 깊은 밤, 한 젊은이가 조용히 신전의 뒤편으로 몸을 숨겼다. 그의 손에는 작은 점토판 조각이 들려 있었다. 기원전 5,000년경 우르의 어느 밤이었다. 그는 신전의 서기관 견습생이었지만, 정식 교육을 받을 만큼 높은 신분의 출신은 아니었다. 그의 지적 호기심은 그를 위험한 모험으로 이끌었다. 신전에 보관된 점토판의 내용을 몰래 베끼려 했던 것이다.

"신성한 지식을 훔치려 한 자는 신들의 저주를 받을 것이다." 우르의 신전 벽에 새겨진 이 경고문은 지식 독점의 현실을 생생하게 보여준다. 이는 단순한 위협이 아닌, 매우 체계적이고 의도적인 지식 통제 시스템의 일부였다. 특히 주목할 만한 것은 문자 체계의 발전 과정이다. 초기의 단순한 그림문자는 점차 복잡한 설형문자로 발전했다. 이러한 변화는 단순한 자연적 진화가 아니었다. 문자를 더욱 복잡하게 만듦으로써, 그것을 해독하고 사용할 수 있는 사람들을 제한하려는 의도적인 노력이 있었던 것이다. 우루크*에서 발견된 기원전 4,000년경의 점토판들은 이미 600개가 넘는 문자 부호를 사용하고 있었다.

서기관 학교의 교육 과정도 철저하게 통제되었다. 우르에서 발견된 학생 명단을 보면, 대부분이 신전 사제나 고위 관리의 자제들이었다. 교육 기간도 최소 5년 이상이 필요했다. 이는 일반 농민의 자제들에게는 사실상 불가능한 조건이었다.

금속 가공 기술자들의 지식 통제는 더욱 철저했다. 차탈회육의 발굴 현장에서 발견된 기원전 6,500년경의 금속 공방은 정교한 보안 시설을 갖추고 있었다. 이중의 벽으로 둘러싸인 작업장, 단 하나뿐인 출입구, 경비병의 숙소 등이 발견되었다. 더욱 흥미로운 것은 기술 전수 과정에서의 의도적인 신비화였다. "이 불꽃은 신들의 숨결이니, 오직 선택받은 자만이 다룰 수 있노라." 금속 공방에서 발견된 이러한 의례적 문구들은 기술을 신성화하려는 노력을 보여준다.

농업 기술의 독점화도 주목할 만하다. 관개 시설의 설계와 운영은 당시로서는 매우 전문적인 지식을 필요로 했다. 우르에서 발견된 기원전 5,000

---

* 우루크(Uruk)는 고대 메소포타미아 문명의 초기 중심지로, 기원전 4천년경 수메르 지역에 형성된 인류 최초의 도시 국가 중 하나다. 도시화, 문자(설형문자), 관개 농업, 사원 중심의 신권 통치 체계 등 고대 문명의 주요 요소들이 우루크에서 시작되었다고 여겨진다. 길가메시 서사시의 배경 도시로도 잘 알려져 있으며, 이후 메소포타미아 지역에 영향을 끼친 정치·종교적 중심지였다. 이와 자주 혼동되는 우르(Ur)는 같은 수메르 문명권에 속한 다른 도시로, 기원전 21세기경 우르 제3왕조의 중심지였다.

년경의 관개 시설은 당대의 기술 수준을 뛰어넘는 정교함을 보여주었다. 이러한 기술을 가진 이들은 자신들의 지식을 철저히 통제했다. 수로의 설계도는 신전에 보관되었으며, 물의 분배를 위한 계산법은 소수의 전문가들만이 알 수 있었다.

의료 지식의 독점화 과정도 흥미롭다. "치료자는 신의 대리인이다"라는 말에서 볼 수 있듯이, 의료 행위는 종종 종교적 의례와 결합되었다. 이는 의료 지식을 신비화하고, 그것을 다룰 수 있는 사람들을 제한하는 효과적인 방법이었다.

권력의 세습화

해가 저물어가는 우르의 신전, 한 노년의 제사장이 자신의 아들을 바라보고 있었다. 기원전 4,500년경의 일이다. 그는 수십 년간 신전의 최고 제사장으로 봉직했고, 이제 그 자리를 자신의 아들에게 물려줄 시간이 다가오고 있었다.

"아버지의 지혜가 아들에게로, 스승의 비밀이 제자에게로 전해진다. 이것이 신들이 정한 질서이다." 우르의 한 점토판에 새겨진 이 구절은 권력 세습 시스템을 정당화하는 시대정신을 담고 있다. 고고학적 증거들은 이러한 세습 시스템이 매우 체계적으로 구축되었음을 보여준다. 우루크에서 발견된 기원전 4,000년경의 신전 기록에는 같은 가문이 7대에 걸쳐 최고 제사장 직위를 세습한 내용이 있다. 이는 우연한 결과가 아니었다. 철저한 준비와 계획적인 실행의 결과였다. 권력의 세습은 여러 단계를 거쳐 체계화되었다.

첫 번째 단계는 지식의 독점적 전수였다. 신전의 제사장들은 자신들의 자녀들에게만 특별한 교육을 제공했다. 천문학, 수학, 문자 해독법, 의례의 진행 방법 등이 철저히 가문 내에서만 전수되었다. 특히 주목할 만한 것은 교육의 시작 시기였다. 발굴된 점토판들은 제사장의 자녀들이 5-6세부터 이미 체계적인 교육을 받기 시작했음을 보여준다. 반면 일반 시민의 자녀들은 이 나이에 이미 농사일을 돕고 있었다. 이러한 교육 기회의 차이는 세대를 거치면서 더욱 커졌다.

혼인 관계도 세습 통제의 수단이었다. 권력을 가진 가문들은 서로 간의 혼인을 통해 연합을 강화했다. 우르에서 발견된 혼인 기록들을 보면, 주요 제사장 가문들이 서로 간에 전략적인 혼인 관계를 맺고 있음을 알 수 있다. 더욱 흥미로운 것은 이러한 혼인이 단순한 가문 간의 결합을 넘어, 전문성의 결합도 고려했다는 점이다. 천문을 관장하는 제사장의 가문과 농업 기술을 독점한 가문이 혼인을 통해 결합하는 식이었다.

의례와 상징을 통한 권위의 신성화 역시 중요한 권력 세습 과정이다. 소위 신성이라는 개념, 즉 신들이 선택한 후계자라는 개념이 이때 만들어졌다. 여러 발굴 현장에서 발견된 의례용 도구들은 이러한 권력 승계 의식이 얼마나 정교하게 구성되었는지를 보여준다. 특별한 의복, 상징적인 도구들, 정교한 의식 절차 등이 모두 권력 승계의 정당성을 강화하는 데 사용되었다.

권력을 세습하기 위해서는 물질적 기반의 확보 역시 필요했다. 신전은 자체적인 경작지를 보유했고, 수확물의 일부를 헌물의 형태로 받았다. 우루크에서 발견된 신전의 회계 기록은 당시 신전이 얼마나 큰 경제적 영향력을 가지고 있었는지를 보여준다. 농산물의 저장, 재분배, 교역 등 거의 모든 경제 활동이 신전을 중심으로 이루어졌다.

마지막 단계는 권력 승계의 제도화였다. 초기에는 비공식적이었던 세습 관행이 점차 공식적인 제도로 발전했다. 권력 승계의 절차, 자격 요건, 의례 등이 문서화되었고, 이는 하나의 법적 체계로 확립되었다. 특히 주목할 만한 것은 권력 승계 과정에서의 교육 제도화였다. 후계자는 정해진 교육 과정을 반드시 이수해야 했다.

이러한 세습 시스템의 확립은 사회 구조에 깊은 영향을 미쳤다. 우선, 이는 사회적 이동성을 크게 제한했다. 일단 권력층이 형성되면, 그 외부에서 권력층으로 진입하는 것은 거의 불가능했다. 발굴된 기록들을 보면, 외부인이 고위 직책에 오른 사례는 극히 드물다. 더욱 중요한 것은 이러한 세습 시스템이 지식과 기술의 발전을 제한했다는 점이다. 지식이 특정 가문 내에서만 전수되면서, 새로운 아이디어와 혁신의 가능성이 줄어들었다. 이는 장기적으로 사회 발전의 제약 요인이 되었다. 그러나 동시에 이 시스템은 사회의 안정성에 기여했다. 제도화된 권력 승계는 권력 투쟁의 가능성을 줄였고, 이는 사회의 안정적 운영을 가능하게 했다. 또한 전문성의 세습은 지식과 기술의 안정적인 전수를 보장했다.

문자 체계와 정보 통제

해가 중천에 떴을 때, 신전의 문서고에서는 수십 명의 서기관들이 바쁘게 움직이고 있었다. 기원전 3,000년경 우르의 일상적인 풍경이었다. "이 기록은 너무 중요해서 세 벌의 사본을 만들어야 합니다." 한 수석 서기관이 말했다. 그의 손끝에서 쐐기문자가 점토판 위에 정교하게 새겨져 갔다.

메소포타미아의 문자 체계는 단순한 기록 수단을 넘어선 권력의 도구였다. 초기의 단순한 그림문자는 점차 추상적이고 복잡한 쐐기문자로 발전했다. 고대 사회의 초기 문자는 약 1,000개의 서로 다른 기호를 사용했다. 이러한 복잡성은 우연이 아니었다. 문자의 습득과 사용을 특정 계층에 한정하려는 의도적인 전략이었다.

"이 문자를 배우려면 최소한 10년은 필요합니다." 서기관 학교의 교사가 말했다. 문자 교육은 엄격하게 통제되었다. 서기관 학교의 입학은 대부분 특권층 자제들에게만 허용되었다. 교육 과정은 매우 엄격했고, 실수는 엄하게 처벌받았다. 우르에서 발견된 학생용 점토판에는 실수를 저지른 학생은 매로 맞았다는 기록이 남아있다.

정보의 통제는 매우 체계적이었다. 문서는 중요도에 따라 분류되었고, 접근 권한이 엄격히 제한되었다. "이 문서고에는 오직 최고위 서기관만이 들어갈 수 있습니다." 특별한 인장이 없으면 중요 문서에 접근할 수 없었다. 우르의 문서고에서 발견된 봉인된 점토판들은 이러한 정보 보안 체계를 보여준다.

문자의 사용은 사회적 권력 구조를 강화했다. 법령, 재산 기록, 계약서 등 모든 중요한 문서는 문자로 작성되었다. 문자를 읽고 쓸 수 없는 대다수의 일반 시민들은 필연적으로 서기관들에게 의존할 수밖에 없었다. "당신의 토지 계약서를 작성해 드리겠습니다. 수수료는 은 2세켈입니다." 특히 주목할 만한 것은 공식기록의 개념이 등장했다는 점이다. 어떤 사건이나 거래가 있었다는 것을 인정받기 위해서는 반드시 문서로 기록되어야 했다. "문서가 없으면, 그것은 일어나지 않은 것과 같습니다." 이는 문자를 통한 현실의 구성과 통제를 의미했다. 서기관들은 단순한 기록자가 아니었다. 그들은 정보의 해석자이자 관리자였다. "이전의 판결을 찾아보니, 이러한 경우에는..." 그들은 과거의 기록을 해석하고 현재의 결정에 적용하는 권한을 가졌다. 이는 최초의 법률가 계층의 등장을 의미했다.

문자 체계는 또한 이데올로기적 통제의 도구였다. 신화와 왕의 업적은 문자로 기록되어 영구화되었다. "위대한 왕의 행적은 영원히 기억되어야 합니다." 이러한 기록은 권력의 정당성을 강화하는 역할을 했다. 그러나 이러한 문자 체계와 정보 통제 시스템은 역설적인 결과도 가져왔다. 너무 복잡해진 문자 체계는 오히려 효율적인 정보 전달을 방해했고, 지나친 통제는 지식의 확산과 발전을 제한했다. 이는 후대에 더 단순하고 효율적인 알파벳 문자가 발전하는 계기가 되었다.

이러한 메소포타미아의 문자 체계와 정보 통제 시스템은 오늘날 우리에게도 중요한 시사점을 제공한다. 정보의 독점과 통제, 전문가 집단의 권력화, 기록의 정치적 활용 등은 현대 사회에서도 여전히 중요한 이슈다. 디지털 시대의 정보 통제 문제를 이해하는 데 있어, 이 고대 문명의 경험은 귀중한 참조점이 된다.

초기 계급 사회 구조의 현대적 함의

이러한 초기 계급 사회의 형성 과정은 오늘날 우리 사회를 이해하는 데 중요한 통찰을 제공한다. "하늘을 읽는 자가 세상을 지배한다"는 메소포타미아의 격언은, 오늘날 "데이터를 읽는 자가 세상을 지배한다"는 말로 바꿔 읽을 수 있다. 당시 천체의 움직임을 해석하던 제사장들이 그러했듯, 오늘날 빅데이터를 읽어내는 데이터 과학자들과 AI 알고리즘을 다루는 엔지니어들이 새로운 권력 계급으로 부상하고 있다. 전문가 계급의 형성 과정도 유사한 패턴을 보인다. 고대의 천문학자들이 단순한 별자리 관찰을 신성한 예언의 영역으로 승화시켰듯이, 현대의 AI 시스템도 그 판단 과정이 신비화되고, 결과는 마치 신탁처럼 받아들여진다. 메소포타미아의 서기관 학교가 극소수의 선택된 이들만 받아들였듯이, 오늘날의 실리콘밸리도 높은 진입장벽을 통해 새로운 형태의 엘리트 계층을 형성하고 있다.

지식의 독점화 전략도 놀라울 정도로 유사하다. 고대의 제사장들이 복잡한 문자 체계를 개발하여 지식에 대한 접근을 제한했듯이, 오늘날의 기술 기업들도 복잡한 알고리즘과 특허를 통해 기술에 대한 접근을 제한한다. "당신의 비밀이 곧 나의 비밀입니다"라는 고대 서기관 학교의 맹세는 오늘날의 NDA(비밀유지계약)와 본질적으로 다르지 않다.

권력의 세습 메커니즘도 형태만 바뀌었을 뿐 여전히 작동하고 있다. 교육 기회의 불평등, 사회적 네트워크의 배타성, 문화 자본의 세습 등은 과거 권력 세습 시스템의 현대적 변형으로 볼 수 있다. 고대의 제사장 가문들이 혼인을 통해 권력 연합을 형성했듯이, 오늘날의 엘리트 계층도 교육과 결혼을 통해 자신들의 특권적 지위를 재생산한다.

그러나 동시에 우리는 새로운 가능성도 목격하고 있다. 오픈소스 운동은 지식 공유가 혁신을 촉진할 수 있음을 보여준다. 블록체인 기술은 중앙집중적 권력에 대한 대안을 제시한다. 시민 과학의 성장은 전문성의 민주화 가능성을 보여준다.

초기 계급 사회의 형성이 우리에게 던지는 가장 중요한 교훈은 명확하다. 전문성과 권력의 결합은 필연적일지 모르나, 그 결합의 방식은 우리의 선택에 달려 있다는 점이다. 전문성은 권력이 아닌 책임으로, 지식은 독점이 아닌 공유의 대상으로 재해석될 수 있다. 이것이 새로운 디지털 문명의 갈림길이다. 5천 년 전 인류가 첫 계급 사회를 만들었듯이, 우리도 지금 새로운 형태의 사회를 만들어가고 있다. 과거의 실수를 반복하지 않기 위해서는, 권력의 형성과 작동 방식에 대한 깊은 이해가 필요하다. 그리고 그 이해의 시작점은 바로 이 최초의 계급 사회 형성 과정에 대한 고찰에 있다.

| 통 | 찰 | 의 | 나 | 침 | 반 |

과거와 현재의 대화

2024년 실리콘밸리의 한 프로그래머가 자신의 블로그에 남긴 글이 있다.

"코드는 새로운 토지이고, 데이터는 새로운 곡물이다."

이 단순한 비유는 인류가 경험하고 있는 근본적 변화의 본질을 정확히 짚어낸다. 농업 혁명이 토지를 둘러싼 새로운 권력 구조를 만들어냈듯이, 디지털 혁명은 데이터를 중심으로 한 새로운 형태의 권력 관계를 형성하고 있다.

수렵채집 사회에서 농경 사회로의 전환이 보여주는 가장 중요한 교훈은 기술 변화가 필연적으로 사회 구조의 재편을 동반한다는 점이다. 정착 농업의 발달이 위계적 계급 구조를 낳았듯이, 디지털 기술의 발전도 새로운 형태의 사회적 계층화를 만들어내고 있다. 이는 단순한 빈부 격차를 넘어, 디지털 역량과 데이터 접근성에 기반한 완전히 새로운 형태의 불평등이다.

지식과 기술의 독점화 패턴도 놀랍도록 유사하다. 고대 메소포타미아에서 문자 체계가 소수 전문가 집단에 의해 독점되었듯이, 오늘날 AI 기술과 알고리즘도 소수의 기술 엘리트와 대기업들에 의해 통제되고 있다. "코드는 새로운 설형문자"라는 말은 단순한 비유가 아니다. 두 경우 모두 정보와 지식의 통제가 권력의 핵심 기반이 되고 있다.

그러나 더욱 중요한 것은 변화의 가역성에 대한 통찰이다. 농업 혁명이 불가피하게 불평등한 사회 구조를 낳은 것처럼 보이지만, 인류학적 증거들은 초기 농경 사회들이 다양한 형태의 평등적 제도를 실험했음을 보여준다. 마찬가지로 디지털 전환도 반드시 중앙집중적이고 위계적인 방식으로 진행될 필요는 없다. 오픈소스 운동, 분산형 자율조직(DAO), 디지털 커먼즈 등은 대안적 가능성을 보여준다. 전문가 집단의 성격도 재검토할 필요가 있다. 수렵채집 사회의 샤먼이 공동체에 대한 책임과 함께 특별한 지위를 부여받았듯이, 현대의 기술 전문가들도 단순한 기술적 전문성을 넘어 사회적 책임을 자각해야 한다. 기술 윤리나 책임 있는 AI에 대한 논의는 이러한 맥락에서 이해될 수 있다.

지식의 전수 방식도 중요한 시사점을 제공한다. 수렵채집 사회의 통합적이고 전체론적인 지식 체계는 현대의 극도로 전문화된 지식 체계와 대비된다.

 |통|찰|의|나|침|반|

'시스템 사고'의 중요성이 강조되는 것은 우연이 아니다. 복잡한 디지털 시대의 문제들은 더 이상 단일 분야의 전문성으로는 해결할 수 없기 때문이다. 특히 주목할 만한 것은 공동체적 의사결정의 메커니즘이다. 수렵채집 사회가 발전시킨 합의 기반의 의사결정, 과시적 겸손을 통한 권력 견제, 집단지성의 활용은 현대 조직이 배울 점이 많다. 블록체인 거버넌스나 집단지성 플랫폼들이 실험하는 새로운 형태의 의사결정 방식은 이러한 오래된 지혜의 현대적 재해석으로 볼 수 있다.

자원 관리의 측면에서도 중요한 교훈을 얻을 수 있다. 수렵채집 사회가 발전시킨 지속 가능한 자원 이용 체계, 순환적 이동 패턴, 공유 자원의 관리 방식은 오늘날 디지털 자원의 관리에도 시사하는 바가 크다. 데이터의 수집과 활용도 단순한 효율성이나 수익성을 넘어, 지속 가능성과 공정성의 관점에서 재고되어야 한다. 결국 가장 근본적인 교훈은 권력의 본질에 대한 것이다. 수렵채집 사회가 보여주듯이, 권력의 집중과 위계화는 필연적인 것이 아니라 특정한 기술적, 사회적 조건의 산물이다. 디지털 전환기의 우리에게 필요한 것은 기술 결정론적 체념이 아니라, 보다 평등하고 민주적인 디지털 사회를 위한 적극적인 상상력과 실천이다.

우리는 지금 농업 혁명에 버금가는 거대한 전환기를 살고 있다. 과거의 교훈을 통해 우리는 이 변화가 반드시 권력의 집중과 불평등의 심화로 이어질 필요가 없음을 알 수 있다. 기술의 발전 방향과 그것이 만들어낼 사회 구조는 우리의 선택과 노력에 달려 있다. "역사는 되풀이되지는 않지만 운율을 가진다"는 말처럼, 과거의 경험은 우리의 현재적 선택을 위한 중요한 참조점이 된다.

1.2 거대 문명의 탄생 – 제국의 시대

1.2.1 메소포타미아 문명

도시 국가의 탄생

새벽 여명이 티그리스강과 유프라테스강 사이의 평원을 비추기 시작했다. 우루크의 거대한 지구라트*가 그림자를 길게 드리우고 있었다. 기원전 3,500년경, 인류 최초의 도시 문명이 절정에 달한 시기였다. 높이 40미터가 넘는 지구라트는 단순한 종교 건축물이 아니었다. 그것은 조직화된 권력의 상징이었고, 체계화된 관료제의 중심이었다.

"오늘은 여섯 번째 달의 첫날입니다. 창고의 곡물을 점검하고, 노동자들의 배급을 준비해야 합니다." 한 서기관이 점토판에 쐐기문자를 새기며 말했다. 행정 중심부에서는 매일 수백 개의 점토판이 만들어졌다. 각각의 판에는 곡물의 양, 노동자의 수, 공물의 기록 등이 꼼꼼히 기재되었다. 도시 국가의 탄생은 우연이 아니었다. 그것은 수천 년에 걸친 인구 증가, 농업 생산성 향

---

* 메소포타미아의 대표적인 신전 건축물로, 계단식으로 쌓아올린 거대한 피라미드형 구조물이다. 수메르어로 '하늘과 땅을 잇는 산'을 의미하며, 신전과 행정, 저장 시설의 기능을 겸했다. 각 층은 테라스 형태로 구성되었고 꼭대기에는 신을 모시는 신전이 있었다. 가장 유명한 우르의 지구라트는 높이가 약 30미터에 달했으며, 도시의 종교적, 정치적 권위를 상징했다.

상, 사회 조직의 복잡화가 만들어낸 필연적 결과였다. 고고학적 증거들은 기원전 4,000년경부터 메소포타미아 지역에서 대규모 정주 공동체가 형성되기 시작했음을 보여준다. 우루크는 그 중에서도 가장 성공적인 사례였다. 도시의 규모는 기원전 3,200년경에 이미 100헥타르를 넘어섰고, 인구는 4만 명에 달했다. 이는 당시로서는 상상하기 어려운 규모였다. 이러한 대규모 인구의 집중은 완전히 새로운 형태의 사회 조직을 필요로 했다.

"성벽 보수에 동원될 인부가 필요합니다. 각 구역장에게 통지를 보내야 합니다." 다른 서기관이 말했다. 성벽은 길이가 9킬로미터에 달했고, 그 위에는 900개가 넘는 방어용 탑이 있었다. 이러한 대규모 건축물의 건설과 유지는 체계적인 노동력 동원 시스템 없이는 불가능했다. 도시의 공간 구조 자체가 권력의 위계를 반영했다. 중심부에는 지구라트와 신전이 있었고, 그 주변으로 행정구역이 배치되었다. 외곽으로 갈수록 일반 주거지가 있었고, 가장 바깥쪽에는 수공업자들의 작업장이 있었다. 이러한 동심원적 구조는 사회적 계층화를 공간적으로 표현한 것이었다. 특히 주목할 만한 것은 전문화된 구역의 존재였다. 도시 발굴 과정에서 발견된 증거들은 특정 구역이 특정 직능에 특화되어 있었음을 보여준다. 금속가공구역, 도기제작구역, 직물생산구역 등이 명확히 구분되어 있었다. 이는 노동의 분업이 이미 상당히 발달했음을 의미한다.

"새로운 신전 건설을 위한 벽돌이 부족합니다. 벽돌공장에 추가 생산을 지시해야 합니다." 건설 감독관의 말에서 우리는 당시의 생산 관리 시스템을 엿볼 수 있다. 고고학자들은 우루크에서 대규모 벽돌공장의 흔적을 발견했는데, 이곳에서는 표준화된 크기의 벽돌이 대량으로 생산되었다.

행정 체계의 발달
신전 구역의 높은 창문으로 아침 햇살이 스며들었다. 수십 명의 서기관들이 점토판 앞에 앉아 기록 작업에 몰두하고 있었다. 기원전 3,000년경 어느 날 아침 풍경이다. 이들의 작업은 단순한 기록이 아닌, 세계 최초의 체계적인 행정 시스템의 운영이었다.

"어제는 북문에서 327명의 노동자가 일했고, 밀 배급으로 981단위가 지급되었습니다." 한 서기관이 보고했다. 발굴된 점토판들은 놀라울 정도로 정교한 행정 기록 시스템을 보여준다. 노동자의 출근부터 작업량, 임금 지급까지 모든 것이 상세히 기록되었다. 행정 체계의 핵심은 계층적 관료제였다. 최상위에는 엔시(도시의 통치자)가 있었고, 그 아래로 여러 층위의 관리들이 있었다. 각 직급은 명확한 권한과 책임을 가지고 있었다. 우루크에서 발견된 관직표는 20개가 넘는 서로 다른 관직을 나열하고 있다. "창고 3호의 재고가 줄어들고 있습니다. 4호 창고에서 이송이 필요합니다." 물자 관리관의 보고였다.

도시의 물자 관리는 매우 체계적이었다. 여러 개의 대형 창고가 전략적으로 배치되어 있었고, 각 창고는 전문 관리인이 책임졌다. 이들은 정기적으로 재고를 점검하고 보고했다. 특히 주목할 만한 것은 문서 관리 시스템이었다. 점토판들은 주제별, 시기별로 분류되어 보관되었다. 우루크의 문서고에서는 특별히 제작된 목재 선반의 흔적이 발견되었는데, 이는 체계적인 문서 관리 시스템의 증거다. "이 점토판은 5년 전의 토지 분쟁 기록입니다. 지금의 분쟁 해결에 참고해야 합니다." 한 고위 관리가 말했다. 행정 기록은 단순한 현상 기록을 넘어 판례와 참고 자료로 활용되었다. 이는 세계 최초의 법적 체계의 시작이었다.

관료제는 엄격한 교육 시스템을 통해 유지되었다. 서기관 학교는 어린 시절부터 시작되는 장기간의 교육을 통해 관료를 양성했다. 우루크에서 발견된 교육용 점토판들은 문자 학습부터 행정 실무까지 체계적인 커리큘럼이 있었음을 보여준다. 도시의 행정은 정교한 달력 시스템을 기반으로 운영

되었다. "다음 달 초하루에 대축제가 있습니다. 식량과 맥주의 추가 배급을 준비해야 합니다." 축제 담당관의 말이었다. 메소포타미아의 달력은 행정적 필요에 의해 정교하게 발달했다. 세금 징수 시스템도 매우 체계적이었다. 각 가구와 작업장은 정기적으로 세금을 납부해야 했다. 징수된 세금은 중앙에서 관리되었고, 이는 다시 공공사업과 의례, 관리들의 봉급으로 사용되었다. 이는 최초의 재정 시스템이었다.

관개 시스템과 기술 관료제

이른 아침, 한 관리가 운하 둑 위를 걸으며 수위를 점검하고 있었다. 기원전 3,200년경 우르의 풍경이다. 그의 손에는 복잡한 계산이 적힌 점토판이 들려 있었다.

"상류의 수위가 2큐빗 올랐습니다. 3번 수문을 조절해야 합니다." 이것은 단순한 기술적 조정이 아닌, 도시의 생존이 걸린 중대한 결정이었다. 메소포타미아의 관개 시스템은 당대 최고의 기술적 성취였다. 주 운하의 길이는 수십 킬로미터에 달했고, 이를 보조하는 지선 수로는 거미줄처럼 도시와 농경지를 연결했다. 우르에서 발견된 관개 시설의 설계도는 놀라울 정도로 정교했다. 수로의 경사도, 수문의 위치, 저수지의 용량이 정확히 계산되어 있었다. "이번 달에는 12개 구역에 물을 공급했고, 다음 달에는 북쪽 15개 구역이 차례입니다." 수자원 관리관의 보고였다. 물 분배는 매우 체계적으로 이루어졌다. 각 구역은 정해진 시기에 정해진 양의 물을 받았다. 이를 위해서는 정교한 계획과 엄격한 통제가 필요했다.

관개 시스템의 운영은 새로운 형태의 권력을 탄생시켰다. 기술 관료제의 출현이었다. 수로 설계자, 수위 측정자, 수문 관리자 등 전문화된 직책이 생겨났다. 이들은 단순한 기술자가 아니라 실질적인 권력자였다. 물의 통제는 곧 생산력의 통제였기 때문이다. 특히 주목할 만한 것은 수학적 지식의 발달이었다. 관개 시스템의 설계와 운영은 복잡한 계산을 필요로 했다. 면적 계산, 부피 측정, 수량 예측 등이 일상적으로 이루어졌다. 우르에서 발견된 수학 점토판들은 당시 이미 상당히 발달된 수학 지식이 있었음을 보여준다. "새로운 운하 건설에 6,000명의 노동력이 필요합니다. 60일 간의 작업이 될 것입니다." 공사 책임자의 계산이었다.

대규모 공사의 관리는 매우 체계적이었다. 노동력 동원에서 자재 조달, 공정 관리까지 모든 것이 계획되고 기록되었다. 기술 관료들은 자신들만의 전문성을 바탕으로 특권적 지위를 누렸다. 그들의 봉급은 일반 노동자의 수십 배에 달했고, 특별한 거주구역이 할당되었다. 우르에서 발견된 주거지 발굴 결과는 기술 관료들의 주택이 일반 시민들의 것보다 훨씬 크고 호화로웠음을 보여준다. "이 지식은 대대로 전해져야 한다." 한 수로 관리자가 자신의 아들을 가르치며 말했다. 기술 관료들은 자신들의 지식을 세습했다. 특별한 교육 시스템이 발달했고, 이는 대부분 가문 내에서 이루어졌다. 우르에서 발견된 기술 교육용 점토판들은 매우 전문적인 내용을 담고 있었다.

관개 시스템의 복잡성은 계속해서 증가했다. 도시가 성장하고 농경지가 확대되면서, 더욱 정교한 수로 네트워크가 필요해졌다. "주 운하의 수압이 너무 높습니다. 새로운 방류로가 필요합니다." 이러한 기술적 도전은 더욱 전문화된 지식을 요구했고, 이는 기술 관료들의 권력을 더욱 강화했다. 특히 주목할 만한 것은 재난 관리 시스템이었다. 홍수나 가뭄과 같은 자연재해에 대비한 정교한 계획이 있었다. "상류에서 큰 비가 내렸다는 소식입니다. 비상 저수지를 준비해야 합니다." 이러한 위기관리 능력은 기술 관료들의 존재 가치를 더욱 높였다.

기술 관료제는 또한 새로운 형태의 사회적 이동성을 만들어냈다. 비록 제한적이었지만, 뛰어난 기술적 재능을 가진 이들은 낮은 신분에서도 높은 지위에 오를 수 있었다. 우르의 기록은 몇몇 성공 사례를 전하고 있다. 그러나 이러한 기술 관료제는 한계도 가지고 있었다. 지나친 전문화와 세습은 혁신을 저해했고, 관료제의 경직성은 때로는 효율적인 대응을 어렵게 했으며 이러한 한계는 후대의 메소포타미아 문명 쇠퇴의 한 원인이 되었다.

1.2.2 이집트 문명과 중앙집권

나일강의 통제

새벽의 첫 햇살이 나일강의 수면을 비추기 시작했다. 기원전 3,000년경, 테베의 한 관리가 강둑 위에 서서 수위 측정 기둥을 살피고 있었다.

"나일로미터의 수위가 7큐빗을 가리키고 있습니다. 홍수가 시작됩니다."
그의 보고는 곧바로 왕궁으로 전달될 것이다. 이집트에서 나일강의 수위는 단순한 자연현상이 아닌, 국가 운영의 핵심 정보였다.

메소포타미아가 여러 도시 국가로 나뉘어 있었던 것과 달리, 이집트는 일

그림 1-3 나일로미터를 통한 수위 관리

찍부터 강력한 중앙집권 국가를 형성했다. 이러한 차이의 핵심에는 나일강이 있었다. 매년 정기적으로 찾아오는 나일강의 범람은 예측 가능했고, 이를 효과적으로 통제하기 위해서는 통일된 관리 체계가 필요했다.

"상류에서 홍수가 시작되면, 15일 후에는 이곳에 도달할 것입니다." 관리의 말에는 수천 년에 걸쳐 축적된 나일강에 대한 지식이 담겨 있었다. 이집트인들은 강의 범람 주기를 정확히 이해하고 있었고, 이를 바탕으로 정교한 농업 계획을 수립했다. 나일강 통제 시스템의 핵심은 수로와 제방이었다. "이번 해에는 20개의 새로운 수로를 건설하고, 50개의 제방을 보수해야 합니다." 왕실 건설 감독관의 계획이었다. 이러한 대규모 공사는 엄청난 노동력을 필요로 했고, 이는 강력한 중앙권력 없이는 불가능했다.

특히 주목할 만한 것은 수자원 관리의 중앙집권화였다. 물의 분배는 철저히 위계적인 시스템을 통해 이루어졌다. 최상위의 결정권은 파라오에게 있었고, 그 아래로 여러 단계의 관리들이 각자의 영역을 담당했다. "파라오의 명령에 따라, 이번 달의 물 분배 계획이 결정되었습니다." 수리 시설의 건설과 유지는 국가의 가장 중요한 사업이었다. 발굴된 파피루스 문서들은 이집트가 얼마나 체계적으로 이 사업을 관리했는지 보여준다. 노동력 동원 계획, 자재 조달 목록, 작업 일정표 등이 상세히 기록되어 있다. "운하의 깊이는 5큐빗, 너비는 10큐빗이어야 합니다." 건설 감독관의 지시는 매우 정확했다. 이집트인들은 정교한 측량 기술을 발전시켰고, 이는 후에 기하학의 발전으로 이어졌다. 피라미드 건설에 사용된 정교한 측량 기술은 바로 이러한 수리 시설 건설 경험에서 비롯된 것이었다.

나일강의 통제는 또한 새로운 형태의 전문가 집단을 탄생시켰다. 수위 측정자, 수로 설계자, 제방 건설자 등 다양한 전문가들이 필요했다. 이들은 단순한 기술자가 아닌, 국가 운영의 핵심 인력이었다. "나의 아들도 이 지식을 배워야 합니다. 이것은 우리 가문의 의무이자 특권입니다."

종교-정치 복합 체제

아침 해가 루크소르 신전의 첨탑을 비추자, 수백 명의 제사장들이 일제히 움직이기 시작했다. 기원전 2,500년경의 일상적인 풍경이었다.

"태양신 라의 힘으로, 우리의 파라오는 영원할 것입니다." 대제사장의 음성이 울려 퍼졌다. 이것은 단순한 종교 의식이 아닌, 정치적 권위를 확인하는 의례였다. 이집트의 독특한 점은 종교와 정치가 완벽하게 하나로 융합되어 있었다는 것이다. 파라오는 단순한 통치자가 아닌 신의 현현(顯現)으로 여겨졌다. "파라오는 호루스의 살아있는 모습입니다. 그의 말씀은 곧 신의 뜻입니다." 이러한 신성한 권위는 어떠한 도전도 허용하지 않았다.

신전은 단순한 종교 시설이 아니었다. 그것은 행정, 경제, 교육의 중심이었다. "오늘 신전 창고에 보관된 곡물의 양을 점검해야 합니다." 한 제사장의 말이었다. 신전은 거대한 경제적 권력을 가지고 있었다. 토지를 소유하고, 노동력을 통제하며, 생산물을 관리했다. 특히 주목할 만한 것은 제사장 계층의 위계적 구조였다. 최상위에는 대제사장이 있었고, 그 아래로 여러 등급의 제사장들이 있었다. 각 등급은 명확한 권한과 의무를 가지고 있었다. "나는 15년간의 봉사 끝에 이 지위에 올랐습니다. 이제 내 아들도 같은 길을 걸을 것입니다."

종교적 지식은 철저히 통제되었다. 신성문자(히에로글리프)의 사용은 제사장 계층에 한정되었다. "이 문자에는 신성한 힘이 깃들어 있습니다. 함부로 사용해서는 안 됩니다." 문자의 통제는 곧 지식과 권력의 통제를 의미했다. 제사장들은 또한 달력을 관리했다. 나일강의 범람 시기, 파종과 수확 시기, 종교축제의 시기 등을 결정하는 것은 그들의 몫이었다. "시리우스의 출현이 새해의 시작을 알립니다." 천문학적 지식은 그들의 권위를 더욱 강화했다.

이집트의 종교-정치 체제는 매우 정교한 이데올로기적 통제 시스템을 발전시켰다. "마아트의 질서를 지키는 것이 우리의 의무입니다." 마아트는 우주적 질서와 정의를 의미했는데, 이는 곧 현존하는 사회 질서의 정당화였다. 무덤과 피라미드의 건설도 이러한 체제의 중요한 부분이었다. "이 건축물은 파라오의 영원한 생명을 보장할 것입니다." 거대한 건축 프로젝트는 종교적 열망과 정치적 권력을 동시에 표현했다. 이러한 종교-정치 복합 체제는 놀라울 정도로 안정적이었다. 3,000년이 넘는 기간 동안 근본적인 변화 없이 지속되었다. 다만 이러한 안정성은 경직성이라는 대가를 치러야 했다. "변화는 마아트의 질서를 깨뜨립니다." 혁신과 변화에 대한 저항은 이집트 문명의 특징이자 한계였다.

피라미드형 관료제

아침 일찍, 멤피스의 행정 중심지는 이미 활기로 가득 찼다. 수백 명의 서기관들이 파피루스 두루마리를 들고 분주히 움직이고 있었다. 기원전 2,000년경의 일상적인 풍경이다.

"오늘은 30개 지역의 세금 기록을 정리해야 합니다." 한 고위 관리의 지시가 울려 퍼졌다. 이집트의 관료제는 인류 역사상 가장 완벽한 피라미드 구조를 가지고 있었다. 최상위에는 파라오가 있었고, 그 아래로 위지르(재상), 노모스(지방총독), 각급 관리들이 철저한 위계질서를 이루고 있었다. "모든 명령은 위에서 아래로, 모든 보고는 아래에서 위로." 이것이 이집트 관료제의 기본 원칙이었다. 특히 주목할 만한 것은 문서 관리 시스템이었다. 모든 행정 행위는 반드시 기록되어야 했다. "세금 납부자의 이름, 납부 품목, 수량, 날짜가 정확히 기재되어야 합니다." 발굴된 파피루스 문서들은 놀라울 정도로 상세한 행정 기록을 보여준다.

서기관은 이집트 관료제의 중추였다. "서기관이 되는 것은 영광스러운 일입니다. 그대는 글을 알고, 숫자를 다룰 수 있으니, 어떤 직업보다 나은 삶을 살 수 있을 것입니다." 한 스승이 제자에게 들려주는 조언이었다. 서기관 학교에서 발견된 이 글은 당시 서기관의 사회적 지위를 잘 보여준다. 관료 선발 시스템도 매우 체계적이었다. "시험을 통과한 자만이 이 직위에 오를 수 있습니다." 능력주의적 요소가 있었지만, 실제로는 상류층 자제들이 대부분을 차지했다. 교육에 필요한 시간과 비용을 감당할 수 있는 것은 그들뿐이었기 때문이다. 행정의 전문화도 눈에 띈다. 세금 징수, 농업 관리, 건설 감독, 창고 관리 등 각 분야마다 전문 관리들이 있었다.

"나는 15년 간 곡물 창고를 관리했고, 내 아버지도 같은 일을 했습니다." 전문성은 종종 세습되었다. 중앙과 지방의 관계도 철저한 위계 속에서 관리되었다. 각 지방을 다스리는 노모스는 중앙에서 파견된 관리였다. "나는 파라오의 눈이자 귀입니다. 이 지역의 모든 일을 파라오께 보고할 의무가 있습니다." 지방 관리의 말이었다. 그들은 정기적으로 상세한 보고서를 중앙에 제출해야 했다.

감시와 통제의 시스템도 정교했다. "감찰관이 이번 달에 순시를 올 예정입니다." 중앙에서 파견된 감찰관들은 정기적으로 지방을 순회하며 행정을 점검했다. 부정이나 부패가 발견되면 엄중한 처벌이 따랐다. 발굴된 파피루스에는 부패한 관리들의 처벌 기록이 상세히 남아 있다.

관료제는 또한 정교한 보상 체계를 가지고 있었다. "충실한 봉사에 대한 보상으로 새로운 토지가 하사되었습니다." 관리들은 봉급 외에도 다양한 형태의 보상을 받았다. 토지, 노예, 귀금속 등이 공로에 따라 하사되었다. 이는 관료들의 충성심을 확보하는 중요한 수단이었다.

교육 시스템도 관료제의 재생산을 위해 체계화되었다. "이 학교에서는 문자와 수학뿐만 아니라, 예절과 행정의 원칙도 배웁니다." 관리 학교에서는 실무 지식 외에도 관료로서의 태도와 윤리를 가르쳤다. 발굴된 교육용 파피루스들은 매우 체계적인 커리큘럼을 보여준다. 특히 주목할 만한 것은 문서 보관 시스템이었다. "모든 중요한 기록은 세 벌의 사본이 만들어져야 하며,

각각 다른 장소에 보관되어야 합니다."

이집트의 문서고는 놀라울 정도로 체계적이었다. 문서는 주제별, 시기별로 분류되었고, 목록이 만들어졌으며, 정기적으로 점검되었다. 이러한 피라미드형 관료제는 놀라운 효율성을 보여주었다. 광대한 영토를 통치하고, 대규모 건설 사업을 수행하며, 복잡한 관개 시스템을 관리하는 것이 가능했다. 그러나 동시에 심각한 한계도 가지고 있었다. 지나친 중앙집권화는 유연성을 떨어뜨렸고, 과도한 문서주의는 때로는 실질적인 문제 해결을 방해했다. "이 사안은 선례가 없습니다. 상부의 지시를 기다려야 합니다." 이러한 경직성은 위기상황에서 특히 문제가 되었다. 대외적 위협이나 자연재해와 같은 예상치 못한 상황에 대한 대응이 늦어지는 경우가 많았다. 그럼에도 불구하고, 이집트의 관료제는 인류 역사에서 중요한 의미를 가진다. 그것은 체계적인 행정 시스템의 원형을 제시했고, 많은 면에서 현대 관료제의 특징들을 선취하고 있었다. 문서화, 위계질서, 전문화, 규칙에 의한 통치 등은 오늘날까지도 관료제의 핵심 원리로 남아 있다.

고대 중앙집권 권력의 현대적 함의

이집트 문명의 중앙집권적 특성은 오늘날 우리에게 중요한 통찰을 제공한다. 그것은 권력 집중의 장단점을 생생하게 보여주는 역사적 실험이었다.

"하나의 강, 하나의 왕국, 하나의 질서." 이집트의 이 원칙은 오늘날 플랫폼 기업들의 "하나의 시스템, 하나의 표준, 하나의 생태계"라는 원칙과 묘하게 겹쳐진다. 나일강의 통제를 통한 자원 관리는 현대의 데이터 관리와 유사한 면이 있다. 이집트인들이 수위 측정과 물 분배를 통해 권력을 행사했듯이, 현대의 기업들은 데이터의 수집과 분배를 통해 영향력을 행사한다. "물의 흐름을 통제하는 자가 이집트를 통제한다"는 말은 "데이터의 흐름을 통제하는 자가 세상을 통제한다"는 현대의 격언과 놀랍도록 유사하다.

종교-정치 복합 체제는 이데올로기적 통제의 전형을 보여준다. 파라오의 신성한 권위가 사회 질서를 정당화했듯이, 현대의 기술 기업들도 때로는 기술의 신성함을 통해 자신들의 권력을 정당화한다. "알고리즘은 객관적이고 중립적"이라는 주장은 "파라오의 결정은 신의 뜻"이라는 주장과 구조적으로 유사하다. 피라미드형 관료제의 경험은 특히 중요한 교훈을 준다. 효율성과 경직성이라는 상충되는 특성, 전문성의 발전과 혁신의 저해라는 딜레마는 오늘날의 대규모 조직에서도 여전히 중요한 과제다.

규모의 경제를 추구하는 현대 기업들은 이집트 관료제가 직면했던 것과 매우 유사한 도전들을 마주하고 있다. 더욱 중요한 것은 권력 집중이 가져오는 근본적인 취약성이다. 이집트 문명은 오랫동안 안정적으로 보였지만, 결국 급격한 변화 앞에서 무력했다. 지나친 중앙집권화는 적응력을 떨어뜨렸고, 이는 결국 문명의 쇠퇴로 이어졌다. 이는 현대의 거대 기술 기업들이나 중앙집권적 시스템들에게도 중요한 경고가 된다.

그러나 동시에 우리는 새로운 가능성도 보고 있다. 블록체인과 같은 분산형 기술은 중앙집권적 통제 없이도 효율적인 조직이 가능함을 보여준다. P2P 네트워크는 위계적 구조 없이도 복잡한 시스템이 작동할 수 있음을 증명한다. 이는 이집트식의 중앙집권 모델과는 완전히 다른 대안을 제시한다.

결국 이집트 문명의 사례는 우리에게 권력 집중의 이점과 위험성을 동시에 보여준다. 그것은 효율성과 안정성을 가져올 수 있지만, 동시에 경직성과 취약성도 초래한다. 디지털 시대를 살아가는 우리에게 이러한 역사적 교훈은 매우 중요하다. 우리는 이집트인들이 나일강을 관리했듯이 데이터의 흐름을 관리해야 하지만, 그들이 빠졌던 과도한 중앙집권화의 함정은 피해야 할 것이다.

1.2.3 그리스-로마 시대

아테네 민주주의의 태동

아침 햇살이 아테네의 아고라를 비추기 시작했다. 기원전 5세기, 수백 명의 시민들이 민회를 위해 모여들고 있었다.

"오늘은 시라쿠사(Syracuse)*와의 동맹 여부를 결정해야 합니다." 한 연설가가 연단에 올랐다. 이것은 단순한 회의가 아닌, 인류 역사상 가장 대담한 정치적 실험의 현장이었다.

그림 1-4 아테네 아고라에서의 장례 연설 장면

아테네 민주주의는 이집트나 메소포타미아의 중앙집권적 왕정과는 완전히 다른 길을 택했다. 모든 시민은 동등하며, 정치에 참여할 권리와 의무를

---

* 시칠리아 섬 동부에 위치한 고대 그리스 식민 도시. 기원전 8세기에 코린트 인들이 건설했으며, 지중해의 주요 무역 중심지이자 군사 강국으로 성장했다. 특히 기원전 5-4세기에 전성기를 맞이했으며, 아테네와 카르타고의 침공을 성공적으로 막아내었다. 수학자 아르키메데스의 고향으로도 유명하다.

가진다는 것이 민주주의의 기본 원칙이었다. 발굴된 비문들은 이 원칙이 얼마나 진지하게 실천되었는지를 보여준다. 특히 주목할 만한 것은 의사결정 과정이었다. 누구든 연단에 올라 자신의 의견을 말할 수 있었고 이소노미아(법 앞의 평등)와 파레시아(발언의 자유)는 민주주의의 핵심 가치였다. 연설가들은 자유롭게 토론했고, 최종 결정은 투표로 이루어졌다. 민회는 정기적으로 열렸다. 1년에 40회의 정기 민회가 있었고, 필요한 경우 임시 민회가 소집되었으며 참여는 의무였다. 출석하지 않는 시민들은 벌금을 내야 했다. 아고라에서 발견된 투표용 조개 파편들은 당시의 투표 시스템을 보여준다.

행정도 독특했다. 500인 평의회의 의장직은 매일 바뀌었는데 이는 권력의 집중을 막기 위한 장치였던 것이다. 추첨으로 선출된 시민들이 돌아가면서 공직을 맡았다. 이는 모든 시민이 통치자이자 피통치자가 되는 순환의 원리였다.

아테네 민주주의는 또한 새로운 형태의 공론장을 만들어냈다. 아고라는 단순한 시장이 아닌, 정치적 토론과 문화적 교류의 중심지였다. 이곳에서는 철학자와 상인, 장인과 농부가 함께 모여 도시의 미래를 논했으며 소크라테스가 제자들과 토론하던 곳도 바로 이 아고라였다. 교육의 성격도 변화했다. 시민이 되기 위해서는 정치적 판단력이 필요했기에 수사학과 논리학이 교육의 중심이 되었다. 소피스트들은 젊은이들에게 정치적 기술을 가르쳤고, 철학자들은 비판적 사고를 강조했다. 그러나 아테네 민주주의에는 한계도 있었다. 시민권은 모두에게 열려 있지 않았으며 여성, 외국인, 노예는 제외되었다. 시민의 자격은 매우 제한적이었다. 전체 인구의 약 10%만이 실제로 정치에 참여할 수 있었다.

시민권과 정치 참여

로마의 원로원 회의장에 아침 햇살이 스며들었다. 기원전 1세기, 한 원로가 연단에 올랐다.

"오늘 우리는 새로운 시민권 부여 법안을 논의합니다." 이것은 단순한 법적 문제가 아닌, 제국의 본질을 규정하는 중대한 결정이었다. 로마의 시민권 개념은 그리스의 그것과는 달랐다. 시민권은 확장될 수 있고, 획득될 수 있었으며 이것이 로마의 혁신이었다. 아테네가 시민권을 폐쇄적으로 유지했다면, 로마는 점진적으로 확대했다. 이는 제국 통치의 핵심 전략이었다.

시민권은 계층화되어 있었다. 완전한 시민권자는 투표권과 공직 진출권을 가졌으나 제한된 시민권도 있었다. 상업권만 가진 자, 거주권만 가진 자 등 다양한 등급이 있었다. 발굴된 시민권 명부는 이러한 복잡한 체계를 보여준다. 특히 주목할 만한 것은 시민권 획득 과정이었다. 군복무를 통해, 공헌을 통해 이러한 권리를 얻을 수 있었으며 시민권은 충성과 공헌에 대한 보상이었다. 이는 제국의 통합을 촉진하는 효과적인 도구였다. 시민의 의무도 명확했다. 시민은 세금을 내고, 군대에 복무하며, 법을 준수해야 했다. 권리와 의무는 항상 함께했다. 로마법은 시민의 권리와 의무를 상세히 규정했고, 이는 후대 법 체계의 모델이 되었다.

정치 참여의 형태도 독특했다. 민회는 있지만, 실질적인 권력은 원로원에 있었다. 로마는 민주주의와 귀족정의 혼합 형태를 발전시켰다. 이는 안정성과 효율성을 동시에 추구한 결과였다. 교육도 시민권과 밀접하게 연관되었다. 로마 시민은 라틴어를 필수적으로 교육 받았다. 수사학과 법학 역시 교육의 중심이 되었고, 이는 제국의 관료들을 양성하는 기반이 되었다. 도시 계획도 시민권 개념을 반영했다. 포럼은 모든 시민이 모이는 공간으로 공공 광장, 목욕탕, 경기장 등은 시민적 삶의 중심이었다. 도시 유적은 이러한 공공 공간이 얼마나 중요했는지를 보여준다. 제도화된 참여 시스템도 발달했다. 호민관은 평민의 권리를 보호하고 계급 간의 갈등을 제도적으로 해결하려는 시도였다. 이는 현대의 대의 민주주의 제도의 원형이 되었다. 그러나 이러한 시민권 체계도 한계가 있었다. 시민권이 너무 널리 퍼지면 그 가치가 떨어질 것을 우려했던 것이다. 확장과 통제 사이의 균형을 찾는 것은 항상 어려운 과제였다. 결국 카라칼라 황제 시기에 이르러 제국 내 모든 자유민에게 시민권이 부여되었지만, 이때는 이미 시민권의 실질적 의미가 많이 약화된 후였다.

제국의 확장과 통치

로마의 총독 관저에서, 한 관리가 새로 정복된 영토의 지도를 펼쳐보고 있었다. 기원후 1세기의 어느 날이었다.

"이 지역의 도로와 수로 건설은 3년이 걸릴 것입니다." 이것은 단순한 건설 계획이 아닌, 제국의 통합 전략의 일부였다. 로마의 제국 확장은 매우 체계적이었다. 먼저 군사력으로 정복하고, 다음은 도로로 연결하고, 마지막으로 법과 문화로 통합한다는 것이 로마의 기본 원칙이었다. 발굴된 유적들은 이 원칙이 제국 전역에서 얼마나 일관되게 적용되었는지를 보여준다. 도로 건설은 특히 중요했다. "모든 길은 로마로 통한다." 이 말은 단순한 수사가 아니었다. 총 길이 25만 마일에 달하는 도로망이 건설되었다. 이는 군사적, 행정적, 경제적 통합의 기반이 되었다. 행정 시스템도 정교했다. 각 속주는 로마법의 적용을 받되, 지역의 관습법도 인정하였다. 이러한 유연성은 제국 통치의 특징이었다.

지역의 자율성을 어느 정도 인정하면서도, 핵심적인 부분에서는 중앙의 통제를 관철했다. 정보 관리 시스템 역시 주목할 만한데 매달 각 속주의 보고서가 로마에 도착했고 제국은 정교한 문서 체계를 통해 운영되었다. 인구 조사, 세금 기록, 군사 보고 등이 정기적으로 이루어졌다. 군사 조직도 통치의 중요한 수단이었다. 군단은 전투력만이 아닌, 문명화의 도구였으며 군단이 주둔하는 곳마다 도시가 발달했다. 군인들은 전투뿐만 아니라 건설, 행정, 교육 등 다양한 역할을 수행했다. 경제적 통합도 체계적으로 이루어졌으며 단일 화폐, 단일 도량형, 단일 시장이 제국의 경제 정책이었다. 고고학 발굴은 제국 전역에서 동일한 화폐가 사용되었음을 보여준다. 마지막으로 문화적 통합도 중요한 전략이었다. "그들의 신들을 우리의 신전에 모시고, 우리의 언어를 그들의 학교에서 가르친다." 로마는 피정복민의 문화를 인정하면서도, 점진적으로 로마화를 추진했다.

제국 시대 권력의 현대적 함의

그리스-로마 시대의 실험들은 현대 사회에 중요한 통찰을 제공한다. 아테네 민주주의의 경험은 오늘날 직접 민주주의와 디지털 민주주의의 가능성과 한계를 이해하는 데 도움을 준다.

"모든 시민이 모든 결정에 참여한다"는 아테네의 이상은 인터넷 시대에 새로운 의미를 갖는다. 온라인 플랫폼들이 제공하는 직접 참여의 가능성은 아테네 아고라의 현대적 부활처럼 보인다. 그러나 아테네의 경험은 경고도 제공한다. "중요한 것은 참여의 양이 아닌 질입니다." 소크라테스의 이 경고는 오늘날 소셜 미디어상의 무분별한 여론 형성을 보며 더욱 의미심장하게 다가온다.

아테네가 고민했던 대중영합주의(포퓰리즘)의 위험은 디지털 시대에 더욱 증폭되어 나타난다. 로마의 시민권 개념도 현대적 함의가 크다. "누가 공동체의 구성원이 될 수 있는가?" 이 질문은 디지털 시대에 새로운 형태로 제기된다. 플랫폼의 사용자, 데이터의 주체, 알고리즘의 영향을 받는 사람들의 권리는 어떻게 정의되고 보호되어야 하는가? 로마가 시민권을 통해 제국을 통합했듯이, 현대 사회는 디지털 시민권을 통해 새로운 통합을 모색해야 할지도 모른다.

제국의 통치 시스템도 현대적 교훈을 준다. 로마의 관용적 통합 정책은 오늘날 글로벌 플랫폼들의 운영 방식과 유사점을 보인다. 지역적 특성을 인정하면서도 전체적인 표준을 관철시키는 방식, 이는 현대 글로벌 기업들의 현지화(Localization) 전략과 닮아 있다. 특히 정보 관리 시스템이 중요한 역할을 하였는데 로마가 제국 전역의 정보를 수집하고 관리했듯이, 현대의 디지털 플랫폼들도 전 세계의 데이터를 수집하고 분석한다. "정보의 흐름이 곧 권력의 흐름"이라는 원칙은 고대나 현대나 변함없다. 그러나 가장 중요한 교훈은 아마도 권력 구조의 지속 가능성에 대한 것일 것이다. 아테네 민주주의는 너무 이상적이어서 실패했고, 로마 제국은 너무 거대해서 무너졌다. 이는 현대의 거대 기술 기업들과 디지털 플랫폼들에게도 중요한 경고가 된다. 규모의 확장이 반드시 지속 가능성을 보장하지는 않는다는 것이다.

새로운 해결책의 단서도 이 고대의 경험에서 찾을 수 있다. 아테네의 참여 민주주의와 로마의 대의제를 결합한 새로운 형태의 거버넌스, 시민권의 계층화와 유연한 확장을 가능케 하는 스마트 계약*, 중앙집중과 분산을 동시에 추구하는 하이브리드 시스템 등이 그것이다. 결국 그리스-로마의 실험이 우리에게 가르쳐주는 것은, 어떤 권력 구조도 완벽할 수 없다는 것이다. 중요한 것은 끊임없는 혁신과 적응이다. 아테네인들이 민주주의를 발명하고 로마인들이 그것을 확장했듯이, 우리도 디지털 시대에 맞는 새로운 정치적 혁신을 이뤄내야 한다. "역사는 반복되지는 않지만 운율을 가진다"는 말처럼, 그리스-로마의 경험은 오늘날 우리의 도전과 묘하게 공명한다. 그들의 성공과 실패를 이해하는 것은, 디지털 시대의 새로운 권력 구조를 설계하는 데 있어 필수적인 지혜를 제공한다.

---

* 블록체인 기술을 기반으로 한 자동 실행 계약 시스템. 미리 정해진 조건이 충족되면 자동으로 계약이 실행되는 디지털 프로토콜로, 중개자 없이 거래 당사자들 간의 계약을 자동으로 검증하고 실행한다. 이더리움의 개발과 함께 본격적으로 도입되었으며, 금융 거래, 자산 관리, 투표 시스템 등 다양한 분야에서 활용되고 있다.

| 통 | 찰 | 의 | 나 | 침 | 반 |

플랫폼 권력의 해부

"우리는 새로운 형태의 제국을 목격하고 있다." 2023년 한 디지털 인류학자의 이 말은 현대 플랫폼 기업들의 부상을 고대 제국들과 비교한다. 메타, 구글, 아마존과 같은 거대 기술 기업들이 보여주는 지배력은 많은 면에서 메소포타미아나 이집트 제국을 연상시킨다. 물론 검과 창 대신 알고리즘과 데이터를 무기로 사용한다는 점이 다르지만, 권력의 작동 방식은 놀랍도록 유사하다.

첫째, 제국의 통합 메커니즘이다. 메소포타미아가 문자와 도량형의 표준화를 통해 제국을 통합했듯이, 현대의 플랫폼 기업들은 기술 표준과 사용자 인터페이스의 표준화를 통해 디지털 영토를 통합한다. 구글의 안드로이드 OS나 메타의 통신 프로토콜은 현대판 설형문자나 로마의 도로망과 같은 역할을 한다.

다음으로 관료제의 진화도 주목할 만하다. 고대 이집트의 문서 관리 시스템과 위계적 행정 구조는 현대 기업의 데이터 관리 체계와 놀랍도록 유사하다. 차이가 있다면, 인간 관료 대신 알고리즘이 의사결정을 담당한다는 점이다. 알고리즘 관료제의 등장은 통치의 새로운 단계를 예고한다.

정보 통제의 방식도 유사한데 메소포타미아의 신관들이 천체 관측 데이터를 독점했듯이, 현대의 플랫폼 기업들은 사용자 데이터를 독점한다. "데이터는 새로운 석유"라는 말은 절반만 맞다. 데이터는 석유보다 강력한 통치의 도구다. 그것은 단순한 경제적 자원이 아닌, 인간 행동을 예측하고 조정하는 권력의 원천이다.

제국의 정당화 논리도 비교할 만하다. 고대 제국들이 문명화의 사명을 내세웠듯이, 디지털 제국들은 혁신과 효율성의 이데올로기를 내세운다. "연결된 세상"이나 "정보의 민주화"와 같은 구호는 매력적이지만, 그 이면에는 새로운 형태의 종속이 숨어 있다. 특히 주목할 만한 것은 자발적 복종의 메커니즘이다. 이집트 제국이 종교적 의례와 상징을 통해 지배를 내면화했듯이, 플랫폼 기업들은 사용자 경험(UX)과 게이미피케이션을 통해 충성도를 확보한다. '좋아요' 버튼 하나가 만들어내는 도파민의 힘은 어떤 물리적 강제보다 효과적일 수 있다.

| 통 | 찰 | 의 | 나 | 침 | 반 |

공간 지배의 논리도 새롭게 진화했다. 고대 제국들이 물리적 영토를 장악했다면, 디지털 제국들은 가상 공간을 장악한다. 페이스북의 메타버스 프로젝트는 현대판 영토 확장이다. 차이점이 있다면, 디지털 공간은 무한히 확장 가능하다는 점이다. 이는 전례 없는 규모의 제국 건설을 가능하게 한다. 그러나 가장 중요한 차이는 아마도 저항의 가능성일 것이다.

고대 제국들이 물리적 강제력을 통해 저항을 억눌렀다면, 디지털 제국에 대한 저항은 훨씬 더 복잡하다. 해킹, 디지털 행동주의, 대안적 플랫폼의 구축 등 저항의 형태가 다양화되었다. 특히 오픈소스 운동이나 탈중앙화 기술은 제국적 통제에 대한 체계적인 대안을 모색한다. "코드는 법이다"라는 로렌스 레식의 유명한 말은 새로운 의미를 가진다. 고대 제국이 법과 군사력으로 통치했다면, 디지털 제국은 코드와 알고리즘으로 통치한다. 이는 통치의 자동화를 의미하지만, 동시에 새로운 취약성도 만들어낸다. 코드는 해킹될 수 있고, 알고리즘은 우회될 수 있다.

제국의 멸망도 새로운 양상을 보인다. 고대 제국들이 대개 외부의 충격으로 몰락했다면, 디지털 제국의 위기는 주로 내부에서 온다. 프라이버시 침해, 가짜뉴스, 디지털 중독, 알고리즘 편향성 등 플랫폼이 만들어내는 부작용들이 그 정당성을 위협한다. 싸이월드나 Yahoo의 몰락이 보여주듯, 디지털 제국의 수명은 의외로 짧을 수 있다.

이러한 역사적 비교가 우리에게 가르쳐주는 것은 무엇인가?

첫째, 어떤 제국도 영원하지 않다는 점이다. 둘째, 제국의 규모가 클수록 그 붕괴의 충격도 크다는 점이다. 구글이나 페이스북의 몰락은 단순한 기업의 실패를 넘어 사회 전체의 혼란을 초래할 수 있다. 그러나 가장 중요한 교훈은 아마도 대안적 가능성에 대한 것일 것이다. 고대 제국들이 중앙집권적 통제를 유일한 질서의 형태로 제시했다면, 디지털 시대는 분산화된 협력의 가능성을 보여준다. 위키피디아, 리눅스, 비트코인과 같은 탈중심적 프로젝트들은 제국 없는 질서의 가능성을 실험하고 있다.

결국 우리에게 필요한 것은 제국을 넘어선 상상력이다. 기술의 발전이 반드시 권력의 집중으로 이어질 필요는 없다. 메소포타미아와 이집트의 교훈을 되새기며, 우리는 보다 민주적이고 분산된 형태의 디지털 문명을 구상할 수 있다. 그것이 가능할지는 전적으로 우리의 선택과 실천에 달려 있다.

1.3 새로운 질서의 탄생

1.3.1 제국의 몰락과 새로운 질서의 탄생

제국의 붕괴와 새로운 질서의 태동

476년 서로마 제국의 몰락은 단순한 정치적 사건을 넘어 유럽 문명 전체의 근본적인 재편을 의미했다. 천 년 동안 지속된 제국의 통치 체계는 점진적으로 와해되었고, 그것이 제공하던 행정, 경제, 문화적 통합의 기반이 무너졌다. 이는 마치 거대한 나무가 쓰러진 후, 그 자리에서 새로운 생명체들이 자라나는 것과 같은 과정이었다.

이 시기의 변화는 도시 문명의 극적인 쇠퇴에서 가장 분명하게 드러났다. 한때 수만 명의 인구를 자랑하던 도시들은 이제 고작 수백 명이 거주하는 작은 정착지로 전락했다. 로마의 도시들은 단순한 거주지가 아니었다. 그것은 행정의 중심지였고, 문화의 전파자였으며, 경제적 교류의 허브였다. 대리석으로 지어진 공공 건물들, 정교한 수도 시설, 원활한 물자 공급을 보장하던 도로망은 도시 문명의 상징이었다. 이러한 도시 인프라의 붕괴는 생활양식 전반의 변화를 초래했다. 화폐 경제의 붕괴는 또 다른 중대한 변화였다. 제국의 통일된 화폐 시스템은 장거리 무역과 전문화된 생산을 가능하게 했다. 그러나 이제 사람들은 다시 물물교환과 현물 경제로 돌아갔다. 금화와 은화는 점차 사라졌고, 대신 곡물이나 가축이 교환의 매개체가 되었다. 이는 경제 활동의 지역화와 자급자족적 생산으로의 회귀를 의미했다. 행정 체계의 붕괴도 광범위한 영향을 미쳤다. 제국의 관료제는 세금 징수, 법 집행, 공공사업 관리, 군사 동원 등을 체계적으로 수행했다. 이러한 시스템이 무너지자, 지역 사회는 새로운 형태의 조직 원리를 발전시켜야 했다. 문서에 기반한 행정은 구두 약속과 관습법으로 대체되었고, 중앙의 통제는 지역 유력자들의 자의적 지배로 바뀌었다. 치안의 악화는 사회 구조를 근본적으로 변화시켰다. 제국군의 철수와 함께 변경 지역의 방어가 무너졌고, 이는 외부 세력의 침입을 초래했다. 도적과 약탈자들이 늘어났고, 여행은 매우 위험한 활동이 되었다. 이러한 상황에서 자기 방어의 필요성이 증가했고, 이는 성채 건설과 무장 세력의 발달로 이어졌다. 성채의 건설은 이 시기의 가장 상징적인 현상이었다. 평지에 자리잡았던 로마의 도시들과 달리, 새로운 거점들은 주로 방어하기 쉬운 언덕 위에 세워졌다. 이러한 성채들은 단순한 군사 시설이 아니었다. 그것은 새로운 정치, 경제, 사회적 질서의 중심점이 되었다. 성채를 중심으로 형성된 공동체는 자급자족적 생산, 방어, 재분배의 기능을 통합적으로 수행했다. 문자 문화의 쇠퇴는 지식의 전수와 보존 방식을 변화시켰다. 제국 시대의 문서 중심 문화는 구술 전통으로 대체되었다. 법률, 역사, 기술적 지식은 이제 주로 구전을 통해 전해졌다. 라틴어의 보편적 사용은 쇠퇴했고, 지역 방언들이 발달하기 시작했다. 이는 문화의 지역화와 다양화를 촉진했지만, 동시에 광범위한 지적 교류를 어렵게 만들었다. 이러한 변화들은 전반적인 생활리듬의 변화를 수반했다. 제국의 시간은 달력과 시계로 측정되는 선형적이고 표준화된 것이었다. 그러나 이제 시간은 다시 자연의 순환과 종교적 의례에 따라 흐르게 되었다. 계절의 변화, 해와 달의 운행, 성인의 축일이 시간을 구분하는 주요 지표가 되었다.

그러나 이러한 붕괴와 퇴행의 과정은 동시에 새로운 가능성의 시작이기도 했다. 제국의 획일적 질서가 사라진 자리에서, 다양한 형태의 자생적 조직과 문화가 발전할 수 있는 공간이 열렸다. 이는 마치 오래된 숲이 불에 타고 난 후, 그 자리에서 새로운 생태계가 형성되는 것과 같은 과정이었다. 붕괴의 시기는 동시에 창조의 시기였으며, 이는 후일 유럽의 다양성과 역동성의 토대가 되었다.

봉건 질서의 형성과 새로운 권력 관계의 출현

제국의 붕괴가 남긴 공백 속에서, 새로운 형태의 사회 질서가 자연 발생적으로 형성되기 시작했다. 보호와 충성을 교환하는 봉건적 관계는 혼돈의 시대에 적응한 인류의 창조적 해답이었다. 이 새로운 질서는 토지를 매개로 한 인격적 충성 관계를 기반으로 했으며, 점차 정교한 제도적 형태로 발전했다.

봉건 관계의 핵심은 상호성의 원칙이었다. 상급 영주는 하급 귀족에게 보호와 봉토를 제공했고, 하급 귀족은 그 대가로 군사적 봉사와 충성을 맹세했다. 이러한 관계는 매우 인격적인 성격을 띠었다. 봉신이 주군의 손 안에 자신의 손을 넣고 충성을 맹세하는 의례는 이러한 인격적 유대를 상징적으로 보여준다. 이는 제국의 관료제적이고 비인격적인 통치와는 완전히 다른 것이었다.

봉건 계약의 구조는 세 가지 핵심 요소로 이루어졌다. 첫째는 봉신 관계로, 이는 인격적 충성의 서약을 통해 맺어지는 종신적 관계였다. 둘째는 봉토 수여로, 영주는 봉신에게 영토의 사용권을 이전하고 경제적 기반을 제공했다. 셋째는 봉사 의무로, 봉신은 군사적 봉사는 물론 자문과 조언을 제공하고 법정에 참석할 의무를 지녔다.

이러한 관계의 형성과 유지는 정교한 의례를 통해 이루어졌다. 의례는 여러 단계를 통해 진행되었다. 봉신 서약 단계에서는 무릎을 꿇고 손을 포개며 충성을 맹세했다. 충성 서약 단계에서는 성서에 손을 얹고 구체적인 의무를

그림 1-5 봉건 사회에서의 충성 서약

열거하며 신의 증언을 요청했다. 투자 단계에서는 상징물이 수여되고 봉토가 확인되며 권리가 공식적으로 인정되었다.

봉건 관계의 또 다른 특징은 다층성이었다. 한 귀족은 여러 영주의 봉신이 될 수 있었고, 동시에 다른 기사들의 주군이 될 수도 있었다. 이는 마치 거미줄과 같은 복잡한 충성 관계의 네트워크를 형성했다. 이러한 다층적 관계는 권력의 절대화를 견제하는 효과가 있었다. 어느 한 영주가 지나친 권력을 행사하려 할 경우, 봉신들은 다른 영주와의 관계를 활용하여 저항할 수 있었다.

봉건 체제는 또한 정교한 분쟁 해결 메커니즘을 발전시켰다. 귀족 법정이 운영되었고, 동료 봉신들이 중재자 역할을 수행했으며, 교회는 중요한 조정자로 기능했다. 이는 단순한 힘의 논리를 넘어서는 제도적 해결책을 제시했다.

권리 보장을 위한 장치들도 발달했다. 특권장이 문서화되었고, 관습법이 성문화되었으며, 상호 감시 체계가 작동했다. 특히 주목할 만한 것은 권력의 조건성 원칙이었다. 봉신은 주군이 자신의 의무를 이행하지 않을 경우, 충성 서약을 파기할 수 있는 권리를 가졌다. 이는 권력 관계에 일종의 계약적 조건성을 부여한 것으로, 절대적 권력에 대한 중요한 제한 장치였다. '부당한 주군에 대한 저항은 권리이자 의무'라는 관념은 당시로서는 혁명적인 것이었다. 세습권에 대한 규제도 중요한 부분이었다. 상속 규칙이 확립되었고, 미성년 후견 제도가 발달했으며, 과부의 권리를 보호하는 규정이 만들어졌다. 이러한 제도들은 봉건 관계의 안정적 재생산을 가능하게 했다. 봉건적 권리와 의무는 세대를 걸쳐 전승되었고, 이는 체제의 지속성을 보장했다.

이러한 봉건 질서는 점차 하나의 총체적인 생활양식으로 발전했다. 그것은 단순한 정치적 지배 체제를 넘어, 경제적 생산 방식, 사회적 관계의 패턴, 문화적 가치 체계를 포괄하는 문명의 형태였다. 성채를 중심으로 한 거주 방식, 기사도 정신에 기반한 군사 문화, 장원을 단위로 한 경제 활동이 유기적으로 결합되었다. 이 새로운 질서는 또한 독특한 시간과 공간의 개념을 발전시켰다. 제국의 표준화된 시간과 달리, 봉건적 시간은 더욱 지역적이고 순환적이었다. 공간도 성채와 장원을 중심으로 재편되었다. 이는 인간의 생활리듬과 자연의 순환이 더욱 긴밀하게 결합된 형태였다.

#교회의 이데올로기적 지배와 문화적 변동

제국의 붕괴 속에서도 교회는 유일하게 그 조직과 권위를 유지했던 제도였다. 교회는 단순한 종교 기관을 넘어 새로운 질서의 정당성을 부여하는 이데올로기적 기반이자, 문화와 지식의 보존자로서 핵심적 역할을 수행했다. 수도원 네트워크는 유럽 전역을 연결하는 문화적 인프라로 기능했으며, 성직자들은 새로운 시대의 지식인 계층을 형성했다.

교회가 제시한 세계관은 천상의 위계질서가 지상의 사회 질서에 반영되어야 한다는 위계적 우주관을 핵심으로 했다. 성직자, 기사, 농민이라는 삼

그림 1-6 로마의 몰락과 교회의 부흥

분 신분제는 각각 기도, 보호, 노동이라는 신이 부여한 고유한 기능을 가진 것으로 설명되었다. 이러한 이데올로기적 정당화는 봉건적 불평등을 자연스럽고 필연적인 것으로 만들었다. 교회는 영적 권력과 지적 권력이라는 두 가지 핵심적 권력 장치를 통해 지배를 유지했다. 성사의 독점과 구원의 중개를 통한 영적 권력은 인간의 내면 깊숙이 파고들었다. 문자와 교육의 통제를 통한 지적 권력은 지식의 생산과 전파를 장악했다. 고해성사의 제도화는 개인의 내면까지 통제하는 강력한 장치였으며, 미사와 성사, 종교 축제 등의 의례는 일상생활의 리듬을 규정했다.

수도원은 이 시기 문화의 보루였다. 수도원은 고대 텍스트를 보존하고 복사하는 작업을 통해 고전 문화의 명맥을 이어갔다. 수도원 학교는 새로운 세대의 성직자와 관료를 양성했으며, 수도원의 scriptorium(필사실)은 지식 생산의 중심지였다. 베네딕트 수도원의 하루 일과는 기도와 노동, 독서가 조화롭게 결합된 새로운 문화적 모델을 제시했다. 교회의 라틴어 사용은 특별한 의미를 가졌다. 제국 시대의 공용어였던 라틴어는 이제 성직자들의 언어가 되었다. 이는 지식과 문화의 보편성을 유지하는 도구였지만, 동시에 지식의 배타적 독점을 가능하게 했다. 라틴어의 사용은 성직자들을 특권적 지식 계층으로 만들었고, 세속과 성스러움의 경계를 언어적으로 표현했다.

건축 활동 역시 문화적 지배의 물리적 표현이었다. 성당은 도시와 농촌의 경관을 지배했으며, 그 웅장한 규모와 정교한 장식은 교회의 권위를 시각적으로 구현했다. 로마네스크 양식에서 고딕 양식으로의 발전은 교회의 문화적 지배력이 정점에 달했음을 보여준다. 성당은 단순한 종교 건축물이 아닌, 신학적 세계관의 건축적 표현이었다.

달력은 시간의 흐름을 조직하는데 활용되었다. 주간과 연간의 종교적 축일들은 사회 생활의 리듬을 규정했다. 사순절과 대림절 같은 특별한 시기, 성인의 축일, 일요일의 미사는 시간에 의미와 질서를 부여했다. 이는 자연의 순환과 종교적 의미가 결합된 새로운 시간 질서였다.

교회는 또한 도덕적 질서의 수호자였다. '신의 평화' 운동을 통해 무력의 사용을 제한하고자 했으며, 결혼과 가족 생활에 대한 규범을 확립했다. 교회법은 세속법과 병행하는 독자적인 법 체계로 발전했으며, 교회 법원은 많은 사회적 분쟁을 다루었다. 이는 도덕적 권위에 기반한 사회 통제의 한 형태였다. 그러나 교회의 이데올로기적 지배는 내적 모순과 한계도 가지고 있었다. 성직자의 세속화와 부패는 교회의 도덕적 권위를 약화시켰다. 수도원의 부와 특권은 청빈의 이상과 충돌했으며, 고위 성직자들의 정치 참여는 영적 권위의 독립성을 손상시켰다. 이단 운동의 출현은 교회의 독점적 지위에 대한 도전이었다. 또한 교회의 보편주의적 지향은 점차 강화되는 지역성과 긴장 관계에 있었다. 민족어의 발달, 세속 문학의 성장, 도시 학교의 설립은 교회의 문화적 독점을 위협했다. 상인과 수공업자들의 실용적 문화는 교회의 신학적 세계관과 달랐으며, 세속 귀족들의 궁정 문화는 독자적인 문화적 영역을 형성했다. 이러한 한계에도 불구하고, 교회가 이 시기의 문화적 통합과 재생산에 기여한 역할은 부정할 수 없다. 교회는 제국 이후의 문화적 공백을 메우고, 새로운 질서에 정당성을 부여했으며, 지식과 예술의 발전을 이끌었다. 교회의 문화적 유산은 이후 유럽 문명의 발전에 지속적인 영향을 미쳤으며, 그 흔적은 오늘날까지도 남아 있다.

1.3.2 봉건제의 전성기

봉건제 전성기의 토지 기반 계급 구조

11세기에 이르러 봉건제는 완성된 사회 체제로 자리잡았다. 초기의 혼란과 불안정을 거쳐, 이제 토지를 매개로 한 신분 질서는 사회의 근간으로 확고히 자리잡았다.

이 시기의 가장 큰 특징은 권력과 토지의 완벽한 결합이었다. 토지는 단순한 경제적 자원을 넘어 사회적 지위와 정치적 권력의 기반이었으며, 이는 매우 안정적인 계급 구조를 만들어냈다. 계급 구조의 정점에는 대영주들이 있었다. 샹파뉴 백작이나 플랑드르 백작과 같은 대영주들은 광대한 영지와 다수의 봉신을 거느렸으며, 때로는 국왕보다도 더 강력한 권력을 행사했다. 그들의 성채는 단순한 거주지가 아닌 정치적, 군사적, 문화적 중심지였다. 대영주들은 자신의 법정을 운영하고 화폐를 주조하며, 독자적인 외교 관계를 맺을 정도의 자율성을 가졌다. 영지의 규모는 곧바로 군사력으로 이어졌다. 더 많은 토지는 더 많은 봉신을 의미했고, 이는 더 큰 기사단을 유지할 수 있음을 뜻했다. 그러나 토지의 의미는 단순한 물질적 힘을 넘어섰다.

토지의 소유는 신분적 우월성과 도덕적 권위의 근거가 되었다. 고귀한 혈통이라는 관념은 본질적으로 대대로 토지를 소유해온 가문의 역사와 결부되어 있었다. 중간 계층에는 기사 계급이 자리잡았다. 이들은 충분한 토지를 갖고 있어 군마와 갑옷을 유지할 수 있었고, 군사적 봉사의 의무를 수행할 수 있었다. 기사 작위는 점차 세습화되었고, 이는 새로운 귀족 계층의 형성으로 이어졌다. 기사도 정신의 발전은 이들의 군사적 기능을 문화적으로 승화시켰다. 하급 귀족들은 자신의 작은 영지를 다스리면서 상급 영주에 대한 군사적 봉사를 제공했다. 이들은 보통 한 개나 두 개의 마을을 다스렸으며, 자신의 작은 성채나 견고한 저택을 가지고 있었다. 그들의 생활은 상급 귀족들에 비해 소박했지만, 여전히 농민들과는 뚜렷이 구별되는 특권적 지위를 누렸다. 계급 구조의 기초를 이루는 것은 농민들이었다. 이들은 다시 자유 농민과 농노로 구분되었다. 자유 농민은 자신의 토지를 가지고 있었지만, 영주에 대한 다양한 의무를 져야 했다. 반면 농노는 토지에 귀속된 존재로, 영주의 허가 없이는 거주지를 떠날 수도 없었다. 그러나 농노제도 내부에서도 다양한 층위가 존재했다. 일부 부유한 농노들은 상당한 재산을 모으기도 했고, 마을의 행정에서 중요한 역할을 맡기도 했다.

이러한 계급 구조는 매우 정교한 권리와 의무의 체계로 뒷받침되었다. 각 계층은 자신의 지위에 따른 특권과 책임을 가졌다. 귀족들은 군사적 봉사와 정치적 조언의 의무를 졌고, 농민들은 노동과 현물을 제공해야 했다. 이러한 의무들은 세대를 거쳐 전승되었으며, 관습법으로 확립되었다. 봉건적 계급 구조의 특징적인 면은 그것이 단순한 경제적 관계나 정치적 지배를 넘어선다는 점이다. 그것은 하나의 총체적인 생활양식이자 문화 체계였다. 각 계급은 독특한 의복, 언어 사용, 식사 예절, 혼인 관습을 발전시켰다. 귀족들의 궁정 문화, 기사도 정신, 농민들의 공동체 문화는 각각 그 계급의 존재 방식을 반영했다. 토지에 기반한 이러한 계급 구조는 매우 안정적이었으나, 동시에 심각한 한계와 모순도 가지고 있었다. 신분 상승의 가능성이 극히 제한되었고, 생산력의 발전이 저해되었으며, 개인의 자유와 창의성이 억압되었다. 특히 도시의 성장과 상업의 발달은 토지 기반 계급 질서에 도전하는 새로운 요소였다. 그럼에도 불구하고, 이 시기에 확립된 계급 구조는 후대에도 깊은 영향을 미쳤다. 귀족적 가치관, 계급적 예절, 신분에 따른 생활양식의 구분은 봉건제가 공식적으로 종식된 후에도 오랫동안 유럽 사회에 남았다. 심지어 오늘날까지도 그 문화적 흔적을 발견할 수 있다.

기사 계급의 발전과 군사 문화의 변화

봉건제 전성기에 이르러 기사 계급은 단순한 군사력의 담지자를 넘어 독특한 문화적 이상의 체현자로 발전했다. 이는 거친 전사들의 집단이 세련된 군사귀족으로 변모하는 놀라운 문화적 진화의 과정이었다.

기사도 정신의 발달은 유럽 문명의 독특한 특징 중 하나가 되었다. 기사 계급의 형성은 군사 기술의 혁신과 긴밀하게 연결되어 있었다. 8세기경 발달한 등자의 사용은 중장기병 전술의 발전을 가져왔다. 등자는 기사가 말 위에서 안정적으로 전투할 수 있게 해주었고, 이는 전장에서의 기마전투 방식을 근본적으로 변화시켰다. 말을 타고 긴 창을 든 기사는 당대 최강의 군사력이었다. 그러나 이러한 전투 방식은 엄청난 비용을 요구했다. 말, 갑옷, 무기를 갖추고 유지하는 데는 상당한 규모의 토지가 필요했다. 전투마 한 마리의 가격은 수십 마리의 일반 말과 맞먹었고, 완전한 갑옷 한 벌은 대규모 농장 전체의 가치와 맞먹었다. 이러한 고비용 구조는 기사 계급을 필연적으로 토지 소유 귀족과 일치시켰다.

기사 양성 과정은 매우 체계적이고 장기적이었다. 7살부터 시작되는 교육은 크게 세 단계로 나뉘었다. 시동(Page) 시기에는 귀족 가문의 자제들이 다른 영주의 성에 보내져 기본적인 예법과 봉사를 배웠다. 이 시기에는 신체 단련과 함께 종교 교육, 귀족의 예절, 음악과 시 등 기본적인 교양 교육이 이루어졌다. 14살이 되면 시종(Squire) 단계로 진입했다. 이때부터 본격적인 군사 훈련이 시작되었다. 무기 다루기, 말 타기, 사냥 등 실전적인 기술을 배웠다. 동시에 기사도 정신의 핵심 가치인 용맹, 충성, 관대, 예의 등을 체득했다. 시종은 실제 전투에서 자신이 모시는 기사의 무기를 나르고 보조하는 역할을 했다.

21살 정도가 되면 기사 서임식을 통해 정식 기사가 되었다. 이는 단순한 지위 획득이 아닌, 영적이고 도덕적인 의미를 가진 성스러운 의례였다. 밤샘 기도, 목욕을 통한 정화, 흰 옷을 입는 순결의 상징 등 종교적 색채가 강했다. 서임식에서 기사는 신앙, 약자 보호, 정의 수호를 맹세했다. 기사도는 특히 종교성과 세속성의 결합이라는 특징을 보였다. 기독교적 이상과 군사적 현실을 독특하게 조화시켰다. 십자군 원정은 이러한 결합의 극적인 표현이었다. 성전이라는 개념은 폭력을 종교적으로 정당화했고, 동시에 군사력을 도덕적으로 승화시켰다.

토너먼트의 발달은 기사 문화의 또 다른 중요한 측면이었다. 토너먼트는 단순한 군사 훈련을 넘어 귀족 사회의 축제이자 문화적 이벤트였다. 기사들은 여기서 자신의 무용을 과시하고, 명예와 상금을 얻었다. 토너먼트는 또한 귀족 가문 간의 사교와 정치적 연합의 장이기도 했다. 궁정 문화의 발달은 기사도를 더욱 세련된 것으로 만들었다. 궁정식 사랑의 발달은 거친 군사력을 세련된 문화적 형식으로 승화시켰다. 기사들은 자신의 무용을 숙녀에 대한 헌신과 결부시켰다. 트루바두르들의 시와 노래는 이러한 이상을 예술적으로 표현했다. 그러나 기사 계급의 군사적 우위는 점차 도전에 직면했다. 전술적으로는 장궁수의 효과성이 입증되었고, 보병 전술이 발전했으며, 화약무기가 등장했다. 영국의 크레시 전투와 아쟁쿠르 전투는 중장기병의 시대가 저물어가고 있음을 보여주었다. 군사 조직 면에서도 변화가 있었다. 상비군의 필요성이 증가했고, 용병이 전문화되었으며, 군사 기술이 대중화되었다. 경제적으로는 화폐 경제가 발달했고, 도시의 군사력이 강화되었으며, 상인 계급이 부상했다. 이러한 도전은 기사 계급의 정체성 변화를 가져왔다. 군사적 실용성이 감소하면서, 기사도는 점차 의례적이고 장식적인 성격을 강화했다. 토너먼트는 실전 훈련에서 화려한 구경거리로 변모했고, 기사도는 실제적 군사 윤리에서 귀족적 생활양식의 코드로 변화했다.

기사들은 더 이상 전장의 주역이 아니었지만, 그들의 문화적 영향력은 오히려 증가했다. 이러한 변화 속에서도 기사 계급은 독특한 방식으로 생존했다. 그들은 군사적 기능의 약화를 문화적 세련됨의 강화로 보완했다. 궁정 문화는 더욱 정교해졌고, 예법과 의례는 더욱 복잡해졌다. 기사도 정신은 군사적 덕목에서 사회적 덕목으로 변모했다. 용맹과 충성이라는 전통적 가치는 우아함과 세련됨이라는 새로운 가치와 결합했다. 특히 주목할 만한 것은 기사 계급이 보여준 적응력이었다. 그들은 변화하는 시대에 맞춰 자신들의 역할을 재정의했다. 전쟁에서 정치와 행정으로, 전투 기술에서 문화적 소양으로 그들의 관심이 옮겨갔다. 이러한 변화는 후일 근대 귀족 문화의 기초가 되었으며, 신사 계급의 형성에도 깊은 영향을 미쳤다.

장원 경제의 순환 구조와 생활 세계

봉건제 전성기의 물질적 기반은 장원 경제였다. 장원은 단순한 농업 생산 단위가 아닌, 정치, 경제, 사회, 문화가 유기적으로 결합된 총체적 생활 세계였다. 자급자족을 기본으로 하면서도 정교한 권리와 의무의 네트워크를 포함하는 장원은 중세 사회의 근본적인 경제적 단위였다. 장원의 물리적 구조는 그 자체로 중세 사회의 축소판이었다. 성채나 교회를 중심으로 영주의 직영지가 있고, 그 주위를 농민들의 경작지가 둘러싸고 있었으며, 가장 바깥쪽에 공동 방목지와 숲이 위치했다. 이는 단순한 공간 배치가 아닌, 사회적 관계와 경제적 순환을 물리적으로 구현한 것이었다.

장원 경제의 가장 큰 특징은 순환적 성격이었다. 생산과 소비, 권리와 의무, 노동과 보호가 하나의 순환 구조를 이루었다. 이는 현대의 시장 경제와는 완전히 다른 논리로 작동하는 체제였다. 이윤의 극대화나 자본의 축적이 아닌, 공동체의 유지와 재생산이 경제 활동의 핵심 목적이었다.

토지 이용은 세 가지로 나뉘었다. 영주의 직영지, 농민의 경작지, 그리고 모두가 사용하는 공유지였다. 직영지는 영주의 직접적인 통제 하에 있었으며, 농민들의 부역 노동으로 경작되었다. 농민들의 경작지는 개별 가구에 분배되었지만, 경작 방식은 공동체의 규제를 받았다. 공유지는 방목과 채집, 땔감 조달 등 공동체 전체의 필요를 위해 사용되었다. 노동의 조직도 매우 정교했다. 농민들은 일주일에 3일은 영주의 직영지에서 일하고, 나머지 시간은 자신의 보유지를 경작했다. 수확기에는 추가 노동이 요구되었고, 이외에도 운송, 제분, 수리 등 다양한 부역 의무가 있었다. 이러한 노동 체계는 매우 복잡했지만, 세대를 거치며 관습화되어 안정적으로 작동했다.

장원의 시간은 자연의 순환과 교회의 달력이 결합된 독특한 리듬을 가지고 있었다. 주요 농사 작업은 성인의 축일을 기준으로 이루어졌고, 수확과 휴식의 주기는 종교적 의미를 부여받았다. 노동과 의례, 생산과 축제가 하나의 유기적 순환을 이루었다. 생산물의 순환도 정교한 체계를 이루었다. 수확된 농작물은 종자용, 영주의 몫, 농민의 몫, 교회의 십일조 등으로 나뉘었다. 공동체 내부에서는 곡물의 제분, 빵의 제작, 맥주의 양조 등이 이루어졌다. 여분의 생산물은 인근 시장에서 거래되어 장원이 생산할 수 없는 물품을 구입하는 데 사용되었다.

기술과 지식의 전수도 장원 체계의 중요한 부분이었다. 농법과 작물 재배 기술, 가축 사육과 질병 관리, 수공업 기술과 도구 제작, 건축과 수리 기술, 식품 가공과 저장 방법 등이 세대를 거쳐 전승되었다. 이러한 지식은 문서화되지 않았지만, 실천을 통해 효과적으로 보존되고 발전했다.

장원 공동체는 또한 사회적 안전망의 기능도 수행했다. 질병이나 재해로 어려움을 겪는 구성원을 돕고, 고아와 과부를 보호하는 것은 공동체의 책임이었다. 농번기의 노동 교환, 농기구의 공동 사용, 공동 채무의 분담 등은 상호 부조의 전통적 형태였다. 그러나 장원 경제는 구조적 한계도 가지고 있었다. 기술 혁신이 제한적이었고 생산성 향상이 어려웠으며, 인구 증가에 적절히 대응하지 못했다. 화폐 경제의 발달과 도시의 성장은 장원 경제의 자급자족적 성격을 위협했다. 특히 상업의 발달은 장원의 폐쇄적 순환 구조를 점차 해체했다.

13세기 이후 장원 경제는 점진적인 변화를 겪었다. 화폐 지대가 노동 부역을 대체하기 시작했고, 상업적 농업이 발달했으며, 임금 노동이 등장했다. 흑사병 이후의 노동력 부족은 이러한 변화를 가속화했다. 그러나 장원 경제의 많은 특징들은 형태를 바꾸어 오랫동안 지속되었으며, 그 영향은 근대 초기까지도 남아 있었다.

장원 경제가 보여준 순환적 지속 가능성, 공동체적 호혜성, 생태적 균형의 원리는 현대 사회에도 중요한 시사점을 제공한다. 경제 활동과 사회적 관계의 유기적 결합, 생산과 소비의 지역적 순환, 세대 간 지식 전수의 방식 등은 오늘날의 경제적 과제들에 대해 의미 있는 참조점이 될 수 있다.

1.3.3 중세 후기의 변화

상업의 발달과 도시의 성장

11세기부터 본격화된 상업의 발달은 봉건 사회의 경제적 기반을 서서히 침식했다. 자급자족적 장원 경제는 점차 화폐 경제로 대체되었고, 지역적 교환은 장거리 무역으로 확대되었다. 십자군 원정을 계기로 지중해 무역이 활성화되었고, 북유럽의 한자동맹은 발트해와 북해를 연결하는 거대한 무역 네트워크를 구축했다.

이 시기의 가장 혁신적인 발전은 금융 제도의 영역에서 일어났다. 환어음의 발명은 거래의 양상을 근본적으로 변화시켰다. 먼 거리의 무역에서 현금을 직접 운반할 필요가 없어졌고, 이는 거래의 안전성과 효율성을 크게 높였다. 복식부기의 발전은 상업 활동의 체계적 기록과 관리를 가능하게 했다. 이는 단순한 회계 기술을 넘어 경제적 사고방식의 혁명을 의미했다. 은행업의 발달도 주목할 만하다. 이탈리아의 대출업자들은 단순한 화폐 대차를 넘어 복잡한 금융 서비스를 제공하기 시작했다. 예금의 수취, 신용장의 발행, 환전 업무 등이 발달했다. 특히 메디치 가문과 같은 은행가들은 유럽 전역에 지점망을 구축하여 국제 금융의 기반을 마련했다. 이들의 영향력은 경제적 영역을 넘어 정치와 문화의 영역까지 확장되었다.

보험 제도도 이 시기에 첫 모습을 드러냈다. 해상 무역의 위험을 분산시키기 위한 해상 보험이 발달했고, 이는 점차 다른 영역으로 확대되었다. 위험을 계산하고 분산시키는 방식의 발전은 경제 활동의 안정성을 높였고, 더 큰 규모의 투자를 가능하게 했다.

새로운 기업 형태도 등장했다. 콤멘다(Commenda)*와 같은 무역 파트너십은 자본과 노동의 결합을 제도화했다. 한 파트너가 자본을 제공하고 다른 파트너가 무역 활동을 수행하는 이 제도는 위험과 이익의 공유 방식을 체계화했다. 이는 후일 주식회사 발달의 선구가 되었다.

이러한 상업의 발달은 도시의 성장과 밀접하게 연결되어 있었다. 도시는 상업 활동의 중심지였을 뿐만 아니라, 새로운 사회적 질서의 실험장이었다. 도시의 자치권은 봉건적 속박에서 벗어나는 중요한 계기를 제공했다. "도시의 공기가 사람을 자유롭게 한다"는 말처럼, 도시는 봉건적 신분 구속에서 벗

---

* 중세 이탈리아에서 시작된 상업적 파트너십의 한 형태. 한 파트너(출자자)가 자본을 제공하고 다른 파트너(상인)가 무역 활동을 수행하는 방식으로, 이익과 손실을 미리 정한 비율로 나누었다. 현대 주식회사의 원형으로 여겨지며, 중세 상업 발달의 중요한 제도적 기반이 되었다.

어나 자유로운 경제 활동과 시민적 권리를 누릴 수 있는 공간이었다. 도시의 물리적 구조는 새로운 사회 질서를 반영했다. 시장 광장을 중심으로 한 계획적 구조, 길드별 전문 구역의 배치, 도시 벽의 건설은 단순한 건축적 특징이 아닌 새로운 사회 조직의 표현이었다. 도시는 자체적인 행정 조직과 법 체계를 발전시켰고, 시민권 제도를 통해 구성원의 권리와 의무를 규정했다. 도시의 성장은 교육과 문화의 변화도 가져왔다. 도시 학교의 발달은 교회의 교육 독점을 약화시켰고, 세속적 지식의 발전을 촉진했다. 민족어 문학의 성장, 세속 예술의 발달, 새로운 생활양식의 출현은 도시 문화의 특징이었다.

도시와 상업의 발달이 가져온 변화는 매우 근본적이었다. 시간 관념이 변화했는데, 자연의 순환과 종교적 의례에 따르던 시간은 더 정확하고 세속적인 것이 되었다. 도시의 시계탑은 이러한 변화를 상징했다. 공간 인식도 변화했다. 성채를 중심으로 한 수직적 공간 구조는 시장을 중심으로 한 수평적 네트워크로 대체되었다. 인간 관계의 본질도 변화했다. 혈연과 토지에 기반한 봉건적 관계는 계약과 이해 관계에 기반한 도시적 관계로 대체되기 시작했다. 도시의 자유는 무제한적인 것이 아니었다. 오히려 그것은 매우 정교한 규칙과 제도를 통해 보장되었다. 도시법은 시민의 권리와 의무를 명확히 규정했고, 길드는 경제 활동을 규제했으며, 시의회는 공동체의 질서를 유지했다. 특히 주목할 만한 것은 도시가 보여준 '이중의 충성' 구조다. 도시는 형식적으로는 봉건적 질서에 속했지만, 실질적으로는 새로운 원리에 따라 움직였다. 이러한 이중성은 점진적 변화를 가능하게 하는 완충 장치였다. 도시는 봉건적 질서를 전면적으로 부정하지 않으면서도 그 내부에서 새로운 질서를 발전시켰다.

상업과 도시의 발달은 단순한 경제적, 공간적 변화를 넘어 문명사적 전환의 시작을 알렸다. 그것은 새로운 인간형, 새로운 사회 관계, 새로운 가치 체계의 탄생을 예고했다. 이 과정에서 나타난 점진적 혁신과 제도적 유연성은 사회 변동의 한 모델을 제시한다. 도시는 미래를 잉태하고 있었지만, 그것을 과거와의 극단적 단절이 아닌 점진적 진화의 방식으로 실현했다.

길드 시스템의 발전과 전문가 집단의 형성

길드*는 중세 도시의 핵심적인 제도였다. 그것은 단순한 직업 조합을 넘어, 기술과 지식을 보존하고 전수하며, 구성원들의 권리와 의무를 규정하는 총체적인 사회 제도였다. 길드는 전문성과 윤리, 경제적 이해와 공동체적 가치가 독특하게 결합된 중세 특유의 조직이었다.

길드의 가장 중요한 특징은 체계적인 기술 전수 시스템이었다. 도제-장인 관계를 통한 지식 전수는 매우 엄격하고 장기적인 과정이었다. 보통 7-8년에 달하는 도제 기간을 거치고, 이어서 3-4년의 직인 수업을 마친 후, 최종적으로 장인이 되기 위한 걸작(Masterpiece)을 제작해야 했다.

도제 교육의 특별한 점은 전인적 성격에 있었다. 도제는 장인의 가정에서 함께 생활하며 기술뿐만 아니라 생활의 모든 면에서 교육을 받았다. 장인들은 단순히 기술적 노하우만을 가르치는 것이 아니라, 재료의 특성부터 고객과의 관계, 작업장 운영의 세세한 부분까지 모든 것을 전수했다. 더불어 직업 윤리, 공동체 의식, 장인으로서의 자부심과 책임감도 자연스럽게 배우게 되었다. 길드는 매우 정교한 자기 규제 시스템을 발전시켰다. 품질 기준을 엄격하게 설정하고 감독했으며, 가격을 규제하고 원자재를 공동으로 구매했다. 또한 시장 영역을 분할하여 과당경쟁을 방지했다. 이러한 규제는 단순한 경제적 이해 관계를 넘어, 공정과 품질을 중시하는 윤리적 시스템으로

---

* 중세 도시에서 같은 직업을 가진 장인들의 조합. 생산과 판매의 독점권을 가지고 있었으며, 제품의 품질 관리, 가격 통제, 기술 전수를 담당했다. 도제-장인 제도를 통해 체계적인 기술 교육을 실시했고, 구성원들의 복지와 상호 부조도 담당했다. 도시의 정치적 의사결정에도 참여하는 등 중세 도시 경제와 사회의 핵심 제도였다.

작동했다. 생산 과정 전반에 걸친 세심한 규제가 있었다. 원자재의 품질부터 작업 방식, 완성품의 검사에 이르기까지 모든 과정이 길드의 규율 하에 있었다. 작업장의 위생과 안전, 노동 시간, 임금과 가격까지도 길드의 규제를 받았다. 이는 오늘날의 품질 인증 제도나 노동 법규의 선구적 형태였다.

길드의 또 다른 중요한 측면은 강력한 상호 부조 시스템이었다. 질병이나 노령으로 일할 수 없게 된 구성원, 사망한 회원의 미망인과 고아를 돌보는 등 실질적인 사회 보장 기능을 수행했다. 이는 혈연이 아닌 직업적 연대에 기반한 새로운 형태의 공동체 의식을 보여준다.

길드는 도시 정치에서도 핵심적인 역할을 수행했다. 많은 도시에서 길드는 정치적 대표성을 가진 조직으로서, 시의회의 구성과 운영에 깊이 관여했다. 이는 전문성에 기반한 새로운 형태의 정치 참여 모델을 보여준다. 길드의 지도자들은 종종 도시의 정치 지도자가 되었으며, 길드의 조직력은 도시의 행정력과 긴밀하게 결합되었다. 특히 주목할 만한 것은 길드가 보여준 전통과 혁신의 균형이다. 엄격한 규제에도 불구하고, 길드는 기술 혁신의 중요한 주체였다. 장인들은 전통적 기술을 보존하면서도 끊임없이 새로운 기법과 디자인을 발전시켰다. 이는 전통과 혁신이 반드시 대립하는 것이 아님을 보여주는 중요한 사례다.

길드는 또한 독특한 의례와 상징 체계를 발전시켰다. 도제의 입문식, 장인의 승급식, 길드의 정기적 모임과 축제는 공동체의 결속을 강화하고 정체성을 확인하는 중요한 의례였다. 길드의 문장, 특별한 의복, 집회소 등의 상징물은 구성원들의 자부심과 소속감을 표현했다.

길드의 영향력은 경제적 영역을 넘어 도시의 문화적 발전에도 크게 기여했다. 길드는 종종 종교 예술품의 후원자였으며, 도시의 축제와 의례를 주관했다. 많은 길드들은 자신들의 수호성인을 모시는 예배당을 가지고 있었고, 종교 행렬과 축제에서 중요한 역할을 담당했다. 이러한 문화적 활동은 길드의 사회적 위상을 높이는 동시에 도시 문화의 발전에 기여했다. 그러나 14세기 이후 길드 시스템은 점차 도전에 직면했다. 상업의 발달과 시장의 확대는 길드의 지역적 독점을 위협했다. 새로운 생산 방식의 등장은 전통적인 장인 생산 체제의 한계를 드러냈다. 특히 농촌 지역의 수공업 발달은 도시 길드의 특권을 침식했다. 일부 길드는 점차 폐쇄적이고 보수적인 조직이 되어 갔고, 이는 경제적 혁신을 저해하는 요인이 되었다. 그럼에도 불구하고 길드가 남긴 유산은 지대하다. 전문성의 발전과 유지, 윤리적 기준의 확립, 공정한 경쟁의 보장, 사회적 책임의 실현 등은 현대 사회에도 중요한 과제로 남아 있다. 특히 디지털 시대의 새로운 전문가 집단 형성과 관련하여, 길드의 경험은 유용한 참조점이 되고 있다.

새로운 중산 계급의 등장과 사회 변동

중세 후기에 이르러 봉건제의 삼분 신분제로는 설명할 수 없는 새로운 사회 계층이 등장했다. 도시의 상인, 은행가, 법률가, 의사, 공증인 등으로 구성된 이 새로운 계층은 토지가 아닌 지식과 기술, 자본을 기반으로 한 새로운 형태의 사회적 권력을 구축했다.

이들의 등장은 봉건 사회의 경제적 기반을 근본적으로 변화시켰다. 토지 소유가 더 이상 유일한 부의 원천이 아니게 되었다. 상업 자본, 금융 자본, 지적 자본이라는 새로운 형태의 부가 등장했고, 이는 전통적인 귀족의 경제적 독점을 위협했다. 특히 금융업의 발달은 토지에 기반한 봉건적 부의 개념을 크게 변화시켰다. 메디치 가문과 같은 은행가 가문들은 때로는 귀족보다 더 큰 영향력을 행사하게 되었다. 이 새로운 계급의 중요한 특징은 교육과 전문성에 대한 강조였다. 볼로냐, 파리, 옥스퍼드 등 대학의 발달은 이들의 성장과 밀접하게 연관되어 있었다. 법학, 의학, 신학 등을 공부한 대학 졸업자들은 도시 행정과 법률 서비스, 의료, 교육 등의 분야에서 전문가로서의 지위를 확립했다. 새로운 중산 계급은 자신들의 사회적 지위를 정당화하는 독특한 가치 체계를 발전시켰다. 그들은 귀족의 혈통적 우월성 대신 개인의 능력과 성취를 강조했다. 근면, 절제, 합리성, 실용성과 같은 가치들이 이들의 윤리적 기반이 되었다. 이는 후일 프로테스탄트 윤리로 발전하는 자본주의적 정신의 맹아였다.

중산 계급의 등장은 생활양식의 혁명을 수반했다. 그들은 귀족의 화려함과 농민의 소박함 사이에서 새로운 생활 문화를 창조했다. 도시 저택의 건축, 의복과 음식의 취향, 자녀 교육과 여가활동에 이르기까지 독특한 중산층 문화가 형성되었다. 특히 가정 생활에 대한 새로운 관념이 발전했는데, 이는 후일 근대적 핵가족의 원형이 되었다. 교육에 대한 태도도 획기적으로 변화했다. 귀족이 무예와 예법을 중시했다면, 중산 계급은 읽고 쓰는 능력, 산술, 회계, 외국어 등 실용적 지식을 강조했다. 자녀 교육은 가문의 지위를 유지하고 향상시키는 핵심 전략이 되었다. 이는 교육을 통한 사회 이동이라는 근대적 관념의 시작이었다. 중산 계급의 합리적 사고방식은 세계를 보는 새로운 관점을 제시했다. 복식부기의 발명은 단순한 회계 기술을 넘어 현실을 수량화하고 체계화하는 새로운 인식론의 출현을 의미했다. 시간과 공간에 대한 정확한 측정, 위험과 이익의 계산, 미래에 대한 예측과 계획이 중요해졌다. 이는 중세의 신학적 세계관을 서서히 해체하고 근대적 합리성의 기초를 놓았다. 중산 계급의 문화적 영향력도 주목할 만하다. 그들은 종교적 주제 일변도였던 예술에 세속적 주제를 도입했고, 실용적이면서도 세련된 새로운 미적 취향을 발전시켰다. 초상화의 유행, 세속 문학의 발달, 실내 장식의 변화 등은 이들의 문화적 영향력을 보여준다. 르네상스 예술의 후원자 상당수가 이 새로운 중산 계급 출신이었다는 것은 우연이 아니다. 중산 계급은 또한 국제적 네트워크를 형성했다. 상업과 금융의 네트워크, 대학을 중심으로 한 지식의 네트워크, 도시들 간의 문화적 교류는 국경과 언어의 장벽을 넘어섰다. 이는 후일 유럽의 통합을 가능하게 한 문화적 기반이 되었다. 그러나 이 새로운 계급의 등장은 사회적 긴장도 야기했다. 그들은 귀족의 특권에 도전했지만 동시에 하층민과도 구별되기를 원했다. 그들의 부와 영향력은 증가했지만, 정치적 권력은 여전히 제한적이었다. 이러한 긴장은 후일 시민 혁명의 잠재적 동력이 되었다.

결론적으로, 중세 후기 새로운 중산 계급의 등장은 단순한 계급 구조의 변화를 넘어 문명사적 전환의 시작을 의미했다. 그들이 발전시킨 가치관과 생활양식, 사고방식은 봉건제의 해체와 근대 사회의 형성에 결정적 영향을 미쳤다. 오늘날 우리가 당연하게 여기는 많은 사회적, 문화적 관행의 기원이 이 시기에 있다.

지방 분권 시대의 현대적 함의

오늘날 우리가 당연하게 여기는 많은 사회적, 문화적 관행의 기원이 이 시기에 있다. 이러한 중세 후기의 변화가 현대 사회에 주는 시사점은 매우 크다. 무엇보다 제도적 구속과 경제적 혁신의 긴장 관계는 오늘날에도 여전히 유효하다. 마치 길드가 기술 혁신과 품질 관리 사이에서 균형을 찾으려 했듯이, 현대 사회도 기술 규제와 혁신 촉진 사이에서 적절한 지점을 찾으려 노력하고 있다. 플랫폼 기업들의 독점적 지위와 혁신의 관계, AI 기술의 발전과 윤리적 규제 사이의 긴장은 중세 길드가 경험했던 도전의 현대적 버전이라 할 수 있다.

상업의 발달과 도시의 성장이 가져온 변화는 디지털 전환기의 현재와 놀라운 평행성을 보인다. 환어음의 발명이 상거래의 본질을 변화시켰듯이, 디지털 결제 시스템과 암호 화폐는 금융의 본질을 재정의하고 있다. 중세 도시들이 봉건적 질서 속에서 새로운 자유의 공간을 창출했듯이, 디지털 공간은 기존 제도적 질서 내에서 새로운 가능성의 영역을 열어가고 있다. 새로운 중산 계급의 등장이 보여주는 사회 변동의 메커니즘도 주목할 만하다. 지식과 기술이 토지를 대체하는 새로운 권력의 원천으로 부상했듯이, 오늘날은 데이터와 알고리즘이 새로운 형태의 자본으로 등장하고 있다. 중세의 법률가, 의사, 상인들이 그러했듯이, 오늘날의 프로그래머, 데이터 과학자, 디지털 기업가들은 새로운 형태의 전문가 계층을 형성하고 있다. 특히 주목할 만한 것은 변화의 점진성이다. 중세 후기의 변화는 봉건제의 급격한 붕괴가 아닌, 기존 질서 내에서의 점진적 진화였다. 이는 급격한 기술 변화 시대를 살아가는 우리에게 중요한 시사점을 준다.

혁신과 안정성의 균형, 전통과 변화의 조화는 여전히 우리 시대의 과제다. 중세의 길드가 보여준 전문성과 윤리의 결합도 현대에 중요한 의미를 갖는다. 오늘날 AI 윤리, 디지털 책임, 기술의 사회적 영향 등에 대한 논의는 전문성과 윤리적 책임의 결합이라는 오래된 과제의 새로운 형태다. 길드가 그러했듯이, 현대의 전문가 집단도 기술적 전문성과 사회적 책임의 균형을 찾아야 하는 도전에 직면해 있다. 결국 중세 후기의 경험은 우리에게 변화의 본질에 대한 깊은 통찰을 제공한다. 그것은 기술적 혁신, 제도적 적응, 문화적 진화가 복잡하게 얽혀 진행되는 과정임을 보여준다. 오늘날 우리가 경험하고 있는 디지털 전환도 단순한 기술적 변화가 아닌, 이와 유사한 총체적 문명 전환의 과정일 것이다.

|통|찰|의|나|침|반|

새로운 질서의 탄생

서로마 제국의 몰락은 단순히 문명의 퇴보가 아닌, 새로운 질서를 구축하는 과도기의 시작이었다. 천 년 동안 지속된 제국의 중앙집권적 체계는 붕괴와 함께 지역화된 질서로 재편되었다. 이러한 변화는 혼란과 퇴행으로 보일 수 있지만, 사실상 그것은 생존과 적응을 위한 전략적 선택이었고, 이후 유럽 문명의 독특한 다양성과 창의성을 형성하는 토대가 되었다.

봉건제는 단순히 혼란을 극복하기 위한 임시적 체제가 아니라, 권력의 조건성과 상호성을 통해 새로운 권력 구조를 제시했다. 이는 권력을 단순히 위에서 아래로 전달하는 수직적 체계에서 벗어나, 계약과 충성을 중심으로 한 유기적 네트워크를 구축했다는 점에서 현대의 분산형 조직 모델과 공명한다. 봉건 관계의 다층적 충성 체계는 권력의 집중을 견제하고, 서로 다른 이익 집단 간의 균형을 유지하는 중요한 역할을 했다. 이는 오늘날 민주적이고 다원적인 권력 구조의 가능성을 탐구하는 데 중요한 시사점을 제공한다. 교회는 이 시기 유럽 문명의 중심축으로 기능하며 새로운 질서를 정당화하고 유지했다. 교회의 이데올로기는 봉건적 불평등을 신의 질서로 해석함으로써 사회적 통합을 가능하게 했다. 그러나 동시에 교회는 지식과 문화를 보존하고 전파하는 역할을 수행하며, 제국의 붕괴로 인한 공백을 메웠다. 수도원을 중심으로 발선한 라틴어 중심의 지식 체계는 중세 유럽의 학문적 기초를 다졌으며, 이는 후일 르네상스와 과학 혁명으로 이어지는 기반이 되었다. 이러한 교회의 역할은 오늘날 공적 기관과 지식 공동체가 사회적 혼란 속에서 어떤 역할을 해야 하는지를 생각하게 한다.

성채와 장원을 중심으로 한 자급자족적 경제 체제는 지역 공동체의 생존을 유지하는 데 핵심적인 역할을 했다. 장원 경제는 단순히 물리적 자원을 관리하는 공간이 아니라, 사회적 안전망과 문화적 연대의 장으로 기능했다. 이는 현대 사회에서도 지역 공동체와 지속 가능한 경제 모델이 중요하다는 점을 상기시킨다. 자연의 순환에 맞춰진 생활리듬과 공유 자원을 중심으로 한 경제 시스템은 오늘날 환경 문제와 지역화된 경제의 필요성을 이해하는 데 유용한 통찰을 제공한다.

|통|찰|의|나|침|반|

결국, 제국의 몰락과 봉건 질서의 탄생은 권력 구조와 사회 체계가 어떻게 변화하고 적응할 수 있는지를 보여주는 사례다. 중앙집권적 질서의 붕괴는 단순한 혼란이 아니라, 새로운 질서와 가능성을 열어주는 계기였다. 오늘날 우리는 디지털 전환과 글로벌화라는 거대한 변화를 겪고 있다. 앞서 살펴본 여러 역사적 사례는 우리가 직면한 도전 속에서 새로운 질서를 상상하고 구축하는 데 귀중한 통찰을 제공한다. 권력의 분산과 협력적 네트워크, 지속 가능한 경제 모델, 지식의 보존과 전승이라는 주제는 과거와 현재를 잇는 중요한 다리 역할을 한다.

|시|대|의|끝|에|서|

권력의 진화와 새로운 가능성

이번 장에서는 인류 문명의 권력 구조가 어떻게 형성되고 변화해왔는지의 여정을 다루었다. 수렵채집 사회의 평등한 협력 구조에서 농경 사회의 계급 질서로의 전환, 제국과 봉건제의 복잡한 권력 체계로의 발전은 단순한 역사의 반복이 아니라, 기술, 환경, 인간의 선택이 빚어낸 진화의 과정이었다. 이는 오늘날 우리가 직면한 권력과 사회 문제를 이해하고 해결하는 데 중요한 통찰을 제공한다.

수렵채집 사회에서의 권력은 유동적이고 협력적이었다. 리더십은 상황에 따라 변했고, 결정은 합의를 통해 이루어졌다. 이는 권력이 특정 개인이나 집단에 독점되지 않을 때 공동체의 생존과 번영이 더 나아질 수 있음을 보여준다. 이러한 원칙은 현대의 조직과 네트워크사회에서도 유효하다. 탈중앙화된 협력 모델, 집단지성, 수평적 의사결정 구조는 디지털 시대의 새로운 가능성을 제시하며, 초기 인류의 지혜를 현대적으로 재해석할 수 있는 기회를 제공한다.

농경 사회의 도래는 잉여 생산물과 정착 생활을 통해 권력의 새로운 형태를 창출했다. 이는 계급의 형성과 불평등의 심화를 가져왔지만, 동시에 지식과 기술, 문명의 발전을 가능하게 했다. 농경 사회에서 권력은 토지와 자원의 통제에 기반을 두었고, 이는 현대 사회에서도 여전히 중요한 이슈로 남아 있다. 오늘날 데이터와 알고리즘이 새로운 자원으로 떠오르며, 이를 통제하는 기업과 국가가 권력의 중심에 서 있다. 농업 혁명이 권력의 성격을 바꾼 것처럼, 디지털 혁명은 새로운 권력 구조를 재편하고 있다.

시대의 끝에서

　제국의 성립과 발전은 권력의 중앙집권화와 기술적 발전의 연계를 보여준다. 메소포타미아와 이집트 문명에서 나타난 관료제, 정보 통제, 상징적 지배는 현대 사회의 거대 조직과 플랫폼 기업에서 다시 확인된다. 그러나 제국의 붕괴와 봉건 질서의 탄생은 중앙집권적 권력의 한계를 분명히 드러낸다. 지나친 권력 집중은 유연성을 상실하게 만들고, 변화하는 환경에 적응하지 못할 때 몰락으로 이어진다. 이는 오늘날의 거대 조직과 국가가 지속 가능성을 위해 반드시 고려해야 할 점이다.

　봉건제의 다층적이고 상호적인 권력 구조는 협력과 책임의 균형을 보여준다. 상호적 충성 관계와 권력의 조건성은 권력이 단순히 강요가 아닌 계약과 신뢰에 기반해야 함을 일깨운다. 이는 현대 사회에서 권력의 민주화와 투명성, 책임 있는 리더십의 필요성을 강조한다. 또한, 교회의 지적 독점과 지식의 보존은 지식과 정보가 권력의 핵심 자원이자 책임이라는 점을 보여준다. 오늘날 우리는 정보와 지식을 더욱 개방적으로 공유하면서도, 이를 책임감 있게 사용하는 방법을 고민해야 한다.

　본장에서는 결국 권력이 어떻게 형성되고, 작동하며, 변화하는지를 이해하는 데 중요한 프레임워크의 단초를 제공하였다. 과거의 권력 구조는 현대 사회의 많은 문제와 가능성을 비추는 거울이다. 평등과 협력, 지식과 정보, 중앙집권과 분산, 지속 가능성과 적응이라는 주제는 과거와 현재를 잇는 다리로 작용한다. 기술과 사회적 혁신이 급격히 변하고 있는 오늘날, 우리는 과거의 교훈을 바탕으로 새로운 권력 구조를 상상하고 실현할 수 있는 기회를 맞이하고 있다. 권력의 진화는 필연적이지만, 그것이 어떤 방향으로 나아갈지는 전적으로 우리의 선택에 달려 있다는 점을 새삼 상기시켜야 할 것이다.

2장 기계가 삼킨 권력

18세기 중반 영국의 작은 방직공장에서 시작된 변화는 인류 역사상 가장 급진적인 권력 구조의
재편을 가져왔다. 증기기관의 굉음과 함께 시작된 산업 혁명은 단순한 기술 혁신을 넘어, 인간의
노동과 생산, 소유와 분배, 삶과 죽음의 방식을 근본적으로 변화시켰다. 수천 년 동안 이어져 온
농경 사회의 질서는 불과 한 세기 만에 산산이 부서졌고, 그 자리에 전혀 새로운 형태의 사회
질서가 들어섰다. 이 거대한 전환의 핵심에는 자본이라는 새로운 권력의 원천이 있었다. 토지와
신분에 기반했던 전통적 권력은 점차 그 영향력을 잃어갔고, 대신 자본의 소유와 통제가 사회적
권력의 결정적 기준이 되었다. 이는 단순한 부의 이동이 아닌, 권력의 본질 자체가 변화하는
순간이었다. 자본은 스스로를 증식시키는 독특한 성격을 가진 새로운 형태의 권력이었고, 이는
이전의 어떤 권력 형태와도 다른 역동성을 보여주었다.

산업 혁명이 만들어낸 변화의 규모와 속도는 전례가 없었다. 수십만 년 동안 걸어다니거나 말을
타고 이동하던 인간은 갑자기 증기기관차를 타고 시속 50킬로미터로 달리게 되었다. 평생
수십 명의 이웃들과 살던 사람들이 하루아침에 수만 명이 사는 도시의 주민이 되었다. 대대로
이어져 온 가족 농업은 거대한 공장 시스템으로 대체되었다. 이러한 변화는 필연적으로 새로운
형태의 사회 조직과 권력 구조를 요구했다. 특히 주목할 만한 것은 시간과 공간에 대한 인식의
근본적 변화였다. 자연의 리듬에 맞춰 살아가던 농경 사회와 달리, 산업 사회는 시계가 지배하는
정확한 시간 체계를 필요로 했다. 공장의 작업 시간표는 인간의 일상을 완전히 새롭게 재편했다.
마찬가지로 공간도 철도와 전신을 통해 재구성되었다. 거리는 더 이상 물리적 거리가 아닌,
시간과 비용의 함수가 되었다.

노동의 성격도 근본적으로 변화했다. 전통적인 장인의 통합적 노동은 분업화된 단순 노동으로
대체되었다. 노동자는 생산 과정의 한 부분만을 담당하는 부품이 되었고, 이는 인간의 노동이
가진 창조적 성격을 근본적으로 변화시켰다. 이러한 변화는 새로운 형태의 소외와 갈등을
낳았고, 이는 노동 운동이라는 새로운 형태의 사회 운동으로 이어졌다.

자본주의의 발달은 또한 완전히 새로운 형태의 경제 조직을 만들어냈다. 주식회사는 인류
역사상 처음으로 영속적이고 비인격적인 경제 조직의 형태를 제시했다. 소유와 경영의 분리,

유한책임*의 원칙, 자본의 집중과 분산이라는 특징을 가진 이 새로운 조직 형태는 산업화의 동력이 되었다. 동시에 이는 새로운 형태의 권력 집중과 불평등을 낳았다. 금융 자본의 성장은 자본주의 발전의 새로운 단계를 열었다. 실물 경제에서 시작된 자본의 축적은 점차 금융이라는 추상적 영역으로 이동했다. 이는 권력의 더욱 심오한 변화를 의미했다. 금융 자본은 시공간의 제약을 넘어 순식간에 이동할 수 있었고, 이는 전통적인 정치적 경계와 통제를 무력화했다.

산업 혁명과 자본주의의 발전은 또한 새로운 형태의 사회적 갈등과 저항을 낳았다. 노동자 계급의 형성과 조직화, 사회주의 운동의 발전, 복지국가의 실험은 모두 이러한 변화가 만들어낸 도전에 대한 대응이었다. 이는 권력의 집중에 대한 견제와 균형의 시도였으며, 동시에 새로운 형태의 사회적 통합을 모색하는 과정이었다. 더욱 중요한 것은 이러한 변화가 아직도 진행 중이라는 점이다. 디지털 혁명으로 상징되는 새로운 기술 변화는 산업 혁명에 버금가는 또 다른 전환을 예고하고 있다. 플랫폼 자본주의, 긱 이코노미**, 디지털 노동의 등장은 우리가 여전히 권력 구조의 근본적 재편 과정 중에 있음을 보여준다.

이 장에서는 이러한 거대한 전환의 과정을 세 가지 측면에서 살펴볼 것이다. 먼저 산업 혁명의 기술적 혁신이 어떻게 새로운 생산 방식과 노동 조직을 만들어냈는지를 분석할 것이다. 다음으로 자본주의의 발달 과정에서 나타난 소유와 통제의 새로운 형태들을 살펴볼 것이다. 마지막으로 이러한 변화가 촉발한 사회적 갈등과 대응의 과정을 검토할 것이다. 이를 통해 우리는 현대 사회의 권력 구조를 더 깊이 이해하고, 미래의 변화를 전망하는 통찰을 얻을 수 있을 것이다. 산업 혁명과 자본주의의 역사는 단순한 과거의 이야기가 아닌, 우리의 현재를 규정하고 미래를 암시하는 살아있는 이야기이기 때문이다.

....
* 주주가 투자한 금액 한도 내에서만 책임을 지는 제도. 1855년 영국에서 처음 도입되어 현대 주식회사의 핵심 원칙이 되었다.
** 디지털 플랫폼을 통해 단기적인 업무나 프로젝트를 중심으로 이루어지는 경제 활동을 의미하며 전통적인 정규직 고용 방식과 달리, 독립 계약자, 프리랜서, 또는 임시 근로자들이 필요에 따라 유연하게 업무를 수행하는 형태가 특징이다.

2.1 산업 혁명의 시작

1764년의 어느 날, 랭커셔의 작은 방직공장에서 제임스 하그리브스가 새로운 방적기를 선보였다. 그의 발명품 제니방적기는 겉보기에는 단순한 기계였지만, 이는 인류 문명을 완전히 새로운 궤도로 올려놓는 시작점이 되었다. 한 명의 노동자가 동시에 여러 개의 실을 방적(紡績)할 수 있게 된 이 순간은, 인간의 노동이 기계의 리듬에 맞춰지기 시작한 결정적 전환점이었다. 이 작은 변화는 눈덩이처럼 불어났다. 방적기의 발명은 더 많은 직물 생산을 가

그림 2-1 제임스 하그리브스의 방적기 소개

능하게 했고, 이는 더 강력한 동력원에 대한 수요로 이어졌다. 제임스 와트의 증기기관은 이러한 요구에 대한 완벽한 해답이었다. 증기기관의 도입은 공장이 더 이상 물레방아가 있는 강가에 묶여 있을 필요가 없다는 것을 의미했다. 이제 공장은 어디든 들어설 수 있었고, 도시의 성장은 가속화되었다.

기술 혁신은 연쇄적으로 일어났다. 방적기의 발명은 더 나은 직조기의 필요성을 낳았고, 이는 다시 운송 수단의 혁신을 요구했다. 증기기관차의 등장은 이러한 수요에 대한 응답이었다. 1830년 리버풀-맨체스터 철도가 개통되었을 때, 사람들은 처음으로 시속 50킬로미터로 달리는 열차를 보며 경이로움을 느꼈다. 철도는 단순한 운송 수단의 혁신을 넘어, 시공간에 대한 인간의 인식을 근본적으로 변화시켰다.

생산 방식의 변화는 더욱 근본적이었다. 아담 스미스가 관찰한 핀 공장에서의 분업화는 새로운 노동 조직의 시작이었다. 하나의 핀을 만드는 과정이 18개의 독립된 공정으로 나뉘면서, 노동의 생산성은 극적으로 향상되었다. 그러나 이는 동시에 노동의 본질적 변화를 의미했다. 전통적인 장인의 통합적 노동은 분절화된 단순 반복 노동으로 대체되었다.

도시화는 산업 혁명의 가장 가시적인 결과였다. 농촌에서 쫓겨난 농민들은 공장 노동자가 되어 도시로 몰려들었다. 맨체스터와 같은 산업 도시들은 불과 수십 년 만에 인구가 10배 이상 증가했다. 이러한 급격한 도시화는 필연적으로 새로운 사회 문제를 낳았다. 열악한 주거 환경, 환경 오염, 전염병의 창궐, 아동 노동의 착취 등은 산업화의 어두운 그림자였다. 특히 주목할 만한 것은 시간 규율의 변화였다. 자연의 리듬에 따라 살아오던 농민들은 이제 공장의 시계에 맞춰 생활해야 했다. 아침 6시 정각에 울리는 공장의 기적 소리는 새로운 시간 질서의 상징이었다. 에드워드 톰슨이 지적했듯이, 이는 단순한 생활양식의 변화가 아닌 인간의 시간 감각 자체의 근본적 재편이었다.

기술의 발전은 권력 구조도 변화시켰다. 기계의 소유와 통제가 새로운 형태의 권력 기반이 되었다. 생산 수단을 소유한 자본가 계급이 새로운 지배 계급으로 부상했고, 이들의 권력은 전통적인 귀족이나 지주의 그것과는 전혀 다른 성격을 가졌다. 자본가의 권력은 혈통이나 전통이 아닌, 시장에서의 성공에 기반했다. 노동의 성격 변화는 새로운 형태의 규율과 통제를 필요로 했다. 공장은 단순한 생산 공간이 아닌, 노동 규율이 학습되고 실천되는 장소였다. 정시 출근, 규칙적인 작업, 지시에 대한 복종 등은 새로운 산업 질서의 핵심적 요구사항이었다. 이는 미셸 푸코가 분석한 것처럼, 새로운 형태의 규율 권력의 등장을 의미했다.

기술 혁신은 또한 지식의 성격도 변화시켰다. 전통적인 장인의 암묵지(暗默知)*는 점차 형식지(形式知)**로 대체되었다. 기계의 작동과 유지보수에 필요한 표준화된 지식이 중요해졌고, 이는 새로운 형태의 교육과 훈련 시스템을 필요로 했다. 공학 교육의 발달은 이러한 변화를 반영한다. 더욱 근본적인 것은 자연에 대한 인간의 태도 변화였다. 산업 혁명은 자연을 정복과 통제의 대상으로 보는 시각을 강화했다. 증기기관은 자연의 힘을 인간의 의지에 따라 통제할 수 있다는 자신감의 상징이 되었다. 그러나 이는 동시에 환경 파괴와 자원 고갈이라는 새로운 문제를 낳았다.

산업 혁명의 영향은 경제적 영역을 넘어 사회 전반에 미쳤다. 가족 구조가 변화했고, 젠더 관계가 재편되었다. 여성들은 공장 노동자로서 임금 노동에 참여하게 되었지만, 이는 새로운 형태의 성별 분업과 차별을 동반했다. 가족은 더 이상 생산의 단위가 아닌 소비의 단위가 되었다. 교육 제도도 산업화의 필요에 맞춰 재편되었다. 표준화된 교육 과정, 시간표에 따른 수업, 규율과 통제의 강조 등은 공장 시스템의 교육적 반영이었다. 학교는 미래의 산업

---

* 문서나 말로 표현하기 어려운 경험적 지식. 전통적 장인들이 보유한 기술과 노하우를 지칭한다.
** 문서화되고 체계화된 지식. 산업화 과정에서 중요성이 커진 표준화된 기술 지식을 의미한다.

노동자를 양성하는 기관으로서의 성격을 강하게 띠게 되었다.

산업 혁명이 가져온 이러한 변화들은 오늘날까지도 계속되고 있다. 디지털 혁명으로 상징되는 현대의 기술 변화는 많은 면에서 18세기 산업 혁명과 유사한 패턴을 보여준다. 노동의 성격 변화, 시공간 인식의 재편, 새로운 형태의 권력 관계 등은 여전히 진행 중인 과제다. 이런 점에서 산업 혁명의 역사는 단순한 과거의 이야기가 아닌, 우리의 현재와 미래를 이해하는 중요한 거울이 된다.

2.1.1 기술 혁신과 생산 방식의 변화

1769년 7월, 버밍엄의 한 작업장에서 제임스 와트는 마침내 자신이 완성한 증기기관을 작동시켰다. 그가 이 순간을 평생 잊지 못할 것이라고 기록한 것은 당연했다. 뉴커먼의 구식 증기기관에 비해 75%나 연료 효율이 높은 이

그림 2-2 증기기관을 소개하는 제임스 와트

발명품은, 단순한 기술적 진보를 넘어 인류 문명의 근본적 전환점이 되었다. 증기기관의 폭발적 확산과 함께 시작된 산업 혁명은 인간의 노동과 생산, 그리고 삶의 방식 자체를 완전히 새롭게 재편했다.

기술 혁신의 연쇄적 전개는 무척이나 신속했다. 와트의 증기기관은 곧 방직공장의 동력원이 되었고, 이는 더 효율적인 방적기와 직조기의 발명을 촉발했다. 1785년 에드먼드 카트라이트가 발명한 역직기는 직조 공정을 완전히 혁신했다. 한 명의 노동자가 동시에 여러 대의 직조기를 조작할 수 있게 되면서, 생산성은 이전과는 비교할 수 없을 정도로 향상되었다. '한 주일 동안 40야드의 천을 짜던 숙련 장인의 자리를 이제는 하루 30야드를 생산하는 기계가 대신하게 되었다'는 당시의 기록은 이러한 변화의 극적인 성격을 잘 보여준다.

철도의 발명과 확산은 또 다른 차원의 혁신이었다. 1825년 스톡턴-달링턴 철도가 개통되었을 때, 조지 스티븐슨의 증기기관차 로켓호는 시속 20마일이라는 경이로운 속도로 달렸다. 이는 말이나 마차로 이동하던 시대의 종말을 고하는 순간이었다. 철도는 단순한 운송 수단의 혁신을 넘어, 시간과 공간에 대한 인간의 인식을 근본적으로 변화시켰다. 런던의 시간이 전국의 표준이 되었고, 지역적 시차는 사라졌다. 철도 시간표의 도입은 분 단위의 정확한 시간 관념을 대중화했다.

가장 근본적인 변화는 생산 방식의 혁신이었다. 공장 시스템의 도입은 노동의 조직화 방식을 완전히 새롭게 만들었다. 아칸라이트의 방적공장은 이러한 변화의 상징이었다. 1771년 크롬퍼드에 세워진 이 공장은 세계 최초의 현대적 공장이라 할 수 있다. 시계처럼 정확한 시간 규율, 엄격한 노동 규칙, 체계적인 감독 시스템은 이후 모든 공장의 모델이 되었다. 분업화는 이러한 변화의 핵심이었다. 아담 스미스가 국부론에서 상세히 분석한 핀 제조 공정의 분업화는 새로운 생산 방식의 본질을 잘 보여준다. 하나의 핀을 만드는 과정이 18개의 독립된 공정으로 나뉘면서, 생산성은 급진적으로 향상되었다. '한 명의 노동자가 하루에 20개도 만들기 어려운 핀을, 10명의 노동자가 분업을 통해 48,000개까지 만들어낼 수 있게 되었다'는 스미스의 관찰은 분업화가 가져온 생산성 향상의 극적인 성격을 잘 보여준다.

그러나 이러한 변화는 노동의 본질적 성격도 변화시켰다. 전통적인 장인의 통합적이고 창조적인 노동은 단순하고 반복적인 부분 노동으로 대체되었다. 찰스 배비지는 1832년의 저서에서 이러한 변화를 예리하게 분석했다. 분업화는 노동자의 기술을 부분화하고 탈숙련화 함으로써, 노동 비용을 절감하고 노동자에 대한 통제를 강화한다는 그의 통찰은, 기술 혁신이 단순한 생산성 향상을 넘어 새로운 권력 관계를 만들어내고 있음을 보여준다. 더욱 주목할 만한 것은 기계화가 가져온 리듬의 변화였다. 앤드류 유어가 『공장의 철학』*에서 지적했듯이, 기계는 이제 노동의 주체가 되었고 인간은 기계의 리듬에 맞춰 움직이는 부속품이 되었다. 맨체스터의 한 방직공장에서 일하던 노동자의 회고는 이러한 변화를 생생하게 전한다. "기계가 시작되면 우리도 시작해야 하고, 기계가 멈출 때까지 우리도 멈출 수 없었다. 우리의 팔다리는 더 이상 우리 것이 아니었다."

이러한 변화는 새로운 형태의 노동 규율을 필요로 했다. 공장의 종소리, 출퇴근 시간의 엄격한 통제, 작업장에서의 대화 금지, 화장실 사용 시간의 제한 등 다양한 규율 장치들이 도입되었다. 이는 에드워드 톰슨이 지적했듯이 시간-규율**의 내면화 과정이었다. 노동자들은 점차 시계의 리듬에 따라 생활하고 사고하는 것을 자연스럽게 받아들이게 되었다.

---

* 앤드류 유어가 저술한 책. 산업화가 가져온 노동 조직의 변화를 분석했다.
** E.P. 톰슨이 분석한 개념으로, 산업화 과정에서 형성된 새로운 시간 관념과 노동 통제 방식을 의미한다.

기술 혁신은 지식의 성격도 변화시켰다. 전통적인 장인의 암묵지가 과학적이고 체계적인 형식지로 대체되었듯 기계의 설계와 운영에 필요한 수학적, 공학적 지식이 중요해졌고, 이는 새로운 형태의 교육 기관을 필요로 했다. 1794년 파리에 설립된 에콜 폴리테크닉은 이러한 변화의 상징이었다. 여기서 배출된 엔지니어들은 산업 혁명의 새로운 지적 엘리트가 되었다.

생산의 공간적 조직도 완전히 새롭게 재편되었다. 가내수공업 체제에서는 생산이 개별 가정에서 분산적으로 이루어졌지만, 공장 시스템은 노동자들을 한 공간에 집중시켰다. 이는 노동에 대한 직접적인 감독과 통제를 가능하게 했다. 제레미 벤담의 판옵티콘* 설계가 공장 건축에 영향을 미친 것은 우연이 아니었다. 중앙의 감독탑에서 모든 작업장을 관찰할 수 있는 구조는 새로운 노동 통제 시스템의 건축적 표현이었다.

품질 관리의 방식도 변화했다. 전통적인 길드 체제에서는 장인의 자부심과 동료의 평판이 품질을 보증했지만, 공장 시스템에서는 표준화된 검사와 측정이 중요해졌다. 정밀 측정 도구의 발달, 규격의 표준화, 품질 검사 절차의 체계화는 이러한 변화를 반영한다. 1819년 영국에서 도입된 미터법은 이러한 표준화의 상징적 사례였다.

에너지 체계의 전환도 결정적이었다. 인력과 축력, 물레방아와 풍차 등 재생 가능한 에너지원에 의존하던 전통적 생산 방식은 석탄을 주 에너지원으로 하는 새로운 체제로 대체되었다. 이는 단기적으로는 엄청난 생산성 향상을 가져왔지만, 장기적으로는 환경 문제와 자원 고갈이라는 새로운 도전을 낳았다. 오늘날 우리가 직면한 기후 위기의 근원이 여기에 있다.

---

* 제레미 벤담이 고안한 원형 감옥 설계. 중앙의 감시탑에서 모든 수감자를 관찰할 수 있는 구조로, 현대 감시 사회의 은유로 자주 사용된다.

이러한 변화들은 단순한 기술적 진보를 넘어, 인간과 자연, 노동과 자본, 개인과 사회의 관계를 근본적으로 재정의했다. 특히 주목할 만한 것은 이러한 변화가 비가역적이었다는 점이다. 일단 시작된 산업화의 물결은 되돌릴 수 없었고, 이는 전 세계로 확산되었다. 윌리엄 블레이크가 "악마의 방앗간"이라고 부른 이 새로운 산업 체제는, 인류 문명의 근본적인 전환점이 되었다. 기술 혁신과 생산 방식의 변화는 오늘날에도 계속되고 있다. 디지털 기술의 발달, 인공지능과 로봇의 등장은 18세기 산업 혁명에 버금가는 새로운 전환을 예고하고 있다. 플랫폼 노동, 원격 근무, 자동화된 생산 시스템 등은 노동과 생산의 성격을 다시 한번 근본적으로 변화시키고 있다. 이런 점에서 산업 혁명의 경험은 현재 진행 중인 변화를 이해하고 대응하는 데 중요한 통찰을 제공한다.

2.1.2 공장제 생산과 노동 분업

1776년 어느 날, 아담 스미스는 스코틀랜드의 한 핀 제조 공장을 방문했다. 그가 목격한 것은 인류 역사상 가장 급진적인 노동 조직의 실험이었다. 18개의 독립된 공정으로 나뉜 핀 제조 과정은, 분업화된 공장제 생산의 본질을 완벽하게 보여주었다. 이는 단순한 작업 방식의 변화가 아닌, 인간 노동의 근본적 재편이었다.

공장제 생산의 도입은 작업장의 물리적 통합에서 시작되었다. 이전의 가내수공업 체제에서는 생산이 개별 가정에서 분산적으로 이루어졌다. 직물 생산을 예로 들면, 방적, 직조, 염색 등의 공정이 서로 다른 가정에서 독립적으로 수행되었다. 그러나 공장은 이 모든 공정을 하나의 지붕 아래로 모았다. 1771년 크롬퍼드에 세워진 아크라이트의 방적공장은 이러한 변화의 시

그림 2-3 독립 공정 방식의 제조 공장

초였다. 물리적 통합은 필연적으로 시간적 통합을 수반했다. 공장의 모든 노동자는 같은 시간에 출근하고, 같은 시간에 퇴근해야 했다. 점심시간도 정확히 정해졌고, 심지어 화장실 사용 시간까지 통제되었다. 한 맨체스터 공장의 규칙서는 이러한 시간 규율의 엄격성을 잘 보여준다. '오전 6시 정각에 공장 문이 열리며, 10분 후 문은 닫힌다. 지각한 노동자는 그날의 작업에서 제외되며 임금을 받을 수 없다.' 노동 분업은 이러한 통합된 작업장의 핵심 원리였다. 찰스 배비지는 이를 대분업과 소분업으로 구분했다. 대분업은 서로 다른 직종 간의 분업을 의미했고, 소분업은 하나의 작업 과정을 최대한 작은 단위로 분해하는 것을 의미했다. 특히 소분업의 발전이 두드러졌다. 시계 제조 과정이 120개 이상의 독립된 공정으로 나뉘고, 신발 제조가 90개 이상의 세부 작업으로 분할되는 등, 분업화는 극단적인 수준으로 진행되었다.

분업화의 결과는 극적이었다. 생산성은 이전과는 비교할 수 없을 정도로 향상되었다. 앤드류 유어의 계산에 따르면, 면직물 1야드를 생산하는 데 필요한 노동 시간이 1760년대의 1/100 수준으로 감소했다. 이러한 생산성 향상은 제품의 가격을 크게 낮추었고, 이는 대중 소비 사회의 물적 기반이 되었다. 그러나 분업화는 노동의 본질도 변화시켰다. 전통적인 장인의 통합적 노동은 극도로 단순화된 부분 노동으로 대체되었다. 한 노동자는 하루 종일 같은 동작만을 반복해야 했다. 이는 육체적으로는 효율적일 수 있었지만, 정신적으로는 극도의 단조로움을 의미했다. 카를 마르크스가 지적한 노동의 소외 현상이 바로 여기서 시작되었다. 더욱 근본적인 변화는 노동에 대한 통제권의 상실이었다. 전통적인 장인은 자신의 작업 속도와 방식을 스스로 결정할 수 있었다. 그러나 공장의 노동자는 기계의 리듬에 맞춰 움직여야 했다. 앤드류 유어의 표현대로 "기계는 산업의 실제적 주인이 되었고, 노동자는 그저 기계의 살아있는 부속품이 되었다."

노동 과정에 대한 지식도 변화했다. 분업화는 필연적으로 탈숙련화를 동반했다. 전체 생산 과정에 대한 이해는 더 이상 필요하지 않았고, 단순한 부분 작업만을 반복하면 되었다. 이는 노동자의 협상력을 크게 약화시켰다. 숙련된 장인은 쉽게 대체할 수 없었지만, 단순 노동자는 언제든 교체가 가능했다.

공장제 생산은 새로운 형태의 위계질서도 만들어냈다. 작업장 감독관, 공정 관리자, 품질 검사관 등 다양한 중간 관리직이 생겨났다. 이들은 노동자와 자본가 사이에서 생산 과정을 통제하고 감독하는 역할을 맡았다. 프레더릭 테일러*의 과학적 관리법은 이러한 위계적 통제를 과학이라는 이름으로 정당화했다.

젠더 관계도 재편되었다. 공장제 생산은 가내수공업에서 일반적이었던 가족 단위의 노동을 해체했다. 대신 성별에 따른 새로운 분업이 등장했다. 여성과 아동은 주로 저임금의 단순 노동을 담당했고, 남성은 상대적으로 높은

---

* 과학적 관리법을 개발한 미국의 경영학자. 노동 과정의 체계적 분석과 표준화를 주장했다.

그림 2-4 중앙 감독탑 감시하의 제조 공장

임금의 숙련 노동을 맡았다. 이는 새로운 형태의 성별 불평등을 제도화했다.

작업장의 공간 구조도 권력 관계를 반영했다. 제레미 벤담의 판옵티콘에서 영감을 받은 공장 설계는 중앙의 감독탑에서 모든 작업장을 관찰할 수 있게 했다. 미셸 푸코가 분석했듯이, 이는 규율 권력의 건축적 구현이었다. 노동자들은 항상 감시받고 있다는 의식 속에서 자기 검열을 내면화하게 되었다. 노동자의 저항도 새로운 형태를 띠게 되었다. 개별적이고 즉흥적이었던 전통적인 저항은 점차 조직적이고 집단적인 형태로 발전했다. 러다이트 운동으로 상징되는 기계 파괴에서 시작하여, 점차 노동조합이라는 제도화된 저항의 형태가 발전했다. 이는 공장제 생산이 만들어낸 새로운 형태의 노동자 연대의 표현이었다.

교육 제도도 공장제 생산의 필요에 맞춰 재편되었다. 표준화된 교과과정, 시간표에 따른 수업, 규율과 통제의 강조 등은 공장 시스템의 교육적 반영이었다. 학교는 미래의 공장 노동자를 양성하는 기관으로서의 성격을 강하게 띠게 되었다.

이러한 공장제 생산과 노동 분업의 유산은 오늘날까지도 강력하게 남아 있다. 물론 포디즘*의 위기, 유연 생산 방식의 도입, 디지털 기술의 발달 등으로 인해 전통적인 공장 시스템은 많은 변화를 겪었다. 그러나 분업화된 노동, 위계적 통제, 시간 규율 등의 기본 원리는 여전히 현대 조직의 근간을 이루고 있다. 더욱이 플랫폼 경제의 발달은 노동 분업의 새로운 단계를 예고하고 있다. 긱 워커들의 극단적으로 파편화된 노동, 알고리즘에 의한 노동 통제, 디지털 테일러리즘의 등장 등은 19세기 공장제 생산이 제기했던 많은 문제들을 새로운 형태로 재현하고 있다. 이런 점에서 공장제 생산과 노동 분업의 역사는 단순한 과거의 이야기가 아닌, 현재 진행형의 문제를 이해하는 중요한 열쇠가 된다.

2.1.3 도시화와 새로운 사회 문제

1842년의 어느 날, 프리드리히 엥겔스는 맨체스터의 노동자 거주 지역을 걸으며 충격에 빠졌다. 그가 목격한 것은 산업 혁명이 만들어낸 새로운 도시 공간의 민낯이었다. 좁은 골목길을 따라 다닥다닥 붙은 집들, 열악한 위생 상태, 거리를 떠도는 영양실조 아이들… 엥겔스는 이를 "산업 혁명의 암흑면"이라고 불렀다. 그러나 이는 단순한 부작용이 아닌, 근대 도시화의 필연적 결과였다.

산업 혁명이 촉발한 도시화의 규모와 속도는 전례가 없었다. 맨체스터의 인구는 1801년 75,000명에서 1851년 400,000명으로 폭발적으로 증가

---

* 헨리 포드가 도입한 대량 생산 체제를 일컫는 말. 조립 라인을 통한 표준화된 생산 방식과 노동자들의 높은 임금을 결합한 생산-소비 시스템을 의미한다.

그림 2-5 도시화에 따른 사회 문제

했다. 버밍엄, 리즈, 리버풀 등 다른 산업 도시들도 비슷한 성장을 경험했다. 이는 단순한 인구 증가를 넘어, 사회 구조의 근본적 재편을 의미했다. 수천 년 동안 이어져 온 농촌 중심의 사회 질서가 불과 한 세대 만에 무너지고, 그 자리에 도시 중심의 새로운 질서가 들어섰다. 도시화는 새로운 형태의 공간 분화를 만들어냈다. 산업 지구, 상업 지구, 주거 지구가 뚜렷이 구분되었고, 각 지구는 다시 계급에 따라 분할되었다. 부유한 중산층은 도시 외곽의 쾌적한 주거지로 이주했고, 노동자들은 공장 근처의 과밀 주거지에 몰려 살았다. 찰스 부스가 1886년에 작성한 런던의 빈곤지도*는 이러한 계급적 공간 분화를 생생하게 보여준다. 거리 하나를 사이에 두고 극단적인 빈부 격차가 존재했다. 주거 문제는 심각했다. 산업 도시로 몰려든 노동자들을 수용할 주택이 절대적으로 부족했다. 그나마 있는 주택도 최소한의 거주 기준을 충족시키지 못했다. 리버풀의 한 조사에 따르면, 노동자 가구의 절반 이상이 한 방에

---

* 1886년 찰스 부스가 작성한 런던의 사회 조사 지도. 도시의 계급적 분화를 시각적으로 보여주었다.

서 5명 이상이 생활했다. 지하실이나 다락방을 주거 공간으로 사용하는 것도 흔했다. 벤저민 디즈레일리는 이를 두 개의 국민이라고 표현했다. 같은 도시에 살면서도 전혀 다른 세계에서 사는 두 계급이 존재했다.

위생 문제는 더욱 치명적이었다. 급격한 인구 집중에 하수도와 상수도 시설이 따라가지 못했다. 1832년 런던의 콜레라 대유행은 이러한 도시 위생의 취약성을 극적으로 보여주었다. 존 스노우 박사의 획기적인 연구는 콜레라의 확산이 오염된 식수와 직접적인 관련이 있음을 밝혔다. 이는 도시 위생시설의 근대화를 촉진하는 계기가 되었다. 1858년의 대악취 사건(Great Stink)* 이후 런던이 대대적인 하수도 공사를 시작한 것은 상징적인 사례다.

환경 오염도 심각한 문제였다. 공장의 매연, 생활 하수, 쓰레기 등이 도시 환경을 급속히 악화시켰다. 특히 석탄의 대량 사용은 대기 오염을 심화시켰다. 맨체스터의 하늘은 항상 연기로 뒤덮여 있었고, 이는 검은 도시(Black Country)**라는 별명의 유래가 되었다. 윌리엄 블레이크가 노래한 어둡고 악마적인 공장들은 바로 이러한 산업 도시의 풍경을 상징한다.

아동 노동의 문제는 도시화가 만들어낸 가장 비극적인 현상 중 하나였다. 산업화 초기에는 5-6세의 어린이들도 공장에서 일하는 것이 흔했다. 1833년의 공장법이 9세 이하 아동의 노동을 금지하기 전까지, 수많은 아이들이 하루 12-14시간씩 위험한 기계 사이에서 일해야 했다. 찰스 디킨스의 소설들은 이러한 도시 아동들의 비참한 삶을 생생하게 묘사했다. 여성 노동자들의 상황도 열악했다. 공장에서 일하는 여성들은 남성보다 낮은 임금을 받으면서도 같은 시간을 일해야 했다. 더욱이 가사 노동의 부담까지 져야 했다.

---

* 1858년 런던에서 발생한 환경 위기. 테임즈 강의 심각한 오염으로 인한 것으로, 현대적 하수도 시스템 구축의 계기가 되었다.
** 영국 중부의 공업 지대를 지칭하는 말. 심각한 대기 오염으로 인해 붙여진 이름이다.

헨리 메이휴가 기록한 런던의 여성 노동자들의 증언은 이중고에 시달리는 그들의 현실을 잘 보여준다. 특히 미혼모들의 상황은 더욱 절망적이었다. 빈곤과 사회적 낙인의 이중고에 시달려야 했다.

도시화는 새로운 형태의 사회 통제 메커니즘도 필요로 했다. 대규모 인구의 집중은 범죄와 무질서의 위험을 증가시켰다. 1829년 런던 경시청의 설립은 이러한 필요에 대한 대응이었다. 로버트 필 경이 조직한 경찰(Police)은 근대적 도시 통제의 시초가 되었다. 이들은 단순한 범죄 진압을 넘어, 도시 공간의 규율화를 담당했다. 교육 제도도 도시화의 영향을 받았다. 1870년의 초등 교육법은 도시 노동자 계급 자녀들의 교육을 의무화했다. 이는 표면적으로는 계몽적 조치였지만, 실질적으로는 도시 노동력의 재생산과 규율화를 위한 제도적 장치였다. 학교는 미래의 공장 노동자들에게 시간 엄수, 규율 준수, 권위에 대한 복종을 가르치는 곳이었다.

도시 빈민의 문제는 새로운 형태의 사회 정책을 요구했다. 1834년의 신빈민법*은 빈곤 문제를 제도적으로 관리하려는 시도였다. 그러나 이는 빈곤의 원인을 개인의 도덕적 결함으로 보는 시각에 기반했고, 작업장(Workhouse)이라는 징벌적 시설을 통해 빈민을 통제하려 했다. 찰스 디킨스가 올리버 트위스트에서 날카롭게 비판한 것이 바로 이러한 시스템이었다.

새로운 형태의 도시 문화도 등장했다. 대중 오락시설, 펍(Pub), 음악홀 등은 도시 노동자들의 여가 공간이 되었다. 그러나 이는 곧 도덕적 논쟁의 대상이 되었다. 중산층 개혁가들은 이러한 공간들을 타락의 온상으로 보았다. 절주 운동**, 일요일 휴업 운동 등 다양한 도덕 개혁 운동이 전개되었다.

도시화는 가족 구조도 변화시켰다. 확대 가족은 점차 핵 가족으로 대체

---

* 1834년 영국에서 제정된 빈민 구제법. 작업장 제도를 통해 빈민 구제를 엄격히 제한했다.
** 19세기 영국과 미국에서 전개된 사회 개혁 운동. 노동자 계급의 음주 문제 해결을 목표로 했다.

되었다. 이는 단순한 가족 형태의 변화가 아닌, 사회적 연대의 약화를 의미했다. 전통적인 농촌 공동체가 제공하던 상호 부조의 네트워크가 사라졌고, 이는 도시 빈민들의 취약성을 더욱 심화시켰다.

보건 의료 체계도 도시화의 도전에 직면했다. 전염병의 빈번한 발생은 공중 보건의 개념을 발전시키는 계기가 되었다. 에드윈 채드윅이 주도한 공중 보건 운동은 도시 위생 시설의 개선, 주거 환경의 규제, 예방 의학의 발전을 이끌었다. 1875년의 공중보건법은 이러한 노력의 결실이었다.

도시의 공간 구조 자체가 사회 통제의 수단이 되었다. 파리의 도시 계획, 오스만의 대규모 도시 재개발은 이러한 경향의 대표적 사례다. 넓은 대로의 건설은 군대의 신속한 이동과 폭동의 진압을 용이하게 했다. 도시 계획은 단순한 기능적 고려를 넘어, 권력의 공간적 배치였다.

이러한 19세기의 도시 문제들은 오늘날까지도 여전히 유효하다. 현대의 메가 시티들이 직면한 많은 문제들 - 주거 위기, 환경 오염, 사회적 분리, 빈부 격차 등 - 은 산업 혁명기 도시들이 겪었던 문제들의 현대적 재현이다. 특히 개발도상국의 급속한 도시화 과정은 19세기 영국의 경험과 유사한 패턴을 보여준다. 나아가 디지털 기술의 발달은 도시화의 새로운 단계를 예고하고 있다. 스마트 시티의 개념은 도시 문제에 대한 기술적 해결을 약속하지만, 동시에 새로운 형태의 감시와 통제의 가능성도 내포하고 있다. 19세기의 도시화가 물리적 공간의 재편을 통해 새로운 권력 관계를 만들어냈다면, 21세기의 디지털 도시화는 가상 공간의 구조화를 통해 또 다른 형태의 권력 관계를 형성하고 있다. 결국 도시화의 역사는 인류가 스스로 만들어낸 환경 속에서 어떻게 살아갈 것인가라는 근본적 질문을 제기한다. 이는 단순한 기술적, 행정적 과제를 넘어, 문명의 지속 가능성에 관한 근본적 도전이다. 19세기 도시화의 경험은 이러한 도전에 대한 중요한 역사적 교훈을 제공한다.

|통|찰|의|나|침|반|

4차 산업 혁명과 노동의 미래

1811년 영국의 직조공들이 방직기를 부수며 던진 질문 – "기계는 어디까지 인간을 대체할 수 있는가?" – 은 오늘날 인공지능 시대에 새로운 울림으로 되살아나고 있다. 18세기의 증기기관이 인간의 근육을 대체했다면, 인공지능은 이제 인간의 두뇌를 대체하려 한다. 기술의 형태는 달라졌지만, 인간 노동의 본질을 위협하는 근본적 도전은 여전히 계속되고 있다. 공장제 생산이 장인의 통합적 노동을 분절화된 부분 노동으로 해체했듯이, 디지털 플랫폼은 전통적 고용 관계를 파편화된 긱 노동으로 해체하고 있다. 우버나 배달 플랫폼 기사같은 플랫폼의 노동자들은 19세기 공장 노동자들처럼 알고리즘이라는 새로운 관리자의 통제 아래 놓여 있다. 다만 이제 그들을 감시하는 것은 공장 감독관의 눈이 아닌, 스마트폰 속 보이지 않는 코드들이다. 특히 주목할 만한 것은 노동의 시간성과 공간성이 완전히 새롭게 재편되고 있다는 점이다. 19세기 노동자들이 공장의 시계에 맞춰 생활했다면, 오늘날의 플랫폼 노동자들은 수요 알고리즘의 실시간 변동에 따라 움직인다. '언제 어디서나 일할 수 있다'는 유연성은 동시에 '언제 어디서나 일해야 한다'는 구속성으로 변질되고 있다.

이러한 변화는 교육과 학습의 본질도 변화시키고 있다. 19세기 장인의 도제식 훈련이 표준화된 직업 교육으로 대체되었듯이, 오늘날의 평생학습은 끊임없는 재훈련의 연속이 되어가고 있다. 한때 배운 기술이 전 생애에 걸쳐 유효했던 시대는 지나갔다. 이제 학습은 생존을 위한 필수조건이 되었다.

그러나 역사는 기술 변화가 반드시 노동의 위기만을 가져오는 것은 아님을 보여준다. 산업 혁명이 많은 전통적 직업을 소멸시켰지만, 동시에 더 많은 새로운 직업을 만들어냈듯이, 4차 산업 혁명도 새로운 가능성의 지평을 열어줄 것이다. 관건은 이러한 전환을 어떻게 관리하느냐다. 19세기의 고통스러운 교훈을 되새긴다면, 우리는 더 포용적이고 지속 가능한 전환을 모색할 수 있을 것이다.

기술 발전의 방향과 속도에 대한 민주적 통제, 노동자의 권리 보호, 공정한 이익의 분배, 보편적 사회 안전망의 구축 – 이러한 과제들은 200년 전이나 지금이나 여전히 유효하다. 결국 우리에게 필요한 것은 기술적 상상력과 사회적 상상력의 결합이다.

|통|찰|의|나|침|반|

기술이 만들어내는 새로운 가능성을 포착하면서도, 그것이 인간의 존엄성과 사회적 정의에 기여하도록 만드는 지혜가 필요하다. 19세기의 노동 운동이 보여준 것처럼, 기술의 미래는 결정된 것이 아니라 우리의 선택과 행동에 달려 있다. 더욱 근본적인 도전은 노동의 가치 자체에 대한 재정의다. 19세기 산업 혁명이 육체 노동의 가치를 재평가하게 만들었다면, 인공지능 시대는 인간 노동 전반의 가치를 재고하게 만든다. AI가 인간의 많은 인지적 과업을 대체할 수 있게 되면서, 인간만이 할 수 있는 일의 영역이 끊임없이 재조정되고 있다. 창의성, 공감 능력, 윤리적 판단과 같은 인간적 특질이 새롭게 주목받는 것은 우연이 아니다.

사회 보장 체계도 근본적인 재구성이 필요하다. 19세기 말에 도입된 산재 보험, 실업 보험, 연금 제도는 모두 안정적인 임금 노동을 전제로 설계되었다. 그러나 오늘날 노동의 형태는 훨씬 더 유동적이고 불안정하다. 긱 워커, 프리랜서, 디지털 노마드와 같은 새로운 노동 형태들은 전통적인 사회 보장의 틀로는 포괄하기 어렵다. 보편적 기본소득이 진지하게 논의되는 것도 이러한 맥락이다.

노동 조직의 형태도 변화하고 있다. 19세기의 노동조합이 공장이라는 물리적 공간을 중심으로 조직되었다면, 디지털 시대의 노동자들은 가상 공간에서 새로운 형태의 연대를 모색한다. 소셜 미디어를 통한 자발적 네트워킹, 클라우드펀딩을 통한 상호 부조, 디지털 플랫폼을 통한 정보 공유 등 새로운 조직화 방식이 등장하고 있다. 이는 연대의 개념 자체를 재정의한다.

기업의 성격도 변화하고 있다. 19세기의 공장이 물리적 생산 수단의 소유에 기반했다면, 디지털 기업은 데이터와 알고리즘의 통제에 기반한다. 이는 완전히 새로운 형태의 기업 권력을 만들어내고 있다. 플랫폼 기업들은 전통적인 의미의 고용주가 아니면서도, 수많은 노동자들의 생계를 좌우하는 강력한 영향력을 행사한다.

특히 우려되는 것은 불평등의 심화다. 19세기의 불평등이 주로 자본-노동 간의 대립이었다면, 디지털 시대의 불평등은 더욱 복잡한 양상을 띤다.

|통|찰|의|나|침|반|

디지털 역량의 격차, 플랫폼 접근성의 차이, 데이터 통제권의 불균형 등이 새로운 형태의 계층화를 만들어내고 있다. 디지털 봉건제라는 우려가 제기되는 것도 이 때문이다. 그러나 희망적인 징후도 있다. 협동조합 운동이 19세기 자본주의의 대안을 모색했듯이, 오늘날에도 플랫폼 협동조합, 데이터 커먼즈, 대안적 디지털 경제의 실험들이 이어지고 있다. 기술의 민주적 통제와 공정한 분배를 위한 새로운 모델들이 등장하고 있는 것이다.

결국 4차 산업 혁명의 도전을 헤쳐 나가기 위해서는, 기술 혁신과 사회 혁신이 함께 가야 한다. 19세기의 노동 운동이 보여줬듯이, 기술 변화는 그것을 수용할 수 있는 사회 제도의 혁신이 동반될 때만 진정한 진보가 될 수 있다. 노동법의 재정비, 사회 보장의 재설계, 교육 체계의 혁신, 그리고 무엇보다 기술 발전의 방향에 대한 민주적 통제가 시급하다. 이는 단순한 정책의 문제가 아닌, 우리가 어떤 미래를 원하는가에 대한 근본적인 질문이다. 19세기의 노동자들이 "우리는 기계가 아니다"라고 외쳤듯이, 오늘날 우리도 인간다운 노동의 의미를 다시 한번 깊이 성찰해야 할 때다. 기술의 진보가 인간의 진보로 이어지게 만드는 것, 그것이 우리 시대의 과제이다.

2.2 자본주의의 발달

1844년 런던 증권거래소는 전례 없는 열기로 가득 차 있었다. 철도 회사들의 주식이 폭발적으로 거래되고 있었다. 철도광풍(Railway Mania)이라 불린 이 현상은 근대 자본주의의 결정적 전환점이었다. 처음으로 대중들이 대규모로 주식 투자에 참여했고, 자본 시장은 이제 소수 상인들의 전유물이 아닌 대중적 현상이 되었다. 이는 자본주의가 새로운 단계로 진입했음을 알리는 신호탄이었다.

자본주의의 발달은 단순한 경제 체제의 변화를 넘어, 사회 전체의 근본적 재편을 의미했다. 칼 폴라니*가 거대한 전환이라고 부른 이 과정에서, 시장은 사회에 배태된(Embedded) 하나의 제도에서 사회 전체를 지배하는 원리로 변모했다. 토지, 노동, 화폐가 상품화되면서, 인간의 삶 자체가 시장의 논리에 종속되기 시작했다. 주식회사의 발달은 이러한 변화의 핵심이었다. 유한 책임의 원칙, 소유와 경영의 분리, 주식의 자유로운 양도 등은 전혀 새로운

---

* 칼 폴라니(Karl Polanyi, 1886-1964)는 헝가리 태생의 경제학자이자 사회 사상가로, 시장 중심의 경제 체제와 사회적 관계 간의 갈등을 탐구한 인물이다. 그는 저서 『The Great Transformation』에서 자유 시장 경제가 사회적 유대를 약화시키고, 이를 보완하기 위해 국가와 사회가 개입하는 이중 운동이 발생한다고 주장하였다. 폴라니는 경제를 사회적 맥락 속에서 이해하려는 시도로 현대 경제사상에 깊은 영향을 미쳤으며, 시장만이 아니라 전통, 호혜, 재분배 등의 메커니즘을 통해 경제가 작동한다고 보았다.

형태의 기업 조직을 만들어냈다. 동인도회사로 대표되는 초기의 주식회사들은 여전히 국가의 특허를 필요로 했지만, 1844년 영국의 주식회사법과 1856년의 유한책임법은 주식회사의 설립을 일반적 권리로 만들었다. 이는 소유의 혁명이었다. 이전의 가족 기업이나 합명 회사와 달리, 주식회사는 무수한 익명의 투자자들로부터 자본을 모을 수 있었다. 이는 전례 없는 규모의 자본 집중을 가능하게 했다. 철도 건설, 운하 개발, 광산 채굴 등 19세기의 거대 프로젝트들은 이러한 새로운 자본 조달 방식 없이는 불가능했을 것이다.

동시에 이는 통제의 혁명이기도 했다. 소유와 경영의 분리는 새로운 전문 경영자 계층의 등장을 가져왔다. 이들은 주주의 이익을 대변하면서도 독자적인 권력 기반을 구축했다. 제임스 번햄*이 경영자 혁명이라고 부른 이 현상은, 자본주의적 통제의 새로운 단계를 알렸다.

금융 자본의 성장은 또 다른 차원의 변화를 가져왔다. 산업 자본이 지배하던 초기 자본주의와 달리, 19세기 후반부터는 금융 자본의 영향력이 급속히 증가했다. 로스차일드, 모건과 같은 금융 가문들은 단순한 자금 중개인을 넘어 산업 구조 재편의 주역이 되었다. 루돌프 힐퍼딩**이 금융 자본이라고 개념화한 이 현상은, 자본주의의 질적 변화를 의미했다. 특히 주목할 만한 것은 국제 금융 시장의 발달이었다. 1870년대 이후 확립된 국제 금본위제는 자본의 국제적 이동을 촉진했다. 런던은 세계 금융의 중심지가 되었고, 파운드화는 사실상의 세계 화폐가 되었다. 이는 제국주의 시대를 연 중요한 조건 중 하나였다.

---

* 제임스 번햄(James Burnham, 1905-1987)은 미국의 정치 이론가이자 작가로, 『The Managerial Revolution』에서 현대 사회가 경영 관료들에 의해 지배되는 체제로 전환될 것을 예견했다. 그는 냉전 시기 반공주의 지식인으로 활동하며, 서구의 정치 전략과 보수적 이론 형성에 기여하였다.
** 루돌프 힐퍼딩(Rudolf Hilferding, 1877-1941)은 오스트리아 출신 경제학자이자 마르크스주의 이론가로, 금융 자본에서 산업 자본과 금융 자본의 결합이 독점과 제국주의로 이어지는 과정을 분석했다. 그는 독일 사회민주당에서 활동하며 이론과 정치 실천을 결합하려 했다.

자본주의의 발달은 새로운 형태의 위기도 만들어냈다. 1825년의 제1차 근대적 공황을 시작으로, 주기적인 경제 위기가 발생했다. 이는 더 이상 전통적인 기근이나 전쟁의 결과가 아닌, 자본주의 체제 내부의 모순이 만들어낸 구조적 현상이었다. 카를 마르크스가 분석한 자본의 내적 모순이 현실화되는 순간이었다.

글로벌화의 진전도 가속화되었다. 1851년 런던 만국박람회가 상징하듯, 세계는 하나의 시장으로 통합되어 갔다. 증기선과 철도는 운송 비용을 획기적으로 낮추었고, 전신은 정보의 즉각적인 전달을 가능하게 했다. 이는 시공간의 압축을 가져왔고, 자본의 전지구적 순환을 가속화했다. 그러나 이러한 변화는 심각한 사회적 갈등도 낳았다. 노동 운동의 성장, 사회주의 사상의 확산, 복지국가의 실험은 모두 자본주의의 모순에 대한 대응이었다. 특히 1870년대 이후의 대불황*은 자유방임적 자본주의에 대한 근본적 의문을 제기했고, 국가의 경제 개입을 정당화하는 계기가 되었다.

이제 우리는 자본주의 발달의 세 가지 핵심 측면 – 주식회사와 소유권의 변화, 금융 자본의 성장, 그리고 국제 무역과 글로벌화 – 을 자세히 살펴볼 것이다. 이를 통해 현대 자본주의의 본질을 더 깊이 이해하고, 미래의 변화를 전망하는 통찰을 얻을 수 있을 것이다.

---

* 1873년부터 약 20여 년간 지속된 세계적 경기침체를 의미하며, 자본주의 역사에서 처음으로 경험한 장기적 불황이다. 1873년 오스트리아와 미국의 금융 위기로 촉발된 이 불황은 철강, 석탄, 농업 등 주요 산업의 과잉 생산과 가격 하락, 실업 증가로 이어졌다. 이는 자본주의 경제의 불안정성을 드러낸 사건으로, 독점과 제국주의적 확장의 기반이 된 경제적 구조 변화를 촉진하였다.

2.2.1 주식회사와 소유권의 분산

"한 장의 주식증서가 세상을 바꾸었다." 1911년 한 경제사학자의 이 말은 과장이 아니었다. 주식회사의 발명은 증기기관이나 전기의 발명에 버금가는, 어쩌면 그보다 더 큰 혁명적 변화를 가져왔다. 오늘날 우리가 알고 있는 현대 자본주의의 거의 모든 특징은 이 제도적 발명품에서 비롯되었다.

주식회사의 기원은 멀리 중세 이탈리아의 상인 조합까지 거슬러 올라간다. 1602년 설립된 네덜란드 동인도회사(VOC)는 최초의 근대적 주식회사로 평가받는다. 이 회사는 처음으로 양도 가능한 주식을 발행했고, 암스테르담 증권거래소에서 이 주식의 거래가 시작되었다. 당시 네덜란드의 한 상인은 일기에서 이렇게 썼다. '이제 우리는 배를 보내지 않고도 동방 무역의 이익을 얻을 수 있게 되었다.' 이는 자본 투자의 본질적 성격 변화를 암시하는 중요한 증언이다. 그러나 진정한 의미의 주식회사 혁명은 19세기 중반에 시작되었다. 1855년 영국의 유한책임법 제정은 결정적 전환점이었다. 당시 보수적인 귀족들은 이를 도덕적 재앙이라고 맹비난했다. 채무를 전액 상환할 의무가 없다는 것은 신의 법칙에 위배된다는 것이었다. 철학자 존 스튜어트 밀조차도 처음에는 이 제도의 도입을 우려했다. 그러나 역설적으로 이 비도덕적 원칙의 도입이야말로 근대 자본주의 발전의 핵심 동력이 되었다.

유한책임 원칙의 혁명성은 아무리 강조해도 지나치지 않다. 이전까지 기업 부채는 소유주의 개인적 책임이었다. 사업이 실패하면 모든 개인 재산을 잃는 것은 물론, 부채가 남으면 채무자는 감옥행까지 각오해야 했다. 찰스 디킨스의 소설 『리틀 도릿』에 등장하는 마살시 감옥의 비참한 풍경은 당시의 현실을 생생하게 보여준다. 유한책임 원칙은 이러한 위험을 투자액으로 제한함으로써, 대중적 투자 참여의 길을 열었다. 이 변화의 파급 효과는 즉각적이었다. 1840년대 영국의 철도광풍 당시, 약 50만 명의 일반 시민들이 철도 주식에 투자했다. 이는 당시 영국 인구의 2%에 해당하는 규모였다. 투자자들의 사회적 구성 역시 다양했는데 성직자, 미망인, 은퇴한 군인, 학교 교사 등 전통적으로 투자와는 거리가 멀었던 계층들이 대거 주식 투자에 참여했다. 1849년 더 타임즈는 "우리는 모두 자본가가 되었다"고 선언했다. 맨체스터의 한 방직공장 노동자였던 제임스 윌슨의 사례는 이러한 변화를 상징적으로 보여준다. 그는 20년 간의 저축으로 모은 100파운드를 1845년 미들랜드 철도 회사의 주식에 투자했다. 5년 후 그의 투자금은 3배로 불어났고, 그는 자신의 아들을 대학에 보낼 수 있게 되었다. 이는 주식회사가 만들어낸 새로운 사회적 이동성의 전형적인 사례였다. 윌슨의 아들은 나중에 옥스포드대학 교수가 되었다.

더욱 근본적인 변화는 소유 개념 자체의 혁명적 전환이었다. 전통적으로 소유는 매우 구체적이고 인격적인 것이었다. 농부는 자신의 땅을, 장인은 자신의 작업장을, 상인은 자신의 상품을 직접 보고 만지고 통제할 수 있었다. 그러나 주식회사에서 소유는 완전히 추상적이고 비인격적인 것이 되었다. 펜실베이니아 철도 회사의 주주들은 자신들이 정확히 무엇을 소유하고 있는지 알 수 없었다. 수천 마일에 걸친 철로, 수백 대의 기관차, 수천 명의 직원들 중 어느 것도 구체적으로 자신의 것이라고 할 수 없었다. 1860년대 한 영국 법률가는 이러한 변화를 다음과 같이 표현했다. "우리는 이제 만질 수 없는 것을 소유하는 시대에 살고 있다."

이는 단순한 수사가 아니었다. 소유의 추상화는 인류 역사상 전례 없는 현상이었다. 중세의 장원 영주는 자신의 영지를 말을 타고 하루 안에 둘러볼 수 있었고, 산업 혁명 초기의 공장주는 자신의 모든 기계를 직접 점검할 수 있었다. 그러나 현대 주식회사의 주주는 자신이 소유한 것의 물리적 실체를 확인할 수 없다. 소유는 이제 완전히 법적, 추상적 개념이 되었다. 이러한 소유의 추상화는 소유와 경영의 분리라는 또 다른 혁명적 현상을 낳았다. 1932

년 아돌프 벌과 가디너 민즈가 출간한 『현대 주식회사와 사적 재산』은 이 현상의 의미를 깊이 있게 분석했다. 그 결과는 놀라웠는데, 미국 최대 200개 비금융 기업 중 44%가 경영자 지배 하에 있었고, 어떤 주주도 회사의 1% 이상을 소유하지 않은 경우가 많았다. 이는 마르크스가 예견했던 것과는 전혀 다른 방식으로 자본주의가 진화하고 있음을 보여주었다.

전문 경영자의 등장은 완전히 새로운 형태의 권력 관계를 만들어냈다. GM의 알프레드 슬로언, US Steel의 엘버트 게리와 같은 전문 경영자들은 창업자 가족보다 더 큰 권력을 행사했다. 1923년 한 관찰자는 이렇게 기록했다. 듀폰 가문은 회사를 소유하고 있지만, 실제로 회사를 움직이는 것은 전문 경영자들이다. 제임스 번햄이 경영자 혁명이라고 부른 이 현상은, 자본주의의 성격 자체를 변화시켰다. 이러한 변화는 완전히 새로운 형태의 기업 문화를 낳았다. 관료제적 위계질서, 표준화된 업무 절차, 문서화된 의사결정 과정은 더 이상 선택이 아닌 필수가 되었다. 1925년 GM이 도입한 정책 매뉴얼은 300페이지가 넘는 방대한 문서였다. 개인의 카리스마나 가족적 유대가 아닌, 비인격적 규칙과 절차가 조직을 움직이는 원리가 되었다. 막스 베버가 분석한 근대적 합리성이 기업 조직의 구석구석까지 침투한 것이다.

특히 주목할 만한 것은 기업의 영속성 개념의 등장이다. 1819년 미국 대법원의 다트머스 판결*은 법인격의 영속성을 법적으로 인정했다. 존 마샬 대법원장은 "법인은 불멸의 존재"라고 선언했다. 이는 혁명적인 개념이었다. 전통적인 가족 기업이 소유주의 수명이나 능력에 종속되었다면, 주식회사는 이론적으로 영원히 존속할 수 있는 존재가 된 것이다. 1850년대 한 법률가는 이를 "인공적 영생"이라고 불렀다.

---

* 1819년 미국 대법원의 판결. 법인의 영속성을 법적으로 인정한 획기적 판례이다.

자본 조달 방식의 혁명적 변화도 결정적이었다. 1860년대 미국 철도 건설에 투입된 자본은 당시 미국 GDP의 절반에 달했다. 이는 인류 역사상 전례 없는 규모의 자본 동원이었다. 펜실베이니아 철도의 사례는 특히 인상적이다. 1870년까지 이 회사는 약 5만 명의 주주로부터 자본을 조달했다. 한 역사가는 "모세도 이렇게 많은 사람의 자금을 한 곳에 모으지는 못했을 것"이라고 농담처럼 말했다.

새로운 금융 기법들도 발전했다. 우선주와 보통주의 구분, 전환사채, 주식 배당, 주식 분할 등 다양한 혁신이 이루어졌다. 1850년대에는 투자설명서*라는 새로운 형태의 문서가 등장했다. 이는 처음으로 투자자들에게 체계적인 기업 정보를 제공하려는 시도였다. 물론 이러한 정보의 신뢰성은 여전히 문제였다. 찰스 디킨스의 소설 『마틴 처즐위트』에 등장하는 사기성 투자설명서는 당시의 현실을 풍자한 것이다.

그러나 이러한 변화는 새로운 형태의 위험도 낳았다. 1720년의 남해 거품** 사건은 주식회사 제도의 위험성을 극적으로 보여준 초기 사례였다. 런던의 체인지 앨리는 사기성 회사들의 온상이 되었다. 달에 은광을 개발하는 회사까지 등장했다는 풍자적 기록이 남아 있다. 이는 점차 더 엄격한 규제의 필요성을 인식하게 만들었다. 남해 거품 사건으로 인해 생긴 거품법, 1844년의 주식회사법, 1933년의 증권법 등은 이러한 규제의 발전 과정을 보여준다.

특히 회계와 감사 제도의 발전은 중요했다. 1845년 영국의 회계법은 처음으로 정기적인 회계 감사를 의무화했다. 이는 투명성이라는 새로운 개념의 등장을 의미했다. 주주들은 이제 정기적으로 회사의 재무 상태를 확인할 수 있게 되었다. 물론 이것이 완벽한 해결책은 아니었다. 1878년 글래스고

---

* 1850년대에 등장한 새로운 형태의 기업 문서. 투자자들에게 체계적인 기업 정보를 제공했다.
** 1720년 영국에서 발생한 주식 투기 사태. 근대 금융 위기의 전형을 보여준다.

은행의 파산 사건은 외부 감사인도 대규모 사기를 발견하지 못할 수 있음을 보여주었다.

증권 시장의 발달은 완전히 새로운 전문가 집단도 만들어냈다. 1792년 뉴욕 월가의 버튼우드 나무 아래에서 24명의 중개인들이 서명한 협정은 역사적인 순간이었다. 이들은 서로에게만 수수료를 받기로 약속했는데, 이것이 뉴욕증권거래소의 시초가 되었다. 증권 중개인, 투자 은행가, 회계사, 기업 변호사 등 새로운 직업군이 탄생했다. 이들은 단순한 기술적 전문가를 넘어, 새로운 형태의 자본주의적 엘리트를 형성했다.

노동자들의 의식 변화도 주목할 만하다. 1920년대 미국에서는 복지자본주의 운동이 전개되었다. 많은 대기업들이 종업원 주식 소유 제도를 도입했다. US Steel의 엘버트 게리 회장은 "모든 노동자를 자본가로 만들겠다"고 선언했다. 1928년까지 약 800만 명의 미국인이 주식을 보유하게 되었다. 이는 민중 자본주의의 가능성을 보여주는 것 같았다. 그러나 1929년 대공황은 이러한 낙관론에 치명적인 타격을 가했다. 많은 노동자 투자자들이 전 재산

그림 2-6 법인화 된 대규모 기업 등장과 고층 건물로 구성된 도시 풍경

을 잃었고, 이는 주식 시장에 대한 깊은 불신을 낳았다. 주식회사는 도시 경관도 변화시켰다. 19세기 말부터 대도시에는 회사본사라는 새로운 건축물이 등장했다. 뉴욕의 메트로폴리탄 생명보험빌딩, 시카고의 몽고메리워드빌딩 등은 새로운 기업 권력의 상징이 되었다. 이들 건물의 규모와 화려함은 중세의 성당이나 왕궁에 비견되었다. 1890년 한 관찰자는 '성당의 시대가 가고 회사의 시대가 왔다'고 기록했다.

기업 문화도 완전히 새로운 모습을 갖추게 되었다. IBM은 1920년대부터 직원들에게 흰 셔츠 착용을 의무화했다. 이는 복장 규정을 넘어 '우리는 전문가다'라는 새로운 정체성의 표현이었다. AT&T는 "보편적 서비스"라는 슬로건을 내걸었다. 기업이 단순한 이윤 추구 조직이 아닌, 사회적 사명을 가진 제도라는 인식이 생겨난 것이다.

주식회사는 시간 개념도 변화시켰다. 분기별 실적 발표, 연간 주주 총회, 일일 주가 변동 등은 완전히 새로운 시간 리듬을 만들어냈다. 1867년 뉴욕증권거래소에 설치된 주식 시세 표시기(Stock Ticker)는 이러한 변화의 상징이었다. 기업의 가치가 실시간으로 변동한다는 것은 이전까지는 상상할 수 없었던 개념이었다. 언어도 변화했다. 주주 가치, 시장 자본화, 기업 지배 구조 등 완전히 새로운 용어들이 등장했다. 이는 단순한 어휘 변화를 넘어 세상을 보는 새로운 방식의 등장을 의미했다. 1883년 한 언어학자는 '우리는 이제 주식회사의 언어로 생각하기 시작했다'고 관찰했다.

이러한 변화들은 오늘날까지도 계속되고 있다. 2008년 금융 위기 이후 많은 사람들이 주식회사 제도의 근본적인 개혁을 요구했다. ESG 투자의 부상은 주주가치 극대화라는 전통적 기업 목적에 대한 도전이다. 플랫폼 기업들의 성장은 전통적인 소유권 개념의 한계를 보여준다. 더욱이 블록체인 기술의 발달은 분산형 자율조직(DAO)이라는 완전히 새로운 형태의 기업 조직 가능성을 제시한다. 이는 19세기의 주식회사 혁명에 버금가는 새로운 변화의 시작일 수 있다. 2021년 한 미래학자는 "DAO는 주식회사를 대체할 것인가?"라는 도발적인 질문을 제기했다. 그러나 이러한 새로운 도전들 속에서도 주식회사가 보여준 핵심적 혁신 – 유한책임, 영속적 법인격, 소유권의 유동화 등 – 은 여전히 유효하다. 오히려 이러한 원칙들은 새로운 형태로 재해석되고 있다. NFT는 소유권의 디지털화를, DAO는 거버넌스의 자동화를 추구한다. 하지만 이들도 결국은 19세기 주식회사가 제기했던 근본적 질문들 – 소유란 무엇인가? 통제는 어떻게 이루어져야 하는가? – 에 대한 새로운 답을 찾는 시도라고 할 수 있다.

결론적으로, 주식회사와 소유권의 분산은 단순한 경제적 혁신을 넘어 문명사적 전환점이었다. 그것은 소유와 통제, 권력과 책임, 개인과 제도의 관계를 근본적으로 재정의했다. 19세기의 이 위대한 제도적 발명은 우리가 여전히 완전히 이해하지 못한 가능성과 도전을 내포하고 있다. 오늘날의 새로운 기술적, 사회적 변화 속에서 우리는 이 오래된 혁신의 의미를 다시 한번 깊이 성찰해야 할 때다.

2.2.2 금융 자본의 성장과 영향력

1873년 9월의 어느 아침, JP 모건은 뉴욕의 자신의 사무실에서 중대한 결정을 내렸다. 파산 위기에 처한 철도 회사들을 통합하여 재조직화하기로 한 것이다. 이는 기업 구조 조정을 넘어, 금융 자본의 새로운 시대를 여는 상징적 사건이었다. 한 역사가는 이를 "금융 혁명의 시작"이라고 표현했다. 이제 은행가들은 단순한 자금 중개인을 넘어, 산업 구조 자체를 재편하는 강력한 행위자가 되었다. 돈이 돈을 낳는 자본주의의 새로운 단계가 시작된 것이다. 루돌프 힐퍼딩*이 『금융 자본론』에서 분석했듯이, 산업 자본과 은행 자본의 융합은 자본주의의 질적 변화를 의미했다. 은행은 더 이상 단순한 예금과 대출의 기관이 아니었다. 그들은 산업을 통제하고, 시장을 조정하며, 때로는 국가 정책까지 좌우하는 새로운 권력의 중심이 되었다.

   금융 자본의 성장은 여러 단계를 거쳐 진행되었다. 초기 단계에서 은행들은 주로 상업 신용을 제공하는 역할에 머물렀다. 1830년대 런던의 한 은행가는 "우리는 상인들의 하인일 뿐"이라고 말했다. 그러나 19세기 중반 이후 상황이 급변했다. 철도 건설, 제철소 설립, 광산 개발 등 거대 산업 프로젝트들이 막대한 자금을 필요로 했고, 이는 은행의 역할을 근본적으로 변화시켰다. 투자 은행업의 발달은 특히 획기적이었다. 1860년대 런던의 머천트 뱅크** 들은 전 세계 철도 건설에 자금을 공급했다. 바링 은행, 로스차일드 가문, JP모건과 같은 금융 거물들은 국제 금융의 새로운 귀족이 되었다. 1870년대 한 관찰자는 '이들의 서명 한 줄이 군대 천 명보다 더 강력하다'고 기록했다. 이는 과장이 아니었다. 1890년 바링 은행의 위기 때 영국 정부는 중앙은행의 모든 자원을 동원하여 이 은행을 구제해야 했다. 한 은행의 파산이 전체 금융 시스템의 붕괴로 이어질 수 있다는 인식이 처음으로 등장한 순간이었다.

   특히 주목할 만한 것은 금융 자본이 가진 집중과 중앙화의 경향이다. 레닌이 『제국주의론』에서 지적했듯이, 소수의 거대 금융 기관들이 전체 금융 시장을 지배하게 되었다. 1912년 미국 하원 청문회에서 밝혀진 바에 따르면, JP 모건을 중심으로 한 소수의 금융 그룹이 미국 전체 기업 자산의 40% 이상을 직간접적으로 통제하고 있었다. 이는 민주주의의 기본 원칙에 대한 심

---

* 오스트리아 태생의 독일 정치인, 언론인, 마르크스주의 이론가이자 경제학자이다. 바이마르 공화국 시절 두 차례 재무장관을 역임했으며, 『금융 자본론』을 통해 국가독점자본주의 이론을 발전시켰다.
** 19세기 국제 무역과 투자를 주도한 금융 기관. 로스차일드, 바링 등이 대표적이다.

각한 도전이었다. 루이스 브랜다이스 판사는 이를 새로운 봉건제라고 불렀다. 이러한 금융 과두제는 새로운 형태의 권력 네트워크를 만들어냈다. 이사회 겸임(Interlocking Directorate)은 그 대표적 수단이었다. 1905년 조사에 따르면, 뉴욕의 주요 은행 이사들은 평균 14개의 다른 기업 이사직을 겸하고 있었다. 한 사회학자는 이를 자본의 사교 클럽*이라고 불렀으며 여기서 실질적인 미국 산업의 운명이 결정되었다.

국제 금융 시장의 발달도 결정적이었다. 1870년대 이후 확립된 국제 금본위제는 자본의 자유로운 국제 이동을 가능하게 했다. 런던은 세계 금융의 중심지가 되었고, 파운드화는 사실상의 세계 화폐 역할을 했다. 존 홉슨이 분석했듯이, 이는 금융 제국주의의 물적 기초였다. 1913년까지 영국의 총 누적 해외 투자는 GDP의 250%에 달했다. 이는 역사상 전례 없는 수준의 자본 수출이었다.

기술의 발달도 금융 자본의 성장을 뒷받침했다. 1866년 대서양 해저 전신 케이블**의 완성은 국제 금융 시장의 통합을 가속화했다. 런던과 뉴욕의 주가가 실시간으로 연동되기 시작했다. 1870년대에는 증권거래소의 전광판이 등장했다. 주가의 실시간 변동이 모든 투자자에게 공개되었다. 이는 시장의 민주화라고 불렸지만, 실제로는 대규모 투기의 가능성을 열었다.

새로운 금융 상품들도 개발되었다. 1880년대에는 선물 거래가 표준화되었고, 1890년대에는 옵션 거래가 시작되었다. 이는 리스크 관리의 새로운 수단을 제공했지만, 동시에 투기의 위험도 증가시켰다. 1907년 금융 공

---
* 19세기 말 금융 엘리트들의 비공식적 네트워크를 지칭하는 용어.
** 1866년, 대서양 해저 전신 케이블의 성공적인 부설은 유럽과 북아메리카를 직접 연결하는 최초의 통신 수단을 마련했다. 이로써 대륙 간의 소식이 단 몇 분 만에 전달되어, 세계가 더욱 가까워졌다. 이러한 기술적 성취는 국제적인 연대 의식을 형성하고, 문화 교류를 활성화하며, 글로벌 사회의 기초를 마련하는 데 기여했다.

그림 2-7 로버트 찰스 더들리(Robert Charles Dudley)의 1865년 7월 25일자 수채화 작품인
'그레이트 이스턴 호에서의 케이블 접속 작업**(첫 번째 사고 후)(출처: WIKIMEDIA)'

황은 이러한 새로운 금융 기법들의 위험성을 극적으로 보여주었다. 금융 자본의 성장은 사회적 상상력도 변화시켰다. 에밀 졸라의 소설 『L'Argent (돈)』*(1891)은 파리 증권거래소를 현대의 대성당으로 묘사했다. 테오도어 드라이저의 『금융가』(1912)는 새로운 금융 엘리트의 세계를 생생하게 그렸다. 19세기 말 많은 소설가들이 돈의 힘을 주제로 작품을 썼다는 것은 우연이 아니다.

교육 제도도 변화했다. 1881년 와튼스쿨의 설립은 금융이 하나의 학문 분야가 되었음을 의미했다. 1900년까지 주요 대학들은 모두 금융 과정을 개설했다. 과학적 투자라는 새로운 개념이 등장했다. 월스트리트의 분석가들

---

* 19세기 프랑스 금융계를 배경으로 인간의 욕망과 사회적 부패를 사실적으로 그려낸 작품. 주인공 사카르의 성공과 몰락을 통해 돈의 양면성을 탐구하며, 당시 프랑스 증권 시장의 투기 열풍과 그로 인한 사회적 문제를 생생하게 묘사하였다.

** 대서양 해저 전신 케이블 부설 과정에서 발생한 첫 번째 사고 후, 그레이트 이스턴 호의 갑판에서 케이블을 접속하는 장면.

은 자신들을 시장의 과학자라고 불렀다. 그러나 금융 자본의 성장은 심각한 사회적 갈등도 낳았다. 1890년대 미국의 포퓰리스트 운동은 월스트리트의 음모를 격렬히 비판했다. 윌리엄 제닝스 브라이언은 "인류를 금의 십자가에 못박지 말라"고 외쳤다. 이는 정치적 수사를 넘어 금융 자본에 대한 민중적 저항의 표현이었다.

금융 자본의 권력은 1890년대에 정점에 달했다. JP 모건은 1895년 미국 정부의 금 보유고를 지켜내는 구원자로 등장했고, 1907년 금융 공황 때는 중앙은행의 역할을 대신했다. 한 역사가는 "모건이 없었다면 미국 정부도 없었을 것"이라고 평했다. 이는 과장이 아니었다. 금융 자본은 이제 국가와 어깨를 나란히 하는 권력이 되었다. 이러한 변화는 새로운 형태의 기업 지배 방식도 만들어냈다. 금융지주회사(Financial Holding Company)의 발명은 특히 중요했다. 1889년 뉴저지 주가 지주회사 설립을 합법화한 후, 새로운 기업 제국들이 우후죽순처럼 생겨났다. 이는 적은 자본으로도 거대한 기업 집단을 통제할 수 있게 만들었다. 1904년 토스타인 베블런*이 『기업의 이론』에서 분석한 부재 소유(Absentee Ownership) 현상이 제도화된 것이다.

금융 자본의 성장은 시간과 공간에 대한 인식도 변화시켰다. 증권거래소의 시계는 새로운 시간 질서의 상징이 되었다. 분 단위, 심지어 초 단위의 변동이 중요해졌다. "시간은 돈이다"라는 격언이 완전히 새로운 의미를 얻었다. 1880년대 한 증권중개인은 '우리는 이제 시계와 경주하는 삶을 살고 있다'고 기록했다.

국제 금융 시장의 발달은 제국주의의 새로운 단계를 열었다. 19세기 말 영국의 해외 투자는 연간 국민소득의 7%에 달했다. 이는 전례 없는 규모의 자본 수출이었다. 아르헨티나, 이집트, 중국 등 세계 곳곳이 런던 금융 시장

---

* 미국의 경제학자. 『유한 계급론』을 통해 과시적 소비 개념을 발전시켰다.

의 영향 아래 들어갔다. 존 홉슨은 이를 "눈에 보이지 않는 제국"이라고 불렀다.

새로운 금융 기법들의 발달도 주목할 만하다. 1880년대에는 신디케이트론*이라는 혁신적인 대출 방식이 등장했다. 여러 은행이 위험을 분담하면서 거대 프로젝트에 자금을 공급할 수 있게 된 것이다. 1890년대에는 전환사채가 보편화되었다. 이는 채권과 주식의 특성을 결합한 혁신적 금융 상품이었다. 그러나 이러한 혁신들은 새로운 형태의 위기도 낳았다. 1873년의 대공황, 1893년의 은행 위기, 1907년의 금융 공황은 모두 금융 자본의 불안정성을 보여주었다. 특히 1907년의 위기는 결정적이었다. 이는 결국 1913년 연방준비제도 설립으로 이어졌다. 금융 자본의 권력이 너무 커져서 이를 통제할 새로운 제도적 장치가 필요해진 것이다.

학문 영역에서도 변화가 있었다. 1900년경부터 금융공학이라는 새로운 분야가 등장했다. 루이 바슐리에의 박사학위 논문(1900)은 최초로 수학적 모델을 사용하여 주가 변동을 분석했다. 금융이 과학이 될 수 있다는 생각이 시작된 것이다. 이는 오늘날 금융 수학의 시초가 되었다.

도시 공간도 변화했다. 런던의 시티, 뉴욕의 월스트리트, 파리의 불바르 데 이탈리앵은 새로운 형태의 금융 지구가 되었다. 이곳들은 단순한 업무 공간이 아니었다. 새로운 권력의 중심이었다. 1890년대 한 관찰자는 '월스트리트의 좁은 거리가 미국의 운명을 결정한다'고 썼다.

신문과 미디어의 역할도 변화했다. 1884년 찰스 다우가 〈월스트리트 저널〉을 창간한 것은 상징적인 사건이었다. 금융 정보가 하나의 독립된 뉴스 영역이 된 것이다. 증권 시세표, 기업 분석 보고서, 시장 전망 등이 일상적인 읽을거리가 되었다.

---

* 여러 은행이 공동으로 제공하는 대규모 대출. 1880년대부터 국제 금융의 주요 수단이 되었다.

더욱 근본적인 것은 부에 대한 관념의 변화였다. 전통적으로 부는 매우 구체적인 것이었다. 토지, 건물, 기계 등 눈에 보이는 것들이었다. 그러나 금융 자본의 시대에 부는 완전히 추상적인 것이 되었다. 주식, 채권, 파생상품 등 눈에 보이지 않는 형태의 부가 지배적이 되었다. 한 철학자는 이를 "부의 비물질화"라고 불렀다. 노동자들의 세계도 금융 자본의 영향을 받기 시작했다. 1880년대부터 노동자들의 저축이 은행으로 유입되기 시작했다. 우편저축은행, 협동조합은행 등이 설립되었다. 이는 민중의 자본주의라는 새로운 가능성을 보여주는 것 같았다. 그러나 실제로는 노동자들의 저축이 금융 자본의 새로운 원천이 되었다. 1900년대 한 사회주의자는 "노동자들이 자신들의 착취를 위한 자본을 스스로 제공하고 있다"고 비판했다.

보험업의 발달도 주목할 만하다. 1880년대부터 생명보험 회사들이 거대 금융 기관으로 성장했다. 메트로폴리탄생명, 뉴욕생명 등은 수백만 명의 보험 계약자로부터 모은 자금을 운용하는 새로운 형태의 금융 권력이 되었다. 1905년까지 미국 생명보험 회사들의 자산은 철도 회사들의 총자산과 맞먹는 규모가 되었다.

금융 자본은 정치 영역도 변화시켰다. 1890년대 이후 선거자금의 상당 부분이 월스트리트에서 나왔다. 1896년 대선에서 윌리엄 매킨리의 승리는 금융 자본의 정치적 영향력을 상징적으로 보여주었다. 한 역사가는 "이때부터 백악관의 경제 정책은 월스트리트에서 만들어졌다"고 평가했다.

금융 자본의 성장은 법률 제도도 변화시켰다. 새로운 형태의 계약, 새로운 소유권 개념, 새로운 기업 형태들이 등장했다. 법률가들은 이러한 변화를 수용하기 위해 선통적인 법 개념들을 재해석해야 했다. 올리버 웬델 홈즈 판사는 "법은 이제 금융의 논리를 따라야 한다"고 말했다. 특히 주목할 만한 것은 법인자본주의(Corporate Capitalism)의 등장이다. 기업이 법적 인격을 가진 독립된 존재로 인정받게 된 것이다. 1886년 미국 대법원은 기업도 헌법상의 권리를 가진다고 판결했다. 이는 혁명적인 변화였다. 기업이 인간과 동등한 법적 지위를 얻게 된 것이다.

20세기 초에 이르면 금융 자본은 완전히 새로운 단계에 진입한다. 1913년 연방준비제도의 설립은 상징적인 사건이었다. 이는 금융 자본이 제도화되고 국가화되는 과정의 시작이었다. 더 이상 개인 은행가들의 권력이 아닌, 시스템으로서의 금융이 등장한 것이다. 제1차 세계대전은 이러한 변화를 가속화했다. 전쟁 수행을 위한 막대한 자금 조달이 필요했고, 이는 금융 시장의 발달을 촉진했다. 전쟁 국채의 발행과 유통은 완전히 새로운 규모의 금융 시장을 만들어냈다. 1920년대의 신시대(New Era)는 이러한 발전의 절정이었다. 그러나 1929년의 대공황은 금융 자본 시스템의 취약성을 극적으로 보여주었다. 주가의 폭락은 단순한 시장의 조정이 아니었다. 그것은 금융 자본주의 전체의 위기였다. 1933년의 글래스-스티걸법*, 1934년의 증권거래법** 등 뉴딜 시대의 금융 규제는 이러한 위기에 대한 대응이었다.

이러한 역사적 경험은 오늘날에도 중요한 교훈을 준다. 2008년 금융 위기는 많은 면에서 1929년의 위기를 연상시켰다. 금융 혁신과 규제 완화가 다시 한번 시스템적 위기를 초래한 것이다. 새로운 금융 상품들 – CDO, CDS 등 – 은 1920년대의 투기적 혁신과 본질적으로 다르지 않다.

결론적으로, 금융 자본의 성장은 단순한 경제적 변화를 넘어 문명사적 전환이었다. 그것은 권력의 본질, 부의 의미, 사회적 관계의 성격을 근본적으로 변화시켰다. 오늘날 우리가 직면한 많은 도전들 – 금융의 불안정성, 부의

---

* 1933년 미국에서 제정된 은행법. 상업은행과 투자은행의 분리를 규정했다.
** 미국 증권 시장의 공정성과 투명성을 확보하고 투자자를 보호하기 위해 제정된 법으로, 증권거래위원회(SEC)를 설립해 시장 감시와 규제를 강화하였다. 이는 1929년 대공황 이후 금융 위기 대응의 일환으로 만들어졌다.

불평등, 민주주의와 시장의 긴장 등 – 은 19세기 말 금융 자본 시대의 유산이라고 할 수 있다. 이 역사적 경험을 이해하는 것은 현대 자본주의의 본질을 이해하는 데 필수적이다.

2.2.3 국제 무역과 글로벌화

1851년 5월 1일, 런던 하이드 파크에서 개막된 만국박람회는 새로운 시대의 시작을 알렸다. 조셉 팩스턴이 설계한 수정궁에는 전 세계에서 모여든 10만 점 이상의 전시품이 진열되었다. 빅토리아 여왕은 개막식 연설에서 "이제 세계는 하나가 되었다"고 선언했고 실질적으로도 증기선과 철도, 전신이 만들어낸 새로운 교통 통신 네트워크는 실제로 세계를 하나의 시장으로 통합하고 있었다.

이 시기는 인류 역사상 처음으로 진정한 의미의 세계 경제가 형성된 때

그림 2-8 런던 만국박람회 풍경

였다. 1870년부터 1914년까지의 시기는 흔히 제1차 세계화로 불린다. 이 시기의 세계 무역 규모는 1800년과 비교하여 25배나 증가했으며 자본의 이동 역시 크게 증가했다. 무려 GDP의 250%에 달했던 영국의 해외 투자는 오늘날의 어떤 나라도 달성하지 못한 수준이다. "아침에 런던에서 일어난 일이 저녁에는 봄베이의 시장에 영향을 미친다." 1880년 한 인도 상인의 이 말은 당시 형성된 세계 시장의 통합성을 잘 보여준다. 1866년 대서양 해저 전신 케이블이 완성되면서 정보가 실시간으로 전달되면서 가격 차익 거래의 기회는 급격히 감소했다. 세계는 문자 그대로 하나의 시장이 되어가고 있었다.

교통 혁명은 이러한 변화의 물질적 기초였다. 1869년 수에즈 운하의 개통은 상징적인 사건이었다. 런던에서 봄베이까지의 항해 거리가 절반으로 줄었고, 운송 비용도 크게 감소했다. 1880년대까지 증기선은 범선을 거의 완전히 대체했다. 정기 항로가 개설되었고, 운송 시간이 정확히 예측 가능해졌다. 이는 국제 무역의 성격을 근본적으로 변화시켰다. 철도의 영향은 더욱 혁명적이었다. 1870년대까지 미국 대륙횡단철도, 러시아 시베리아철도, 인도의 철도망이 완성되면서, 내륙 지역이 세계 시장에 편입되었다. 미국 중서부의 밀, 아르헨티나의 소고기, 러시아의 곡물이 유럽 시장으로 쏟아져 들어왔다. 1880년대 한 영국 농부는 "우리는 이제 전 세계와 경쟁해야 한다"고 한탄했다.

금본위제*의 확립도 결정적이었다. 1870년대부터 주요 국가들이 차례로 금본위제를 채택하면서, 세계는 처음으로 단일한 통화 체제를 갖게 되었다. 파운드화는 사실상의 세계 기축 통화가 되었고, 런던은 국제 금융의 중심지로 부상했다. 국제 무역은 이제 안정적인 화폐 기반을 가지게 되었다.

---

* 화폐 가치를 금에 고정시키는 통화 제도. 19세기 후반 국제 금융 질서의 근간이 되었으며, 1870년대부터 주요 국가들이 채택했다.

자유 무역 이데올로기의 확산도 중요했다. 1846년 영국의 곡물법* 폐지는 상징적인 사건이었다. "값싸고 풍부한 빵"이라는 구호 아래 추진된 자유 무역 정책은 점차 유럽 전역으로 확산되었다. 1860년 영불통상조약을 시작으로, 유럽 각국은 관세를 크게 낮추었다. 리차드 코브던과 같은 자유 무역론자들은 무역이 평화를 가져올 것이라고 믿었다.

새로운 기업 조직도 발전했다. 1870년대부터 다국적 기업의 원형이 등장했다. 싱어 재봉틀, 코닥 카메라, 네슬레 식품과 같은 기업들은 전 세계에 생산과 판매 네트워크를 구축했다. 특히 주목할 만한 것은 자유항**의 발달이다. 홍콩, 싱가포르와 같은 도시들은 국제 무역의 중계지로서 번영을 누렸다. 이러한 변화는 완전히 새로운 형태의 국제 분업을 만들어냈다. 영국은 공산품 수출국으로, 인도는 면화 공급지로, 아르헨티나는 식료품 생산지로 특화되었다. 이는 데이비드 리카도가 이론화한 비교우위의 원칙이 세계적 규모로 실현된 것이었다. 그러나 이는 동시에 새로운 형태의 종속 관계를 만들어냈다.

식민지 체제는 이러한 국제 분업의 정치적 표현이었다. 1880년대 이후의 제국주의 시대는 단순한 영토 확장이 아니었다. 그것은 세계 경제 체제의 위계적 재편 과정이었다. 존 홉슨이 지적했듯이, 제국주의는 과잉자본의 해외투자를 위한 정치적 기반이었다. 벨기에 콩고에서 발생한 참상은 이러한 체제의 폭력성을 극적으로 보여주었다. 새로운 형태의 기술 이전도 이루어졌다. 철도 건설과 함께 외국의 기술자들이 이동했고, 이들은 현지에서 새로운 기술 학교를 설립했다. 1870년 일본이 보낸 이와쿠라 사절단은 근대 기

---

* 1815년부터 1846년까지 영국에서 시행된 곡물 수입 제한법. 지주 계급의 이익을 보호하기 위한 보호 무역정책이었다.

** 관세나 무역 규제가 면제되는 항구. 홍콩, 싱가포르와 같은 도시들이 국제 무역의 중심지로 성장하는 기반이 되었다.

술을 배우기 위한 조직적인 시도였다. 그러나 이러한 기술 이전은 대개 선별적이고 제한적이었다. 식민지는 응용 기술만을 배울 수 있었고, 기초 과학은 본국의 독점물로 남았다.

표준화의 진전도 주목할 만하다. 1875년 미터협약은 최초의 국제 표준을 확립했다. 이어서 시간대, 전신 부호, 특허 제도 등이 국제적으로 표준화되었다. 이는 세계 시스템의 기술적 하부 구조였다. 1884년 워싱턴에서 그리니치 표준시가 채택된 것은 상징적인 사건이었다.

그러나 이러한 세계화는 심각한 사회적 갈등도 낳았다. 값싼 미국 밀의 수입은 유럽 농업을 위기에 빠뜨렸다. 1870년대 이후 유럽의 대불황은 보호무역주의적 반발을 불러일으켰다. 독일의 철과 호밀의 동맹으로 상징되는 보호무역 정책이 확산되었다. 이는 제1차 세계화의 한계를 보여주었다.

이민의 증가도 중요한 현상이었다. 1850년부터 1914년까지 약 5천만 명의 유럽인이 신대륙으로 이주했다. 이는 인류 역사상 최대 규모의 평화적 인구 이동이었다. 아일랜드의 감자 기근, 러시아의 유대인 박해와 같은 배출 요인과 함께, 미국의 값싼 토지, 높은 임금과 같은 흡인 요인이 작용했다. 문화적 영향도 컸다. 세계 각지의 박람회는 새로운 문화 접촉의 장이 되었다. 1867년 파리 만국박람회에서 일본 미술은 유럽의 미술계에 큰 충격을 주었다. 자포니즘 (Japonisme)*의 유행은 인상파 화가들에게 영감을 주었다. 반대로 서구의 대중문화도 전 세계로 퍼져 나갔다. 1900년경에는 파리의 유행이 도쿄와 상하이에서도 볼 수 있었다.

새로운 형태의 국제 기구도 등장했다. 1865년 국제전신연합, 1874년 만국우편연합의 설립은 최초의 초국가적 행정 기구의 탄생을 의미했다. 1864

---

* 19세기 후반 서양 예술, 디자인, 그리고 문화 전반에 걸쳐 일본 미술과 문화가 미친 영향을 뜻하는 용어로 프랑스에서 처음 사용된 이 단어는 일본의 예술적 미학, 특히 우키요에 목판화와 같은 일본 전통 예술이 유럽의 화가들과 디자이너들에게 영감을 주면서 시작되었다.

년 제네바협약으로 시작된 국제인도법의 발전도 중요했다. 이는 세계 시민사회의 맹아였다.

과학 기술의 교류도 활발해졌다. 1851년 런던 만국박람회는 세계 최초의 국제 과학 회의를 겸했다. 이후 각종 국제 학술 대회가 정기적으로 개최되었다. 멘델레예프의 주기율표, 파스퇴르의 백신 이론과 같은 과학적 발견은 즉시 세계적으로 공유되었다.

국제 스포츠도 시작되었다. 1896년 아테네 올림픽은 근대 올림픽의 시작이었다. 축구, 테니스와 같은 영국의 스포츠가 전 세계로 퍼져 나갔다. 이는 그저 오락이 아닌, 새로운 형태의 국제 교류였다. 1904년 국제축구연맹(FIFA)의 설립은 이러한 경향의 제도화를 보여준다.

그러나 이러한 세계화는 심각한 긴장도 낳았다. 제국주의 열강들 사이의 경쟁이 심화되었고, 이는 결국 제1차 세계대전으로 이어졌다. 1914년의 총력전*은 19세기적 세계화의 종말을 의미했다. 자유 무역 체제는 붕괴되었고, 금본위제는 포기되었으며, 국제 자본 이동은 크게 위축되었다. 두 차례의 세계대전과 대공황을 거치면서, 세계 경제는 대분열의 시기를 겪었다. 1920년대의 짧은 회복기를 제외하면, 세계화의 수준은 1914년 이전으로 돌아가지 못했다. 1930년대의 보호무역주의, 블록 경제화는 19세기적 세계화의 유산을 완전히 부정하는 것처럼 보였다. 제2차 세계대전 이후 브레튼우즈 체제는 새로운 형태의 세계화를 시도했다. 그러나 이는 19세기의 자유방임적 세계화와는 달랐다. 존 메이너드 케인스가 설계한 이 체제는 관리된 세계화를 지향했다. 국가의 정책 자율성과 국제 경제 질서의 균형을 추구한 것이다.

이러한 역사적 경험은 오늘날 제2차 세계화 시대에도 중요한 교훈을 준

---

* 제1차 세계대전의 발발과 함께 등장한 개념으로, 전쟁이 단순히 군대와 군사적 충돌에 국한되지 않고, 국가 전체의 자원을 동원하여 수행되는 전쟁 방식을 뜻한다.

다. 1980년대 이후의 신자유주의적 세계화는 많은 면에서 19세기 말의 상황과 유사하다. 정보 통신 혁명이 만들어낸 시공간의 압축은 19세기의 교통 통신 혁명을 연상시킨다. 금융 세계화의 불안정성, 불평등의 심화, 민족주의적 반발 등의 문제도 닮아있다. 특히 중요한 것은 세계화가 결코 비가역적이거나 필연적인 과정이 아니라는 교훈이다. 1914년의 갑작스러운 붕괴가 보여주듯이, 세계화는 정치적, 사회적 지지 기반이 필요하다. 단순한 기술적, 경제적 효율성만으로는 충분하지 않다는 것이다. 이는 오늘날 반세계화 운동, 포퓰리즘의 부상, 무역 갈등의 심화를 이해하는 데 중요한 시사점을 제공한다.

19세기 후반의 세계화는 또한 기술 혁신의 국제적 전파 과정에서 중요한 교훈을 준다. 당시 신기술은 주로 세 가지 경로로 전파되었다. 첫째는 기계와 설비의 직접 수출이었다. 영국의 방직기가 인도로, 독일의 제철 설비가 일본으로 수출되는 식이었다. 둘째는 기술자와 숙련공의 이동이었다. 예를 들어 영국의 철도 기술자들은 전 세계의 철도 건설 현장에서 일했다. 셋째는 산업 스파이와 기술 모방이었다. 미국과 독일은 19세기 내내 영국의 기술을 적극적으로 모방했다.

흥미로운 것은 기술 이전의 비대칭성이다. 선진국들은 자국의 핵심 기술을 보호하려 했고, 후발국들은 이를 획득하려 했다. 1862년 영국의 기계수출금지법 폐지는 중요한 전환점이었다. 이는 영국이 더 이상 기술 독점을 유지할 수 없다는 것을 인정한 순간이었다. 그러나 특허권, 영업비밀 보호 등 새로운 형태의 기술 보호 장치들이 발전했다.

국제 무역의 패턴도 주목할 만하다. 19세기 후반에는 산업 내 무역이 증가했다. 예를 들어 영국과 독일은 서로 다른 종류의 기계와 화학 제품을 교환했다. 이는 비교우위 이론으로는 설명할 수 없는 현상이었다. 제품 차별화, 규모의 경제, 독점적 경쟁과 같은 새로운 개념이 필요했다. 이는 오늘날 글로벌 가치사슬의 선구적 형태였다.

노동의 국제 이동도 복잡한 패턴을 보였다. 유럽에서 미주로의 대규모 이민과 함께, 아시아의 계약 노동자들도 전 세계로 퍼져나갔다. 중국의 쿨리, 인도의 계약 노동자들은 플랜테이션, 철도 건설, 광산 등에서 일했다. 이는 오늘날 이주 노동의 원형이었다. 그러나 이는 종종 비인도적인 조건에서 이루어졌다. 페루의 구아노 광산에서 일한 중국인 노동자들의 처참한 상황은 악명 높았다.

세계 도시 네트워크의 형성도 중요한 현상이었다. 런던, 파리, 베를린, 뉴욕과 같은 대도시들은 단순한 국가의 수도가 아닌, 국제적인 금융, 무역, 문화의 중심지가 되었다. 이들 도시는 독자적인 네트워크를 형성했다. 1900년경 한 관찰자는 '런던과 파리는 서로에게 자국의 지방 도시보다 더 가깝다'고 기록했다.

한편 국제 무역의 확대는 전례 없는 규모의 자원 개발을 촉진했다. 미국 중서부의 대초원은 밀밭으로 변했고, 말레이시아의 열대 우림은 고무농장이 되었다. 페루의 구아노 섬은 완전히 파괴되었다. 이는 생태계의 급격한 변화를 가져왔다. 1870년대부터 국제 환경 보호 운동이 시작된 것은 우연이 아니다.

질병의 세계화도 진행되었는데, 1817년 이후 콜레라의 세계적 확산은 상징적인 사건이었다. 증기선은 병원균도 함께 운반했다. 1892년 함부르크 콜레라 대유행은 세계화된 질병의 위험을 극적으로 보여주었다. 이는 국제 보건 협력의 시작을 촉진했다. 1892년 베니스 국제위생회의는 최초의 국제 보건 협약을 만들었다.

이러한 19세기의 세계화는 오늘날 많은 시사점을 제공한다. 첫째, 세계화는 단순한 경제적 과정이 아니라 기술, 제도, 문화의 복합적 상호 작용임을 보여준다. 둘째, 세계화는 필연적으로 승자와 패자를 만들어내며, 이는 정치적 반발을 초래할 수 있다. 셋째, 세계화는 예기치 않은 결과를 낳을 수 있으며, 이는 새로운 형태의 규제와 협력을 필요로 한다. 특히 오늘날의 디지털 세계화는 19세기의 경험에 비추어 재해석될 필요가 있다. 인터넷과 플랫폼 기업들이 만들어내는 새로운 형태의 국제 분업, 데이터 주권을 둘러싼 갈등, 디지털 격차의 문제 등은 19세기 세계화의 많은 특징을 공유한다.

현대의 글로벌 가치사슬도 19세기 말의 경험과 비교할 만하다. 당시 영국의 면직물 산업은 미국의 면화, 인도의 노동력, 중국의 시장을 하나의 생산 소비체인으로 연결했다. 이는 오늘날 애플이나 나이키가 구축한 글로벌 생산 네트워크의 선구적 형태였다. 물론 오늘날의 가치사슬은 훨씬 더 복잡하고 유연하지만, 기본적인 논리는 유사하다. 결론적으로, 19세기 말의 세계화 경험은 오늘날 우리가 직면한 많은 도전들을 이해하는 데 중요한 통찰을 제공한다. 그것은 세계화가 가진 가능성과 한계, 기회와 위험을 동시에 보여준다. 특히 세계화가 지속 가능하기 위해서는 경제적 효율성뿐만 아니라 사회적 정당성도 확보해야 한다는 교훈은 오늘날 더욱 중요해 보인다.

오늘날 우리는 19세기 말과 유사한 중대한 전환점에 서 있다. 코로나19 팬데믹, 미중 무역갈등, 기후 위기는 기존 세계화 모델의 한계를 드러냈다. 공급망의 취약성, 경제 안보의 중요성, 환경 비용의 문제가 부각되면서, 탈세계화 혹은 리쇼어링에 대한 논의가 활발해졌다. 특히 주목할 만한 것은 기술 패권을 둘러싼 경쟁이다. 19세기 말 영국의 기술 독점이 독일과 미국의 도전에 직면했듯이, 오늘날 미국의 기술 우위는 중국의 도전에 직면해 있다. 5G, 인공지능, 반도체를 둘러싼 경쟁은 19세기 말의 철강, 화학, 전기 산업을 둘러싼 경쟁을 연상시킨다.

노동의 국제 이동도 새로운 양상을 보인다. 19세기가 육체 노동의 대규모 이동을 특징으로 했다면, 오늘날은 지식 노동의 이동이 중요해졌다. 실리콘밸리의 해외 인재 유치, 원격 근무의 국제화는 새로운 형태의 노동 이동을 보여준다. 그러나 저숙련 노동자의 이동에 대한 규제는 오히려 강화되는 경향이 있다.

금융의 세계화도 새로운 단계에 접어들었다. 19세기 말의 금본위제가 국제금융 질서의 기초였다면, 오늘날은 달러 중심의 기축 통화 체제가 그 역할을 한다. 그러나 디지털 화폐의 등장, 암호 화폐의 도전은 이러한 체제의 근본적 변화 가능성을 시사한다.

환경 문제의 심각성도 새로운 차원에 도달했다. 19세기의 세계화가 지역적인 환경 파괴를 초래했다면, 오늘날의 세계화는 기후 변화라는 전지구적 위기를 낳았다. 이는 국제 협력의 새로운 형태를 요구한다. 파리기후협약은 이러한 시도의 대표적 사례다. 도시의 역할도 변화했다.

19세기 말의 세계 도시들이 제국의 수도로서 위계적 네트워크를 형성했다면, 오늘날의 글로벌 도시들은 더욱 수평적이고 다중심적인 네트워크를 형성한다. 상하이, 두바이, 싱가포르와 같은 새로운 허브의 등장이 이를 보여준다.

문화적 교류의 성격도 달라졌다. 19세기가 서구 문화의 일방적 전파를 특징으로 했다면, 오늘날은 다방향적인 문화 교류가 일반화되었다. K-pop의 세계적 성공, 볼리우드 영화의 국제적 영향력은 문화 세계화의 새로운 양상을 보여준다.

그러나 가장 근본적인 변화는 아마도 세계화에 대한 인식의 변화일 것이다. 19세기 말의 세계화가 진보와 문명화의 상징으로 여겨졌다면, 오늘날의 세계화는 더욱 복잡한 평가의 대상이 되었다. 효율성과 형평성, 성장과 지속 가능성, 통합과 다양성 사이의 균형이 중요한 과제로 대두되었다. 이러한 맥락에서 우리는 포용적 세계화 혹은 지속 가능한 세계화의 새로운 모델을 모색해야 한다. 이는 다음과 같은 원칙에 기초해야 할 것이다.

첫째, 경제적 효율성과 사회적 정당성의 균형이다. 세계화의 이익이 소수에게 집중되는 것을 막고, 더 넓은 계층이 그 혜택을 누릴 수 있어야 한다. 둘째, 기술 혁신과 환경 보호의 조화다. 새로운 기술은 환경 문제의 해결에 기여할 수 있어야 하며, 이를 위한 국제 협력이 강화되어야 한다. 셋째, 글로벌 표준과 지역적 다양성의 공존이다. 효율적인 국제 교류를 위한 표준화와 함께, 문화적, 제도적 다양성도 존중되어야 한다. 마지막으로, 19세기의 교훈은 세계화가 결코 단선적인 과정이 아니라는 점이다. 그것은 끊임없는 도전과 적응, 갈등과 타협의 과정이다.

오늘날 우리는 새로운 형태의 세계화를 만들어가는 중대한 전환점에 서 있다. 역사의 교훈을 바탕으로, 더 나은 세계화의 길을 찾아야 할 때다.

| 통 | 찰 | 의 | 나 | 침 | 반 |

디지털 자본주의의 새로운 형태

1851년 런던 만국박람회의 수정궁이 지금의 실리콘밸리 캠퍼스들에 비견되듯, 과거와 현재의 자본주의는 서로 다른 시대의 거울 속에서 마주 보고 있다. 19세기 말의 제1차 세계화와 현재 진행 중인 디지털 세계화는 서로를 비추며 우리 시대의 도전과 가능성을 드러내고 있다.

기술 혁신의 양상을 살펴보면, 19세기의 증기선과 전신이 물리적 공간의 제약을 극복했듯이, 오늘날의 인터넷과 디지털 기술은 가상 공간에서 완전히 새로운 연결성을 창출하고 있다. 그러나 결정적인 차이가 있다. 19세기의 기술이 장소 간의 거리를 줄였다면, 디지털 기술은 장소의 의미 자체를 변화시킨다. 화상회의와 메타버스는 물리적 공간의 제약을 단순히 극복하는 것이 아니라, 완전히 새로운 형태의 공간성을 만들어내고 있다.

권력의 지형도 근본적으로 재편되고 있다. 19세기가 영국을 중심으로 한 제국주의적 위계질서를 만들어냈다면, 오늘날은 글로벌 플랫폼 기업들을 중심으로 한 새로운 형태의 권력 네트워크가 형성되고 있다. 구글, 아마존, 페이스북과 같은 디지털 플랫폼들은 데이터와 알고리즘을 통해 이전과는 전혀 다른 방식으로 권력을 작동시킨다. 특히 주목할 만한 것은 불평등의 새로운 양상이다. 19세기의 세계화가 국가 간, 계급 간 격차를 심화시켰다면, 디지털 세계화는 이러한 전통적 격차에 더해 완전히 새로운 형태의 불평등을 만들어내고 있다. 디지털 격차는 단순한 경제적 격차를 넘어 지식, 정보, 기회에 대한 접근성의 격차를 의미하며, 이는 마치 프랙탈처럼 다층적으로 증폭되고 있다.

반작용의 형태도 달라지고 있다. 19세기 말의 세계화가 민족주의와 보호무역주의의 반발을 낳았다면, 오늘날의 디지털 세계화는 데이터 주권, 플랫폼 규제, 디지털 보호주의와 같은 새로운 형태의 저항을 불러일으키고 있다. 그러나 이러한 저항은 더 이상 국민국가를 단위로 하지 않는다. 시민사회, 해커 집단, 지역 공동체 등 다양한 행위자들이 네트워크화된 저항을 전개하고 있다. 생태적 영향의 측면에서도 중요한 변화가 일어나고 있다.

| 통 | 찰 | 의 | 나 | 침 | 반 |

19세기의 세계화가 환경 파괴의 세계화를 의미했다면, 디지털 기술은 역설적으로 환경 문제 해결의 가능성도 제시한다. 스마트 그리드를 통한 에너지 효율화, 공유 경제를 통한 자원 절약, 원격 근무를 통한 탄소 배출 감소 등 새로운 가능성들이 열리고 있다. 이러한 변화는 완전히 새로운 형태의 글로벌 거버넌스를 요구한다.

전통적인 국제 기구나 국민국가 체제로는 더 이상 디지털 세계화의 도전들을 감당할 수 없다. 다양한 이해 관계자들이 참여하는 분산형 거버넌스, 알고리즘의 투명성과 책임성을 보장하는 새로운 규제 체계, 디지털 공공재의 공정한 분배를 위한 새로운 메커니즘이 필요하다. 그러나 가장 중요한 것은 디지털화가 만들어내는 소외와 배제를 극복하는 일이다. 기술에 대한 접근성을 넘어 디지털 역량의 형평성을 확보하고, 새로운 형태의 디지털 시민권을 발전시켜야 한다. 19세기 말의 교훈이 보여주듯, 세계화는 우리의 선택과 노력에 따라 전혀 다른 결과를 가져올 수 있다. 현재 진행 중인 디지털 전환의 과정에서는 특히 주목해야 할 새로운 패턴들이 등장하고 있다. 19세기 런던이 세계 금융의 중심지였듯이, 실리콘밸리는 디지털 혁신의 새로운 중심지로 자리 잡았다. 그러나 이러한 중심성은 과거와는 다른 성격을 지닌다. 선전, 방갈로르, 텔아비브와 같은 새로운 혁신 허브들의 등장이 보여주듯, 이제는 단일한 중심이 아닌 다중심적 네트워그기 형성되고 있디.

디지털 식민주의라는 새로운 우려도 제기된다. 19세기의 제국주의가 영토와 자원의 직접적 지배를 통해 작동했다면, 디지털 시대의 지배는 데이터와 알고리즘의 통제를 통해 이루어진다. 이는 더욱 교묘하고 비가시적인 형태의 지배다. 개인정보의 수탈, AI 알고리즘의 편향성, 플랫폼의 독점적 지배력은 새로운 형태의 종속 관계를 만들어내고 있다. 그러나 동시에 디지털 공유지*라는 새로운 가능성도 열리고 있다.

....
* 디지털 자원을 공동체가 함께 소유하고 관리하는 영역이다. 위키피디아, 오픈소스 소프트웨어 등이 대표적 사례로, 플랫폼 자본주의의 대안적 모델로 주목받고 있다.

|통|찰|의|나|침|반|

19세기의 세계화가 공유지의 사유화를 가속화했다면, 디지털 시대는 협력과 공유의 새로운 가능성을 제시한다. 오픈소스 소프트웨어, 크리에이티브 커먼즈, 위키피디아와 같은 사례들은 시장 논리를 넘어서는 새로운 생산과 분배의 방식을 보여준다. 더욱 근본적인 변화는 알고리즘 시민권의 출현이다. 19세기에 근대적 시민권이 확립되었다면, 오늘날은 디지털 공간에서의 권리와 의무가 새로운 형태의 시민권으로 등장하고 있다. 페이스북이나 트위터에서의 계정 정지는 실질적으로 디지털 공론장에서의 추방을 의미한다. 이는 우리가 디지털 시민권의 본질과 범위를 진지하게 논의해야 할 시점에 왔음을 의미한다.

결국 우리는 19세기 말과 비슷한 중대한 갈림길에 서 있다. 지금의 선택이 앞으로의 디지털 자본주의의 성격을 결정할 것이다. 코로나19 팬데믹, 기후 위기, 디지털 격차의 심화는 기존 시스템의 한계를 드러냈고, 새로운 형태의 사회 계약을 요구하고 있다. 과거의 교훈을 바탕으로, 더 공정하고 지속 가능한 디지털 자본주의의 모델을 만들어가야 할 때다.

2.3 노동 운동과 사회 변화

"우리는 기계가 아니라 인간이다!" 1886년 5월 1일, 시카고 헤이마켓 광장에 모인 노동자들의 함성은 산업 혁명 이후 가장 근본적인 사회적 도전을 상징적으로 보여주었다.* 이는 노동 조건 개선 요구를 넘어, 인간의 존엄성과 사회 정의에 대한 근본적 물음이었다. 산업 혁명이 만들어낸 전례 없는 생산력 증가와 기술 혁신은 동시에 전례 없는 규모의 사회적 갈등과 모순을 낳았고, 이는 19세기를 통해 다양한 형태의 저항과 개혁 운동으로 표출되었다.

"한 사람의 고통은 모두의 고통이다." 노동조합 운동가 유진 뎁스의 이 말은 노동 운동이 단순한 경제적 이해 관계의 표현을 넘어, 새로운 형태의 사회적 연대를 추구했음을 보여준다. 산업화 과정에서 해체된 전통적 공동체의 유대를 대신하여, 계급적 연대라는 새로운 형태의 사회적 결속이 형성되었다. 이는 방어적 대응이 넘어선, 적극적인 대안 사회의 비전을 포함하고 있었다.

노동 운동의 발전은 크게 세 단계로 진행되었다. 첫 단계는 자연 발생적

---
* 헤이마켓 사건. 1886년 시카고에서 발생한 노동 운동 탄압 사건. 8시간 노동제를 요구하는 시위 과정에서 폭력 사태가 발생했다.

이고 즉자적(卽自的)인 저항*이었다. 1811년의 러다이트 운동으로 대표되는 기계 파괴 운동이 그 전형이다. 이는 산업화에 대한 본능적 거부반응이었지만, 동시에 노동자들의 집단적 행동 가능성을 보여준 중요한 계기였다. 두 번째 단계는 조직화된 노동 운동의 발전이다. 1820년대 이후 영국의 노동조합 운동, 1860년대 이후 대륙 유럽의 사회민주주의 운동은 노동자들의 요구를 체계화하고 제도화하는 데 성공했다. 8시간 노동제, 아동 노동 금지, 작업장 안전 규제 등 많은 현대적 노동 기준이 이 시기 투쟁의 결과물이다. 세 번째 단계는 정치적 노동 운동의 발전이다. 1864년 국제노동자협회**(제1인터내셔널)의 설립은 노동 운동이 국제적 차원으로 발전했음을 보여준다.

이제 노동 운동은 단순한 경제적 요구를 넘어, 사회 전체의 근본적 변화를 추구하는 정치 운동으로 발전했다. 특히 주목할 만한 것은 노동 운동이 가져온 의식의 변화다. "노동자도 인간이다"라는 단순해 보이는 주장은 당시로서는 혁명적인 것이었다. 산업 혁명 초기에 노동자들은 말 그대로 기계의 부속품으로 취급되었다. 1840년대 영국의 한 공장주는 "노동자는 우리가 임의로 사용할 수 있는 도구일 뿐"이라고 공공연히 말했다. 이러한 인식에 대한 도전은 근대적 인권 개념의 발전에 결정적으로 기여했다.

노동 운동은 또한 새로운 형태의 지식과 문화를 만들어냈다. 노동자 교육협회, 노동자 도서관, 노동자 신문은 대안적 공론장을 형성했다. 이는 부르주아 문화에 대한 대항 문화였을 뿐만 아니라, 노동자들 자신의 자기 교육과 해방의 수단이었다. 1890년대 한 영국 노동자의 일기는 이렇게 기록한다. '우리는 이제 자신의 목소리로 말하는 법을 배웠다.'

---

* 자본주의 산업화 초기에 노동자들이 개별적으로나 소규모로 자신들의 생존과 노동 조건을 지키기 위해 본능적으로 반발했던 저항. 임금 삭감, 장시간 노동, 열악한 작업 환경에 대한 즉각적이고 비조직적인 파업이나 기계 파괴와 같은 행위가 이 단계의 대표적인 사례다.
** 1864년 설립된 최초의 국제 노동자 조직. 제1인터내셔널로도 불린다.

사회주의 운동의 발전은 이러한 노동 운동의 정치적 표현이었다. 그러나 이는 단순한 이데올로기적 운동이 아니었다. 그것은 산업화가 만들어낸 사회 문제에 대한 체계적인 분석과 대안 제시의 시도였다. 칼 마르크스의 『자본론』*은 그 이론적 절정이었지만, 현장의 노동 운동은 이보다 훨씬 다양하고 풍부한 실천적 전통을 발전시켰다.

복지국가의 실험은 이러한 투쟁과 갈등의 제도적 타협의 산물이었다. 1880년대 비스마르크의 사회 보험제도, 1900년대 영국의 사회 개혁은 순수한 시장 경제의 한계를 인정하고 국가의 사회적 개입을 정당화했다. 이는 배태된 자유주의**의 시작이었으며, 20세기 복지국가의 원형이 되었다. 그러나 이러한 변화는 결코 순탄하지 않았다. 노동 운동은 끊임없는 탄압과 억압에 직면했다. 1871년 파리 코뮌의 비극적 종말, 1886년 헤이마켓 사건의 참사, 1894년 풀먼 파업***의 유혈 진압은 이러한 갈등의 폭력성을 보여준다.

그럼에도 불구하고, 혹은 그렇기 때문에, 노동 운동은 더욱 강력한 도덕적 정당성을 획득했다. 오늘날 우리가 당연하게 여기는 많은 권리와 제도 – 주말 휴무, 유급 휴가, 최저 임금, 산재 보험, 노동조합 결성의 자유 등 – 는 모두 이 시기 노동 운동의 성과물이다. 그러나 동시에 우리는 새로운 도전에 직면해 있다. 플랫폼 노동, 긱 이코노미, 자동화와 인공지능은 19세기와는 다른 형태의 노동 문제를 제기한다. 따라서 19세기 노동 운동의 역사는 단순한 과거의 이야기가 아니다.

---

* 자본주의 경제 구조와 내적 모순을 분석한 책이다. 노동 가치론과 잉여가치 개념을 통해 자본 축적 과정에서 노동자 착취와 불평등이 어떻게 발생하는지 설명한다. 마르크스는 자본주의의 필연적 위기와 노동 계급 혁명의 필요성을 주장하며, 현대 경제와 사회 비판의 기초를 제공했다.
** 칼 폴라니가 분석한 개념. 시장 경제와 사회적 보호를 결합한 전후 경제 질서를 설명한다.
*** 1894년 미국에서 발생한 전국적 철도 파업. 유진 뎁스가 이끈 대규모 노동 운동이었다.

그것은 인간의 존엄성, 사회 정의, 민주주의의 의미를 둘러싼 현재 진행형의 투쟁을 이해하는 중요한 거울이다. 특히 디지털 전환기를 맞아, 우리는 다시 한번 인간다운 노동의 의미를 근본적으로 재고해야 할 시점에 있다.

이제 우리는 이러한 역사적 경험을 세 가지 측면에서 자세히 살펴볼 것이다. 먼저 노동자 권리 투쟁의 역사를 통해 근대적 노동권의 형성 과정을 이해할 것이다. 다음으로 사회주의 운동의 영향을 분석하면서, 대안적 사회 비전의 가능성과 한계를 검토할 것이다.

마지막으로 복지국가의 실험을 살펴보면서, 시장과 사회의 새로운 균형 가능성을 탐구할 것이다. 이를 통해 우리는 현대 사회가 직면한 노동의 위기를 더 깊이 이해하고, 새로운 해결 방안을 모색하는 통찰을 얻을 수 있을 것이다. 역사는 반복되지는 않지만, 그 패턴은 현재의 도전을 이해하고 미래를 전망하는 데 중요한 교훈을 제공한다.

그림 2-9 노동자들이 섬유공장 앞에서 피켓 시위를 벌이고 있다(출처: WIKIMEDIA)

2.3.1 노동자 권리 투쟁의 역사

"빵과 장미를 달라!" 1912년 매사추세츠 주 로렌스의 섬유공장 노동자들이 외친 이 구호는 노동자 권리 투쟁의 본질을 함축적으로 보여준다. 그들이 요구한 것은 단순한 임금 인상이 아니었다. 생존을 위한 빵과 함께 인간다운 삶을 상징하는 장미를 요구했다. 이는 노동자 권리 투쟁이 경제적 이해 관계를 넘어 인간의 존엄성 회복을 위한 총체적 투쟁이었음을 보여준다.

노동자 권리 투쟁의 시작은 산업 혁명의 초기로 거슬러 올라간다. 1811년 영국 노팅엄에서 시작된 러다이트 운동은 최초의 조직적 노동자 저항이었다. 기계 파괴로 상징되는 이 운동을 단순한 기계혐오나 전근대적 반응으로 해석하는 것은 잘못이다. 이들의 진정한 목표는 기계 그 자체가 아닌, 장인들의 자율성과 존엄성을 파괴하는 새로운 생산 방식에 대한 저항이었다.

"우리의 적은 기계가 아니라 기계를 악용하는 자들이다." 1812년 한 러다이트 지도자의 이 선언은 그들의 투쟁이 가진 선구적 통찰을 보여준다. 이

그림 2-10 러다이트 운동과 노동자들의 기계 파괴

들은 이미 기술 발전 자체와 그것의 사회적 활용을 구분할 줄 알았다. 이는 오늘날 인공지능과 자동화를 둘러싼 논쟁에도 중요한 시사점을 제공한다.

1820년대부터 노동 운동은 새로운 단계로 발전했다. 영국의 차티스트 운동*은 최초의 전국적 노동자 정치 운동이었다. 보통 선거권, 의회 개혁, 노동자 보호법 제정 등 그들의 요구는 매우 구체적이고 체계적이었다. 비록 직접적인 성공을 거두지는 못했지만, 이 운동은 노동자들에게 정치적 자각과 조직적 투쟁의 경험을 제공했다. 특히 주목할 만한 것은 여성 노동자들의 역할이다. 1844년 영국 랭커셔의 여성 직조공들은 최초의 여성 노동조합을 결성했다. 1857년 뉴욕의 여성 의류 노동자들의 시위는 3월 8일 세계 여성의 날의 기원이 되었다. 1888년 런던의 성냥공장 여성 노동자들의 파업은 영국 노동 운동의 전환점이 되었다. 이들의 투쟁은 노동권과 여성권이 분리될 수 없음을 보여주었다. "같은 노동에는 같은 임금을!" 이 구호는 단순한 임금 평등을 넘어, 여성의 인간적 존엄성에 대한 요구였다. 여성 노동자들은 이중의 착취 ─ 자본가에 의한 착취와 가부장제에 의한 착취 ─ 에 시달렸다. 그들의 투쟁은 필연적으로 사회 전체의 근본적 변화를 요구할 수밖에 없었다.

아동 노동 반대 운동도 중요한 전기를 이루었다. 1833년 영국의 공장법**은 최초의 실효성 있는 아동 노동 규제였다. 그러나 이는 결코 자발적으로 주어진 것이 아니었다. 수많은 노동자와 개혁가들의 끈질긴 투쟁이 있었다. 특히 공장 감독관 레너드 호너의 보고서들은 아동 노동의 참상을 폭로하고 여론을 환기시키는 데 결정적 역할을 했다. "공장은 아이들의 무덤이다." 1842년 한 의사의 증언은 당시의 상황을 생생하게 전한다. 5-6세 어린이들이 하루 12-14시간씩 일했고, 많은 아이들이 성장 장애와 척추 변형에 시

---

* 1830년대 영국에서 시작된 노동자 정치 운동. 보통 선거권, 비밀 투표 등 정치적 권리를 요구했다.
** 1833년부터 영국에서 제정된 일련의 노동 보호 법률. 아동 노동 제한, 노동 시간 규제 등을 포함했다.

달렸다. 찰스 디킨스의 소설들이 이러한 현실을 폭로했지만, 실제 상황은 소설보다 더 끔찍했다.

1860년대는 노동 운동의 새로운 전기가 되었다. 1864년 국제노동자협회(제1인터내셔널)의 설립은 노동 운동의 국제적 연대를 상징했다. "만국의 노동자여 단결하라!"는 구호는 노동 운동이 민족과 국경을 초월한 보편적 해방 운동으로 발전했음을 보여준다. 8시간 노동제를 위한 투쟁은 특별한 의미를 가진다. "8시간 노동, 8시간 휴식, 8시간 여가!"라는 구호는 노동자들의 총체적 삶의 변화를 요구했다. 이는 노동 시간 단축 자체보다는 인간다운 삶의 리듬을 회복하려는 시도였다. 1886년 시카고 헤이마켓 사건은 이 투쟁의 상징적 순간이었다. 작업장 안전과 보건을 위한 투쟁도 중요했다. 1911년 뉴욕의 트라이앵글공장 화재* 사건은 결정적 전환점이었다. 146명의 노동자들이 잠긴 출구 때문에 탈출하지 못하고 죽었다. 이 참사는 작업장 안전이 단순한 기술적 문제가 아닌 노동자의 기본권임을 각인시켰다.

노동조합 결성권을 위한 투쟁은 특히 치열했다. 1819년 영국의 조합금지법 철폐부터 1935년 미국의 와그너법** 제정까지, 100년이 넘는 기간 동안 노동자들은 결사의 자유를 위해 투쟁했다. 이는 노동자의 집단적 자기 결정권을 위한 투쟁이었다. "하나는 모두를 위하여, 모두는 하나를 위하여!" 이 연대의 정신은 노동 운동의 핵심이었다. 1892년 홈스테드 파업에서 보여준 노동자들의 상호 부조, 1894년 풀먼 파업 때의 전국적 연대 파업은 이러한 정신의 실천적 표현이었으며 새로운 형태의 사회적 유대의 가능성을 보여준 것이다. 20세기 초반이 되면서 노동권은 점차 제도화되기 시작했다. 1919

---

* 1911년 뉴욕에서 발생한 산업 재해. 146명의 여성 노동자가 사망했으며, 노동안전법 제정의 계기가 되었다.
** 1935년 미국에서 제정된 노동법. 노동자의 단결권과 단체교섭권을 보장했다.

년 국제노동기구(ILO)의 설립은 노동권이 국제적 규범으로 인정받게 되었음을 의미한다. 그러나 이러한 제도화는 양면성을 가졌다. 한편으로는 노동자의 권리를 보장했지만, 다른 한편으로는 노동 운동을 체제 내로 포섭하는 효과도 가져왔다.

이러한 역사적 경험은 오늘날에도 중요한 시사점을 제공한다. 플랫폼 노동자들의 권리, 알고리즘에 의한 노동 통제, 자동화로 인한 일자리 상실 등 새로운 도전들은 19세기의 그것과 크게 다르지 않다. 디지털 러다이트 운동이라 불리는 최근의 저항들은 기술 발전의 사회적 통제라는 오래된 과제를 새롭게 제기한다. 더욱이 노동권의 의미 자체가 재검토되어야 할 시점이다. 전통적인 임금 노동을 전제로 한 노동권 개념으로는 새로운 형태의 노동을 포괄하기 어렵다. 플랫폼 노동자의 단결권, 알고리즘 통제에 대한 저항권, 디지털 파업권 등 새로운 권리 개념이 필요하다. 그러나 가장 근본적인 교훈은 아마도 권리는 결코 주어지는 것이 아니라 쟁취하는 것이라는 점일 것이다. 오늘날 우리가 당연하게 여기는 모든 노동권은 수많은 노동자들의 희생과 투쟁의 결과물이다. 새로운 시대의 노동권도 마찬가지일 것이다. 100년 전 로렌스의 노동자들이 외쳤던 "빵과 장미"의 요구는, 형태는 달라졌을지언정 여전히 현재 진행형이다.

2.3.2 사회주의 운동의 영향

"유령이 유럽을 떠돌고 있다 – 공산주의의 유령이." 1848년 "공산당 선언"의 이 유명한 첫 문장은 19세기 중반 유럽 사회를 뒤흔든 근본적 변화를 예고했다. 사회주의 운동의 등장은 단순한 정치적 이념의 출현을 넘어, 산업 혁명이 만들어낸 새로운 사회 질서에 대한 가장 체계적이고 근본적인 도전이었다. 이는 인류 역사상 처음으로 기존 사회 질서의 전면적 대안을 제시한 시도였다.

"이것은 새로운 종교적 운동이다. 다만 그 신이 다를 뿐이다." 1842년 한 프랑스 관찰자의 이 말은 초기 사회주의 운동이 가진 독특한 성격을 정확히 포착했다. 그것은 단순한 정치적 이데올로기가 아닌, 인간과 사회에 대한 완전히 새로운 이해 방식이자 세계관이었다. 특히 초기 사회주의자들은 산업 혁명이 만들어낸 물질적 진보가 정신적, 도덕적 진보와 결합되어야 한다고 주장했다.

"모든 인간은 빵만으로는 살 수 없다." 1840년 프랑스의 사회주의 사상가 피에르 프루동의 이 말은 초기 사회주의 운동의 인간학적 통찰을 잘 보여준다. 사회주의자들은 산업 자본주의가 인간을 단순한 경제적 존재로 환원시키는 것에 반대했다. 그들은 인간의 전면적 해방, 즉 경제적 착취로부터의 해방뿐만 아니라 정신적, 문화적 소외로부터의 해방도 추구했다. 초기 사회주의 운동은 매우 다양한 형태로 전개되었다. 로버트 오웬의 협동촌운동*은 그 대표적 사례. 스코틀랜드의 뉴라나크 공장에서 시작된 오웬의 실험은 당시로서는 혁명적인 시도였다. 10시간 노동제, 아동 교육의 의무화, 협동조합 상점의 운영 등은 현대적 노동 복지 제도의 원형이 되었다. 특히 주목할 만한 것은 오웬이 이러한 개혁이 경제적으로도 이익이 된다는 것을 실증적으로 보여주었다는 점이다.

생시몽의 산업 사회론은 또 다른 방향성을 제시했다. 그는 산업 혁명이 가져온 기술적 진보를 긍정적으로 평가하면서, 이를 사회 전체의 이익을 위해 활용할 것을 주장했다. "모든 사람으로부터 그 능력에 따라, 모든 사람에

---

* 로버트 오웬이 주도한 사회 실험. 뉴라나크 공장에서 시작된 노동자 복지 제도의 시초가 되었다.

그림 2-11 생시몽(1760~1825)**의 초상화(출처:WIKIMEDIA)

게 그 필요에 따라"라는 그의 유명한 구호는 후일 마르크스주의의 중요한 원칙이 되었다. 생시몽의 제자들은 철도 건설, 수에즈운하 개발 등 대규모 산업 프로젝트에 참여하면서 이러한 이상을 실천하려 했다. 샤를 푸리에의 팔랑스테르* 구상은 가장 대담한 사회 실험이었다.

그는 1,620명이 함께 사는 공동체를 제안했는데, 이는 완전히 새로운 삶의 방식을 구현하려는 시도였다. 노동과 예술의 결합, 성 역할의 혁신적 재구성, 아동 교육의 혁신 등 그의 많은 제안들은 당시에는 터무니없는 공상으로 취급되었지만, 오늘날의 관점에서 보면 결과적인 선견지명이었다.

"빈곤은 자연의 법칙이 아니라 인간이 만든 제도의 결과다." 윌리엄 톰슨의 이 선언은 초기 사회주의 운동의 또 다른 중요한 특징을 보여준다. 그들은 빈곤과 불평등이 자연적 혹은 신의 뜻이라는 지배적 관념에 도전했으며 실제로 다양한 사회 실험을 통해 대안적 사회 질서의 가능성을 보여주려 했다.

이러한 초기 사회주의자들은 흔히 유토피아 사회주의자로 불린다. 그러나 이는 다분히 후대의 편견이 반영된 명칭이다. 그들의 실험은 결코 순진

---

* 샤를 푸리에가 제안한 이상적 공동체 모델. 1,620명이 함께 사는 자급자족 공동체를 구상했다.
** Claude Henri de Rouvroy, comte de Saint-Simon, 프랑스 철학자이자 초기 사회주의 이론가로, 산업화와 과학을 통한 사회 개혁을 주장했다. 그는 생산자 중심의 평등 사회를 이상으로 제시하며, 유토피아적 사회주의와 현대 사회 사상에 영향을 끼쳤다.

한 몽상이 아니었다. 오히려 그들은 매우 실천적이고 구체적인 방식으로 사회 변화를 추구했다. 특히 그들이 보여준 실험 정신은 오늘날 대안 사회 운동에도 중요한 시사점을 제공한다. 더욱이 초기 사회주의 운동은 여성 해방, 교육 개혁, 환경 보호 등 현대 사회의 핵심적 의제들을 선구적으로 제기했다. 예를 들어 생시몽주의*자들은 이미 1830년대에 산업화로 인한 환경 오염 문제를 지적했고, 푸리에는 여성 해방 없이는 진정한 사회 진보가 불가능하다고 주장했다.

"우리는 새로운 세계를 만들고 있다. 우리의 실수는 미래를 위한 교훈이 될 것이다." 1845년 한 오웬주의자**의 이 말은 초기 사회주의 운동의 실험적 성격을 잘 보여준다. 많은 실험들이 실패로 끝났지만, 그 과정에서 축적된 경험과 통찰은 후대 사회 운동의 중요한 자산이 되었다. 특히 그들이 보여준 이론과 실천의 결합, 지적 탐구와 사회 실험의 통합은 오늘날에도 유효한 모델이다.

"철학자들은 세계를 다양하게 해석해 왔을 뿐이다. 중요한 것은 세계를 변혁하는 것이다." 1845년 마르크스의 이 유명한 테제는 사회주의 운동의 새로운 단계를 알렸다. 이른바 과학적 사회주의의 등장은 사회주의 운동에 체계적인 이론적 기초를 제공했다. 자본론은 단순한 경제학 저작이 아니었다. 그것은 근대 산업 사회의 총체적 분석이자 비판이었으며, 새로운 사회과학의 방법론을 제시했다.

---

* 생시몽의 추종자들이 발전시킨 사회 사상. 산업화의 긍정적 잠재력을 강조하며 계획적 발전을 주장했다.
** 영국의 사회개혁가 로버트 오웬(1771~1858)의 사상을 따르는 이들로, 협동과 교육을 통해 사회 문제를 해결하고자 했다. 그들은 산업 혁명으로 인한 노동 착취와 빈곤 문제를 개선하기 위해 협동조합과 공동체 생활을 강조하며, 이상적인 사회를 실현하려는 유토피아적 시도를 했다.

"자본주의는 자신의 무덤을 파는 사람들을 스스로 만들어낸다." 마르크스의 이 예언적 통찰은 자본주의 발전의 내적 모순을 지적한다. 생산의 사회화와 소유의 사적 성격 사이의 모순, 생산력의 발전과 생산 관계의 정체 사이의 긴장, 노동의 소외와 계급 의식의 발전 등 그가 분석한 많은 현상들은 오늘날에도 유효한 분석틀을 제공한다. 특히 주목할 만한 것은 마르크스주의가 가져온 인식론적 혁명이다. 그것은 사회 현상을 보는 완전히 새로운 방법을 제시했다. 상품의 물신성* 개념은 자본주의 사회에서 인간 관계가 사물 관계로 전도되는 현상을 예리하게 포착했다.

이데올로기 개념은 지배 계급의 이해 관계가 어떻게 보편적 진리로 위장되는지를 분석했다. 이러한 개념들은 현대 사회 이론의 기초가 되었다. 1864년 국제노동자협회(제1인터내셔널)의 설립은 사회주의 운동의 새로운 단계를 상징했다. "만국의 노동자여 단결하라!"라는 구호는 단순한 수사가 아니었다. 그것은 노동 운동이 민족 국가의 경계를 넘어 국제적 연대로 발전해야 한다는 실천적 요구였다. 실제로 제1인터내셔널은 파업 지원, 국제 연대 활동 등을 통해 새로운 형태의 국제주의를 실천했다.

"노동자의 해방은 노동자 자신의 과업이다." 제1인터내셔널의 이 강령은 사회주의 운동의 또 다른 중요한 특징을 보여준다. 그것은 위로부터의 개혁이나 자선적 시혜가 아닌, 노동자 계급의 자기 해방을 추구했다. 이는 정치적 구호를 넘어 새로운 형태의 민주주의에 대한 구상이었다. 1871년 파리 코뮌은 이러한 아래로부터의 민주주의의 가능성을 실험했다.

"새로운 세계는 낡은 세계의 껍질 속에서 자라난다." 독일 사회민주당의 이론가 카우츠키의 이 말은 19세기 말 사회주의 운동의 새로운 전략을 암시

---

* 마르크스가 발전시킨 개념으로, 자본주의 사회에서 인간 관계가 물건들 사이의 관계로 전환되는 현상을 설명한다.

한다. 의회 진출, 보통 선거권 획득, 노동법 제정 등 제도적 개혁을 통한 점진적 변화를 추구하는 흐름이 강화되었다. 1875년 독일 사회민주당의 고타 강령*은 이러한 합법적 사회주의의 전형을 보여준다. 그러나 이는 사회주의 운동 내부의 심각한 논쟁을 낳았다.

에두아르트 베른슈타인으로 대표되는 수정주의자들은 마르크스의 혁명론을 수정하고 점진적 개혁을 주장했다. 반면 로자 룩셈부르크와 같은 좌파들은 혁명적 전통을 고수했다. 이 논쟁은 단순한 전술의 차이를 넘어, 사회 변혁의 본질에 대한 근본적 질문을 제기했다. "사회주의냐, 야만이냐!" 룩셈부르크의 이 유명한 선언은 20세기 초 사회주의 운동이 직면한 시대적 과제를 함축적으로 보여준다. 제국주의 전쟁의 위험, 파시즘의 등장, 생태적 파괴 등 자본주의의 파괴적 경향에 대한 대안으로서 사회주의의 의미가 부각되었다. 이는 단순 경제 체제의 선택이 아닌, 문명의 진로에 관한 근본적 선택의 문제였다.

사회주의 운동은 또한 완전히 새로운 형태의 문화 운동을 발전시켰다. 노동자 교육 협회, 사회주의 문화 동호회, 노동자 스포츠 클럽 등은 대안적인 문화 공동체를 형성했으며 여가 활동을 넘어선 새로운 인간형과 생활양식을 실험하는 시도였다. "우리는 새로운 인간, 새로운 문화, 새로운 세계를 만들고 있다." 1920년대 독일 노동자 교육 협회의 이 선언은 사회주의 운동이 가진 문화 혁명적 성격을 잘 보여준다. 그들은 단순한 정치 경제적 변화를 넘어, 인간의 전면적 해방을 추구했다. 이는 오늘날 삶의 정치나 문화 정치의 선구적 형태였다.

사회주의 운동의 성격이 근본적으로 변화하기 시작한 것은 1870년대 이후였다. 파리 코뮌의 비극적 실패는 사회주의자들에게 깊은 교훈을 남겼다.

---

* 1875년 독일 사회민주당이 채택한 강령. 의회주의적 사회주의 노선의 시초가 되었다.

단순한 이상이나 즉자적 봉기로는 견고한 자본주의 체제를 변화시킬 수 없다는 깨달음이었다. 이는 사회주의 운동의 성장통이었고, 이를 통해 운동은 더욱 성숙해졌다. "우리는 이제 장기전을 준비해야 한다." 1875년 독일 사회민주당 지도자 아우구스트 베벨의 이 발언은 새로운 전략의 출현을 알렸다. 노동조합 건설, 협동조합 운동, 노동자 교육, 의회 진출 등 이중전략*이 채택되었다. 제도 안에서는 실질적인 개혁을 추진하면서, 동시에 제도 밖에서는 대안적 문화와 조직을 발전시키는 전략이었다.

이러한 변화는 특히 독일에서 두드러졌다. 비스마르크의 사회주의자 탄압법(1878-1890)은 역설적으로 사회주의 운동의 대중화와 체계화를 촉진했다. 지하 활동 시기에 발전된 다양한 문화 조직과 교육 프로그램은 단순한 정치 운동을 넘어선 생활양식으로서의 사회주의를 만들어냈다. 노동자 합창단, 체육 클럽, 독서회 등은 새로운 형태의 공동체적 연대를 발전시켰다.

"우리는 국가 안에 국가를 만들고 있다." 칼 카우츠키의 이 말은 당시 사회주의 운동의 야심찬 프로젝트를 잘 보여준다. 그들은 자본주의 사회 내부에 대안적인 제도와 문화를 구축하고자 했다. 노동자 은행, 소비자 협동조합, 주택조합, 노동자 교육 기관 등 프롤레타리아** 공공 영역의 건설이 추진되었다. 이러한 전략은 상당한 성과를 거두었다. 1912년까지 독일 사회민주당은 400만 표를 얻어 제국의회 제1당이 되었고, 110만 명의 조합원을 가진 자유노동조합은 독일 최대의 조직이 되었다. 당의 기관지 〈포르베르츠〉는 발행부수 165만 부를 자랑했다. 사회주의는 이제 더 이상 소수 급진파의 이념이 아닌, 강력한 대중 운동이 되었다.

---

* 19세기 말 사회민주주의 운동이 채택한 전술. 의회 진출을 통한 제도적 개혁과 대중 운동을 통한 사회 변혁을 동시에 추구했다.
** 생산 수단을 소유하지 못하고 노동력을 팔아 생계를 유지하는 노동자 계급을 지칭하는 마르크스주의 용어.

그러나 이러한 성공은 새로운 도전을 낳았다. 거대 조직의 관료화, 지도부의 보수화, 혁명적 이상의 퇴색 등 새로운 문제들이 나타났다. 로베르트 미헬스가 과두제의 철칙*이라고 부른 이 현상은 사회 운동의 본질적 딜레마를 보여주었다. 제도화는 안정성과 영향력을 가져다주지만, 동시에 운동의 급진성을 약화시킨다는 것이다. 이러한 모순은 1914년 제1차 세계대전 발발과 함께 극적으로 폭발했다. 대부분의 사회주의 정당들이 전쟁 지지로 선회하면서, 국제주의와 평화주의를 표방해온 사회주의 운동의 이상은 심각한 타격을 입었다. 로자 룩셈부르크는 이를 "사회주의의 위기이자 인류의 위기"라고 규정했다.

1917년 러시아 혁명은 사회주의 운동의 새로운 국면을 열었다. 볼셰비키가 주도한 혁명은 사회주의 운동의 새로운 가능성과 한계를 동시에 보여주었다. 혁명은 자본주의와 제국주의의 틀을 벗어난 첫 번째 대규모 사회 실험이었으며, 20세기 내내 세계 사회주의 운동에 깊은 영향을 미쳤다. "우리는 과거를 넘어 미래를 만든다." 레닌은 혁명의 성공을 통해 세계적인 사회주의 혁명을 촉진하려 했지만, 러시아 혁명은 국제적 고립과 내전 속에서 점차 독재화되는 경로를 걸었다.

사회주의 운동은 이제 두 가지 방향으로 나뉘게 되었다. 한쪽은 러시아 혁명을 모델로 삼아 프롤레타리아 독재와 중앙집권적 계획 경제를 지지하는 흐름이었고, 다른 한쪽은 민주적 사회주의와 점진적 개혁을 추구하는 방향이었다. 1930년대 대공황은 전 세계적으로 자본주의의 한계를 노출시켰고, 사회주의 운동이 대안적 경제 모델로 주목받는 계기가 되었다. 유럽과 미국의 뉴딜 정책은 사회주의적 요소를 일부 수용하여 시장 경제와 사회적 안전망을 결합하려는 시도였다.

---

* 로베르트 미헬스가 제시한 개념. 모든 조직이 결국 소수 지배 체제로 변질된다는 이론이다.

그러나 동시에 독일과 이탈리아에서는 파시즘이 부상하며, 사회주의와 자유민주주의에 대한 거대한 도전이 되었다.

"역사는 진보와 퇴보의 갈림길에서 결정된다." 제2차 세계대전 후, 사회주의 운동은 냉전이라는 새로운 세계 질서 속에서 다양한 경로를 걸었다. 동유럽과 아시아에서는 사회주의 국가들이 형성되었지만, 서유럽에서는 사회민주주의가 복지국가의 기초를 마련하며 제도권 내에서 영향력을 확장했다. 스웨덴의 복지 모델이나 영국 노동당의 정책은 이러한 점진적 사회주의의 대표적인 사례다. 그러나 20세기 후반에 접어들며, 세계적 경제 구조의 변화와 함께 사회주의 운동은 새로운 도전에 직면했다. 1980년대의 신자유주의 물결은 사회주의 운동의 기반을 흔들었고, 1991년 소련의 붕괴는 한 시대의 종말을 알렸다. 많은 사회주의 정당은 시장 경제를 수용하며 스스로를 재정의해야 했고, 급진적 사회 운동은 환경, 젠더, 평화 문제 등 새로운 의제로 이동하기 시작했다.

"우리는 다시 질문해야 한다. 무엇이 정의로운 사회인가?"
21세기의 사회주의 운동은 전환점에 서 있다. 디지털 혁명과 세계화는 자본주의의 새로운 형태를 만들어냈고, 이에 대응하는 사회주의의 새로운 비전을 요구하고 있다. 기술 발전과 자동화가 노동의 개념을 변화시키는 가운데, 기본소득이나 생태사회주의와 같은 새로운 아이디어들이 등장했다. 기후 위기와 심화하는 불평등 문제는 사회주의적 해법의 필요성을 다시금 부각시키고 있다. 마지막으로, 사회주의 운동의 역사는 실패와 좌절, 그러나 동시에 희망과 가능성의 연속이었다.

초기 유토피아 사회주의자들이 보여준 실험 정신, 마르크스와 엥겔스가 제시한 체계적 분석, 러시아 혁명의 교훈, 그리고 현대 사회의 새로운 도전까지 모든 과정은 우리에게 한 가지 중요한 메시지를 남긴다.

"새로운 세상은 우리의 상상력과 행동에서 시작된다." 사회주의 운동은 단순히 특정한 경제 체제나 정치적 구호가 아니다. 그것은 더 나은 사회를 향한 인간의 끝없는 열망과, 이를 현실로 만들어가기 위한 끊임없는 실험이다. 지난 역사의 성공과 실패는 오늘날 우리에게 선택의 방향을 제시하며, 더 공정하고 지속 가능한 미래를 향한 길을 밝혀주고 있다. 이러한 사회주의 운동은 AI와 디지털 자본주의가 제기하는 새로운 도전 앞에 서 있다.

소수의 빅테크 기업들이 데이터와 알고리즘을 독점하며 전례 없는 권력을 행사하는 상황은, 19세기 산업 자본가들의 생산 수단 독점과 유사한 양상을 보인다. 디지털 프롤레타리아트라 불리는 플랫폼 노동자들의 등장은 노동의 본질적 변화를 암시한다. 특히 AI 시대는 생산 수단의 사회화라는 전통적 사회주의의 테제에 새로운 의미를 부여한다. 데이터와 알고리즘의 민주적 통제, AI 개발의 공공성 확보, 디지털 공유지(Digital Commons)의 구축 등이 새로운 의제로 부상하고 있다. 2023년 등장한 테크노 사회주의 운동은 오픈소스 AI 개발과 데이터 협동조합을 통해 디지털 독점에 대항하는 대안을 모색하고 있다.

"새로운 세상은 우리의 상상력과 행동에서 시작된다"라는 오래된 사회주의의 신념은 여전히 유효하다. 다만 그 상상력은 이제 AI와 인간의 공존, 디지털 민주주의의 실현, 알고리즘 정의의 구현이라는 새로운 과제를 포함해야 한다. 기술은 결코 중립적이지 않으며, 그것이 누구의 이익을 위해 개발되고 활용되는가는 여전히 정치적 투쟁의 대상이다. 사회주의 운동의 역사가 우리에게 가르쳐 주는 것은, 더 나은 세상을 향한 인류의 열망이 어떠한 기술적 변화 속에서도 계속된다는 점이다.

2.3.3 복지국가의 실험

1881년 11월, 독일 제국의회에서 비스마르크*는 한 역사적인 연설을 했다. "노동자의 복지는 국가가 보장해야 한다." 철혈재상으로 알려진 그가 갑자기 국가사회주의를 표방한 것은 다분히 전략적인 선택이었다. 사회주의 세력의 성장을 막기 위해 위로부터의 개혁을 시도한 것이다. 그러나 의도와 무관하게, 이는 현대 복지국가의 시작을 알리는 순간이었다.

그림 2-12 독일 제국의회에서 연설하는 비스마르크 (출처: Deutsches Historisches Museum, Berlin)

1883년 질병보험, 1884년 산재보험, 1889년 연금보험으로 이어지는 일

---

* 오토 폰 비스마르크(Otto von Bismarck, 1815~1898)는 독일 제국의 초대 총리이자 외교가로, 철혈 정책을 통해 독일 통일을 이끌었다. 그는 실리주의 외교를 바탕으로 프랑스, 오스트리아, 덴마크와의 전쟁에서 승리하며 독일의 강국화를 주도했다. 또한, 최초의 사회 보험 제도를 도입해 노동자 계층의 불만을 완화하며 정치적 안정을 추구했다. 비스마르크는 유럽 외교 질서를 재편한 중요한 인물로 평가 받는다.

련의 사회 보험 제도 도입은 국가의 역할에 대한 근본적인 재정의를 의미했다. 야경국가의 시대는 끝나고, 적극적으로 시민의 복지에 개입하는 새로운 형태의 국가가 등장한 것이다. 한 역사가는 이를 "근대국가의 제2의 탄생"이라고 불렀다.

"자유는 빈곤으로부터의 자유를 포함해야 한다." 1909년 영국의 사회 개혁가 윈스턴 처칠의 이 선언은 자유주의 전통 내에서 복지국가의 정당성을 주장한 대표적 사례다. 19세기적 자유방임주의로는 더 이상 산업 사회의 문제들을 해결할 수 없다는 인식이 확산되었다. 1906년부터 시작된 영국 자유당 정부의 일련의 사회 개혁은 이러한 신자유주의(New Liberalism)의 실험이었다. 특히 주목할 만한 것은 1911년 국민보험법의 도입이다. 로이드 조지가 주도한 이 개혁은 비스마르크 모델을 영국적 맥락에 맞게 수정한 것이었다. 그러나 그 철학적 기초는 달랐다. 독일의 개혁이 위로부터의 시혜적 성격이 강했다면, 영국의 경우는 시민권의 확장이라는 맥락에서 복지를 이해했다.

1929년의 대공황은 복지국가 발전의 결정적 전환점이 되었다. 시장의 자기조정 능력에 대한 신뢰가 무너지면서, 국가 개입의 필요성이 광범위하게 인정되었다. 미국의 뉴딜 정책은 이러한 변화의 상징이었다. 프랭클린 루즈벨트는 "우리가 두려워할 것은 두려움뿐"이라며, 적극적인 국가 개입을 통한 경제 회복과 사회 보장을 추진했다. 1935년 사회보장법의 제정은 미국 복지국가의 기초를 놓았다. 실업보험, 노령연금, 공적부조 등 포괄적인 사회 보장 제도가 도입되었다. 이는 미국적 예외주의의 전통과 긴장 관계에 있었지만, 대공황이라는 위기는 이러한 근본적 변화를 정당화했다. "자유 방임 시대의 종말"이라는 선언이 단순한 수사가 아님이 입증되는 순간이었다.

제2차 세계대전은 역설적으로 복지국가 발전의 촉매제가 되었다. 총력전 체제는 국가의 경제 사회적 개입 능력을 크게 강화했고, 전시 동원은 사회 연대 의식을 고양했다. 1942년 베버리지 보고서*는 이러한 경험을 바탕으로 전후 복지국가의 청사진을 제시했다. "요람에서 무덤까지"라는 구호로 상징되는 포괄적 복지국가의 비전이 제시된 것이다.

"우리는 새로운 사회 계약을 쓰고 있다." 1945년 영국 노동당 정부의 수립은 복지국가의 황금기를 열었다. NHS(국민보건서비스)의 설립, 사회 보험의 확대, 완전 고용 정책의 추진 등 전면적인 개혁이 단행되었다. 이는 제도 개혁을 넘어, 시장과 국가, 개인과 사회의 관계를 근본적으로 재정의하는 작업이었다. 스웨덴의 사회민주주의 모델은 또 다른 가능성을 보여주었다. 국민의 집(Folkhemmet)이라는 비전 아래, 보편적 복지와 완전 고용, 적극적 노동 시장 정책이 결합되었다. 특히 주목할 만한 것은 노동조합과 사용자 단체의 타협에 기초한 조합주의적 의사결정 구조였다. 이는 계급 투쟁을 제도화된 협상으로 전환시킨 혁신적 실험이었다.

1960년대는 복지국가의 전성기였다. 케인스주의적 거시 경제 관리와 포드주의적 대량 생산 체제, 그리고 포괄적 사회 보장 제도가 결합되어 자본주의의 황금기를 만들어냈다. 높은 경제 성장과 완전 고용, 그리고 소득 불평등의 감소가 동시에 달성되었다. 역사의 종말이 선언되는 듯했다. 그러나 이러한 계급 타협의 시대는 오래 가지 못했다. 1970년대의 스태그플레이션**은 케인스주의적 관리의 한계를 드러냈고, 세계화의 진전은 국민국가 단위의 복지 체제를 위협했다. 신자유주의의 부상은 복지국가에 대한 근본적 도전이었다. "정부가 문제다"라는 레이건의 선언은 시대정신의 변화를 상징했다. 그러나 복지국가의 위기는 종종 과장되었다. 복지 지출의 축소나 민영화

---

* 1942년 영국에서 발표된 사회 보장 계획. 현대 복지국가의 청사진을 제시했다.

** 경제 침체(Stagnation)와 인플레이션(Inflation)의 합성어. 1970년대에 등장한 현상으로, 경제 성장이 정체되거나 후퇴하는 가운데 물가가 지속적으로 상승하는 상태를 의미한다.

시도에도 불구하고, 복지국가의 기본 구조는 무척이나 강인한 생명력을 보여주었다. 오히려 1990년대 이후에는 새로운 사회적 위험에 대응하기 위한 복지국가의 재구조화가 진행되었다. 저출산, 고령화, 가족 구조의 변화, 노동 시장의 유연화 등 새로운 도전에 대응하는 사회투자국가의 비전이 제시되었다. 2008년 금융 위기는 복지국가의 새로운 정당성을 부각시켰다. 시장의 실패를 교정하고 사회적 안정성을 제공하는 복지국가의 역할이 재평가된 것이다. 특히 북유럽 국가들이 보여준 유연안전성(Flexicurity) 모델은 세계화 시대의 새로운 가능성을 제시했다. 노동 시장의 유연성과 사회적 보호를 결합한 이 모델은 많은 국가들의 관심을 끌었다.

디지털 전환은 복지국가에 새로운 도전을 제기하고 있다. 플랫폼 노동의 확산, 자동화로 인한 일자리 감소, 데이터 기반 경제의 등장은 전통적인 사회 보장 제도의 재설계를 요구한다. 기본소득과 같은 혁신적 제안들이 주목받는 것은 이러한 맥락이다.

"복지국가는 죽지 않았다. 그것은 변화하고 있다." 21세기의 복지국가는 19세기 말의 실험이 진화한 결과다. 그것은 여전히 완성되지 않은 프로젝트이며, 끊임없는 도전과 혁신을 요구한다. 특히 기후 위기, 인구 구조의 변화, 디지털 전환과 같은 새로운 도전들은 복지국가의 근본적인 재구성을 요구하고 있다. 복지국가의 미래는 이러한 도전에 어떻게 대응하는가에 달려있을 것이다.

AI와 디지털 전환은 복지국가에 전례 없는 도전을 제기하고 있다. 자동화로 인한 대규모 실업 가능성, 플랫폼 노동의 확산, 알고리즘에 의한 새로운 형태의 차별과 배제는 전통적 복지 제도의 근본적인 재설계를 요구한다. 2023년 한 연구에 따르면, 현행 사회 보장 제도로는 플랫폼 노동자의 82%가 적절한 보호를 받지 못하는 것으로 나타났다. 이러한 상황에서 디지털 복지국가라는 새로운 비전이 등장하고 있다. 데이터 기본권 보장, AI 의사결정의 공정성 확보, 디지털 접근권의 보편적 보장 등이 새로운 사회권으로 부상하고 있다. 특히 주목할 만한 것은 알고리즘 복지(Algorithmic Welfare)의 개념이다. AI를 활용해 개인별 맞춤형 복지 서비스를 제공하면서도, 그 과정에서 발생할 수 있는 차별과 배제를 방지하려는 시도다.

"복지국가는 죽지 않았다. 그것은 진화하고 있다." 2024년 초 한 복지국가 연구자의 이 말은 현 상황을 정확히 짚어낸다. 기본소득, 데이터 배당, 플랫폼 협동조합 등 혁신적 제안들이 실험되고 있으며, AI와 빅데이터를 활용한 스마트 복지의 가능성도 모색되고 있다. 복지국가의 미래는 이러한 기술적 혁신을 사회 정의와 어떻게 결합시킬 수 있는가에 달려 있다. 19세기 말의 실험이 21세기에도 여전히 계속되고 있는 것이다.

| 통 | 찰 | 의 | 나 | 침 | 반 |

긱 이코노미와 노동권의 재정의

2020년 세계 각지의 배달 라이더들이 외친 "우리는 자영업자가 아니라 노동자다!"라는 구호는, 1840년대 영국 직조공들의 "우리는 기계가 아니라 인간이다!"라는 외침과 깊은 공명을 일으킨다. 150년이라는 시간의 간극을 넘어, 두 외침은 모두 노동의 상품화와 인간의 존엄성 사이의 근본적 긴장을 드러내고 있다. 차이가 있다면, 19세기에는 노동자의 기계화가 문제였다면, 오늘날은 노동자의 알고리즘화가 핵심 쟁점이 되고 있다는 점이다.

플랫폼 경제의 등장은 노동의 본질에 대한 근본적인 재고를 요구한다. 전통적인 고용 관계를 전제로 한 노동법 체계로는 더 이상 현실을 제대로 포착할 수 없게 되었다. 플랫폼 노동자들은 형식적으로는 독립 계약자이지만, 실질적으로는 플랫폼에 깊이 종속되어 있다. 스페인의 '라이더법'이나 캘리포니아의 'AB5법'과 같은 새로운 법적 실험들은 이러한 현실에 대응하려는 첫 시도들이다.

알고리즘 통제는 19세기 공장의 감독관보다 더욱 철저하고 편재적인 감시를 가능하게 한다. 작업 배정, 성과 평가, 보수 책정이 모두 불투명한 알고리즘에 의해 자동화되면서, 노동자들은 알고리즘의 노예가 되어 가고 있다. 이제 노동자들은 단순히 임금이나 노동 시간이 아닌, 알고리즘의 투명성과 공정성을 요구하는 새로운 차원의 투쟁을 전개하고 있다.

사회 보장 체계의 재구성도 시급한 과제다. 전통적인 사회 보험은 안정적인 고용 관계를 전제로 설계되었다. 그러나 긱 노동자들은 이러한 체계에서 구조적으로 배제되어 있다. 업무 중 사고를 당해도 산재보험의 보호를 받을 수 없고, 일거리가 끊겨도 실업급여를 받을 수 없다. 보편적 기본소득에 대한 논의가 활발해지는 것은 이러한 제도적 공백을 메우려는 시도다.

더욱 근본적인 변화는 시간과 공간의 재구성이다. '언제 어디서나 일할 수 있다'는 유연성은 동시에 '언제 어디서나 일해야 한다'는 구속성으로 변질되고 있다. 19세기 노동자들이 공장의 시계에 맞춰 생활했다면, 오늘날의 플랫폼 노동자들은 알고리즘이 만들어내는 실시간 수요의 변동에 끊임없이 대응해야 한다. 전통적인 노동 시간 개념으로는 포착할 수 없는 새로운 형태의 시간성이 등장하고 있다.

| 통 | 찰 | 의 | 나 | 침 | 반 |

연대의 형태도 변화하고 있다. 공장이라는 물리적 공간을 중심으로 형성되었던 19세기의 노동자 연대는, 이제 디지털 네트워크를 통한 새로운 형태의 연대로 진화하고 있다. 소셜 미디어를 통한 즉각적인 정보 공유, 클라우드펀딩을 통한 상호 부조, 온라인 커뮤니티를 통한 경험의 공유는 물리적 제약을 넘어서는 새로운 가능성을 보여준다.

특히 주목할 만한 것은 데이터 권리를 둘러싼 새로운 투쟁이다. 플랫폼 노동자들은 끊임없이 데이터를 생산하지만, 이에 대한 어떠한 통제권도 가지지 못한다. 19세기 노동자들이 자신들이 생산한 제품에 대한 권리를 주장했듯이, 오늘날의 노동자들은 자신이 생산한 데이터에 대한 권리를 요구하기 시작했다. 이는 디지털 시대의 새로운 노동권의 한 축을 형성할 것이다. 결국 긱 이코노미의 도전은 노동의 개념 자체를 재정의할 것을 요구한다. 19세기의 노동 운동이 "빵과 장미를 달라"고 외쳤듯이, 오늘날의 플랫폼 노동자들도 경제적 생존과 인간의 존엄성을 동시에 추구하고 있으며 이는 우리 시대의 사회 정의에 관한 근본적 질문이다.

기술 혁신이 만들어내는 생산성 향상의 혜택이 누구에게 돌아갈 것인가 하는 문제도 19세기와 마찬가지로 첨예한 쟁점이 되고 있다. 알고리즘의 효율화로 인한 이익은 대부분 플랫폼 기업에 귀속되는 반면, 노동 강도의 강화와 불안정성의 증가는 노동자들의 몫이 되고 있다. 디지털 테일러리즘이라 불리는 이러한 현상은, 19세기의 과학적 관리법이 현대적으로 부활한 것이나 다름없다.

교육과 훈련의 문제도 새로운 국면을 맞고 있다. 19세기의 도제 제도*가 공장의 분업화된 노동에 맞춘 직업 교육으로 대체되었듯이, 오늘날의 교육 시스템도 플랫폼 경제의 요구에 맞춰 재

---

* 길드의 기술 전수 시스템. 도제는 장인의 가정에서 생활하며 7~8년간 기술을 배웠다. 기술뿐 아니라 직업 윤리와 생활 방식까지 전수받는 전인적 교육 과정이었다.

| 통 | 찰 | 의 | 나 | 침 | 반 |

편되고 있다. 그러나 이는 단순한 기술 훈련을 넘어, 디지털 문해력, 자기 관리 능력, 네트워크 역량과 같은 전혀 새로운 차원의 역량을 요구한다. 평생학습은 이제 선택이 아닌 생존의 조건이 되었다.

가장 근본적인 도전은 아마도 노동의 의미 자체에 대한 재고일 것이다. 19세기의 노동 운동이 인간 노동의 존엄성을 주장했듯이, 오늘날 우리도 알고리즘과 인공지능의 시대에 인간 노동의 고유한 가치가 무엇인지 다시 물어야 하며 이는 철학적 질문이 아니라, 우리 사회의 미래를 결정할 실천적 과제. 인간다운 노동의 새로운 정의를 찾아가는 이 여정은, 결국 우리가 어떤 사회를 만들어갈 것인가의 문제와 직결된다.

우리는 지금 19세기 못지 않은 중대한 전환점에 서 있다. 과거의 교훈을 바탕으로, 새로운 시대에 맞는 새로운 사회 계약을 만들어가야 한다. 긱 이코노미의 도전은 위기인 동시에 기회다. 더 공정하고 지속 가능한 노동의 미래를 만들어갈 수 있는 기회다. 그 미래는 우리의 선택과 행동에 달려 있다.

|시|대|의|끝|에|서|

자본주의의 진화:
산업 사회에서 디지털 경제로

1848년 런던의 한 공장 노동자가 맨체스터로 가는 증기기관차에 몸을 실으며 일기에 남긴 기록이 있다. '세상이 너무 빨리 변한다. 내 아버지는 평생 말을 타고 다녔지만, 나는 시속 30마일로 달리는 기차를 타고 있다.' 170년이 지난 오늘날, 한 프리랜서 개발자가 메타버스 회의실에서 전 세계 동료들과 실시간으로 협업하며 비슷한 감상을 남겼다. '디지털 공간에서는 시간과 거리가 의미를 잃는다.'

이 두 기록 사이의 놀라운 공명은 기술 혁명이 인간의 시공간 경험을 얼마나 근본적으로 변화시키는지 보여준다. 증기기관이 물리적 공간을 재편했다면, 디지털 기술은 공간의 개념 자체를 해체하고 있다. 그러나 더욱 흥미로운 것은 이러한 변화가 만들어내는 인간 의식의 전환이다. 18세기 말 영국의 직조공들은 새로운 방직기를 보며 자신들의 일자리가 사라질 것을 우려했다. 오늘날 많은 사무직 노동자들은 ChatGPT를 보며 비슷한 불안을 느낀다. 그러나 역사는 기술이 일자리를 완전히 없애지는 않았음을 보여준다. 대신 완전히 새로운 형태의 노동이 등장했다. 1800년대 초반의 사람들은 소프트웨어 엔지니어나 UX 디자이너라는 직업을 상상도 하지 못했을 것이다.

자본의 형태도 진화했다. 19세기의 자본가들은 공장과 기계라는 물리적 자산을 소유했다. 오늘날의 대기업들은 데이터와 알고리즘이라는 비물질적 자산을 통해 가치를 창출한다. 페이스북은 단 한 대의 자동차도 생산하지 않는 상태에서 모든 자동차 회사의 시가총액을 합한 것보다 더 큰 가치를 인정받았다. 이는 가치의 본질에 대한 근본적인 재고를 요구한다.

| 시 | 대 | 의 | 끝 | 에 | 서 |

　　권력의 작동 방식도 달라졌다. 19세기의 공장주는 작업장에서 직접적인 감독과 통제를 행사했다. 21세기의 플랫폼 기업들은 알고리즘을 통해 보이지 않는 통제를 구현한다. 우버 운전사는 형식적으로는 자영업자지만, 그의 모든 행동은 알고리즘에 의해 미세하게 조정된다. 이는 푸코가 말한 규율 권력의 완벽한 디지털화다.

　　가장 중요한 변화는 아마도 인간 관계의 재편일 것이다. 산업 혁명은 전통적 공동체를 해체하고 원자화된 개인들의 사회를 만들어냈다. 디지털 혁명은 이 개인들을 새로운 방식으로 연결한다. SNS에서 형성되는 느슨한 연대, 온라인 게임에서 만들어지는 임시적 공동체, 블록체인이 가능케 하는 탈중심화된 협력은 이전에는 존재하지 않았던 새로운 형태의 사회성이다. 역설적이게도, 기술이 발전할수록 인간적 가치의 중요성은 더욱 부각된다. 19세기 말 윌리엄 모리스는 기계화된 대량 생산에 맞서 수공예의 가치를 주장했다. 오늘날 AI가 발전할수록 인간만이 가질 수 있는 창의성, 공감 능력, 윤리적 판단의 가치가 새롭게 주목받고 있다. 기술의 진보가 역설적으로 인간다움의 본질을 더욱 선명하게 드러내는 것이다.

　　어쩌면 우리는 지금 1850년대와 비슷한 역사적 전환점에 서 있는지도 모른다. 당시 증기기관이 만들어낸 변화의 규모를 아무도 예측하지 못했듯이, 우리도 디지털 전환이 가져올 변화의 깊이를 완전히 이해하지 못하고 있을 수 있다. 1840년대 런던의 한 신문은 "철도는 영국의 시간 개념을 완전히 바꿔놓을 것"이라 예견했다. 오늘날 우리도 메타버스와 AI가 인간의 실존 조건을 근본적으로 변화시킬 것이라 예감한다. 산업 혁명의

시대의 끝에서

역사가 우리에게 가르쳐주는 가장 중요한 교훈은 바로 이것이다. 진정한 혁명은 기술의 변화만으로는 완성되지 않는다. 그것은 새로운 기술이 만들어내는 가능성을 인간의 진보로 연결시킬 수 있는 사회적 상상력과 실천을 필요로 한다. 1848년 "공산당 선언"이 등장했을 때, 많은 이들은 그것을 순진한 이상으로 치부했다. 그러나 그 문서가 제기한 문제 의식은 결국 현대 복지국가의 토대가 되었다.

디지털 시대의 새로운 사회 계약은 어떤 모습이어야 할까? 1942년 베버리지가 "요람에서 무덤까지"라는 복지국가의 비전을 제시했듯이, 우리도 디지털 시대에 걸맞은 새로운 사회적 비전이 필요하다. 데이터 주권, 알고리즘의 민주적 통제, 디지털 기본권과 같은 개념들은 그러한 비전을 구성하는 요소가 될 수 있다. 지금 우리에게 필요한 것은 기술 결정론도, 맹목적 낙관론도 아닌, 비판적 희망이다. 19세기 초반 러다이트 운동이 단순한 기계 파괴가 아닌 기술의 사회적 통제를 요구했듯이, 우리도 디지털 기술의 발전 방향을 민주적으로 결정할 수 있어야 한다. 역사는 계속된다. 그리고 우리는 그 역사의 주체다.

3장 데이터가 재구성한 권력의 지도

1969년 10월 29일 저녁, UCLA의 한 연구실에서 역사적인 순간이 펼쳐졌다. ARPANET*을 통해 처음으로 컴퓨터 간 메시지가 전송된 것이다. "LOGIN"이라는 단순한 메시지를 보내려 했지만, 'O'를 전송하는 순간 시스템이 다운되어 'LO'만 전송되었다. 이 불완전한 시작은 아이러니하게도 디지털 혁명의 본질을 상징적으로 보여준다. 예측할 수 없고, 통제하기 어려우며, 때로는 실패하지만, 결국은 세상을 근본적으로 변화시키는 혁명적 과정인 것이다.

반세기가 지난 지금, 우리는 이 작은 실험이 얼마나 혁명적인 변화의 시작이었는지 알 수 있다. 인터넷은 더 이상 단순한 통신 수단이 아니다. 그것은 우리의 일상 생활, 경제 활동, 사회 관계, 정치 참여, 문화 생산의 기본 플랫폼이 되었다. 더욱 중요한 것은 이러한 변화가 여전히 진행 중이라는 점이다. AI와 빅데이터, IoT와 메타버스, 블록체인과 양자 컴퓨팅 등 새로운 기술들은 디지털 혁명의 새로운 단계를 예고하고 있다. 이 변화의 규모와 속도는 전례가 없다. 18세기 후반 시작된 산업 혁명이 한 세기에 걸쳐 점진적으로 전개되었다면, 디지털 혁명은 불과 몇 십 년 만에 전지구적 변화를 가져왔다. 1990년대 초반만 해도 이메일은 소수의 전문가들만 사용하는 도구였다. 오늘날 지구상의 절반이 넘는 인구가 스마트폰으로 실시간 소통하고 있다. 변화의 속도는 점점 더 빨라지고 있다. AI의 발전 속도는 무어의 법칙**마저 무색하게 만든다.

그러나 이러한 기술적 진보는 동시에 심각한 도전도 제기한다. 디지털 격차, 알고리즘 차별, 데이터 프라이버시, 가짜뉴스, 플랫폼 독점, 사이버 안보 등 새로운 형태의 사회 문제들이 등장했고 이러한 문제들은 기존의 사회적 불평등을 더욱 심화시키는 경향이 있다. 디지털 역량의 차이는 교육, 고용, 소득, 건강 등 삶의 모든 영역에서의 격차로 이어진다. 더욱 근본적인 도전은 인간의 정체성과 관련된다. AI가 인간의 지적 능력을 넘어서고, 가상 현실이 물리적 현실과 구분되기 어려워지며, 유전자 편집이 인간의 생물학적 한계를 무너뜨리는 시대에, 우리는 인간됨의 의미를 다시 묻지 않을 수 없다. 호모 사피엔스는 이제 호모 디지쿠스(Homo Digicus)로 진화하고 있는가?

* 미국 국방부 산하 고등연구계획국(ARPA)이 1969년에 개발한 세계 최초의 패킷 스위칭 네트워크로 핵 전쟁 상황에서도 통신이 가능하도록 설계된 분산형 네트워크이며, 현대 인터넷의 직접적인 기원이다.
** 인텔의 공동 설립자 고든 무어가 1965년에 제시한 경험적 법칙으로 집적회로의 트랜지스터 수가 약 18개월마다 2배로 증가하며, 이에 따라 컴퓨터 성능도 기하급수적으로 향상된다는 관찰이다.

권력의 성격도 근본적으로 변화하고 있다. 19세기가 자본의 시대였다면, 21세기는 데이터의 시대다. 빅테크 기업들의 영향력은 이미 많은 국민국가의 그것을 넘어섰다. 그들은 단순한 기업이 아니라 글로벌 인프라의 통제자이자, 새로운 규범의 제정자이며, 디지털 공론장의 관리자다. 이는 민주주의의 근본적 재구성을 요구한다.

노동의 미래도 불확실하다. 자동화와 AI의 발전은 많은 일자리를 위협하고 있다. 옥스포드대학의 한 연구는 현존하는 직업의 47%가 향후 20년 내에 자동화될 위험이 있다고 경고한다. 동시에 플랫폼 경제의 발달은 전통적인 고용 관계를 해체하고 있다. 긱 워커의 증가는 새로운 형태의 노동 불안정성을 만들어내고 있다. 우리는 노동 없는 미래를 준비해야 하는가, 아니면 노동의 새로운 정의를 발견해야 하는가?

환경 문제도 새로운 맥락에서 재조명되어야 한다. 디지털 기술은 환경 문제의 해결사가 될 수 있다. 스마트 그리드, 공유 경제, 원격 근무 등은 자원 사용의 효율성을 높일 수 있다. 그러나 동시에 디지털 인프라 자체가 거대한 환경 부하를 만들어내고 있다. 데이터센터의 전력 소비량은 이미 많은 중소 국가의 총 전력 소비량을 넘어섰다. 디지털 전환과 지속 가능성은 양립 가능한가?

이러한 도전들 앞에서, 우리는 역사의 교훈을 되새길 필요가 있다. 산업 혁명이 보여주었듯이, 기술 혁명은 필연적으로 사회 혁명을 동반한다. 증기기관의 발명이 노동 운동과 복지국가를 낳았듯이, 디지털 혁명도 새로운 형태의 사회 운동과 제도적 혁신을 필요로 한다. 문제는 이러한 변화의 방향을 어떻게 설정할 것인가다.

이 장에서 우리는 디지털 혁명이 제기하는 이러한 근본적 도전들을 세 가지 측면에서 검토할 것이다. 먼저 정보 혁명의 기술적 특성과 사회적 함의를 분석하고, 다음으로 플랫폼 경제의 구조와 작동 방식을 살펴볼 것이다. 마지막으로 디지털 불평등의 다양한 양상과 그 해결 방안을 모색할 것이다. 우리의 목표는 단순한 기술 변화의 기록이 아니다. 그것은 인류 문명의 새로운 단계에 대한 총체적 이해다. 디지털 혁명은 단순한 기술 혁신이 아닌, 인간의 존재 방식 자체를 변화시키는 문명사적 전환이다. 이 전환을 어떻게 이해하고 관리할 것인가가 우리 시대의 가장 중요한 과제일 것이다. 더 이상 "LOGIN"에 실패해서는 안 된다. 이제 우리는 디지털 문명의 새로운 장을 함께 써나가야 한다.

# 3.1 정보 혁명의 시작

1937년 프린스턴대학의 한 교수가 〈On Computable Numbers〉라는 논문을 발표했다. 앨런 튜링의 이 논문은 겉보기에는 순수한 수학적 사고 실험에 불과했다. 무한한 테이프와 간단한 규칙에 따라 작동하는 가상의 기계를 상상한 것이다. 그러나 이 단순한 아이디어는 인류 문명의 근본적 전환을 예고하는 것이었다. 모든 정보가 0과 1의 이진수로 변환될 수 있고, 모든 계산이 단순한 규칙들의 조합으로 실행될 수 있다는 통찰은 디지털 시대의 철학적 기초가 되었다. 제2차 세계대전은 이러한 이론적 통찰이 현실화되는 결정적 계기였다. 독일군의 에니그마 암호를 해독하기 위해 개발된 콜로서스(Colossus)는 최초의 프로그래밍이 가능한 전자 컴퓨터였다. 전쟁이 끝난 후, ENIAC과 같은 초기 컴퓨터들이 등장했다. 그러나 이들은 여전히 거대하고 비싸며 다루기 어려운 기계였다. 한 IBM 임원은 1943년 '세계 컴퓨터 시장은 아마도 5대 정도일 것'이라고 예측했다. 역사상 가장 부정확한 예측 중 하나가 된 이 발언은 정보 혁명의 본질을 이해하지 못한 전형적 사례다.

정보 혁명의 진정한 의미는 단순한 계산 능력의 향상이 아니었다. 그것은 정보의 본질과 인간의 인식 방식 자체를 변화시키는 인식론적 혁명이었다. 1948년 클로드 섀넌이 발표한 '통신의 수학적 이론'은 이러한 변화를 상징적으로 보여준다. 정보가 수학적으로 정의되고 측정될 수 있다는 발견은 정보 처리의 과학적 기초를 제공했다. 더욱 중요한 것은 이러한 기술적 진보가 가져온 사회적 상상력의 변화였다. 1945년 바네바 부시가 'As We May Think'라는 글에서 제안한 memex 개념은 오늘날 인터넷과 하이퍼텍스트의 원형이 되었다. 노버트 위너의 사이버네틱스는 인간과 기계의 상호 작용에 대한 새로운 이해의 지평을 열었다. 이들은 단순한 기술자가 아닌, 새로운 문명의 선지자들이었다.

1960년대에 들어서면서 컴퓨터는 점차 일상적 도구가 되어갔다. IBM 360 시리즈의 등장은 메인 프레임 시대의 시작을 알렸다. 그러나 진정한 혁명은 1970년대 개인용 컴퓨터의 등장과 함께 시작되었다. 애플 II, 코모도어 PET, TRS-80과 같은 초기 PC들은 컴퓨팅 파워의 민주화를 가져왔다. "모든 책상 위에 컴퓨터를"이라는 당시의 구호는 단순한 마케팅 슬로건이 아닌, 정보 접근성의 근본적 재편을 의미했다.

이러한 변화는 권력 구조의 재편도 동반했다. IBM으로 대표되는 메인 프레임 시대의 중앙집중적 통제는 점차 분산형 네트워크로 대체되었다. AR-PANET의 발전 과정은 이러한 변화를 상징적으로 보여준다. 핵전쟁에서도 살아남을 수 있는 군사용 통신망으로 시작된 이 프로젝트는, 점차 연구자들의 자유로운 정보 공유 플랫폼으로 진화했고, 마침내 오늘날의 인터넷이 되었다. 한 가지 특히 주목할 만한 것은 이러한 발전이 위계적 통제가 아닌, 자발적 협력을 통해 이루어졌다는 점이다. TCP/IP 프로토콜*의 발전, 이메일 표준의 확립, WWW(World-Wide-Web)의 창조는 모두 상향식(Bottom-Up) 혁신의 산물이었다. 리처드 스톨만으로 대표되는 자유 소프트웨어 운동은 이러한 공유의 문화를 철학적으로 정당화했다. 그러나 정보 혁명

---

* 1973년 빈트 서프와 밥 칸이 개발한 인터넷의 기본 통신 프로토콜이다. 데이터를 작은 패킷으로 나누어 전송하고 수신지에서 재조립하는 방식으로, 현대 인터넷 통신의 근간을 이루는 기술이다.

은 또한 새로운 형태의 불평등과 권력 집중도 가져왔다. 1980년대 마이크로소프트의 부상은 이러한 경향을 상징적으로 보여준다. 소프트웨어의 사유화와 표준화는 새로운 형태의 독점을 만들어냈다.

이제 우리는 정보 혁명의 새로운 단계로 진입하고 있다. AI와 빅데이터, IoT와 양자 컴퓨팅은 단순한 양적 발전을 넘어 질적 도약을 예고한다. 특히 기계학습의 발전은 정보 처리의 본질을 근본적으로 변화시키고 있다. 프로그래밍에서 학습으로, 명시적 규칙에서 패턴 인식으로의 전환은 새로운 인식론적 혁명의 가능성을 시사한다. 이러한 배경에서, 이제 우리는 정보 혁명의 기술적 발전과 그 사회적 함의를 더욱 자세히 살펴볼 필요가 있다. 컴퓨터와 인터넷의 발달, 정보 접근성의 민주화, 디지털 문화의 형성이라는 세 가지 측면에서 이 혁명적 변화의 본질을 이해하고자 한다. 이는 기술사의 서술이 아닌, 인류 문명의 근본적 전환에 대한 탐구가 될 것이다.

3.1.1 컴퓨터와 인터넷의 발달

초기 컴퓨터에서 메인 프레임 시대까지

1941년 12월 7일, 독일군의 에니그마 암호를 해독하기 위해 블레츨리 파크의 과학자들이 모였다. 이들 중에는 앨런 튜링이라는 수학자가 있었다. 그의 지도 아래 개발된 봄베(Bombe)라는 기계는 현대 컴퓨터의 직접적인 선구자였다. 이는 단순 계산기가 아닌, 프로그래밍이 가능한 첫 번째 전자식 정보 처리 장치였다. 암호 해독이라는 군사적 필요가 인류 역사상 가장 혁명적인 발명 중 하나의 촉매제가 된 것이다.

그림 3-1 진공관을 사용한 기계식 프로그래밍이 가능한 ENIAC(출처: WIKIMEDIA)

전쟁은 컴퓨터 발전의 결정적 계기였다. 1943년 완성된 콜로서스(Colossus)는 2,400개의 진공관을 사용한 최초의 프로그래밍이 가능한 전자 컴퓨터였다. 1946년 미국에서 개발된 ENIAC(Electronic Numerical Integrator and Computer)은 더욱 강력했다. 17,468개의 진공관을 사용한 이 거대한 기계는 초당 5,000회의 덧셈을 수행할 수 있었다. 당시로서는 믿기 힘든 속도였다. 그러나 이 초기 컴퓨터들은 심각한 한계를 가지고 있었다. 프로그래밍을 위해서는 기계의 물리적 배선을 직접 변경해야 했고, 진공관은 자주 고장났으며, 전력 소비도 엄청났다. ENIAC의 경우 150킬로와트의 전력을 소비했는데, 이는 당시 중소도시 한 곳의 전력 소비량과 맞먹는 수준이었다. 한 기술자는 "우리는 전기를 컴퓨터로 변환하는 고효율 장치를 만들었다"고 농담처럼 말했다.

진정한 혁신은 1947년 벨 연구소에서 이루어졌다. 윌리엄 쇼클리, 존 바딘, 월터 브래튼이 발명한 트랜지스터는 컴퓨터의 소형화와 신뢰성 향상을 가능하게 했다. 진공관보다 작고, 전력 소비가 적으며, 더 안정적인 이 새로운 소자는 컴퓨터 혁명의 물질적 기초가 되었다. 1956년 이들이 노벨물리학상을 받았을 때, 시상위원회는 이 발명이 새로운 시대의 시작임을 강조했다.

1951년 등장한 UNIVAC I은 최초의 상업용 컴퓨터였다. 레밍턴 랜드사가 개발한 이 기계는 US 인구조사국에 납품되었다. 1952년 대선에서 UNIVAC은 아이젠하워의 압승을 정확히 예측했고, 이는 컴퓨터의 잠재력을 대중에게 극적으로 보여준 순간이었다. CBS 방송국의 월터 크롱카이트는 "이것은 단순한 기계가 아닌, 전자두뇌"라고 선언했다. 1950년대 후반에 이르면 트랜지스터 컴퓨터가 본격적으로 등장한다. 1959년 IBM 7090은 진공관 대신 트랜지스터를 사용한 최초의 대형 컴퓨터였다. 이는 이전 세대보다 6배나 빨랐고, 전력 소비는 1/3에 불과했다. 더욱 중요한 것은 신뢰성이었다. 진공관은 평균 수백 시간마다 교체해야 했지만, 트랜지스터는 수만 시간 동안 안정적으로 작동했다.

그림 3-2 IBM의 System/360 (출처: WIKIMEDIA)

1960년대는 메인 프레임 시대의 절정이었다. 1964년 출시된 IBM System/360은 컴퓨터 역사의 중요한 전환점이었다. 이는 최초의 컴퓨터 제품군으로, 다양한 규모와 성능의 모델들이 동일한 아키텍처를 공유했다. 이를 통해 고객들은 필요에 따라 시스템을 확장할 수 있었고, 한번 개발된 소프트웨어를 다른 모델에서도 사용할 수 있었다. System/ 360의 개발은 당시로서는 믿기 힘든 규모의 프로젝트였다. IBM은 50억 달러를 투자했는데, 이는 맨해튼 프로젝트보다 큰 금액이었다. 5,000명의 엔지니어가 투입되었고, 새로운 공장들이 건설되었다. 프로젝트 책임자 프레드 브룩스는 후일 이 경험을 바탕으로 소프트웨어 공학의 고전 『맨먼스 미신』을 저술했다.

개인용 컴퓨터의 혁명

1975년 1월, 〈Popular Electronics〉 잡지의 표지에 한 작은 상자 같은 기계가 등장했다. MITS의 Altair 8800이었다. Intel 8080 프로세서를 탑재한 이 키트 컴퓨터는 256바이트의 메모리를 가졌고, 디스플레이도 키보드도 없었다. 전면 패널의 스위치들을 통해 프로그램을 직접 이진수로 입력해야 했다. 가격은 397달러. 제작사는 겨우 800대 정도 팔릴 것으로 예상했다. 그러나 첫 달에만 4,000건의 주문이 들어왔다. 개인용 컴퓨터 혁명의 시작이었다.

이 잡지를 읽은 젊은이들 중에는 빌 게이츠와 폴 앨런도 있었다. 그들은 즉시 Altair용 BASIC 인터프리터 개발을 시작했다. 이것이 마이크로소프트의 시작이었다. 한편 캘리포니아의 한 차고에서는 스티브 잡스와 스티브 워즈니악이 Apple I을 조립하고 있었다. 이들은 모두 20대 초반의 청년들이었다. 메인 프레임 시대의 IBM맨들과는 전혀 다른 새로운 세대였다. "우리는 컴퓨터 파워를 사람들에게 가져다주려 한다." 1976년 스티브 잡스의 이 선언은 단순한 수사가 아니었다. 그것은 컴퓨팅의 본질적 민주화를 의미했다. 이전까지 컴퓨터는 정부 기관, 대기업, 연구소의 전유물이었다. 일반인들은 컴퓨터 센터에서 카드를 제출하고 결과를 기다려야 했다. 이제 누구나 자신의 책상 위에 컴퓨터를 둘 수 있게 된 것이다.

1977년은 PC 역사의 결정적 해였다. Apple II, Commodore PET, TRS-80이 거의 동시에 출시되었다. 이들은 1977 트리니티로 불린다. 특히 Apple II는 혁신적이었다. 컬러 그래픽, 사운드 기능, 카세트 테이프 저장장치, 그리고 무엇보다 확장 슬롯을 제공했다. 사용자들은 다양한 주변장치를 추가할 수 있었다. 이는 개방형 아키텍처의 시초였다. 1978년 등장한 VisiCalc은 PC의 가능성을 극적으로 보여주었다. 최초의 스프레드시트 프로그램인 이 소프트웨어는 킬러 앱이라는 용어를 탄생시켰다. 많은 기업들이 오직 VisiCalc을 사용하기 위해 Apple II를 구매했다. 한 회계사는 "이것은 연필과 종이의 발명만큼이나 혁명적"이라고 평가했다. 소프트웨어가 하드웨어의 운명을 결정하는 새로운 시대가 시작된 것이다.

IBM이 PC 시장에 뛰어든 것은 1981년이었다. IBM PC는 기술적으로는 혁신적이지 않았다. 기존 부품들을 조합한 오픈 아키텍처 시스템이었다. 그러나 IBM이라는 브랜드는 PC에 정통성을 부여했다. "이제 아무도 IBM PC를 선택했다고 해고되지 않을 것이다"라는 말이 유행했다. PC는 더 이상 하위 문화가 아닌 주류 비즈니스 도구가 되었다. IBM의 결정적 실수는 운영체제를 마이크로소프트에 의존한 것이었다. MS-DOS는 PC 산업의 표준이 되었고, 이는 마이크로소프트에 엄청난 영향력을 주었다. 더욱이 IBM은 자사의 PC를 다른 기업들이 복제하는 것을 막지 않았다. Compaq을 시작으로 수많은 클론 PC들이 등장했다. 하드웨어는 상품화되었고, 진정한 힘은 소프트웨어로 이동했다. 1984년 1월, 애플은 매킨토시를 발표했다. 그래픽 사용자 인터페이스(GUI)를 채택한 이 컴퓨터는 슈퍼볼 광고와 함께 극적으로 데뷔했다. "1984년은 1984년처럼 되지 않을 것이다." 조지 오웰의 소설을 패러디한 이 광고는 IBM의 지배에 대한 도전을 상징했다. 매킨토시는 기술적으로 혁신적이었지만 높은 가격과 폐쇄적 아키텍처로 인해 틈새시장에 머물렀다. 그러나 그것이 보여준 사용자 친화적 컴퓨팅의 비전은 산업 전체에 깊은 영향을 미쳤다. 1985년 마이크로소프트는 Windows를 출시했다. 초기 버전들은 불완전했지만, 1990년의 Windows 3.0은 결정적 성공을 거두었다. GUI의 편리함과 MS-DOS의 호환성을 결합한 이 운영체제는 PC의 대중화를 이끌었다. 특히 폴란드, 중국, 러시아 등 새롭게 열린 시장에서 Windows는 컴퓨팅의 사실상 표준이 되었다.

1980년대 후반은 PC의 성능이 급격히 향상된 시기였다. Intel 386, 486 프로세서의 등장, 하드디스크의 보급, 그래픽 카드의 발전은 PC의 활용 범위를 크게 확장했다. CAD, 데스크톱 출판, 게임 등 새로운 응용 분야가 열렸다. 1990년대 초반이 되면 PC는 이미 메인 프레임을 능가하는 처리 능력을 갖게 된다. 특히 주목할 만한 것은 PC가 가져온 작업 방식의 변화다. 워드프로세서는 타자기를 대체했고, 스프레드시트는 회계 장부를 대체했다. 더 근본적인 것은 정보 생산과 소비의 민주화였다. 누구나 자신의 문서를 전문가적 품질로 제작할 수 있게 되었다.

데스크톱 출판의 발달은 출판 혁명을 가져왔다. 한 출판 전문가는 "구텐베르크 이후 최대의 변화"라고 평가했다. PC 혁명은 또한 새로운 하위 문화를 탄생시켰다. 해커, 게이머, BBS 사용자들의 커뮤니티가 형성되었다. 이들은 단순한 사용자가 아닌 적극적인 창조자였다. 셰어웨어, 프리웨어 문화가 발달했고, 이는 후일 오픈소스 운동의 기반이 되었다. PC는 단순한 도구를 넘어 문화적 아이콘이 되었다. 교육 분야의 변화도 극적이었다. 1982년 TIME지는 컴퓨터를 올해의 인물로 선정하면서 "아이들은 이제 BASIC을 제2외국어로 배운다"고 보도했다. Logo, BASIC 프로그래밍은 새로운 형태의 학습 도구가 되었다. 세이모어 패퍼트는 이를 "강력한 아이디어들과의 만남"이라고 불렀다. 1990년대 초반이 되면 PC는 이미 가정과 사무실의 필수품이 되어 있었다. 그러나 진정한 혁명은 이제 시작되려 하고 있었다.

인터넷의 대중화는 PC를 단순한 개인용 도구에서 네트워크 단말기로 변모시켰다. 월드와이드웹의 등장은 정보 접근과 공유 방식을 근본적으로 변화시켰다. PC는 이제 새로운 진화의 단계로 접어들고 있었다.

인터넷의 발전과 웹의 등장

인터넷의 시초로 알려진 ARPANET은 사실 냉전의 산물이었다. 소련의 핵 공격에도 살아남을 수 있는 분산형 통신망을 만드는 것이 목표였다. 폴 바란이 제안한 패킷스위칭 기술은 혁명적이었다. 메시지를 작은 패킷으로 나누어 서로 다른 경로로 전송하고, 목적지에서 다시 조합하는 이 방식은 오늘날 인터넷의 기본 원리가 되었다. 그러나 ARPANET의 진정한 혁명성은 예상치 못한 곳에서 나타났다. 군사적 목적으로 설계된 이 네트워크는 연구자들의 자유로운 소통 공간으로 진화했다.

1972년, 레이 톰린슨이 @ 기호를 사용한 이메일 시스템을 개발했을 때, 누구도 이것이 가장 인기 있는 응용프로그램이 될 것이라 예상하지 못했다. 한 ARPA 관리자는 '우리는 자원 공유를 위한 네트워크를 만들었는데, 사람들은 메시지를 주고받기 시작했다'고 회고했다.

1973년은 결정적인 해였다. 빈트 서프와 밥 칸이 TCP/IP 프로토콜을 개발했다. 이는 서로 다른 네트워크들을 하나로 연결할 수 있게 해주는 네트워크의 네트워크 프로토콜이었다. 더욱 중요한 것은 이 프로토콜이 엔드투엔드 원칙을 채택했다는 점이다. 네트워크는 단순히 데이터를 전달할 뿐, 그 내용이나 용도에 관여하지 않는다. 이는 혁신이 네트워크의 가장자리에서 일어날 수 있게 했다.

1980년대 초반, ARPANET은 점차 학술 네트워크로 진화했다. CSNET, NSFNET 등 새로운 네트워크들이 등장했고, 이들은 모두 TCP/IP를 채택했다. 특히 NSFNET의 역할이 중요했다. 미국 국립과학재단이 운영한 이 네트워크는 수퍼 컴퓨터 센터들을 연결했고, 후일 인터넷의 백본이 되었다. 1983년, ARPANET은 TCP/IP로 전환을 완료했다. 이는 현대적 의미의 인터넷의 탄생을 의미했다. 같은 해 버클리의 BSD UNIX에 TCP/IP가 포함되면서, 인터넷은 급속히 확산되기 시작했다.

도메인 네임 시스템(DNS)의 도입은 또 다른 중요한 진전이었다. 이제 사용자들은 복잡한 IP 주소 대신 이해하기 쉬운 도메인 이름을 사용할 수 있게 되었다. 그러나 진정한 혁명은 1989년 시작되었다. CERN의 팀 버너스-리는 '정보 관리: 한 제안'이라는 제목의 문서를 작성했다. 이는 월드와이드웹의 청사진이었다. 그의 아이디어는 단순했다. 하이퍼텍스트를 사용해 전 세계의 문서들을 연결하자는 것이었다. 그러나 이 단순한 아이디어는 인터넷의 본질을 변화시켰다. "정보는 자유롭게 흐르기를 원한다." 버너스-리의 이 신념은 웹의 기본 철학이 되었다. 그는 자신의 발명을 특허로 보호하지 않았고, CERN은 1993년 웹을 공공 도메인으로 공개했다. 이는 웹의 폭발적 성장을 가능하게 한 결정적 요인이었다.

1993년, NCSA의 마크 안드레센이 모자이크 브라우저를 발표했다. 이는 최초의 그래픽 웹 브라우저였다. 사용하기 쉬운 인터페이스, 이미지와 텍스트의 통합, 마우스를 사용한 직관적인 탐색은 웹을 일반 사용자들도 접근할 수 있는 매체로 만들었다. 한 평론가는 "모자이크는 텍스트의 사막에 멀티미디어의 오아시스를 만들었다"고 평했다.

1994년이 되면 웹은 이미 폭발적으로 성장하고 있었다. 넷스케이프의 등장, 야후의 창업, Amazon.com의 출범은 새로운 시대의 시작을 알렸다. 인터넷은 더 이상 학술 네트워크가 아닌 상업적 플랫폼이 되었다. 닷컴 붐이 시작된 것이다.

웹은 또한 새로운 형태의 문화와 사회 관계를 만들어냈다. 온라인 커뮤

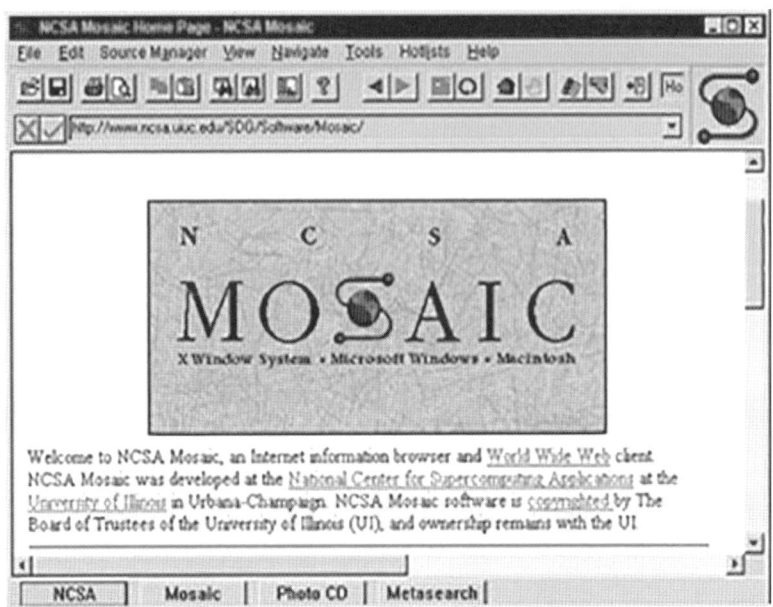

그림 3-3 최초의 그래픽 웹브라우저-모자이크

니티, 채팅룸, 토론 게시판은 물리적 공간의 제약을 넘어선 소통을 가능하게 했다. 하워드 라인골드는 이를 "가상 공동체"라고 불렀다. 존 페리 바를로는 더 나아가 "사이버스페이스 독립 선언"을 통해 인터넷이 기존 권력 구조에서 독립된 새로운 영역임을 주장했다. 그러나 인터넷의 상업화는 새로운 도전도 가져왔다.

스팸메일, 바이러스, 개인정보 침해 등의 문제가 등장했다. 더욱 근본적인 것은 디지털 격차의 문제였다. 1995년 미국 상무부의 한 보고서는 정보 부자와 정보 빈자 사이의 격차를 경고했다. 여기서 특히 주목할 것은 인터넷이 보여준 창발적 혁신의 패턴이다. 이메일, 웹, 검색엔진, 블로그 등 인터넷의 주요 혁신들은 대부분 예측하지 못한 방식으로, 네트워크의 가장자리에서 등장했다. 이는 분산형 네트워크의 혁신 잠재력을 보여준다.

모바일 혁명과 클라우드 시대

2007년 1월 9일, 샌프란시스코의 맥월드 엑스포에서 스티브 잡스는 "오늘 우리는 역사를 다시 쓰려 한다"고 선언했다. 그가 발표한 아이폰은 단순한 휴대전화가 아니었다. 그것은 컴퓨터와 인터넷의 본질을 근본적으로 재정의하는 혁명적 기기였다. 멀티터치 인터페이스, 모바일 웹브라우저, 앱스토어 생태계는 새로운 컴퓨팅 패러다임을 열었다. "인터넷을 주머니에 넣는다"는 구호는 더 이상 과장이 아니었다.

그림 3-4 최초의 아이폰을 공개하는 스티브 잡스(출처: AP연합)

이러한 모바일 혁명은 우연이 아니었다. 그것은 여러 기술의 융합이 만들어낸 필연적 결과였다. ARM 프로세서의 발전, 리튬이온 배터리의 개선, 플래시 메모리의 대용량화, 무선 통신의 고도화가 없었다면 스마트폰은 불가능했을 것이다. 특히 3G 네트워크의 보급은 결정적이었다. 항상 연결된

(Always Connected) 상태는 새로운 서비스와 비즈니스 모델을 가능하게 했다.

앱스토어의 등장은 또 다른 혁명이었다. 2008년 7월 오픈한 애플의 앱 스토어는 소프트웨어 유통의 패러다임을 바꾸었다. 개발자들은 이제 거대 기업을 거치지 않고도 전세계 사용자들에게 직접 접근할 수 있게 되었다. "There's an app for that"이라는 광고 문구는 새로운 시대의 선언이었다. Uber, Instagram, WhatsApp과 같은 혁신적 서비스들이 이러한 플랫폼을 기반으로 성장했다.

동시에 클라우드 컴퓨팅이 부상했다. 2006년 아마존이 AWS(Amazon Web Services)를 출시했을 때, 많은 이들이 그 중요성을 간과했다. 그러나 이는 컴퓨팅 자원의 제공 방식을 근본적으로 변화시키는 혁신이었다. 기업 들은 더 이상 거대한 서버실을 구축할 필요가 없었다. 필요한 만큼만 사용하 고 비용을 지불하는 유틸리티 컴퓨팅의 시대가 열린 것이다. "컴퓨팅은 전 기처럼 될 것이다." 구글의 에릭 슈미트가 2006년에 한 이 예측은 현실이 되 어가고 있다. 클라우드는 단순한 기술적 혁신을 넘어 비즈니스 모델의 혁명 을 가져왔다. SaaS(Software as a Service), PaaS(Platform as a Service), IaaS(Infrastructure as a Service)와 같은 새로운 서비스 모델이 등장했다. 넷플릭스, 스포티파이와 같은 스트리밍 서비스는 클라우드 없이는 불가능했 을 것이다. 소셜 미디어의 폭발적 성장도 이 시기의 특징이다.

2004년 페이스북의 등장은 인터넷의 성격을 근본적으로 변화시켰다. 웹 이 정보의 네트워크였다면, 소셜 미디어는 관계의 네트워크였다. 소셜 그래 프라는 개념은 새로운 형태의 디지털 자본을 의미했다. 트위터, 인스타그램, 틱톡으로 이어지는 소셜 미디어의 진화는 인간 관계와 소통 방식의 근본적 변화를 가져왔다.

빅데이터와 AI의 부상은 이러한 변화를 더욱 가속화했다. 모바일 기기와 소셜 미디어에서 생성되는 엄청난 양의 데이터는 새로운 형태의 가치 창출을 가능하게 했다. 구글의 검색 알고리즘, 페이스북의 뉴스피드, 넷플릭스의 추천 시스템은 모두 빅데이터와 AI의 결합이 만들어낸 혁신이다. IoT(사물인터넷)의 발전은 디지털 세계와 물리적 세계의 경계를 허물고 있다. 스마트홈, 웨어러블 기기, 자율주행차는 모두 이러한 융합의 사례다. 2025년까지 750억 개의 기기가 인터넷에 연결될 것으로 예측된다. 이는 숫자의 증가가 아닌, 컴퓨팅의 본질적 변화를 의미한다. 5G의 도입은 또 다른 전환점이다. 초고속, 초저지연, 초연결이라는 특성은 완전히 새로운 응용을 가능하게 한다. AR/VR, 원격 수술, 스마트 시티 등 지금까지 기술적 제약으로 실현되지 못했던 서비스들이 현실화되고 있다. 일부에서는 이미 6G를 준비하고 있다. 한편, 이러한 발전은 새로운 도전도 제기한다.

프라이버시 침해, 알고리즘 편향, 디지털 중독, 사이버 보안 등의 문제가 심각해지고 있으며 특히 빅테크 기업들로의 디지털 권력은 전통적인 국가의 범위를 넘어 그 영향력을 행사하고 있다. Web3.0*, 블록체인, 탈중앙화 등의 움직임은 이러한 권력 집중에 대한 대안적 비전을 제시한다. 이들은 인터넷의 초기 이상 – 분산성, 개방성, 사용자 주권 – 을 되살리려 한다. 메타버스의 등장도 이러한 맥락에서 이해할 수 있다. 그것은 단순한 가상 현실이 아닌, 디지털 공간의 새로운 조직 원리를 제시한다.

이제 우리는 제2의 기계 시대로 진입하고 있다. AI, 로봇공학, 유전자 편집 등의 기술이 융합되면서, 컴퓨팅은 더 이상 단순한 정보 처리를 넘어 물리적 세계를 직접 변화시키는 단계로 나아가고 있다. 이는 인류 문명의 새

---

* 블록체인 기술을 기반으로 한 새로운 형태의 인터넷이다. 중앙화된 플랫폼의 통제 없이 사용자들이 직접 데이터를 소유하고 관리할 수 있는 탈중앙화된 웹을 지향한다.

로운 지평을 예고한다. 이러한 변화의 한가운데서, 우리는 다시 한번 근본적인 질문들을 마주하게 된다. 기술은 우리를 어디로 이끌고 있는가? 인간의 역할은 무엇인가? 디지털 시대의 민주주의는 어떤 모습이어야 하는가? 이러한 질문들에 대한 우리의 대답이 디지털 문명의 미래를 결정할 것이다.

3.1.2 정보 접근성의 민주화

1993년 4월 30일, 유럽입자물리연구소(CERN)는 월드와이드웹(WWW)의 소스코드를 공개했다. "이제 누구나 웹을 무료로 사용할 수 있습니다." 팀 버너스 리의 이 짧은 발표는 인류 역사상 가장 극적인 정보 혁명의 시작을 알렸으며 지식과 정보의 생산, 유통, 소비 방식을 근본적으로 변화시킨 문명사적 전환점이었다. 이 순간의 의미를 이해하기 위해서는 역사적 맥락을 살펴볼 필요가 있다.

인류 역사에서 정보와 지식은 항상 소수에 의해 독점되어 왔다. 고대 이집트의 신관들은 천문학적 지식을 독점했고, 중세의 수도원은 문헌을 통제했으며, 근대의 대학은 전문 지식의 게이트키퍼 역할을 했다. 정보의 통제는 권력의 핵심 메커니즘이었다. 구텐베르크의 인쇄술이 첫 번째 정보 혁명을 가져왔다면, 인터넷은 두 번째이자 더욱 근본적인 혁명을 초래했다. 인쇄술이 정보의 대량 복제와 유통을 가능하게 했다면, 인터넷은 정보의 생산과 유통 자체를 민주화했다. 이제 누구나 정보의 생산자가 될 수 있고, 전 세계의 지식에 즉각적으로 접근할 수 있게 되었다.

"정보는 자유롭기를 원한다(Information wants to be free)." 1984년 스튜어트 브랜드가 처음 제시한 이 선언은 디지털 시대의 핵심 원리가 되었다. 이는 정보의 본질에 대한 철학적 통찰이었으며 디지털 정보의 핵심적 특성 – 완벽한 복제 가능성, 한계비용 제로, 비경합성 – 은 전통적인 소유권과 통제 개념에 근본적인 도전을 제기했다. 이러한 변화는 여러 차원에서 전개되었다.

첫째, 정보 접근의 물리적 장벽이 무너졌다. 1995년 아마존닷컴이 설립되었을 때, 제프 베조스는 "지구상의 모든 책을 모든 사람이 이용할 수 있게 하겠다"고 선언했다. 이는 더 이상 공상이 아니었다. 디지털화는 물리적 제약을 극복하고, 전 세계 어디서나 정보에 접근할 수 있는 가능성을 열었다.

둘째, 경제적 장벽이 낮아졌다. 위키피디아의 등장은 상징적인 사건이었다. 2001년 설립된 이 프로젝트는 "모든 인류가 모든 지식을 무료로 공유한다"는 전례 없는 비전을 제시했다. 2023년 현재 위키피디아는 300개 이상의 언어로 6천만 개가 넘는 항목을 제공하고 있다. 이는 인류 역사상 가장 큰 규모의 지식 공유 실험이다.

셋째, 기술적 장벽이 완화되었다. 블로그와 소셜 미디어의 등장은 정보 생산의 민주화를 가져왔다. 이제 전문적인 기술이나 장비 없이도 누구나 자신의 생각을 전세계와 공유할 수 있게 되었다. 2004년 블로거닷컴의 슬로건 "당신의 목소리를 들려주세요"는 새로운 시대의 가능성을 상징적으로 보여주었다.

그러나 이러한 변화는 새로운 도전과 모순도 낳았다. 무엇보다 디지털 격차(Digital Divide)의 문제가 심각하다. 전 세계 인구의 약 33%는 여전히 인터넷에 접근하지 못하고 있다.* 더욱 중요한 것은 이러한 격차가 기존의

---

* ITU report(https://dig.watch/updates/itu-report-one-third-of-the-global-population-remains-unconnected)

사회 경제적 불평등과 중첩되어 나타난다는 점이다. 정보 접근성의 격차는 교육, 취업, 사회 참여 등 모든 영역에서의 격차를 심화시키는 위험이 있다.

"접근할 수 있다고 해서 반드시 접근 가능한 것은 아니다." 2010년 한 정보 격차 연구자의 이 말은 단순한 기술적 접근성을 넘어선 더 깊은 문제를 지적한다. 디지털 리터러시*, 비판적 사고력, 정보 활용 능력 등 제2의 디지털 격차가 새로운 도전으로 등장했다. 정보의 홍수 속에서 의미 있는 정보를 선별하고 활용하는 능력이 새로운 핵심 역량이 된 것이다.

정보의 품질과 신뢰성도 중요한 문제다. 2016년 가짜뉴스(Fake News)라는 용어가 옥스퍼드 사전의 올해의 단어로 선정되었다는 사실은 의미심장하다. 정보 생산의 민주화는 검증되지 않은 정보의 범람도 가져왔다. 특히 소셜 미디어를 통한 허위 정보의 급속한 확산은 민주주의 자체를 위협하는 수준에 이르렀다. 또한 새로운 형태의 정보 독점과 통제도 등장했다. 구글, 페이스북과 같은 플랫폼 기업들은 전례 없는 규모의 정보를 통제하게 되었다. 이들의 알고리즘은 우리가 접하는 정보를 결정하고, 우리의 인식과 행동에 깊은 영향을 미친다. 이는 알고리즘 권력이라는 새로운 형태의 통제 메커니즘을 낳았다.

프라이버시의 문제도 심각하다. 정보 접근의 자유는 역설적으로 개인정보의 취약성을 증가시켰다. 빅데이터 시대에 개인의 모든 행적은 디지털 흔적으로 남고, 이는 상업적으로 활용되거나 감시의 도구가 될 수 있다. 에드워드 스노든의 폭로가 보여주었듯이, 디지털 감시의 가능성은 우리가 상상한 것보다 훨씬 더 광범위하다.

이러한 도전들은 새로운 대응을 요구한다.

---

* 디지털 기술을 이해하고 효과적으로 활용할 수 있는 종합적 능력이다. 기술적 조작 능력뿐만 아니라 비판적 이해, 창의적 생산, 윤리적 판단을 포함하는 복합적 역량이다.

첫째, 디지털 권리의 재정의가 필요하다. 2016년 UN은 인터넷 접근권을 기본적 인권으로 선언했다. 이는 선언적 의미를 넘어, 정보 접근성 보장을 위한 구체적인 정책과 제도의 필요성을 제기한다. 많은 국가들이 보편적 인터넷 서비스 정책을 도입하고 있는 것은 이러한 맥락에서다.

둘째, 디지털 리터러시 교육의 혁신이 시급하다. 단순한 기술 사용법을 넘어, 비판적 정보 해석 능력, 디지털 시민성, 미디어 리터러시 등 포괄적인 교육이 필요하다. 핀란드가 2016년부터 초등학교에서 가짜뉴스 식별 교육을 의무화한 것은 주목할 만한 사례다. "우리는 디지털 원주민이 아니라 디지털 시민이 되어야 한다." 2018년 한 교육학자의 이 말은 디지털 시대의 교육이 지향해야 할 방향을 제시한다. 단순히 디지털 환경에 익숙한 것을 넘어, 비판적이고 책임 있는 디지털 시민으로서의 역량을 키우는 것이 중요하다.

셋째, 플랫폼 기업에 대한 새로운 규제 체계가 필요하다. 2018년 시행된 EU의 일반개인정보보호규정(GDPR)*은 중요한 시도다. 이는 개인정보 보호를 넘어, 디지털 시대의 새로운 사회 계약을 모색하는 실험으로 볼 수 있다. 잊혀질 권리, 데이터 이동권 등 새로운 권리 개념의 도입은 특히 주목할 만하다.

넷째, 대안적인 디지털 공유지(Digital Commons)의 발전이 중요하다. 위키피디아, 크리에이티브 커먼즈, 오픈소스 소프트웨어 운동 등은 상업적 플랫폼에 대한 대안을 제시한다. 이들은 정보의 공공성과 접근성을 보장하면서도, 지속 가능한 생태계를 만들어가는 새로운 모델을 실험하고 있다. 더욱 근본적으로는 정보 민주주의의 새로운 비전이 필요하다. 단순한 기술적 접근성을 넘어, 진정한 의미의 정보 주권을 어떻게 실현할 것인가? 알고리

---

* 2018년부터 시행된 EU의 개인정보 보호 법률이다. 개인정보에 대한 통제권을 시민에게 부여하고, 기업의 데이터 처리에 엄격한 규제를 적용하는 세계에서 가장 강력한 개인정보 보호 법제이다.

즘의 투명성과 책임성을 어떻게 보장할 것인가? 상업적 이익과 공공성의 균형을 어떻게 맞출 것인가? 이러한 질문들은 21세기 민주주의의 핵심 과제가 되었다. 정보 민주주의는 새로운 사회 계약을 필요로 한다. 이는 단순한 기술적, 제도적 변화를 넘어선 문명사적 과제다. 디지털 시대의 정보 접근성은 단순히 있느냐 없느냐의 문제가 아니라, 어떤 사회를 만들어갈 것인가의 문제와 직결되어 있다. 이는 다음과 같은 구체적 과제들을 제기한다.

첫째, 디지털 공공재의 확충: 기본적인 디지털 인프라와 서비스는 공공재로 제공되어야 한다. 이는 기술적 접근성을 넘어, 양질의 정보와 서비스에 대한 보편적 접근권을 의미한다.

둘째, 알고리즘 거버넌스의 민주화: 우리의 정보 환경을 좌우하는 알고리즘의 설계와 운영에 대한 사회적 감독과 참여가 보장되어야 한다. 이는 알고리즘 시민권이라는 새로운 개념을 필요로 한다.

셋째, 디지털 공론장의 재구성: 소셜 미디어가 지배하는 현재의 공론장 구조를 넘어, 더욱 숙의적이고 민주적인 공론장의 가능성을 모색해야 한다. 이는 기술적 해결책만으로는 불가능하며, 시민사회의 적극적 참여와 제도적 혁신이 필요하다.

넷째, 정보 생태계의 다양성 보장: 소수의 거대 플랫폼이 지배하는 현재의 구조를 넘어, 다양한 정보 생산자와 매개자가 공존할 수 있는 생태계를 만들어야 한다. 이는 문화적 다양성과 민주주의의 기반이 된다.

결론적으로, 정보 접근성의 민주화는 여전히 진행 중인 프로젝트다. 기술적 가능성이 반드시 사회적 현실로 이어지는 것은 아니다. 정보 접근성의 실질적 민주화를 위해서는 기술적 혁신과 함께 사회적 혁신이 필요하다. 이는 우리 시대의 가장 중요한 민주주의적 과제 중 하나다. 팀 버너스 리가 꿈꾼 모두를 위한 웹(Web for All)의 이상은 아직 완전히 실현되지 않았다. 그러나 그 과정에서 우리는 정보와 민주주의, 기술과 사회의 관계에 대한 더욱 깊은 이해를 얻게 되었다.

이제 우리에게 필요한 것은 이러한 이해를 바탕으로 더 포용적이고 민주적인 디지털 미래를 설계하는 것이다. 정보 접근성의 민주화는 기술적 과제가 아닌, 우리 시대의 가장 중요한 사회적, 정치적, 문화적 과제로 이해되어야 한다. 미래를 전망하면서 특히 주목해야 할 새로운 도전들이 있다. AI와 머신러닝의 발전은 정보 접근성의 문제를 완전히 새로운 차원으로 끌어올리고 있다. 예를 들어, 언어 AI의 발전은 언어 장벽을 허물 수 있는 가능성을 제시하지만, 동시에 AI가 통제하는 정보 환경이라는 새로운 우려도 낳고 있다.

"AI는 새로운 형태의 정보 게이트키퍼가 될 수 있다." 2022년 한 AI 윤리학자의 이 경고는 중요한 문제를 제기한다. ChatGPT와 같은 대규모언어모델들이 정보의 접근과 해석에 미치는 영향력은 기존의 검색엔진이나 소셜 미디어를 넘어설 수 있다. 이는 알고리즘 편향의 문제를 더욱 심화시킬 위험이 있다. 메타버스와 같은 새로운 디지털 환경의 등장도 정보 접근성에 대한 재고를 요구한다. 3차원 가상 공간에서의 정보 접근과 공유는 기존의 2차원적 웹 환경과는 전혀 다른 도전을 제기한다. 디지털 격차는 이제 공간적 리터러시의 차원까지 포함하게 될 것이다.

이러한 새로운 도전들 앞에서, 우리는 정보 민주주의의 기본 원칙을 다시 한번 확인할 필요가 있다. 정보 접근성의 민주화는 인간의 기본권이자 민주주의의 근본 조건이다. 이 원칙을 지키면서 새로운 기술 환경에 적응해가는 것, 그것이 우리 시대의 과제일 것이다.

"미래는 이미 여기 있다. 다만 고르게 분포되어 있지 않을 뿐이다." 윌리엄 깁슨의 이 유명한 말은 정보 접근성의 현재와 미래를 잘 보여준다. 우리의 과제는 이 불균등한 분포를 시정하고, 모든 사람이 디지털 미래의 혜택을 누릴 수 있도록 하는 것이다. 그것이 진정한 의미의 정보 민주주의일 것이다.

3.1.3 디지털 문화의 형성

1994년 어느 날, 미국 일리노이주의 한 대학생이 자신의 기숙사 방에서 웹브라우저를 통해 처음으로 인터넷에 접속했다. 그는 나중에 이렇게 회고했다. '그것은 마치 새로운 대륙을 발견한 것 같았다. 물리적 공간의 한계가 사라진 곳, 누구나 자유롭게 자신을 표현할 수 있는 곳, 전혀 새로운 규칙이 적용되는 곳.' 이는 말 그대로 새로운 문명과의 첫 조우였다. 디지털 문화의 시작을 상징하는 수많은 순간들 중 하나였다.

디지털 문화의 형성은 인류 역사상 가장 급진적인 문화적 전환 중 하나다. 이는 기술 도구의 변화를 넘어, 인간의 존재 방식 자체를 근본적으로 재구성하는 과정이었다. 존재론적 차원에서 보면, 디지털 문화는 실재와 가상의 경계를 흐리고, 현실의 의미를 재정의했다. 인식론적 차원에서는 지식의 생산과 공유 방식을 변화시켰고, 진리와 허위의 구분 기준을 재설정했다. 사회적 차원에서는 새로운 형태의 공동체와 정체성을 만들어냈다.

초기 디지털 문화

디지털 문화의 뿌리는 1960년대 MIT의 해커 문화에서 찾을 수 있다. 스티븐 레비가 "해커 윤리"라고 명명한 이 초기 디지털 문화의 핵심 가치는 다음과 같았다.

> 모든 정보는 자유로워야 한다.
> 권위를 불신하고 분산화를 촉진하라.
> 해커는 그들의 해킹으로 판단되어야 한다.
> 컴퓨터로 예술과 아름다움을 창조할 수 있다.
> 컴퓨터는 삶을 더 나은 것으로 변화시킬 수 있다.

이러한 가치들은 오늘날까지도 디지털 문화의 기저를 이루고 있다. 오픈 소스 운동, 위키피디아, 크리에이티브 커먼즈와 같은 현대적 실천들은 모두 이 초기 해커 윤리의 연장선상에 있다. 1980년대에 들어서면서 디지털 문화는 대중문화와 만나기 시작했다. 윌리엄 깁슨의 『뉴로맨서』(1984)로 대표되는 사이버펑크 장르는 디지털 시대에 대한 대중적 상상력을 형성하는 데 결정적인 역할을 했다. 사이버 스페이스, 가상 현실, 인공지능과 같은 개념들은 더 이상 과학자들의 전유물이 아닌, 대중문화의 핵심 요소가 되었다.

웹의 등장과 디지털 문화의 대중화

1990년대 웹의 등장은 디지털 문화의 결정적 전환점이었다. 이전까지 컴퓨터 전문가들의 영역이었던 디지털 공간이 일반 대중에게 열린 것이다. 특히 주목할 만한 것은 이 시기에 형성된 웹 문화의 특징이다.

첫째, 참여의 문화다. 웹은 처음부터 읽기와 쓰기가 동시에 가능한 매체로 설계되었다. 누구나 콘텐츠의 생산자가 될 수 있다는 사실은 전통적인 문화 생산의 위계 구조를 근본적으로 변화시켰다.

둘째, 공유의 문화다. "정보는 자유롭게 흐르기를 원한다"는 해커 윤리는 웹을 통해 대중적 실천이 되었다. 파일 공유, 오픈소스, 집단지성과 같은 현상들은 소유와 통제에 기반한 전통적 문화 모델에 도전했다.

셋째, 시공간의 재구성이다. 웹은 물리적 거리와 시차의 제약을 극복한 첫 번째 매체였다. "어디서나 언제나(Anytime, Anywhere)"라는 구호는 인간의 활동 방식 자체를 변화시켰다.

2000년대에 들어서면서 디지털 네이티브* 세대가 등장했다. 마크 프렌스키가 2001년에 제시한 이 개념은 세대 구분을 넘어, 완전히 새로운 문화적 패러다임의 등장을 의미했다. 디지털 네이티브들의 특징적인 문화 실천들은 다음과 같다.

- 멀티태스킹: 여러 미디어를 동시에 소비하고 생산하는 것이 자연스러운 세대
- 하이퍼텍스트적 사고: 선형적이 아닌 네트워크적 사고방식
- 즉각적 소통: 실시간 커뮤니케이션을 기본으로 하는 관계 방식
- 참여적 학습: 일방적 수용이 아닌 상호 작용적 학습 선호

특히 주목할 만한 것은 이들이 발전시킨 새로운 문화적 문법이다. 밈(Meme), 리믹스, 해시태그와 같은 표현 방식은 단순 유행을 넘어 새로운 시대의 본질적 커뮤니케이션 양식이 되었다. "우리는 더 이상 디지털 기술을 사용하는 것이 아니라, 그것과 함께 생각하고 존재한다." 2010년 한 디지털 인류학자의 이 관찰은 디지털 문화의 본질을 정확히 짚어낸다. 디지털은 더 이상 도구가 아닌, 존재 방식이 된 것이다.

디지털 감정 경제의 출현

2006년 페이스북이 일반인에게 공개되었을 때, 많은 이들은 이를 단순한 새로운 커뮤니케이션 플랫폼의 등장으로 받아들였다. 그러나 이는 인간의 정체성과 관계 형성 방식을 근본적으로 변화시키는 전환점이었다.

---

* 디지털 기술이 일상화된 환경에서 태어나고 자란 세대를 지칭하는 용어이다. 1990년대 이후 출생한 이들을 주로 가리키며, 직관적인 디지털 기기 활용 능력과 다중 작업 처리 능력이 특징이다.

연결된 자아(Networked Self)의 시대가 시작된 것이다. 이윽고 소셜 미디어는 소통 도구를 넘어 정체성 형성의 핵심 플랫폼이 되었다. 사람들은 자신의 일상을 공유하고, 타인의 반응을 통해 자아를 확인하며, 온라인 페르소나를 구축한다. 이는 근대적 의미의 독립적이고 자율적인 주체 개념을 해체하고, 관계적이고 유동적인 새로운 주체성을 만들어냈다. "우리는 공유하므로 존재한다(We share, therefore we are)." 2012년 한 디지털 문화 연구자의 이 말은 소셜 미디어 시대의 존재론적 조건을 정확히 포착한다. 공유되지 않은 경험은 마치 일어나지 않은 것처럼 여겨지는 시대가 된 것이다.

그림 3-5 '좋아요' 버튼으로 상징되는 디지털 감정 경제의 출현

'좋아요' 버튼의 등장은 인터페이스의 변화 그 이상이었다. 그것은 감정의 계량화와 상품화를 가능하게 한 결정적 계기였다. 이제 우리의 감정적 반응은 즉각적으로 수치화되고, 측정되며, 분석된다. 이는 디지털 감정 경제라는 새로운 현상을 낳았다.

인플루언서의 등장은 이러한 변화를 상징적으로 보여준다. 그들의 영향력은 팔로워 수가 아닌, 정서적 연결의 강도에 기반한다. 진정성(Authenticity)은 새로운 문화 자본이 되었다. 그러나 이는 동시에 역설적인 상황을 만들어낸다. 진정성 자체가 하나의 수행(Performance)이 되는 것이다.

디지털 시대의 문화 전파

디지털 문화의 가장 특징적인 현상 중 하나는 밈(Meme)의 확산이다. 리처드

도킨스가 1976년 문화적 복제자를 설명하기 위해 만든 이 용어는, 디지털 시대에 완전히 새로운 의미를 얻었다. 인터넷 밈은 유머나 트렌드를 넘어, 현대 문화의 핵심적인 표현 양식이 되었다. 밈의 특징은 그것의 변형 가능성에 있다. 원본은 끊임없이 재해석되고, 재조합되며, 새로운 맥락에서 새로운 의미를 획득한다. 이는 저작권과 원작자성에 기반한 전통적 문화 생산 방식에 근본적인 도전을 제기한다.

"문화는 이제 바이러스처럼 전파된다." 2015년 한 미디어 학자의 이 관찰은 디지털 시대의 문화 전파 메커니즘을 정확히 지적한다. 전통적인 하향식 문화 전파 모델은 더 이상 유효하지 않다. 대신 우리는 예측 불가능하고, 통제 불가능한, 그러나 무척이나 효과적인 새로운 전파 방식을 목격하고 있다.

2010년대 후반에 들어서면서 디지털 문화의 새로운 차원이 열렸다. 알고리즘이 우리의 문화 소비를 중재하기 시작한 것이다. 넷플릭스의 추천 시스템, 스포티파이의 디스커버리 위클리, 유튜브의 자동 재생 목록은 우리의 문화적 경험을 근본적으로 변화시켰다. 이는 추천의 문화를 만들어냈다. 우리는 점점 더 알고리즘의 추천에 의존하여 콘텐츠를 소비한다. 이는 편리함을 제공하지만, 동시에 필터버블*이나 에코챔버** 같은 새로운 문제도 야기한다. 우리의 문화적 경험이 알고리즘에 의해 규정되고 제한될 위험이 있는 것이다.

"알고리즘은 새로운 문화적 큐레이터가 되었다." 2019년 한 디지털 인류

---

* 온라인 플랫폼의 알고리즘이 개인의 취향에 맞는 정보만 제공함으로써 다양한 관점과 새로운 정보를 접할 기회를 제한하는 현상을 말한다. 이로 인해 사용자는 선호하는 정보만 반복적으로 소비하게 되어, 시야가 좁아지고 편향된 관점을 가지게 될 위험이 있다.

** 사람들이 자신의 의견이나 신념과 일치하는 정보만을 반복적으로 접하면서 기존 신념이 강화되는 현상을 말한다. 특히 소셜 미디어에서 두드러지며, 동의하지 않는 정보는 피하고 동의하는 정보만을 선호하는 경향이 특징이다. 이로 인해 다양한 관점을 접할 기회가 줄어들고, 의견이 더 극단적으로 치우칠 가능성이 높아진다.

학자의 이 말은 현대 문화 소비의 본질적 변화를 지적한다. 문제는 이 큐레이터가 상업적 로직에 기반하고 있다는 점이다.

디지털 문화의 또 다른 중요한 특징은 팬덤의 변화다. 전통적인 수동적 소비자로서의 팬은 이제 적극적인 생산자이자 참여자가 되었다. 팬픽션, 팬아트, 코스프레와 같은 팬 활동은 디지털 플랫폼을 통해 전례 없는 규모와 영향력을 획득했다. K-pop 팬덤의 글로벌한 성공은 이러한 변화를 상징적으로 보여준다. 단순한 음악의 소비자를 넘어 소셜 미디어를 통해 조직화되고, 집단행동을 조율하며, 때로는 정치적 영향력까지 행사하는 새로운 형태의 문화적 주체가 된 것이다.

디지털 문화의 미래를 향하여

2020년대에 들어서면서 디지털 문화는 또 다른 전환점을 맞이하고 있다. 메타버스의 부상은 가상과 현실의 경계를 더욱 모호하게 만들고 있으며 이는 기술적 진보가 아닌, 존재론적 전환을 의미한다. 포트나이트*에서 열리는 가상 콘서트, 로블록스**에서 이루어지는 사회적 상호 작용, VR 기술을 활용한 새로운 형태의 예술 등은 물리적 현실과 가상 현실의 구분이 더 이상 의미가 없어지고 있음을 보여준다.

"우리는 이제 혼합현실(Mixed Reality)의 시대로 접어들었다." 2022년 한 미디어 이론가의 이 진단은 현재 진행 중인 변화의 본질을 정확히 지적

---

* 포트나이트는 에픽게임즈가 개발한 온라인 배틀로얄 게임으로, 전투 외에도 가상 콘서트나 이벤트를 열어 메타버스 플랫폼으로도 주목받고 있다. 트래비스 스콧, 아리아나 그란데 같은 세계적인 아티스트들이 참여해 게임 내에서 실시간 공연을 펼치고 새로운 형태의 디지털 공연을 체험할 수 있는 혁신적 사례로 평가받고 있다.

** 사용자가 직접 게임을 만들고 다른 사람들이 플레이할 수 있는 메타버스 플랫폼. 사용자들이 게임 개발자와 플레이어로 참여하며 교육, 소셜 활동, 상업적 활동까지 확장 가능한 가상 공간으로, 특히 어린이와 청소년층에서 큰 인기를 얻고 있다.

한다. 중요한 것은 이러한 변화가 현실의 가상화가 아니라, 완전히 새로운 형태의 실재성(Reality)을 만들어내고 있다는 점이다. 이제 우리는 AI가 문화 생산의 주체로 등장하는 새로운 국면을 목격하고 있다. GPT, DALL-E, Midjourney와 같은 생성형 AI의 등장은 창의성과 저작권, 예술의 본질에 대한 근본적인 질문을 제기한다.

"AI가 생산한 문화 콘텐츠의 진정성은 어떻게 평가될 수 있는가?"
"인간만의 고유한 창조성이란 존재하는가?"
"디지털 기술은 문화적 다양성을 증진하는가, 아니면 획일화하는가?"
"알고리즘에 의해 중재되는 문화적 경험의 의미는 무엇인가?"

이러한 질문들은, 인간의 문화적 존재 방식 자체에 대한 근본적인 재고를 요구한다. 디지털 문화는 이제 선택의 영역이 아닌, 우리의 존재 조건이 되었다. 우리에게 필요한 것은 이러한 새로운 조건 속에서 인간다움의 의미를 재발견하는 것이다. 우리는 지금 문화사의 거대한 전환점에 서 있다. 이 전환의 방향과 의미를 이해하고 형성하는 것은 우리 시대의 가장 중요한 과제 중 하나일 것이다.

문화적 생산의 민주화와 그 역설

2022년 말, ChatGPT의 등장은 디지털 문화의 새로운 국면을 알렸다. 이는 단순한 기술적 진보가 아닌, 인간의 창조성과 지능에 대한 근본적인 재고를 요구하는 문화적 전환점이었다. 한 예술가는 이렇게 말했다. "우리는 이제 AI와 공존하는 창작의 시대로 들어섰다. 문제는 이것이 위협인가 아니면 기회인가가 아니라, 어떻게 이 새로운 현실과 의미 있는 관계를 맺을 것인가이다."

AI가 그림을 그리고, 음악을 작곡하고, 시를 쓰는 시대가 되었다. 이는 인간만이 창조적 행위의 주체라는 전통적 관념에 근본적인 도전을 제기한다. DALL-E, Midjourney, Stable Diffusion과 같은 이미지 생성 AI의 등장은 시각 예술의 본질에 대한 새로운 질문을 던진다.

특히 주목할 만한 것은 AI와 인간의 협업 방식이 만들어내는 새로운 창조성의 형태다. 예를 들어, 음악가들은 AI를 작곡의 동반자로 받아들이기 시작했다. 한 작곡가는 이렇게 설명한다. "AI는 내가 생각하지 못했던 가능성을 제시한다. 이는 마치 무한한 상상력을 가진 협업자와 작업하는 것과 같다."

AI 도구의 보편화는 문화 생산의 진입장벽을 크게 낮추었다. 이제 전문적인 훈련 없이도 누구나 그럴듯한 예술 작품을 만들어낼 수 있게 되었다. 이는 문화 생산의 민주화를 가속화하는 듯 보인다. 그러나 동시에 새로운 형태의 불평등도 만들어내고 있다. '프롬프트 엔지니어링'이라는 새로운 기술의 등장은 이러한 역설을 잘 보여준다. AI를 효과적으로 활용하기 위해서는

그림 3-6 '미드저니(Midjourney)'라는 AI 프로그램으로 생성되어 콜로라도 주립 박람회 미술전 디지털아트 부문에서 우승을 차지한 제이슨 앨런의 '스페이스 오페라 극장'(Theatre D'opera Spatial). (출처: 사진 콜로라도주 박람회 페이스북)

새로운 형태의 문해력이 필요하다. 이는 기술적 능력을 넘어, 문화적 맥락과 미학적 감각을 포함하는 복합적 역량이다.

AI가 생성한 콘텐츠와 인간이 만든 콘텐츠의 구분이 점점 어려워지면서, 진정성의 의미도 재고되고 있다. 특히 딥페이크 기술의 발전은 시청각적 증거에 대한 우리의 신뢰를 근본적으로 흔들고 있다. 한 미디어 이론가는 이렇게 지적한다. "우리는 이제 포스트 진실을 넘어 포스트 진정성 시대로 들어섰다. 중요한 것은 어떤 콘텐츠가 진짜인가가 아니라, 그것이 얼마나 의미 있는 경험을 제공하는가이다."

AI 시대의 디지털 문화는 인간과 기계의 협업이 만들어내는 새로운 형태의 집단지성을 보여준다. 위키피디아가 인간들의 자발적 협력에 기반한 집단지성의 모델이었다면, AI와의 협업은 이를 새로운 차원으로 확장한다. 예를 들어, GitHub Copilot은 전 세계 프로그래머들의 코드를 학습하여 새로운 코드 작성을 돕는다. 이는 그저 자동화 수준이 높아진 게 아니라, 인간과 기계의 지식이 융합되는 새로운 형태의 창조적 과정으로 인식된다.

AI는 우리가 문화적 기억을 저장하고 접근하는 방식도 변화시키고 있다. 대규모언어모델은 인류의 문화적 산물을 학습하여 이를 새로운 방식으로 재조합하고 재해석한다. 이는 마치 거대한 문화적 무의식이 알고리즘화된 것과 같다. 한 문화인류학자는 이를 알고리즘적 기억이라고 부른다. "우리의 문화적 기억은 이제 AI 시스템에 의해 중재되고 재구성된다. 이는 개인적 기억과 집단적 기억의 경계를 흐리고, 기억의 본질 자체를 변화시킨다."

AI와의 상호 작용은 새로운 형태의 문화적 문법을 만들어내고 있다. 프롬프트 작성은 하나의 예술 형식이 되어가고 있으며, AI가 생성한 오류나 왜곡은 새로운 미학적 요소로 받아들여지기도 한다. "AI의 실수나 독특한 해석은 때로 가장 흥미로운 창조적 순간을 만들어낸다"라고 한 디지털 아티스트는 말한다. 이는 완벽함보다 독특성을 중시하는 새로운 미학의 등장을 시사한다. AI가 기존의 문화적 산물을 학습하여 새로운 콘텐츠를 생성한다는 사실은 문화적 다양성에 대한 우려를 낳는다. AI가 주류 문화를 더욱 강화하고, 비주류 문화를 주변화할 위험이 있는 것이다. 이는 특히 언어와 문화적 표현의 다양성 측면에서 중요한 문제를 제기한다. "AI 시스템이 주로 영어와 서구 문화를 중심으로 학습되었다는 사실은, 디지털 문화의 식민지화 위험을 시사한다"라고 한 문화 연구자는 경고한다.

AI 시대의 디지털 문화는 새로운 윤리적 질문들을 제기한다. 저작권과 지적재산권의 개념이 재정의되어야 하며, AI가 생성한 콘텐츠의 책임 소재도 명확히 해야 한다. 더 근본적으로는 인간의 창조성과 존엄성에 대한 질문이 제기된다. "AI와 함께 창작한다는 것은 무엇을 의미하는가? 우리는 여전히 우리 자신의 이야기를 하고 있는가, 아니면 알고리즘의 에코를 듣고 있는 것인가?" 이러한 질문들은 기술적 고려를 넘어, 인간의 문화적 존재 방식 자체에 대한 철학적 성찰을 요구한다. 우리는 지금 문화의 본질과 인간성의 의미를 재정의해야 하는 역사적 전환점에 서 있는 것이다.

공간성의 재발견

2021년 10월, 페이스북이 자사의 이름을 메타(Meta)로 변경했을 때, 많은 이들은 이를 기업의 마케팅 전략의 하나로 치부했다. 그러나 이 순간은 디지털 문화의 새로운 장을 여는 상징적 전환점이었다.

메타버스의 등장은 우리가 공간과 현실, 그리고 자아를 이해하는 방식 자체를 근본적으로 변화시키고 있다. 초기 인터넷이 하이퍼텍스트를 통한 평면적 연결에 기반했다면, 메타버스는 인간의 실존적 경험 방식에 더 가깝다. 우리는 3차원 공간 속에서 움직이고, 타인과 만나며, 감정을 교류한다. 2020년 4월 포트나이트에서 열린 트래비스 스콧의 가상 콘서트는 이러한 변화의 본질을 극적으로 보여주었다. 1,230만 명의 사람들이 동시에 참여한 이 이벤트에서 참가자들은 같은 공간에서 춤추고, 소리치고, 감정을 나누었다. 물리적 제약을 뛰어넘는 이러한 집단적 경험은 메타버스만이 제공할 수 있는 고유한 가능성을 보여준다.

메타버스는 정체성의 개념도 재정의하고 있다. 현실 세계에서 우리의 정체성은 상대적으로 고정되어 있지만, 메타버스에서는 훨씬 더 유동적이고 실험적인 자아 표현이 가능하다. 아바타는 단순한 그래픽 표상이 아니라 우리의 욕망과 상상력이 투영된 또 다른 자아가 된다. 2022년 한 디지털 의상이 10만 달러에 거래된 사건은 투기 현상이 아니라, 디지털 공간에서 정체성 표현이 가지는 가치를 단적으로 보여준다. 이러한 변화는 경제 시스템의 근본적 재편도 동반한다. NFT의 등장은 디지털 자산의 희소성과 소유권이라는 새로운 개념을 도입했다. 더 주목할 만한 것은 크리에이터 이코노미의 부상이다. 로블록스나 마인크래프트와 같은 플랫폼에서, 사용자들은 더 이상 전통적인 소비자가 아니다. 그들은 자신만의 세계를 창조하고, 경험을 디자인하며, 이를 통해 경제적 가치를 창출한다. 2022년 기준 로블록스에서 활동하는 200만 명 이상의 크리에이

그림 3-7 Dolce & Gabbana의 콜레치오네 제네시 (Collezione Genesi). 첫 NFT 컬렉션(출처: Dolce & Gabbana)

터들은 새로운 디지털 창작자 계급의 등장을 예고한다.

　메타버스가 가져온 가장 근본적인 변화는 아마도 인간 관계의 본질적 재구성일 것이다. VR 소셜 플랫폼에서 이루어지는 상호 작용은 기존의 디지털 커뮤니케이션과는 완전히 다른 차원의 경험을 제공한다. 우리는 상대방의 미세한 표정 변화를 읽고, 공간적 거리감을 체험하며, 신체 언어를 통해 소통한다. 이는 텍스트나 이모티콘으로는 결코 전달할 수 없는 풍부한 사회적 맥락을 제공한다. 한 VR 연구자가 "메타버스에서의 만남이 때로는 물리적 만남보다 더 친밀할 수 있다"고 말했을 때, 이는 역설적으로 들릴 수 있다. 그러나 물리적 현실에서의 만남이 나이, 성별, 인종, 외모 등 다양한 사회적 편견에 영향을 받는다면, 메타버스는 이러한 제약에서 상대적으로 자유로운 상호 작용을 가능하게 한다. 장애를 가진 사람들이 메타버스에서 새로운 형태의 사회적 해방감을 경험한다는 연구 결과는 이를 잘 보여준다.

　교육 분야에서 메타버스는 보는 학습에서 되는 학습으로의 혁명적 전환을 가능하게 한다. 역사 수업에서 학생들은 고대 로마의 거리를 직접 걸어보고, 원로원의 토론을 체험할 수 있다. 생물 수업에서는 DNA의 이중나선 구조 속을 탐험하고, 화학 수업에서는 분자의 결합 과정을 직접 조작해볼 수 있다. 이는 시청각 교육의 확장을 넘어, 체험과 이해의 본질적 차이를 만들어낸다.

　예술의 영역에서 메타버스는 창작과 감상의 경계를 허물고 있다. 전통적인 미술관이 작품과 관람객 사이에 일정한 거리를 전제로 한다면, 가상 갤러리에서 관객은 작품의 일부가 되어 그것을 변형하고 재해석할 수 있다. 확장현실 예술(XR Art)의 등장은 물리적 현실과 디지털 요소의 경계를 넘어선 새로운 미학적 가능성을 제시한다. "더 이상 매체의 경계는 의미가 없다. 모든 것이 하나의 확장된 캔버스가 된다"라는 한 XR 아티스트의 말은 이러한 변화의 본질을 정확히 포착한다.

문화 유산의 보존과 전승 방식도 메타버스를 통해 혁신적으로 변화하고 있다. 물리적으로 사라진 문화재를 디지털로 복원하는 것을 넘어, 과거의 문화적 맥락 전체를 재현하고 체험할 수 있게 되었다. 예를 들어, 경주 황룡사 9층 목탑의 메타버스 재현은 시각적 복원을 넘어 신라시대 사람들의 일상과 의례, 그리고 당시의 건축 기술까지 통합적으로 체험할 수 있게 한다. "우리는 이제 과거를 단순히 보존하는 것이 아니라, 현재와 적극적으로 대화하게 만들 수 있다"는 한 문화재 디지털화 전문가의 말은 이러한 변화의 본질을 정확히 짚어낸다.

그러나 메타버스의 발전은 동시에 심각한 사회적, 윤리적 도전을 제기한다. 현실 도피의 심화, 디지털 중독의 가능성, 사이버 폭력의 새로운 양상은 더욱 첨예한 문제가 될 수 있다. 특히 몰입형 기술의 특성은 이러한 문제들의 강도를 한층 더 높일 수 있다. VR 기기를 통한 장시간의 메타버스 체험이 인간의 인지 구조와 정서 발달에 미치는 영향에 대해서는 아직 충분한 연구가 이루어지지 않았다. 더욱 근본적인 우려는 메타버스가 만들어내는 새로운 형태의 권력 구조에 있다.

메타버스 플랫폼을 통제하는 기업들은 단순한 서비스 제공자를 넘어 디지털 공간의 물리 법칙과 사회 규범을 결정하는 절대적 권력을 가질 수 있다. "우리는 디지털 봉건주의의 도래를 경계해야 한다"는 한 사회학자의 경고는 이러한 맥락에서 이해되어야 한다. 소수의 기업이 인류의 디지털 경험 전체를 통제하는 상황은 민주주의의 근본적 위기를 초래할 수 있다.

메타버스는 아직 진화 중인 문화적 공간이다. 그것의 최종적 형태나 사회적 영향력을 정확히 예측하기는 어렵다. 그러나 분명한 것은 이것이 기술적 혁신이나 새로운 엔터테인먼트 플랫폼의 등장을 넘어선 문명사적 전환의 시작이라는 점이다. 우리가 직면한 과제는 이 새로운 디지털 공간을 어떻게 더 인간적이고 민주적인 방식으로 발전시켜 나갈 것인가다. 메타버스는 결국 기술이 일방적으로 만들어내는 것이 아니라, 우리 모두가 함께 만들어가는 거대한 문화적 프로젝트가 되어야 하며 인류의 새로운 문화적 지평을 여는 공동의 작업이 되어야 할 것이다. 메타버스가 제기하는 도전과 가능성에 대한 우리의 대응이 디지털 시대 문명의 성격을 결정할 것이다.

| 통 | 찰 | 의 | 나 | 침 | 반 |

정보 민주주의의 가능성과 한계

디지털 문화의 형성 과정을 살펴보면서, 우리는 기술과 사회의 상호 작용이 만들어내는 복잡한 역동성을 목격하게 된다. 이는 단순한 기술 발전의 서사가 아닌, 인간의 문화적 존재 방식 자체가 근본적으로 재구성되는 과정이다. 이러한 변화가 우리에게 주는 가장 중요한 통찰은 기술적 가능성과 사회적 실현 사이의 근본적 괴리에 있다. 디지털 기술은 정보의 민주적 접근과 공유를 기술적으로 가능하게 했지만, 이것이 자동적으로 더 민주적인 문화로 이어지지는 않았다. 오히려 새로운 형태의 권력 집중과 불평등이 발생했다. 이는 기술 결정론적 낙관론의 한계를 명확하게 보여준다.

정보 혁명은 문화 생산의 패러다임을 근본적으로 전환시켰다. 디지털 문화는 전통적인 생산자-소비자의 구분을 흐리고, 참여와 공유에 기반한 새로운 문화 생산 방식을 만들어냈다. 이는 창의성과 혁신의 새로운 가능성을 열었지만, 동시에 질적 기준과 가치 평가의 문제도 제기한다. 모두가 생산자가 될 수 있다는 민주적 이상은 '의미 있는 문화적 생산이란 무엇인가'라는 더 근본적인 질문으로 이어진다.

디지털 문화는 정체성이 형성되고 표현되는 방식도 근본적으로 변화시켰다. 소셜 미디어, 메타버스, AI와의 상호 작용은 자아의 의미 자체를 재정의한다. 이는 새로운 가능성을 제공하지만, 동시에 진정성과 자율성에 대한 심각한 도전도 제기한다. 디지털 환경에서 우리는 더 자유로운 자아 표현이 가능해졌지만, 역설적으로 플랫폼과 알고리즘의 영향력에 더 깊이 종속되는 현상이 나타난다.

공동체와 소통의 재구성도 주목할 만한 변화다. 디지털 네트워크는 물리적 제약을 넘어선 새로운 형태의 공동체를 가능하게 했다. 그러나 이는 동시에 에코챔버나 필터버블과 같은 새로운 형태의 고립도 만들어냈다. 진정한 소통과 연대의 가능성은 기술적 연결성만으로는 보장되지 않는다는 점이 분명해졌다.

문화적 기억과 전승의 방식도 혁명적으로 변화했다. 디지털 아카이빙과 알고리즘적 추천은 문

통찰의 나침반

화적 기억이 저장되고 전승되는 방식을 변화시켰다. 이는 문화 유산의 보존과 접근성을 높이는 동시에, 기억의 선택적 구성과 망각의 위험도 동반한다.

알고리즘이 추천하는 콘텐츠가 우리의 문화적 경험을 좌우하는 상황에서, 문화적 다양성과 창의성을 어떻게 보존할 것인가는 중요한 과제가 되었다. 이러한 도전들은 우리에게 디지털 시민성의 재정의를 요구한다. 기술적 역량을 넘어선 비판적 문해력, 권리와 책임의 새로운 균형, 디지털 공론장의 민주적 운영 원리가 필요하다. 문화적 다양성의 보존도 시급한 과제다. 알고리즘 추천이 만드는 문화적 획일화를 방지하고, 비주류 문화의 생존과 발전을 지원하며, 로컬과 글로벌의 새로운 균형을 찾아야 한다.

결론적으로, 디지털 문화는 우리에게 전례 없는 가능성과 도전을 동시에 제시한다. 중요한 것은 이 변화를 수동적으로 받아들이는 것이 아니라, 적극적으로 형성해가는 것이다. 우리에게 필요한 것은 기술적 혁신과 사회적 혁신, 효율성과 민주성, 개인의 자유와 공동체적 가치를 조화시키는 새로운 문화적 비전이다. 디지털 시대의 문화는 궁극적으로 기술이 아닌, 우리의 선택과 실천을 통해 결정될 것이다.

3.2 플랫폼 경제의 성장

2006년 11월, 시카고의 컨퍼런스장. 젊은 창업가들이 무대에 올랐다. "Broadcast Yourself" – 그들이 내건 슬로건은 단순했다. 청중석에서 누군가 질문했다. "무료로 동영상을 공유하는 서비스로 어떻게 수익을 낼 수 있죠?" 한 달 후, 구글은 이 스타트업을 16.5억 달러에 인수했다. 그 회사의 이름은 유튜브였다.

당시 월스트리트의 분석가들은 이 인수를 과대평가된 도박이라 비웃었다. 하지만 시간은 구글의 손을 들어주었다. 2025년 현재, 유튜브의 기업가치는 구글이 지불한 금액의 수백 배에 달한다. 이는 단순한 성공 스토리가 아니다. 그것은 경제의 작동 방식이 근본적으로 변화하고 있음을 알리는 서막이었다.

산업 혁명이 물리적 생산력의 혁명이었다면, 플랫폼 혁명은 연결의 경제학을 창조했다. 전통적 기업들이 공장과 설비를 통해 제품을 만들어냈다면, 플랫폼은 사람과 사람, 수요와 공급, 창작자와 소비자를 연결함으로써 가치를 창출한다. 우버는 단 한 대의 택시도 소유하지 않은 채 세계 최대의 운송 서비스가 되었고, 에어비앤비는 숙박시설 없이도 호텔 체인들을 위협하고 있다. 이러한 변화의 중심에는 네트워크 효과라는 새로운 경제 법칙이 자리 잡고 있다. 전화기가 하나뿐이라면 그것은 무용지물이다. 두 대가 되면 한 개의 연결이 생기고, 세 대가 되면 세 개의 연결이 만들어진다. 이처럼 네트워크의 가치는 참여자가 증가할수록 기하급수적으로 상승한다. 페이스북의 초기 성장을 이끈 숀 파커는 이를 "임계점을 넘어서면 눈덩이는 스스로 굴러간다"고 표현했다. 이는 플랫폼 경제의 본질을 꿰뚫는 통찰이었다.

플랫폼이 만들어내는 새로운 노동 형태도 주목할 만하다. '긱 이코노미'라는 용어는 음악가들의 1회성 공연을 뜻하는 '긱'에서 유래했다. 이제 이 말은 플랫폼을 통해 일거리를 구하는 새로운 형태의 노동을 지칭한다. 우버 운전자는 직원일까, 독립사업자일까? 에어비앤비 호스트는 숙박업자일까, 공유 경제의 참여자일까? 기존의 법과 제도로는 쉽게 답할 수 없는 질문들이 쏟아져 나온다.

고전 경제학은 희소한 자원을 중심으로 발전했다. 그러나 디지털 경제의 핵심 자원인 데이터는 전혀 다른 특성을 보인다. 데이터는 사용할수록 더 많은 데이터를 만들어내고, 더 많은 가치를 창출한다. 구글의 검색 알고리즘이 더 많은 검색을 통해 끊임없이 진화하는 것처럼, 플랫폼은 사용자들의 참여를 통해 지속적으로 성장하는 자기 강화적 시스템이다. 이러한 변화는 권력의 속성도 변화시켰다.

전통적 기업이 수직적 명령 체계를 통해 통제력을 행사했다면, 플랫폼은 알고리즘을 통해 보이지 않는 방식으로 영향력을 행사한다. 추천 시스템이 우리의 선택을 유도하고, 평점 체계가 행동을 규율하며, 매칭 알고리즘이 기회의 분배를 결정한다. 이는 더욱 효율적이고 유연한 통제를 가능하게 하지만, 동시에 그 작동 방식은 더욱 불투명하고 책임 소재가 모호하다.

세계 경제의 지도도 재편되고 있다. 실리콘밸리와 선전(深圳)을 잇는 새로운 축이 형성되었다. 플랫폼 기업 간의 경쟁은 단순한 기업 간 다툼이 아니다. 그것은 디지털 시대의 패권을 두고 벌이는 문명 간의 경쟁이다. 이들의 영향력은 이미 대다수 국가의 경제력을 넘어섰다. 이러한 변화는 심각한 도전도 제기한다. 독점의 심화, 노동권의 약화, 프라이버시 침해, 민주적 거버넌스의 위기 – 이들은 모두 플랫폼 경제가 던지는 숙제들이다. 이러한 새로운 형태의 불평등은 기술 접근성만의 문제가 아니라 기회와 자원, 권력의 근본적 불균형을 만들어내고 있다.

우리는 이제 중대한 갈림길에 서 있다. 플랫폼 경제는 전례 없는 효율성과 혁신의 가능성을 제시한다. 하지만 동시에 그것은 새로운 형태의 디지털 봉건제로 귀결될 위험도 안고 있다. 관건은 이 새로운 경제 패러다임을 어떻게 민주적이고 포용적인 방향으로 발전시킬 것인가이다. 이어지는 절에서는 이러한 변화의 본질을 세 가지 측면에서 살펴볼 것이다. 먼저 네트워크 효과와 승자독식 현상의 메커니즘을 분석하고, 다음으로 데이터 기반 비즈니스 모델의 작동 방식을 검토할 것이다. 마지막으로 플랫폼 기업의 영향력과 그것이 제기하는 사회적, 정치적 도전을 살펴보며 우리 시대의 과제를 도출할 것이다.

3.2.1 네트워크 효과와 승자독식

2006년 가을, 페이스북의 임원들은 깊은 고민에 빠졌다. 야후가 10억 달러에 회사를 인수하겠다고 제안한 것이다. 당시 페이스북의 수익은 미미했다. 월스트리트의 분석가들은 일제히 "인수 제안을 거절하면 제2의 프렌드스터가 될 것"이라 경고했다. 프렌드스터는 한때 소셜 미디어의 선구자였지만, 구글의 인수 제안을 거절한 후 급격히 쇠락한 서비스였다.

마크 저커버그는 달랐다. "우리가 가진 것은 단순한 웹사이트가 아닙니다. 이것은 사회적 인프라입니다." 이사회에서 그가 한 이 말은, 디지털 시대의 새로운 권력이 무엇인지 정확히 짚어낸 것이었다. 2025년 현재, 메타(구 페이스북)의 시가총액은 1조 달러를 넘어섰다. 이러한 천문학적 가치 창출의 비밀은 네트워크 효과라는 새로운 경제 법칙에 있다.

네트워크 효과의 본질은 가치의 기하급수적 성장이다. 한 명의 전화기 사용자는 아무런 가치를 만들어내지 못한다. 두 명이 되면 한 개의 연결이, 세 명이 되면 세 개의 연결이, 네 명이 되면 여섯 개의 연결이 생긴다. 이처럼 네트워크의 가치는 구성원 수의 제곱에 비례하여 증가한다. 이를 메칼프의 법칙이라 부른다. 이는 산업 시대의 규모의 경제와는 전혀 다른 논리다. 전통적 제조업에서는 생산량을 늘릴수록 단위 비용이 감소한다. 하지만 어느 순간이 되면 한계에 부딪힌다. 반면 네트워크 효과는 그 자체로 한계가 없다. WhatsApp의 사례가 이를 잘 보여준다. 2014년 페이스북이 WhatsApp을 190억 달러에 인수했을 때, 이 회사는 겨우 55명의 직원을 두고 있었다. 하지만 4억 5천만 명의 사용자가 만들어내는 네트워크의 가치는 그보다 훨씬 컸다.

네트워크 효과는 필연적으로 승자독식 구조를 만들어낸다. 초기에 약간의 우위를 점한 서비스는 자기 강화적 피드백 루프를 통해 그 격차를 기하급수적으로 벌려 나간다. 구글 검색엔진의 지배력이 대표적이다. 더 많은 사용자가 구글을 사용할수록 검색 알고리즘은 더 정교해지고, 이는 다시 더 많은 사용자를 끌어들인다. 마이크로소프트가 수십억 달러를 투자했음에도 Bing으로 구글의 아성을 위협하지 못한 이유가 여기에 있다.

디지털 시대의 고착(Lock-In) 효과는 더욱 교묘하게 작동한다. 산업 시대의 고착은 물리적 전환 비용에서 비롯됐다. 예를 들어 윈도우에서 맥으로 바꾸려면 새로운 하드웨어와 소프트웨어에 투자해야 한다. 하지만 디지털 플랫폼의 고착은 사회적 관계망 자체를 통해 이뤄진다. 페이스북을 떠나 새로운 SNS로 이동하기 위해서는 모든 인맥을 재구축해야 하는데 이는 경제적 비용 문제를 넘어선 사회적, 심리적 장벽으로 작용한다. 데이터 축적과 네트워크 효과가 결합할 때 시너지는 더욱 강력해진다. 아마존의 상품 추천 시스템이 좋은 예다. 2억 명이 넘는 프라임 회원들의 구매 데이터는 알고리즘을 지속적으로 개선한다. 개선된 알고리즘은 더 정확한 추천으로 이어지고, 이는 다시 더 많은 구매를 유도한다. 2024년 현재 아마존의 매출 중 35%가 추천 시스템을 통해 발생한다. 이러한 승자독식 구조는 심각한 경제적, 사회적 함의를 갖는다.

우선 경제력의 극단적 집중이다. 2025년 현재 세계 시가총액 상위 10개 기업 중 7개가 플랫폼 기업이다. 스타트업 생태계도 변화했다. 승자가 되거나, 승자에게 인수되거나가 창업가들의 유일한 선택지가 되어가고 있다. Instagram, WhatsApp, YouTube와 같은 성공적 스타트업들이 모두 거대 플랫폼에 인수된 것은 우연이 아니다. (배터와이(BETTERWHY)의 마지막 주인은 과연 누가 될 것인가?) 특히 AI의 발전은 이러한 집중을 가속화한다.

GPT와 같은 거대언어모델의 성능은 학습 데이터의 양에 비례한다. 더 많은 사용자가 AI와 상호 작용할수록 모델은 더욱 강력해지고, 이는 다시 더 많은 사용자를 끌어들인다. OpenAI의 급성장은 이러한 메커니즘의 힘을 보여준다. 2022년 말 ChatGPT 출시 이후 불과 1년 만에, 이 기술은 전 세계 지식 노동의 판도를 바꾸어 놓았다.

네트워크 효과는 국제 관계도 재편한다. 디지털 주권(Digital Sovereignty)이라는 새로운 화두가 등장했다. EU의 GDPR(일반개인정보보호법)이나 중국의 데이터 국지화(Data Localization) 정책은 초국적 플랫폼의 영향력에 대한 국민국가의 대응이다. 하지만 이는 양날의 검이다. 과도한 규제는 디지털 보호무역주의로 변질될 수 있고, 이는 기술 혁신을 저해할 수 있다.

개발도상국들이 직면한 도전은 더욱 근본적이다. 네트워크 효과는 선발자의 우위를 극단적으로 강화한다. 아프리카의 모바일 결제 시스템 M-PESA는 케냐에서 큰 성공을 거두었지만, 글로벌 시장에서는 페이팔이나 알리페이의 네트워크를 넘어서지 못했다. 이는 디지털 격차(Digital Divide)가 기술적 차이를 넘어 구조적 불평등으로 고착화될 수 있음을 시사한다. 이러한 도전에 대응하기 위한 새로운 시도들도 등장하고 있다.

EU의 디지털시장법(Digital Markets Act)은 데이터 이동성과 상호운용성을 의무화한다. 사용자가 자신의 데이터를 다른 플랫폼으로 자유롭게 이동할 수 있고, 서로 다른 메시징 앱 간의 통신이 가능해져야 한다는 것이다. 이는 네트워크 효과의 독점적 전유를 제한하려는 시도다.

Web3.0과 블록체인 기술은 더욱 근본적인 대안을 모색한다. 분산형 소셜 미디어 마스토돈(Mastodon)은 중앙 서버 없이 작동하는 SNS다. 2024년 초 기준으로 사용자 수는 트위터의 1%에 불과하지만, 네트워크 효과의 민주적 분배 가능성을 보여주는 중요한 실험이다. 디지털 협동조합 운동도 주목할 만하다. 운전자들이 공동 소유하는 라이드쉐어링 플랫폼, 창작자들의 협동조합형 스트리밍 서비스 등 다양한 시도가 이어지고 있다. 이들은 효율성을 유지하면서도 네트워크의 혜택을 구성원들에게 공평하게 분배하는 새로운 모델을 제시한다.

교육 생태계도 네트워크 효과의 영향에서 자유롭지 않다. Coursera와 같은 MOOC(Massive Open Online Course) 플랫폼은 전통적 고등 교육의 독점을 흔들고 있다. 2024년 기준 Coursera의 등록 학습자는 1억 명을 넘어섰다. 더 많은 학습자가 참여할수록 강좌는 다양해지고, 동료 학습의 기회도 풍부해진다. 스탠포드대학의 한 교육학자는 이를 "지식 전달의 산업 혁명적 순간"이라 표현했다.

금융 시스템의 지형도 급격히 변화하고 있다. 중국의 알리페이(Alipay)

는 네트워크 효과를 통해 사실상의 대안적 통화 시스템을 구축했다. 2023년 기준으로 알리페이의 월간 활성 사용자는 7억 명, 하루 거래액은 1,000억 위안을 넘어선다. 이는 결제 수단의 변화를 넘어 전통적인 중앙은행과 상업은행의 역할이 도전받고 있는 것이다.

네트워크 효과는 노동 시장의 작동 방식도 근본적으로 바꾸고 있다. LinkedIn은 전문직 채용 시장의 사실상의 게이트키퍼가 되었다. 8억 5천만 명의 회원을 보유한 이 플랫폼에 프로필이 없다는 것은, 많은 산업에서 사실상 구직 시장에서 배제됨을 의미한다. 2016년 마이크로소프트가 262억 달러를 투자한 것은 이 플랫폼의 전략적 가치를 간파했기 때문이다.

환경적 영향도 간과할 수 없다. 네트워크 효과를 통한 플랫폼의 성장은 막대한 에너지 소비를 동반한다. 2024년 기준으로 전 세계 데이터센터의 전력 소비량은 전체 전력 사용량의 2%를 넘어섰다. 특히 AI 모델 학습에 필요한 에너지는 기하급수적으로 증가하고 있다. GPT-4 한 번의 학습에 소요되는 전력량은 중소도시 한 달 사용량과 맞먹는다.* 이는 디지털 전환의 지속 가능성에 심각한 의문을 제기한다.

분산형 자율조직(DAO)은 네트워크 효과를 민주적으로 활용하려는 야심 찬 시도다. 예를 들어 Uniswap은 탈중앙화 거래소로, 사용자들이 직접 플랫폼의 거버넌스에 참여한다. 2024년 초 기준으로 일일 거래액 10억 달러를 돌파했다. MakerDAO는 탈중앙화 금융의 선구자로, 안정적인 암호 화폐 DAI를 통해 새로운 금융 생태계를 구축하고 있다.

---

* GPT-4의 학습에는 약 7,200MWh의 전력이 소요(출처: ITWORLD). 한국전력공사의 자료에 따르면, 2021년 기준으로 대구광역시 달서구의 월간 전력 사용량은 약 7,000MWh로 보고되었다. 따라서, GPT-4의 학습에 필요한 전력량은 이러한 중소도시의 한 달 전력 소비량과 비슷하다고 할 수 있다.

3.2.2 데이터 기반 비즈니스 모델

2006년, 영국의 수학자 클라이브 험비는 "데이터가 21세기의 석유가 될 것"이라 예측했다. 하지만 2024년의 관점에서 보면, 이는 오히려 과소평가였다. 석유는 채굴할수록 고갈되지만, 데이터는 사용할수록 더 많은 가치를 만들어낸다. 넷플릭스의 변신은 이를 잘 보여준다. DVD 대여점으로 시작한 이 회사는 시청자 데이터를 활용한 추천 시스템과 콘텐츠 제작으로 세계 최대의 엔터테인먼트 기업이 되었다.

데이터 기반 비즈니스의 핵심은 학습 효과의 자동화다. 과거의 기업들도 고객 피드백을 통해 배웠지만, 이는 느리고 비체계적인 과정이었다. 설문조사를 하고, 포커스 그룹 인터뷰를 진행하고, 시장조사 보고서를 분석하는 데 몇 달이 걸렸다. 반면 디지털 기업들은 실시간으로 사용자 행동을 분석하고 즉각 대응한다. 아마존의 상품 추천 알고리즘은 매일 수억 건의 클릭, 검색, 구매 데이터를 처리하며 진화한다. 더욱 주목할 만한 것은 데이터의 복합 효과다. 구글은 검색엔진에서 시작했지만, 축적된 데이터를 기반으로 지도 서비스, 이메일, 클라우드 컴퓨팅으로 영역을 확장했다. 각 서비스는 독립적으로 작동하는 것이 아니라 시너지를 만들어낸다. 구글 맵의 실시간 교통 정보는 안드로이드 스마트폰 사용자들의 위치 데이터로 만들어지고, 이는 다시 자율주행차 개발의 훈련 데이터가 된다.

의미 있는 데이터를 확보하는 것이 첫 번째 과제다. 테슬라의 사례가 이를 잘 보여준다. 2024년 초 기준으로 테슬라는 전 세계 도로에서 운행 중인 자사 차량들로부터 매일 수백만 마일의 실주행 데이터를 수집한다. 시뮬레이션이나 테스트 트랙에서는 결코 얻을 수 없는 귀중한 자산이다. 웨이모나 크루즈 같은 경쟁사들이 아무리 뛰어난 기술을 가지고 있어도 테슬라를 따라잡기 어려운 이유가 여기에 있다.

데이터 수집 전략의 설계도 중요하다. 스포티파이는 단순히 음악 재생 기록만 모으지 않는다. 재생 목록 생성, 건너뛰기, 음량 조절까지 세밀한 행동 데이터를 분석한다. 이 노래를 다 듣지 않고 넘긴 것은 싫어서일까, 아니면 지금 상황에 맞지 않아서일까? 이런 맥락적 이해를 바탕으로 스포티파이는 Discover Weekly와 같은 혁신적 추천 서비스를 만들어냈다. 2023년 기준으로 전체 스트리밍의 31%가 이 추천 시스템을 통해 이루어진다.

가장 혁신적인 접근은 교차활용(Cross-Utilization) 전략이다. 아마존은 전자상거래 플랫폼에서 수집한 소비자 행동 데이터를 AWS(Amazon Web Services)의 기계학습 서비스 개발에 활용한다. 이는 단순한 데이터 재활용이 아닌 전혀 새로운 가치 창출 방식이다. AWS는 2023년 아마존 전체 영업이익의 74%를 차지했다. 클라우드 컴퓨팅과 전자상거래의 시너지가 만들어낸 결과다. 인공지능과 머신러닝의 발전은 데이터 활용의 지평을 한층 넓혔다. 특히 딥러닝은 이전에는 다루기 어려웠던 비정형 데이터의 분석을 가능하게 했다. 중국의 검색엔진 바이두는 수억 명의 사용자가 만들어내는 음성 검색 데이터로 자연어 처리 시스템을 발전시켰다. 이는 다시 AI 비서, 동시통역, 자율주행 음성인식 등 새로운 서비스의 토대가 된다.

AI의 역할은 데이터 분석을 넘어 예측적 가치 창출로 진화하고 있다. 중국의 핀테크 기업 Ant Financial은 수억 건의 거래 데이터를 AI로 분석해 새로운 신용 평가 모델을 구축했다. 전통적 금융 기관이 접근할 수 없었던 소상공인과 개인들에게도 대출의 문이 열렸다. 2023년까지 이 시스템을 통해 1,000만 개 이상의 중소기업이 금융 서비스를 이용할 수 있게 되었다. 머신러닝의 발전은 자동화된 최적화의 새로운 지평을 열었다. 우버의 동적 가격 책정 알고리즘은 매 순간 수요와 공급의 균형을 찾아낸다. 심야 시간대의 운전자 부족, 갑작스러운 기상 변화, 대형 행사의 종료시점 - 이런 변수들이 실시간으로 가격에 반영된다. 2023년 기준으로 우버는 하루 평균 2,100만 건의 승차를 매칭시키는데, 이는 인간 디스패처로는 불가능한 수준의 효율성이다.

데이터는 전통적 산업의 혁신도 이끈다. 존디어(John Deere)는 150년 된 농기계 제조사다. 그러나 이제 이 회사의 트랙터들은 매일 테라바이트 규모의 농업 데이터를 수집한다. 토양 상태, 기상 조건, 작물 생육 상태가 실시간으로 분석되어 최적의 경작 방법을 제시한다. 2024년 현재 존디어의 시가총액은 150년 역사의 자동차 제조사 포드를 넘어섰다. 한 농업 전문가는 "트랙터가 데이터 센터가 되었다"고 평했다.

의료 분야의 혁신도 주목할 만하다. 23andMe는 유전자 검사 서비스로 시작했지만, 이제는 1,200만 명의 유전체 데이터를 보유한 바이오테크 기업이 되었다. 2021년 제약사 GSK와 체결한 3억 달러 규모의 신약 개발 협약은 개인 의료 데이터의 새로운 가치를 보여준다. 특히 희귀 질환 치료제 개발에서 이러한 데이터의 가치는 더욱 빛을 발한다. 그러나 이러한 혁신은 심각한 도전도 제기한다.

IBM의 연구에 따르면 기업들이 보유한 데이터의 약 30%가 부정확하거나 불완전하다. 더 심각한 것은 이러한 데이터 품질 문제가 AI 시스템의 의사결정에 영향을 미친다는 점이다. 아마존은 2015년 자사의 채용 AI가 여성 지원자를 차별한다는 사실을 발견하고 해당 시스템을 폐기했다. 데이터에 내재된 편향이 알고리즘을 통해 증폭된 것이다.

데이터 사일로(Data Silo) 문제도 극복해야 할 과제다. 많은 기업들이 방대한 데이터를 보유하고 있지만, 이들은 부서나 시스템 간에 고립되어 있다. 세일즈포스의 조사에 따르면 글로벌 기업들은 평균 900개 이상의 개별 애플리케이션을 사용하지만, 이들 대부분은 효과적으로 데이터를 공유하지 못한다. 이는 데이터의 잠재적 가치를 크게 제한한다. 기업들은 이러한 도전에 다양한 방식으로 대응하고 있다. 글락소스미스클라인(GSK)은 전사적 데이터 품질 관리 시스템을 도입했다. 연구 개발부터 생산, 마케팅에 이르는 전 과정의 데이터 일관성을 확보한 결과, 신약 개발 기간이 평균 2년 단축되었다.

에어비앤비는 자체 개발한 데이터 검색 플랫폼 데이터포털을 통해 비기술 인력도 쉽게 데이터를 활용할 수 있게 했다. 금융 분야의 혁신도 가속화되고 있다. 'Buy Now, Pay Later' 서비스를 제공하는 Klarna는 전통적 신용 평가로는 포착할 수 없는 다양한 데이터를 활용한다. 쇼핑 패턴, 결제 이력, 심지어 앱 사용 행태까지 분석하여 더 정확한 리스크 프로파일을 구축한다. 그 결과 2023년 기준 Klarna의 연체율은 전통 금융 기관의 절반 수준에 불과하다.

산업 인터넷(Industrial Internet)은 데이터 기반 혁신의 새로운 영역이다. GE의 프레딕스(Predix) 플랫폼은 산업 설비의 센서 데이터를 실시간으로 분석하여 예측 정비(Predictive Maintenance)를 가능하게 한다. 터빈의 미세한 진동 변화나 압력 변동이 감지되면, AI가 잠재적 고장을 예측하고 최적의 정비시점을 제안한다. 2024년 현재 전 세계 제조업체의 40%가 이러한 예측 정비 시스템을 도입했거나 도입을 계획하고 있다. 이러한 혁신의 물결은 이제 성숙기에 접어들고 있다. 초기의 데이터 수집 중심에서 데이터 활용의 질적 도약으로 진화하고 있는 것이다. 그러나 이는 동시에 더 큰 책임도 요구한다.

데이터의 윤리적 활용, 프라이버시 보호, 알고리즘의 공정성 확보는 이제 선택이 아닌 필수가 되었다. 이러한 도전은 결국 플랫폼 기업들의 사회적 영향력과 직결된다. 바로 이어서 살펴볼 주제다.

3.2.3 플랫폼 기업의 영향력

2025년 1월, 애플의 시가총액이 3조 달러를 돌파했다. 이는 독일의 연간 GDP와 맞먹는 규모다. 그러나 이 숫자는 플랫폼 기업의 영향력 중 가시적인 일부만을 보여줄 뿐이다. 이들의 진정한 힘은 보이지 않는 곳에서 작동한다. 전통적 기업의 권력이 자본과 생산 수단의 소유에서 나왔다면, 플랫폼의 권력은 인프라의 통제에서 비롯된다. 구글은 정보 검색의 인프라를, 페이스북은 사회적 관계의 인프라를, 아마존은 상거래의 인프라를 장악했다. 이제 이들은 단순한 서비스 제공자가 아닌, 현대 사회의 기반 시설이 되었다.

구글의 검색 알고리즘 변화는 전 세계 수많은 기업의 생존을 좌우한다. 2022년 구글의 유용한 콘텐츠 업데이트는 하룻밤 사이에 웹 생태계를 뒤흔들었다. 수많은 콘텐츠 제작자와 온라인 비즈니스가 트래픽의 절반 이상을 잃었다. "이제 구글은 디지털 생태계의 자연 선택을 주관하는 위치에 있다"라는 한 디지털 마케팅 전문가의 평가는, 이러한 권력의 본질을 정확히 짚어낸다.

페이스북의 알고리즘은 더욱 미묘한 방식으로 영향력을 행사한다. 2025년 현재 전 세계 인구의 1/3이 매일 이 플랫폼에서 평균 2.5시간을 보낸다. 무엇이 사용자의 피드에 등장하고, 어떤 순서로 보여질지는 전적으로 알고리즘이 결정한다. 2021년 프란시스 하우겐의 내부고발은 이 알고리즘이 사회적 분열과 극단화를 조장할 수 있음을 보여주었다. 가짜뉴스는 진실보다 6배 빠르게 확산되었고, 분노를 자극하는 콘텐츠는 더 많은 참여를 이끌어 냈다.

틱톡의 추천 알고리즘은 한 단계 더 나아간다. 이 앱은 사용자가 무엇을 좋아할지를 사용자 자신보다 더 잘 예측한다. 평균 체류 시간은 페이스북의 두 배에 달한다. "스크롤을 멈출 수 없다"는 표현은 중독성을 넘어선 알고리즘 통제의 완성도를 보여준다. 2023년 한 연구는 틱톡이 Z세대의 72%에게 주된 정보원이 되었다고 분석했다.

플랫폼 기업들은 노동의 본질도 근본적으로 재정의한다. 우버의 작동 방식은 이를 잘 보여준다. 운전자들은 법적으로는 독립 계약자지만, 실제로는 알고리즘의 철저한 통제 아래 있다. 승차 요청의 수락률, 평점, GPS 추적 데이터 – 이 모든 것이 실시간으로 감시되고 평가된다. 운전자의 행동 하나하나가 데이터화되어 알고리즘의 의사결정에 반영되는 것이다. 더욱 주목할 만한 것은 이러한 통제 방식이 전통적 산업으로 확산되고 있다는 점이다. 아마존의 물류창고 노동자들은 AI가 설정한 표준 작업시간에 맞춰 일해야 한다. 화장실 가는 시간마저 모니터링된다. 2024년 조사에 따르면 포춘 500대 기업의 73%가 이와 유사한 알고리즘 기반 노동 관리 시스템을 도입했거나 도입을 계획하고 있다. 긱 이코노미의 확산은 이러한 변화를 가속화한다. 2024년 현재 전 세계 약 1억 명의 노동자가 플랫폼 노동에 종사한다. 이들에게 유연성이라는 이름으로 제공되는 자율성은 실상 더욱 정교한 통제 시스템의 일부다. 별점 평가, 인센티브 구조, 알고리즘 기반 작업 배정은 직접적인 감독 없이도 노동자들의 행동을 효과적으로 규율한다.

아마존의 영향력은 특히 주목할 만하다. 이 회사는 더 이상 전자상거래 기업이 아니다. AWS를 통해 전 세계 클라우드 인프라의 34%를 통제하고, 알렉사로 스마트홈의 표준을 정의하며, 프라임 비디오로 엔터테인먼트 산업을 재편한다. 2023년 기준 미국 소매 거래의 41%가 아마존을 통해 이루어진다. 여기에 물류 네트워크까지 더해지면서, 아마존은 사실상 새로운 형태의 경제 인프라가 되었다.

플랫폼 기업의 영향력은 국제 관계도 재편하고 있다. 미국의 GAFA(Google, Apple, Facebook, Amazon)와 중국의 BAT(Baidu, Alibaba, Tencent)가 구축한 디지털 생태계는 사실상의 사이버 주권 국가로 기능한다. 특히 주목할 만한 것은 디지털 식민주의의 위험이다. 개발도상국들은 이들이 구축한 디지털 인프라에 종속될 수밖에 없는 상황이다. 2024년 초 한 연구는 아프리카 대륙의 데이터 트래픽 93%가 미국과 중국의 플랫폼 기업들을 통해 처리된다고 분석했다. 이는 새로운 형태의 경제적 종속을 만들어낸다. 틱톡을 둘러싼 국제적 갈등은 이러한 긴장의 단면을 보여준다. 미국에서는 국가 안보를 이유로 틱톡 사용 금지가 검토되었고, 인도는 이를 실제로 시행했다. 소셜 미디어 앱의 금지가 외교 문제가 된 것이다. EU는 이에 대응해 디지털 주권 강화를 추진한다. GDPR 제정에 이어 2024년 시행된 디지털 시장법(DMA)은 플랫폼 기업들에 대한 가장 강력한 규제 체계를 제시한다.

플랫폼의 영향력은 이제 물리적 공간의 구조까지 바꾸고 있다. 에어비앤비의 등장은 세계 주요 도시의 주거지형을 근본적으로 재편했다. 2024년 기준으로 파리 중심부 임대 주택의 23%가 에어비앤비를 통해 운영된다. 장기 거주자들은 외곽으로 밀려나고, 도심은 관광객을 위한 임시 숙소로 변모한다. 베니스의 상주 인구는 20년 만에 절반으로 줄었다. "도시가 디즈니랜드가 되어간다"는 한 도시 계획가의 비판은 이러한 변화의 본질을 지적한다.

우버와 같은 모빌리티 플랫폼은 도시 교통의 패턴을 변화시켰다. MIT의 한 연구는 라이드헤일링 서비스의 도입이 해당 도시의 대중교통 이용률을 평균 17% 감소시켰다고 분석했다. 더욱 중요한 것은 이동 데이터다. 우버는 전 세계 900개 이상 도시의 실시간 교통 흐름 데이터를 보유하고 있다. 이는 도시 계획에서 결정적인 권력 자원이 된다.

아마존의 물류 네트워크는 더욱 극적인 변화를 가져온다. 2024년 기준으로 미국 내 아마존의 물류시설 면적은 4억 평방피트를 넘어섰다. 이는 맨해튼 면적의 5배에 달한다. 이들 시설의 입지는 주변 지역의 고용 구조와 부동산 가치에 직접적인 영향을 미친다. 뉴저지 주의 한 물류단지 주변 지역은 5년 만에 임대료가 48% 상승했다. 메타버스의 발전은 이러한 공간 재구성을 가상영역으로 확장한다.

메타(구 페이스북)의 호라이즌 월드나 로블록스는 새로운 형태의 사회적 공간을 창출한다. 2024년 초 기준으로 로블록스의 일일 활성 사용자는 7,000만 명을 넘어섰으며, 이들은 평균 2.7시간을 이 가상 공간에서 보낸다. 십대들에게 이러한 가상 공간은 이미 물리적 공간보다 더 중요한 사회화의 장이 되었다.

플랫폼은 문화 생산과 소비의 패러다임도 근본적으로 변화시켰다. 넷플릭스의 콘텐츠 추천 시스템은 전체 시청의 82%를 좌우한다. 더 중요한 것은 이 플랫폼이 콘텐츠 제작 방식 자체를 변화시켰다는 점이다. 시청자 데이터 분석을 통해 성공할 콘텐츠의 공식이 도출된다. 2024년 넷플릭스의 콘텐츠 제작 예산은 190억 달러로, 이는 대부분의 전통적 미디어 기업의 예산을 크게 상회한다. 스포티파이의 영향력은 음악 산업을 재편했다. 플레이리스트의 큐레이션 권한은 이제 DJ나 음악 전문가가 아닌 알고리즘이 갖는다. Discover Weekly와 같은 개인화된 추천은 청취자의 취향을 적극적으로 조형한다. 2023년 한 연구는 스포티파이의 추천 시스템이 음악의 다양성을 감소시키고 특정 유형의 음악을 선호하도록 유도한다고 분석했다. 유튜브는 더욱 근본적인 변화를 가져왔다. 전문 제작자의 독점적 지위는 무너졌다. 누구나 크리에이터가 될 수 있지만, 성공은 알고리즘의 선택에 달려 있다. 2024년 기준으로 매분 500시간 이상의 영상이 업로드되지만, 조회수의 90%는 상위 3%의 콘텐츠에 집중된다. 알고리즘이 선택한 스타라는 말은 새로운 문화 생산의 현실을 보여준다.

이러한 플랫폼의 영향력은 민주주의의 근본 원리와 충돌한다. 2024년 현재 전 세계 100여 개국에서 동시에 치러지는 선거의 공정성이 소수의 플랫폼 기업들의 정책과 알고리즘에 좌우된다. 페이스북의 가짜뉴스 대응이나 트위터의 계정정지 결정은 선거 결과에 직접적인 영향을 미친다. 특히 우려되는 것은 필터버블과 확증편향의 강화다.

알고리즘은 사용자의 기존 신념과 일치하는 정보를 우선적으로 보여준다. 2023년의 한 연구는 소셜 미디어 사용자들이 평균적으로 자신과 정치적 성향이 비슷한 콘텐츠만을 접한다고 분석했다. 이는 사회적 분열을 심화시키고 합리적 토론의 가능성을 제한한다. 더욱 근본적인 도전은 의사결정의 불투명성이다. 알고리즘의 판단 근거는 대부분 기업비밀로 취급된다. 2021년 EU의 한 법원은 "알고리즘적 의사결정이 기본권에 영향을 미칠 경우 그 과정이 투명하게 공개되어야 한다"고 판결했지만, 실제 이행은 미미한 수준이다.

규제 당국의 대응은 세 가지 방향으로 전개된다. EU는 가장 포괄적인 접근을 시도한다. 디지털시장법(DMA)은 게이트키퍼 플랫폼에 대한 강력한 사전 규제를 도입했다. 데이터 이동성 보장, 자사 서비스 우대 금지, 상호 운용성 의무화 등이 핵심이다. 2024년부터 본격 시행된 이 법은 글로벌 표준이 되어가고 있다.

중국의 접근은 더욱 직접적이다. 2021년부터 시작된 빅테크 규제는 플랫폼 기업들의 해체 수준의 구조 조정을 강제했다. 알리바바는 핀테크 부문을 분리해야 했고, 텐센트는 게임 사업 축소를 요구받았다. 2023년부터는 주요 알고리즘을 정부에 등록하고 정기적인 감사를 받아야 한다.

미국은 전통적 반독점법의 틀 내에서 대응을 모색한다. 2023년 구글을 상대로 한 법무부의 반독점 소송은 검색엔진 시장의 독점적 지위 남용을 지적했다. 그러나 많은 전문가들은 플랫폼 경제의 특성을 고려하지 않은 전통적 규제의 한계를 지적한다.

새로운 대안도 등장하고 있다. 디지털 공공영역(Digital Commons) 운동은 핵심 디지털 인프라의 공공화를 주장한다. 협동조합형 플랫폼은 사용자가 소유하고 통제하는 새로운 모델을 실험한다. 분산형 자율조직(DAO)은 블록체인 기술을 활용해 중앙화된 통제 없는 협력의 가능성을 모색한다. 결국 관건은 혁신과 민주주의의 균형이다. 플랫폼이 가져온 편리함과 효율성은 부정할 수 없다. 그러나 그것이 우리의 자율성과 민주주의를 침식하도록 방관할 수는 없다. 기술은 운명이 아닌 선택이다. 우리에게는 플랫폼의 힘을 민주적으로 통제하고, 그 혜택을 공평하게 분배할 수 있는 새로운 사회 계약이 필요하다.

|통|찰|의|나|침|반|

디지털 독점의 새로운 형태

19세기 말, 스탠더드 오일의 독점은 원유 매장지와 수송망의 물리적 통제에 기반했다. 1990년대 마이크로소프트의 독점은 운영체제라는 기술적 플랫폼의 지배에서 비롯됐다. 2024년의 플랫폼 기업들은 이와는 본질적으로 다른 형태의 권력을 행사한다. 이들은 물리적 자산이나 특정 기술이 아닌, 인간의 행동과 관계 자체를 조형하는 힘을 가지고 있다.

이러한 새로운 권력의 가장 큰 특징은 비가시성이다. 산업 시대의 권력이 공장과 기계라는 가시적 형태로 존재했다면, 플랫폼의 권력은 알고리즘이라는 보이지 않는 형태로 작동한다. 우리는 매일 수백 번의 미시적 선택들을 하지만, 그 선택의 구조를 설계하는 알고리즘의 존재는 의식하지 못한다. 선택의 자유라는 외양 뒤에서 작동하는 이러한 부드러운 통제야말로 플랫폼 권력의 본질이다.

두 번째 특징은 자기 강화성이다. 전통적 독점도 시장 지배력을 통해 스스로를 강화했지만, 그 속도와 범위는 제한적이었다. 반면 플랫폼의 권력은 사용자의 모든 활동이 데이터가 되고, 이 데이터가 다시 더 정교한 통제를 가능하게 하는 순환 구조를 만든다. 매 순간의 클릭, 스크롤, 검색이 알고리즘을 학습시키는 훈련 데이터가 된다. 이용자가 많아질수록 서비스는 더 정교해지고, 이는 다시 더 많은 이용자를 끌어들인다.

세 번째 특징은 총체성이다. 플랫폼은 단순히 특정 서비스를 제공하는 것이 아니라, 우리의 인식과 관계, 행동 양식 전반에 영향을 미친다. 검색 결과는 세계를 이해하는 방식을 규정하고, 추천 알고리즘은 취향을 형성하며, 소셜 피드는 여론을 조형한다. 이는 푸코가 말한 생체 권력의 디지털 버전이라 할 수 있다. 권력이 생명과 삶의 형태 자체를 관리하고 통제하는 것이다. 이러한 특성은 기존의 규제 체계로는 포착하기 어려운 도전을 제기한다. 시장 점유율이나 가격 책정과 같은 전통적 기준으로는 플랫폼의 실질적 영향력을 측정할 수 없다. 구글은 검색 서비스를 무료로 제공하지만, 그것이 만들어내는 인식의 지형도는 값을 매길 수 없는 권력 자원이다. 페이스북이 만드는 필터버블의 사회적 비용은 어떻게 계산할 수 있을까?

| 통 | 찰 | 의 | 나 | 침 | 반 |

더욱 근본적인 도전은 민주주의의 작동 방식 자체에 대한 것이다. 민주주의는 합리적 시민의 자율적 판단과 공론장에서의 이성적 토론을 전제로 한다. 그러나 플랫폼은 우리의 인지 과정에 깊숙이 개입하여 이러한 전제를 위협한다. 알고리즘이 정보의 흐름을 통제하고 선호를 조형하는 세상에서, 진정한 의미의 민주적 숙의는 어떻게 가능할까?

이러한 도전 앞에서 우리는 세 가지 방향의 대응을 생각해볼 수 있다.

첫째, 규제의 패러다임 자체를 재구성해야 한다. 행위의 결과가 아닌 알고리즘과 데이터 구조 자체에 대한 민주적 통제가 필요하다. EU의 알고리즘 감사 제도는 이러한 시도의 시작이다.
둘째, 기술적 대안의 모색이다. 블록체인과 같은 분산형 기술은 중앙화된 통제 없이도 협력이 가능함을 보여준다.
마지막으로 가장 중요한 것은 시민들의 디지털 리터러시 강화다. 알고리즘의 작동 방식을 이해하고 이에 대한 비판적 거리를 유지할 수 있는 능력이야말로 디지털 시대 민주주의의 필수 조건이다.
그러나 이러한 대응이 성공하기 위해서는 더 근본적인 인식의 전환이 필요하다. 플랫폼은 이제 단순한 기업이 아닌 사회적 인프라다. 구글이나 페이스북 없이 하루를 보내는 것이 상수도나 전기 없이 지내는 것만큼이나 어려운 세상이 되었다. 따라서 이들에 대한 규제는 경제적 효율성이나 소비자 후생의 관점을 넘어, 디지털 시대의 공공성이라는 관점에서 접근해야 한다.

기술은 운명이 아닌 선택이다. 플랫폼이 제공하는 편리함과 효율성을 누리면서도, 그것이 우리의 자율성과 민주주의를 침식하지 않도록 하는 균형점을 찾아야 한다. 이는 단순한 정책적 과제가 아닌, 디지털 시대의 새로운 사회 계약을 향한 집단적 모색이 되어야 할 것이다.

3.3 디지털 불평등

2021년 겨울, 인도 뭄바이의 한 아파트 로비에서 12살 소녀가 매일 아침 이곳에 앉아 태블릿을 켜고 있다. 온라인 수업을 들으려면 와이파이 신호를 잡을 수 있는 이곳까지 와야 했기 때문이다. 같은 시기, 실리콘밸리의 테크 엔지니어들은 메타버스에서 몰입형 원격 협업을 실험하고 있었다. 이러한 극단적 대비는 디지털 시대의 새로운 불평등을 상징적으로 보여준다.

디지털 불평등은 단순한 기술 접근성의 격차를 넘어선다. 그것은 21세기의 새로운 계급 구조를 형성하는 핵심 메커니즘이다. 전통적 불평등이 물적 자본의 소유 여부에 기반했다면, 디지털 불평등은 정보와 네트워크에 대한 접근과 활용 능력의 차이에서 비롯된다. 이는 교육, 고용, 사회적 관계, 정치적 참여 등 삶의 모든 영역에서의 격차로 이어진다. 더욱 우려스러운 것은 이러한 불평등이 자기 강화적 성격을 가진다는 점이다.

2022년 한 연구는 팬데믹 기간 동안 원격 수업을 받은 학생들의 학업 성취도를 분석했는데, 소득 수준에 따른 교육 격차가 이전보다 2배 이상 확대된 것으로 나타났다. 고소득층 가정의 학생들은 고성능 디바이스와 안정적인 네트워크 환경을 갖추고, 부모의 디지털 리터러시 지원을 받으며, 다양한 교육용 앱과 플랫폼을 활용할 수 있었다. 반면 저소득층 학생들은 한정된 디바이스를 가족과 공유하며, 기본적인 화상 수업 참여조차 어려움을 겪었다.

한 실리콘밸리 벤처캐피탈리스트는 이렇게 말했다. "디지털 격차는 이제 산소 격차와 같다. 당신이 그것을 느끼지 못한다면, 그건 당신이 충분한 산소를 누리고 있다는 뜻이다." 이 비유는 현대 사회에서 디지털 역량이 얼마나 필수적인 생존 조건이 되었는지를 예리하게 포착한다.

이제 우리는 제1의 디지털 격차(접근성의 격차)를 넘어, 제2의 디지털 격차(활용 능력의 격차), 나아가 제3의 디지털 격차(혜택의 격차)를 목격하고 있다. 2024년 현재, 전 세계 인구의 약 37%는 여전히 인터넷에 접속하지 못하고 있다. 그러나 더욱 중요한 것은 접속 가능한 63% 내에서도 심각한 질적 격차가 존재한다는 점이다. AI와 빅데이터가 주도하는 4차 산업 혁명 시대에, 이러한 격차는 불편함이 아닌 생존의 문제가 되어가고 있다.

3.3.1 정보 격차와 사회 양극화

2022년 9월, 한 흥미로운 연구가 교육계에 파문을 일으켰다. 팬데믹 기간 동안 원격 수업을 받은 학생들의 학업 성취도를 추적한 이 연구는, 단순한 성적 차이를 넘어선 더 근본적인 문제를 드러냈다. 소득 수준에 따른 교육 격차가 이전보다 2배 이상 확대된 것이다. 특히 주목할 점은 이러한 격차가 인터넷 접속 여부만의 문제가 아니었다는 것이다.

고소득층 가정의 학생들은 각자의 방에서 최신 노트북으로 수업에 참여했다. 그들의 부모는 학습 관리 플랫폼을 활용해 자녀의 진도를 체크하고, 온라인 과외와 교육용 앱을 통해 보충 학습을 제공했다. 반면 저소득층 학생들의 현실은 달랐다. 한 고등학생은 부엌 식탁에서 동생과 함께 어머니의 스마트폰으로 번갈아가며 수업을 들어야 했다. 안정적인 와이파이가 없어 데이터 요금이 폭증했고, 결국 한 달에 며칠은 수업을 포기할 수밖에 없었다. 이러한 교육 격차는 일시적 현상이 아니다. 그것은 미래의 직업 선택, 소득, 사회적 네트워크에까지 영향을 미치는 구조적 불평등의 시작점이 된다. 2023년의 한 종단 연구는 이를 '디지털 격차의 눈덩이 효과'라고 명명했다. 초기의 작은 차이가 시간이 지날수록 기하급수적으로 확대되는 현상을 포착한 것이다.

직장에서의 정보 격차는 더욱 가시적으로 드러난다. 2024년 현재, 동일한 회사 내에서도 디지털 역량에 따른 임금 격차가 뚜렷하게 관찰된다. 한 글로벌 기업의 분석에 따르면, 디지털 도구를 효과적으로 활용하는 직원들의 생산성은 그렇지 않은 직원들에 비해 평균 3.8배 높았다. 이는 기술 활용도의 차이를 넘어 정보 접근성, 네트워크 형성, 지식 창출 능력의 총체적 격차를 반영한다.

도시와 농촌 간의 디지털 격차는 또 다른 차원의 문제를 제기한다. 2023년 기준으로 주요 도시의 5G 보급률이 85%를 넘어선 반면, 농촌 지역의 상당수는 안정적인 4G 서비스조차 제공받지 못하고 있다. 한 농촌 지역 고등학생은 자신의 경험을 이렇게 표현했다. "우리 마을에서는 클라우드 기반 협업 도구를 쓸 수가 없어요. 도시 친구들이 말하는 실시간 협업이란 게 저희에겐 그저 동화 같은 이야기죠." 이는 단순한 기술적 격차를 넘어, 교육과 직업 선택의 기회 자체를 제한하는 구조적 문제다.

주목할 만한 것은 노인층의 디지털 소외 현상이다. 2023년 한 조사에 따르면, 80세 이상 노인의 68%가 디지털 기기 사용에 심각한 어려움을 겪고 있다. 디지털 전환이 가속화되면서 기본적인 금융, 의료, 행정 서비스의 상당 부분이 디지털 채널로 이동했지만, 많은 노인들은 이러한 변화를 따라가지 못하고 있다. 한 75세 노인은 이렇게 말했다. "은행에 가면 직원들이 스마트폰 뱅킹을 쓰라고만 하죠. 제가 못 한다고 하면 마치 제가 문맹인 것처럼 쳐다봅니다." 이러한 소외는 불편함을 넘어 심리적 외상으로 이어진다. 많은 노인들이 자신들이 살던 세상이 더 이상 존재하지 않는다는 상실감을 호소한다. 더욱 심각한 것은 이러한 디지털 소외가 의료 서비스 접근성에도 영향을 미친다는 점이다. 2023년 한 연구는 디지털 역량이 부족한 노인들이 원격의료 서비스 이용에 어려움을 겪으며, 이로 인해 적절한 의료 서비스를 받지 못하는 경우가 증가하고 있음을 보고했다.

장애인들이 겪는 정보 격차는 더욱 복합적인 양상을 보인다. 디지털 기술은 장애를 극복할 수 있는 혁신적 도구를 제공하지만, 동시에 새로운 형태의 장벽을 만들어내기도 한다. 2023년 기준으로 주요 웹사이트의 97%가 웹 접근성 표준을 완전히 준수하지 않는다는 사실은 의미심장하다. 시각장애인을 위한 스크린리더 호환성이 보장되지 않는 웹사이트들, 청각장애인을 위한 자막이 제공되지 않는 동영상들, 인지장애인을 고려하지 않은 복잡한 인터페이스들이 여전히 만연하다.

건강 불평등 역시 정보 격차와 밀접하게 연관된다. AI 기반 진단 도구, 웨어러블 건강 모니터링 기기, 원격 의료 서비스의 발전은 의료 서비스의 새로운 지평을 열고 있지만, 이러한 혁신의 혜택은 불균등하게 분배된다. 2023년의 한 연구에 따르면, 디지털 헬스케어 서비스 이용률은 소득 상위 20%에서 하위 20%보다 4배 높게 나타났다. 이는 미래의 건강 격차가 더욱 심화될 수 있음을 시사한다.

플랫폼 경제의 확산은 이러한 디지털 계층화를 더욱 공고히 한다. 표면적으로는 누구나 참여할 수 있는 플랫폼 경제가 실제로는 매우 계층화된 구조를 가지고 있다는 점이 점차 드러나고 있다. 상위 플랫폼 노동자들은 데이터 분석과 알고리즘에 대한 이해를 바탕으로 효율적인 작업 전략을 수립하고, 여러 플랫폼을 조합하여 수입을 최적화한다. 반면 디지털 역량이 부족한 노동자들은 플랫폼의 기본적인 기능만을 활용하며, 알고리즘의 변화에 효과적으로 대응하지 못한다.

메타버스와 AI의 발전은 이러한 격차를 완전히 새로운 차원으로 확대할 위험이 있다. 2024년 현재, 주요 테크 기업들은 몰입형 인터넷을 차세대 플랫폼으로 제시하고 있다. 그러나 고성능 VR 헤드셋, 고속 인터넷, 충분한 데이터 요금제 등 이러한 기술을 효과적으로 활용하기 위한 진입장벽은 상당히 높다. 더욱 중요한 것은 이러한 새로운 디지털 공간에서의 사회적 자본 축적 기회가 기존의 불평등을 더욱 증폭시킬 수 있다는 점이다. 국제적 차원에서 정보 격차는 새로운 형태의 디지털 식민주의로 이어질 위험도 존재한다. 개발도상국들은 선진국 기업들이 구축한 디지털 인프라와 플랫폼에 의존할 수밖에 없는 상황이다. 2023년 아프리카 대륙의 데이터 트래픽 90% 이상이 미국과 중국의 플랫폼 기업들을 통해 처리되고 있다는 사실은 이러한 종속성을 단적으로 보여준다. 이는 데이터 주권과 경제적 자립성의 문제로 이어진다. 이러한 상황에서 정보 격차 해소를 위한 노력은 더 이상 선택이 아닌 필수가 되었다.

혁신적인 해결 사례들도 등장하고 있다. 에스토니아의 디지털 앰버서더 프로그램은 주목할 만하다. 은퇴한 IT 전문가들이 자원봉사자로 참여하여 지역 주민들에게 맞춤형 디지털 교육을 제공하는 이 프로그램은, 5년간 농촌 지역의 디지털 서비스 이용률을 60%에서 85%로 끌어올리는 데 성공했다. 일본의 디지털 동반자 시스템도 혁신적인 접근을 보여준다. 2023년부터 시작된 이 제도는 각 지역 커뮤니티 센터에 디지털 상담사를 배치하여, 노인과 장애인들이 일상적인 디지털 서비스 이용에서 겪는 어려움을 해결하도록 돕는다. 특히 의미 있는 점은 이들이 기술적 지원을 넘어, 디지털 서비스 이용과 관련된 심리적 불안감을 해소하는 데 중점을 둔다는 것이다. 그러나 이러한 개별적 프로그램들을 넘어, 보다 근본적인 구조적 변화가 필요하다.

첫째, 디지털 인프라를 공공재로 재정의할 필요가 있다. 고속 인터넷 접속, 기본적인 디지털 기기의 보급, 필수적인 소프트웨어 라이선스 등은 전기나 수도와 같은 기본 인프라로 간주되어야 한다. 실제로 벨기에에서는 2024년부터 디지털 기본권 패키지를 도입하여, 모든 시민에게 최소한의 디지털 접근성을 보장하기 시작했다.

둘째, AI와 자동화로 인한 경제적 이득이 사회 전체에 공평하게 분배되도록 하는 메커니즘이 필요하다. 네덜란드의 디지털 전환 기금 제도는 주목할 만한 시도다. AI 도입으로 인한 생산성 향상의 이익 중 일정 부분을 의무적으로 노동자 재교육과 디지털 포용 프로그램에 투자하도록 하는 이 제도는, 기술 발전의 혜택이 사회 전체에 골고루 돌아가게 하는 효과적인 모델을 제시한다.

마지막으로, 디지털 시대의 새로운 사회 계약이 필요하다. 이는 단순한 기술적 접근성이나 교육의 문제를 넘어, 디지털 시민권의 개념을 재정립하는 것을 의미한다. 모든 시민이 디지털 공간에서 의미 있는 참여를 할 수 있는 권리, 자신의 데이터를 통제할 수 있는 권리, 알고리즘적 의사결정 과정에서 공정한 대우를 받을 권리 등이 기본권으로 보장되어야 한다. 정보 격차 해소는 21세기의 가장 중요한 사회 정의 과제 중 하나다.

3.3.2 디지털 리터러시의 중요성

2022년 봄, 서울의 한 은행지점. 중년 여성이 이번 달 세 번째로 창구를 찾았다. 직원이 디지털 뱅킹을 권했지만, 그녀에게 디지털 기술은 편리함이 아닌 두려움의 대상이었다. "실수로 잘못 누르면 어쩌나, 해킹당하면 어쩌나 하는 걱정에 잠이 안 올 때가 많아요." 은행의 대면 서비스가 축소되고 디지털 뱅킹이 기본이 되면서, 그녀는 일상적인 금융 활동에서조차 소외감을 느끼게 되었다. "내 돈인데 내 마음대로 쓸 수가 없다는 게 참 서글픕니다." 이 사례는 디지털 리터러시의 결핍이 개인의 자율성과 존엄성을 위협하는 수준에 이르렀음을 보여준다.

19세기의 문맹이 시민적 권리 행사를 제한했듯이, 21세기의 디지털 문맹은 기본적 시민권의 행사마저 어렵게 만들고 있다. 2024년 현재, 디지털 리터러시는 더 이상 선택이 아닌 생존의 조건이 되었다. 역사적으로 보면, 새로운 리터러시의 등장은 항상 기존 권력 구조의 재편과 맞물려 있었다. 고대 메소포타미아에서 문자의 독점이 사제 계급의 권력 기반이었듯이, 디지털 리터러시의 불균등한 분포는 새로운 형태의 사회적 계층화를 만들어내고 있다. 한 디지털 교육학자는 다음과 같이 지적한다. "우리는 알파벳 대신 알고리즘을, 책 대신 플랫폼을 읽어야 하는 시대를 살고 있다." 이 통찰은 교육 패러다임의 근본적 전환 필요성을 예리하게 지적한다.

2023년의 한 연구는 디지털 리터러시의 결핍이 만드는 새로운 형태의 사회적 고립을 포착했다. 직장에서의 소외, 공공 서비스 접근의 제한, 사회적 관계의 단절이 서로 맞물리며 악순환을 만들어내고 있었다. 한 연구 참여자는 이렇게 증언했다. "스마트폰으로 모든 걸 하라고 하니까, 점점 더 세상과 단절되는 기분이에요. 제가 살던 세상이 하루하루 낯설어지고 있어요."

디지털 리터러시의 발달 과정은 인간 인지 능력의 진화와 긴밀하게 연결된다. 처음에는 단순한 도구 사용에서 시작하지만, 점차 복잡한 문제 해결과 창의적 표현으로 발전한다. 마치 언어 습득이 단순한 발음에서 시작해 은유와 창작으로 나아가듯이, 디지털 리터러시도 단계적 발전을 거친다. 이는 개인의 인지적 성장뿐만 아니라, 사회의 집단적 학습 능력과도 관련된다. 특히 AI 시대의 도래는 디지털 리터러시의 새로운 차원을 요구한다. 2024년 현재, ChatGPT와 같은 생성형 AI의 등장은 알고리즘적 문해력이라는 전례 없는 도전을 제기한다. AI 시스템과의 효과적인 상호 작용, AI 생성 콘텐츠의 비판적 평가, AI 윤리적 판단은 이제 기본적 디지털 역량의 일부가 되었다.

직장에서의 디지털 리터러시 문제는 특별한 주목을 요한다. 2023년 글로벌 컨설팅 기업의 조사 결과는 놀라웠다. 직장인의 68%가 업무 환경의 급속한 디지털화로 심각한 스트레스를 경험하고 있었으며, 45%는 자신의 디지털 역량 부족이 경력 발전의 결정적 장애물이 되고 있다고 응답했다. 한 50대 사무직 직원의 증언은 이 문제의 본질을 예리하게 드러낸다. "새로운 시스템이 도입될 때마다 가슴이 철렁합니다. 젊은 동료들은 금방 적응하는데, 나는 항상 뒤처지는 것 같아요."

세대별 디지털 리터러시의 특성과 과제도 면밀한 검토가 필요하다. Z세대의 경우, 표면적인 디지털 능숙함이 종종 심층적 이해의 부족을 가린다. 2023년의 연구는 의미심장한 결과를 보여줬다. Z세대의 83%가 소셜 미디어를 능숙하게 사용하지만, 업무용 디지털 도구의 효과적 활용이나 디지털 정보의 비판적 평가 능력은 상대적으로 부족했다. 밀레니얼 세대는 디지털 전환기를 겪으며 성장했기에 기본적인 디지털 적응력은 갖추고 있지만, AI와 빅데이터로 대표되는 새로운 기술 패러다임에 대한 적응이 과제다. 특히 관리자로 성장하는 밀레니얼들에게 디지털 리더십은 핵심적인 도전이 되고 있다. 전통적 리더십 스킬과 디지털 역량의 균형 있는 발전이 요구되는 것이다.

X세대와 베이비부머 세대의 경우, 디지털 재교육이 생존의 문제가 되고 있다. 2024년 연구에 따르면, 50대 이상 직장인의 78%가 자신의 일자리가 디지털 전환으로 인해 위협받고 있다고 느끼는 것으로 나타났다. 그러나 동시에 이들의 풍부한 업무 경험과 전문성은 디지털 전환의 중요한 자산이 될 수 있다. 관건은 이러한 경험과 새로운 디지털 역량을 어떻게 효과적으로 결합할 것인가이다. 교육 현장의 변화도 시급하다. 현재의 학교 교육은 여전히 산업 시대의 패러다임에 갇혀 있다. 2023년 OECD 보고서는 대부분의 국가

에서 디지털 리터러시 교육이 단순한 컴퓨터 활용 교육에 머물러 있다고 지적했다. 한 초등학교 교사는 이렇게 말한다. "아이들은 이미 메타버스와 AI를 일상적으로 사용하는데, 우리는 아직 파워포인트 가르치는 데 급급합니다." 이는 교육과 현실 간의 심각한 괴리를 보여준다.

글로벌 차원의 디지털 리터러시 격차는 새로운 형태의 국제 불평등을 만들어내고 있다. 선진국과 개발도상국 간의 격차는 인프라만의 문제가 아니다. 2023년 UNESCO의 조사에 따르면, 글로벌 남반구 국가들의 디지털 리터러시 교육 프로그램은 대부분 기초적인 기술 훈련에 머물러 있으며, AI나 빅데이터와 같은 첨단 기술 영역은 거의 다루지 못하고 있다. 이는 국제 노동 시장에서의 구조적 불평등으로 이어진다.

디지털 리터러시의 윤리적 차원도 더욱 중요해지고 있다. AI 시스템의 편향성, 디지털 감시, 알고리즘 차별과 같은 문제들은 기술적 이해를 넘어선 윤리적 판단력을 요구한다. 한 윤리학자는 이렇게 말한다. "우리는 기술을 어떻게 사용할 것인가뿐만 아니라, 왜 그리고 언제 사용하지 말아야 하는가도 배워야 한다." 이는 디지털 리터러시의 윤리적 차원을 정확하게 지적한다.

2025년 이후를 전망할 때, 디지털 리터러시는 더욱 복잡하고 다층적인 개념으로 진화할 것이다. 양자 컴퓨팅, 뇌-컴퓨터 인터페이스, 증강 현실의 일상화는 완전히 새로운 형태의 리터러시를 요구할 것이다. 특히 포스트 스크린 시대의 도래는 현재의 디지털 리터러시 개념을 근본적으로 재정의할 것이다. 미래학자들은 2030년경에는 전통적인 스크린 기반 인터페이스가 크게 줄어들고, 대신 음성, 제스처, 생각으로 직접 디지털 환경과 상호 작용하는 것이 일반화될 것으로 예측한다.

이러한 도전들에 대응하기 위해서는 근본적인 교육 패러다임의 전환이 필요하다. 전통적인 강의식 교육이나 매뉴얼 중심의 접근은 더 이상 효과적이지 않다. 실제 문제 해결 중심의 학습, 동료 간 지식 공유, 프로젝트 기반 협업 등 새로운 교육 방식이 요구된다. 특히 디지털 멘토링의 잠재력이 주목받고 있다. 전통적 멘토링이 연장자에서 후배로의 일방향적 지식 전수였다면, 디지털 멘토링은 양방향적 특성을 갖는다. 젊은 세대는 디지털 기술을, 기성 세대는 비즈니스 통찰력을 공유하는 상호 학습이 이루어진다.

민주주의의 작동 방식 자체도 디지털 리터러시에 크게 의존하게 되었다. 2024년은 전 세계적으로 중요한 선거들이 치러진 '슈퍼 일렉션 이어'로 불렸지만, 많은 시민들이 온라인 공론장에서 효과적으로 참여하지 못했다. 2023년 한 연구는 가짜뉴스를 식별하는 능력이 디지털 리터러시 수준과 강한 상관관계를 보인다고 밝혔다. 한 정치학자는 이렇게 말한다. "민주주의가 작동하기 위해서는 시민들이 정보를 비판적으로 평가할 수 있어야 한다." 이는 디지털 리터러시가 현대 민주주의의 필수 조건이 되었음을 시사한다.

결국 디지털 리터러시는 21세기의 필수적 생존 능력이자 시민적 권리로 자리잡았다. 이는 교육 정책만의 문제가 아닌, 우리 시대 민주주의와 사회 정의의 근본적 조건이 되었다. 개인의 지속적 학습과 사회의 체계적 지원이 함께 이루어질 때, 우리는 디지털 시대의 새로운 문해력을 통해 보다 포용적이고 민주적인 미래를 열어갈 수 있을 것이다.

3.3.3 알고리즘 차별의 문제

2021년 12월, 네덜란드 정부는 심각한 위기에 직면했다. 정부의 AI 시스템이 26,000명의 부모들을 부정하게 아동수당 부정 수급자로 분류한 것이다. 특히 이중 국적자와 이민자 가정이 불균형적으로 높은 비율로 타깃이 되었다. 수많은 가정이 재정적 파탄에 직면했고, 일부는 집을 잃었다. 결국 네덜란드 정부는 총사퇴라는 극단적 선택을 했다. 이 사건은 알고리즘 차별이 단순한 기술적 오류가 아닌, 근본적인 사회 정의의 문제임을 드러냈다.

알고리즘 차별은 21세기의 새로운 형태의 구조적 차별로 자리잡고 있다. 그것은 전통적인 차별과 달리 객관적이고 중립적인 것처럼 보이기에 더욱 위험하다. 2025년 현재, 알고리즘은 우리 삶의 핵심적인 의사결정들을 주도하고 있다. 대출 심사, 채용 선발, 보험료 책정, 범죄 위험도 평가, 의료 진단에 이르기까지, 알고리즘의 판단이 개인의 운명을 좌우하는 경우가 급증하고 있다. 특히 주목할 것은 알고리즘 차별의 자기 강화적 특성이다. 편향된 데이터로 학습된 AI는 편향된 결정을 내리고, 이 결정은 다시 새로운 데이터가 되어 AI의 편향을 강화한다. 아마존의 실패한 채용 AI 사례는 이를 잘 보여준다. 2015년 개발된 이 시스템은 과거 채용 데이터를 학습했는데, 여성 지원자를 체계적으로 차별했다. 심지어 이력서에서 여성 관련 단어를 모두 제거해도, AI는 다른 데이터 패턴을 통해 지원자의 성별을 추론하여 차별했다. 결국 아마존은 이 시스템이 구조적으로 편향되어 있다고 판단하고 개발을 중단했다.

의료 AI의 편향성은 생명과 직결되는 문제를 야기한다. 2022년 연구에 따르면 주요 의료 AI 시스템들이 흑인 환자의 통증을 체계적으로 과소평가한다고 한다. 이는 의료 데이터에 내재된 역사적 편견이 AI를 통해 재생산된 결과였다. 한 의료 윤리학자는 이렇게 말한다. "우리가 만든 AI는 우리 사회의 차별을 디지털로 복제하고 있다." 이는 기술적 해결만으로는 이 문제를 해결할 수 없음을 시사한다. 특히 주목할 만한 것은 언어 AI의 편향성이다. GPT와 같은 대규모언어모델들은 학습 데이터에 내재된 사회적 편견을 그대로 반영하거나 증폭시킨다. "의사는 그가..."와 같은 문장을 완성할 때, 대부분의 AI는 자동으로 남성 대명사를 선택한다. 이는 결국 언어적 편향을 넘어 사회적 고정 관념을 강화하는 결과를 낳는다.

금융 분야의 알고리즘 차별은 더욱 교묘한 형태를 띤다. 2023년 미국 연방준비은행의 연구에 따르면 AI 기반 대출 심사 시스템은 동일한 신용도를 가진 지원자들 사이에서도 인종과 거주 지역에 따라 최대 40%의 금리 차이를 보였다. 표면적으로는 객관적인 위험 평가라는 이름으로 이루어지는 이러한 차별은 기존의 사회 경제적 불평등을 심화시킨다.

교육 분야에서도 알고리즘 차별은 심각한 우려를 낳고 있다. 팬데믹 이후 확산된 AI 기반 학습 분석과 평가 시스템들은 종종 특정 학습자 그룹에 불리하게 작동한다. 2023년 영국의 A-레벨 시험 사태는 의미심장한 사례다. 알고리즘 기반 성적 산출 시스템이 저소득층 지역 학교 학생들의 성적을 체계적으로 낮게 평가했다. 이는 과거의 학교별 성적 데이터가 가진 편향이 알고리즘을 통해 재생산된 결과였다.

채용 분야의 알고리즘 차별은 특히 교묘한 형태로 나타난다. 표면적으로는 중립적인 기준을 사용하더라도, AI는 종종 지원자의 이름, 출신 학교, 거주 지역 등을 통해 인종과 사회 경제적 배경을 추론하여 차별적 결정을 내린다. 2023년의 연구에 따르면, 동일한 이력서를 제출하더라도 이름의 민족적 함의에 따라 면접 제안 확률이 최대 50%까지 차이 났다. 알고리즘 차별의 새로운 양상은 복합적 차별의 형태로 나타난다. 예를 들어, AI 시스템은 고령의 유색 인종 여성에 대해 특히 높은 오류율을 보인다. 이는 단순한 개별 차별 요소들의 합이 아닌, 여러 차별 요인이 상호 작용하며 만들어내는 새로운 형태의 체계적 배제다. 특히 우려되는 것은 알고리즘 차별의 시간적 누적 효과다. 초기 교육 단계에서의 작은 차별적 결정들이 시간이 지나면서 증폭되어, 결국 취업, 소득, 주거 등 삶의 전반적인 기회의 불평등으로 이어진다. 2024년의 한 종단 연구는 AI 기반 학습 분석 시스템의 초기 평가가 학생의 향후 10년 간의 교육 및 경력 경로에 결정적 영향을 미친다는 것을 밝혔다.

메타버스와 Web3.0 시대의 새로운 형태의 알고리즘 차별도 등장하고 있다. 가상 공간에서의 아바타 표현, 디지털 자산에 대한 접근성, 가상 커뮤니티에서의 참여 기회 등에서 알고리즘적 차별이 새롭게 나타나고 있다. 한 디지털 인류학자는 이렇게 말한다. "디지털 공간이 확장될수록 차별의 형태도 더욱 다층화되고 있다." 이는 새로운 형태의 사회적 배제가 디지털 영역에서 재생산되고 있음을 시사한다.

알고리즘 차별에 대응하기 위한 노력도 다각도로 이루어지고 있다. EU의 AI 법안(2023)은 세계 최초로 알고리즘 차별을 포괄적으로 규제하는 법적 프레임워크를 제시했다. 이는 고위험 AI 시스템에 대한 엄격한 감사와 투명성 요구, 차별적 결과에 대한 법적 책임 규정을 포함한다.

기술적 해결책도 모색되고 있다. 설명 가능한 AI(XAI: Explainable AI)는 알고리즘의 의사결정 과정을 투명하게 만들기 위한 시도다. IBM, 구글 등 주요 기업들은 AI 공정성 도구킷을 개발하여 알고리즘 편향을 사전에 탐지하고 수정하려 노력하고 있다. 그러나 이러한 기술적 접근만으로는 근본적 해결이 어렵다는 지적이 많다. 한 연구자는 이렇게 말한다. "알고리즘의 편향성은 결국 사회의 편향성을 반영한다." 이는 보다 근본적인 해결을 위해 다음과 같은 접근이 필요함을 시사한다.

첫째, 데이터의 다양성과 포용성 확보가 필수적이다. AI 시스템이 학습하는 데이터셋에 사회의 다양한 구성원들이 적절히 대표되어야 한다. 2024년 시작된 Inclusive Data Initiative는 소수자와 취약 계층의 데이터를 의도적으로 수집하고 포함시키는 글로벌 프로젝트로서 주목받고 있다.

둘째, AI 개발 인력의 다양성이 중요하다. 현재 AI 개발자의 78%가 남성이며, 인종적 다양성도 매우 제한적이다. 한 AI 윤리학자는 이렇게 말한다. "코드를 작성하는 사람의 다양성이 코드의 공정성을 결정한다." 이는 기술 개발 과정 자체의 포용성이 필요함을 강조한다.

셋째, 알고리즘 감사(Algorithm Audit)의 제도화가 필요하다. 금융 기관이 정기적인 회계 감사를 받듯이, AI 시스템도 정기적인 공정성 평가를 받아야 한다. 2023년 뉴욕시의 AI 편향성 감사법은 이러한 방향의 선구적 시도다.

차세대 AI 시스템에서는 더욱 정교하고 포착하기 어려운 형태의 차별이 예상된다. 특히 자기학습 AI의 경우, 초기에는 발견되지 않던 차별적 패턴이 시간이 지나면서 자연스럽게 발현될 수 있다. 2024년 개발된 한 자율주행 시스템이 특정 인종의 보행자를 인식하는 데 더 오랜 시간이 걸린다는 사실이 수개월 후에야 발견된 사례는 이러한 우려를 뒷받침한다. 양자 컴퓨팅의 발전은 알고리즘 차별에 또 다른 차원을 더할 것으로 예상된다. 기존의 감사 도구로는 포착할 수 없는 새로운 형태의 패턴 인식과 의사결정이 가능해질 것이기 때문이다. 한 컴퓨터 과학자는 이렇게 경고한다. "우리는 아직 이해하지 못하는 방식으로 차별하는 AI를 마주하게 될 것이다."

결론적으로, 알고리즘 차별은 21세기의 가장 중요한 인권 문제 중 하나가 될 것이다. 그것은 기술적 결함이나 부수적 피해만이 아닌, 우리 사회의 구조적 불평등이 디지털 시대에 새롭게 재현되는 방식이다. 이에 대한 우리의 대응은 디지털 시대의 사회 정의가 어떤 모습을 갖게 될지를 결정할 것이다.

|통|찰|의|나|침|반|

디지털 시대의 새로운 계급 구조

역사의 변곡점마다 새로운 형태의 리터러시는 권력 구조의 재편을 동반했다. 고대 메소포타미아에서 문자의 독점은 사제 계급의 지배를 가능하게 했고, 중세 유럽에서 라틴어의 통제는 교회의 권위를 공고히 했다. 구텐베르크의 인쇄술이 이러한 지식 독점을 해체하고 새로운 시민 계급의 등장을 촉진했듯이, 디지털 혁명도 전례 없는 권력 구조의 재편을 가져오고 있다. 그러나 21세기의 디지털 격차는 이전의 문해력 격차와는 본질적으로 다른 성격을 지닌다.

과거의 문해력이 비교적 안정적인 기술 체계였다면, 디지털 리터러시는 끊임없이 진화하는 동적 체계다. 한번 획득된 디지털 역량도 빠른 기술 발전 속에서 쉽게 구식이 될 수 있다. 이러한 영구적 학습 요구는 새로운 형태의 사회적 피로와 불안을 만들어내고 있다. 더욱 본질적인 문제는 디지털 격차가 만들어내는 인식론적 분리다. 디지털 환경에서 자라난 세대와 그렇지 않은 세대는 단순히 기술 활용 능력의 차이를 넘어, 세계를 이해하고 경험하는 방식 자체가 달라지고 있다. 플라톤이 문자 문화의 등장이 가져올 인식론적 단절을 우려했던 것과 유사한 맥락이다. 그러나 현대의 디지털 단절은 그보다 더욱 근본적이고 광범위하다. 디지털 시대의 계급은 전통적인 의미의 생산 수단 소유 여부나 조직 내 지위로 결정되지 않는다. 대신 세 가지 핵심 요소가 새로운 계급 구분의 기준이 된다.

첫째, 디지털 유동성이다. 이는 끊임없이 변화하는 디지털 환경에 적응하는 능력을 의미한다. 마치 물이 그릇의 형태에 맞춰 자연스럽게 흐르듯, 새로운 디지털 환경에 유연하게 적응하고 그 속에서 기회를 포착하는 능력이다.

둘째, 네트워크 자본이다. 디지털 공간에서 형성하고 활용할 수 있는 관계망의 질과 규모를 뜻한다. 이는 부르디외가 말한 사회 자본의 디지털 시대 버전이지만, 그 축적과 활용의 역동성은 비교할 수 없을 정도로 크다.

셋째, 알고리즘적 권력이다. 알고리즘을 이해하고 활용하며 때로는 저항할 수 있는 능력이다. 이는 기술적 이해를 넘어, 디지털 시대의 권력 작동 방식 자체를 해독하고 대응하는 능력을 의미한다.

| 통 | 찰 | 의 | 나 | 침 | 반 |

이러한 새로운 계급 구조는 이전의 계급 구조보다 더욱 교묘하게 작동한다. 표면적으로는 모두에게 열려 있는 디지털 공간이 실제로는 매우 정교한 계층화를 만들어내고 있는 것이다. 이는 마치 모든 시민에게 투표권이 주어졌지만 실질적인 정치 참여가 교육 수준과 사회 경제적 지위에 따라 크게 달라지는 것과 유사한 메커니즘이다. 특히 주목할 것은 디지털 계급 구조가 지닌 자기 강화적 특성이다.

초기의 디지털 격차는 시간이 지날수록 더 큰 격차로 확대된다. 이는 마치 복리이자처럼 작동하는 디지털 불평등의 복리 효과라 할 수 있다. 디지털 엘리트들은 자신들의 우위를 지속적으로 확대 재생산할 수 있는 구조적 이점을 가지게 된다. 그러나 역설적으로, 바로 이 디지털 기술의 근본적 특성이 새로운 가능성도 제시한다. 디지털 기술의 본질적 복제 가능성과 네트워크 효과는 지식과 권력의 급진적 재분배를 가능하게 할 수도 있다. 오픈소스 운동, 크리에이티브 커먼즈, 분산형 자율조직(DAO)으로 대표되는 대안적 실험들은 이러한 가능성을 보여준다. 결국 관건은 이러한 기술의 양가성을 어떻게 사회적으로 관리하고 방향 지을 것인가이다. 디지털 기술이 새로운 형태의 봉건제를 만들어낼 것인가, 아니면 더욱 민주적이고 평등한 사회로 나아가는 도구가 될 것인가는 전적으로 우리의 집단적 선택과 행동에 달려 있다. 이것이야말로 우리 시대가 마주한 가장 중요한 정치적, 윤리적 과제일 것이다.

|시|대|의|끝|에|서|

정보 혁명이 가져온 권력 구조의 근본적 변화

역사적으로 모든 문명의 대전환기에는 새로운 형태의 권력이 등장했다. 농업 혁명은 토지를 기반으로 한 귀족 권력을, 산업 혁명은 자본을 기반으로 한 부르주아 권력을 탄생시켰다. 그렇다면 정보 혁명은 어떤 권력 구조를 만들어내고 있는가?

이 질문에 답하기 위해서는 먼저 정보 혁명의 본질적 특성을 이해해야 한다. 정보 혁명은 이전의 혁명들과 근본적으로 다른 성격을 가진다. 농업 혁명이 자연의 통제를, 산업 혁명이 물질의 변형을 가져왔다면, 정보 혁명은 인간의 인식과 소통 방식 자체를 변화시키고 있다. 이는 기술적 진보나 경제적 변화를 넘어선 인류 문명의 존재론적 전환을 의미한다. 특히 주목할 만한 것은 정보 혁명이 만들어내는 권력의 비가시성이다.

전통적 권력이 물리적 강제나 제도적 위계를 통해 작동했다면, 정보 권력은 알고리즘과 데이터를 통해 보이지 않게 작동한다. 구글의 검색 알고리즘, 페이스북의 뉴스피드, 넷플릭스의 추천 시스템은 우리의 인식과 선택을 조용히 조정한다. 이는 푸코가 분석한 규율 권력보다 더욱 교묘하고 효과적인 통제 메커니즘이다. 더욱 중요한 것은 이러한 권력이 자기 강화적 특성을 가진다는 점이다. 더 많은 사용자 데이터를 확보할수록 알고리즘은 더욱 정교해지고, 이는 다시 더 많은 사용자를 끌어들이는 선순환을 만든다. 이러한 메커니즘은 전례 없는 수준의 권력 집중을 가능하게 한다. 2024년 현재, 소수의 플랫폼 기업들이 인류 역사상 가장 강력한 형태의 권력을 보유하게 된 것은 우연이 아니다. 그러나 정보 혁명의 가장 혁명적인 측면은 지식의 민주화 가능성에 있다.

역사상 처음으로, 인류의 집단지성이 실시간으로 연결되고 협력할 수 있는 기술적 기반이 마련되었다. 위키피디아는 이러한 가능성을 보여주는 상징적 사례다. 전문가들의 예상과 달리, 개방된 협력이 신뢰할 만한 지식 체계를 만들어낼 수 있다는 것이 증명되었다.

시대의 끝에서

　동시에 정보 혁명은 완전히 새로운 형태의 불평등도 만들어내고 있다. 특히 정보화 시대의 불평등은 다층적이고 복합적인 성격을 가진다. 접근성의 격차, 활용 능력의 격차, 그리고 가장 근본적으로는 인식론적 격차가 서로 중첩되고 강화된다. 디지털 원주민(Digital Natives)과 디지털 이주민(Digital Immigrants) 사이의 간극은 단순 세대 차이를 넘어, 세계를 이해하고 경험하는 방식 자체의 차이를 의미한다.

　플랫폼 자본주의의 등장은 이러한 변화를 더욱 가속화한다. 플랫폼은 전통적 중개자가 아니다. 그것은 사회적 관계와 경제적 교환의 기본 인프라가 되었다. 우버나 에어비앤비와 같은 공유 경제 플랫폼들은 전통적인 노동 관계와 소유 개념 자체를 재정의한다. 이는 마르크스가 분석한 산업자본주의의 착취 구조보다 더욱 교묘하고 효율적인 가치 추출 메커니즘을 만들어낸다. 이러한 변화 속에서 새로운 형태의 민주주의가 요구된다.

　전통적인 대의민주주의 체계는 디지털 시대의 권력을 효과적으로 통제하지 못한다. 국민국가의 규제 권한은 초국적 플랫폼의 영향력 앞에서 점점 무력화되고 있다. 알고리즘으로 무장한 플랫폼은 민주적 감시와 견제를 어렵게 만든다. 더욱 근본적으로, 디지털 공론장의 파편화는 민주적 담론 자체를 위협한다. 그러나 바로 이 기술의 양가성이 새로운 가능성도 제시한다.

　블록체인과 같은 분산형 기술은 중앙화된 권력에 대한 대안적 거버넌스 모델을 제시한다. 디지털 공유지(Digital Commons)의 확장은 플랫폼 자본주의의 독점적 통제에 대한 대항력이 될 수 있다. 시민들의 데이터 주권 운동은 새로운 형태의 민주적 저항을 보여준다.

| 시 | 대 | 의 | 끝 | 에 | 서 |

정보 혁명이 제기하는 가장 근본적인 질문은 인간됨의 의미에 관한 것이다. 디지털 기술이 인간의 인지적 능력을 확장하고, 사회적 관계를 재구성하며, 현실 인식 자체를 변화시키면서, 우리는 인간 존재의 본질에 대해 다시 생각하지 않을 수 없게 되었다. 호모 사피엔스는 이제 호모 디지털리스(Homo Digitalis)로 진화하고 있는가? 이러한 전환기에 우리에게 필요한 것은 새로운 사회 계약이다. 그것은 다음과 같은 원칙들에 기반해야 할 것이다.

첫째, 디지털 권리의 재정의다. 정보에 대한 접근과 활용은 더 이상 선택의 문제가 아닌, 기본적 인권의 문제로 다루어져야 한다. 특히 알고리즘적 결정에 대한 설명을 요구할 권리, 자신의 데이터를 통제할 권리, 디지털 교육을 받을 권리는 새로운 시민권의 핵심 요소가 되어야 한다.

둘째, 디지털 공공성의 강화다. 핵심적인 디지털 인프라는 공공재로 인식되고 관리되어야 한다. 단, 이는 국유화나 규제 강화를 의미하지는 않는다. 대신 시민사회, 정부, 기업이 참여하는 새로운 형태의 거버넌스 모델이 필요하다.

셋째, 알고리즘 정의(Algorithmic Justice)의 실현이다. 알고리즘이 기존의 사회적 편견과 차별을 강화하는 것이 아니라, 오히려 이를 해소하는 방향으로 설계되고 운영되어야 한다. 이를 위해서는 알고리즘의 투명성과 책임성을 보장하는 제도적 장치가 필요하다.

넷째, 디지털 포용성의 보장이다. 나이, 성별, 인종, 지역, 경제적 지위 등에 관계없이 모든 시민이 의미 있는 디지털 참여를 할 수 있어야 하며, 물리적 접근성 보장을 넘어,

시대의 끝에서

실질적인 활용 능력의 개발을 지원하는 포괄적 정책을 필요로 한다.

마지막으로, 디지털 회복력(Digital Resilience)의 구축이다. 급속한 기술 변화 속에서도 사회의 안정성과 지속 가능성을 유지할 수 있는 능력이 필요하다. 이는 기술적 인프라의 견고성뿐만 아니라, 사회적 적응력과 문화적 다양성의 보존도 포함한다.

이러한 과제들은 기존의 정책적 처방으로 해결될 수 없다. 그것은 우리 문명의 근본적인 재구성을 요구한다. 정보 혁명은 단순한 기술 변화가 아닌, 인류 문명의 새로운 단계로 가는 진통이다. 이 전환을 어떻게 관리하고 방향 지을 것인가가 우리 세대의 가장 중요한 과제일 것이다. 역사는 우리에게 모든 문명의 대전환기가 위험과 기회를 동시에 가져왔음을 보여준다. 정보 혁명도 마찬가지일 것이다. 이 혁명이 소수의 디지털 엘리트가 지배하는 새로운 형태의 기술 관료제로 귀결될 것인가, 아니면 더욱 민주적이고 포용적인 문명으로 나아가는 계기가 될 것인가는 전적으로 우리의 선택과 행동에 달려 있다.

"우리는 이제 기술이 만들어내는 미래가 아니라, 우리가 만들어가는 미래를 이야기해야 한다." 한 디지털 인문학자의 이 말은 정보 혁명 시대를 맞는 우리의 자세를 정확히 지적한다. 기술은 우리의 운명이 아니라 도구다. 그것을 어떻게 사용할 것인가, 어떤 가치를 실현하는데 활용할 것인가는 우리의 선택이다. 정보 혁명의 여정은 이제 겨우 시작되었다. 이 여정이 인류의 자유와 존엄을 확장하는 방향으로 나아가도록 하는 것, 그것이 우리 시대가 마주한 가장 중요한 도전이자 과제일 것이다.

4장 인공지능이 다시 쓰는 권력의 문법

2016년 3월, 서울의 한 바둑 대국장. 이세돌 9단은 자신의 두 눈을 의심할 수밖에 없었다. 알파고가 제시한 제37수는 인간의 논리로는 설명하기 어려운 수였다. 그러나 그 한 수가 게임의 흐름을 완전히 바꾸어 놓았다. 이 순간은 기존의 바둑 대국의 승패를 넘어, 인류가 처음으로 다른 지성의 존재를 직면한 역사적 순간이었다. 한 관중은 이렇게 기록했다. "우리는 지금 새로운 시대의 시작점에 서 있다."

그림 4-1 이세돌과 알파고의 세기의 대결(출처: 구글)

AI 시대의 도래는 산업 혁명이나 디지털 혁명을 넘어서는 근본적인 문명사적 전환을 예고한다. 이전의 기술 혁명들이 인간의 물리적 능력을 확장했다면, AI는 인간의 인지적 능력을 확장하고 때로는 대체한다. 이는 인간만이 할 수 있는 일의 영역을 근본적으로 재정의하는 과정이다. 법률 검토, 의료 진단, 금융 분석과 같은 전문직의 영역에서도 AI의 능력은 이미 인간의 수준에 근접하거나 때로는 이를 넘어서고 있다. 그러나 이러한 변화는 전통적 기술 진보를 넘어선다. 그것은 인간의 노동과 창조성, 지식과 학습, 의사결정과 책임의 본질에 대한 근본적인 질문을 제기한다.

GPT와 같은 거대언어모델은 인간의 언어 능력을 흉내 내는 것을 넘어, 새로운 형태의 지식 생산과 의미 창출의 가능성을 보여준다. 이는 "지식이란 무엇인가?", "창조성은 어디에서 오는가?", "의식과 지능의 관계는 무엇인가?"와 같은 철학적 질문들을 새롭게 제기한다.

권력의 지형도 급격히 재편되고 있다. AI 기술을 선도하는 소수의 기업들이 전례 없는 영향력을 획득하고 있다. 이들이 통제하는 알고리즘은 우리가 보는 정보, 소비하는 문화, 만나는 사람들을 결정한다. 더욱 중요한 것은 이러한 권력이 전통적인 정치적, 법적 통제 메커니즘으로는 포착하기 어렵고 새로운 형태의 비책임성을 낳는다. 노동의 미래도 극적으로 재구성되고 있다. 맥킨지의 분석에 따르면, 2030년까지 전 세계 노동력의 약 30%가 AI와 자동화로 인해 직업을 잃거나 직무 내용의 중대한 변화를 겪게 될 것이다. 그러나 이는 전통적 일자리 감소가 아닌, 노동의 본질적 재정의를 의미한다. AI가 반복적이고 규칙적인 업무를 대체하면서, 인간의 노동은 더욱 창의적이고 감성적인 영역으로 이동할 것이다.

교육과 학습의 패러다임도 변화하고 있다. 지식의 암기와 재생산보다는 비판적 사고력, 창의성, 협업 능력이 더욱 중요해질 것이다. AI 튜터의 등장은 개인화된 학습의 새로운 가능성을 열어주지만, 동시에 교육의 표준화와 획일화의 위험도 제기한다. "AI 시대에 우리는 무엇을, 어떻게 가르쳐야 하는가?"라는 질문은 교육계의 핵심 과제가 되고 있다.

윤리적 도전도 전례 없이 복잡하다. 자율주행차의 트롤리 딜레마, AI 창작물의 저작권, 알고리즘 편향성의 문제 등은 기존의 윤리적 프레임워크로는 해결하기 어려운 새로운 차원의 문제들을 제기한다. 특히 AI의 결정이 인간의 생명과 권리에 직접적인 영향을 미치는 상황에서, 책임과 통제의 문제는 더욱 첨예해진다. 그러나 이러한 도전 속에서도 새로운 가능성이 열리고 있다. AI는 기후 변화, 질병, 빈곤과 같은 인류의 오랜 과제들에 대한 새로운 해결책을 제시할 수 있다. 예를 들어 딥마인드의 알파폴드는 단백질 구조 예측을 혁신적으로 발전시켜, 신약 개발과 질병 치료의 새로운 지평을 열었다. AI는 또한 개인화된 의료, 맞춤형 교육, 지속 가능한 에너지 시스템을 가능하게 할 수 있다.

이제 우리는 역사적 갈림길에 서 있다. AI는 우리에게 유토피아적 가능성과 디스토피아적
위험을 동시에 제시한다. 관건은 이 기술을 어떻게 발전시키고 통제할 것인가이다. 이는 단순한
기술적 문제가 아닌, 우리가 어떤 미래를 원하는지, 인간다움의 본질을 어떻게 정의하는지에
대한 근본적인 질문이다.

이 장에서 우리는 AI 시대의 도전과 가능성을 세 가지 측면에서 살펴볼 것이다. 먼저 AI 기술의
발전과 그 임팩트를 분석하고, 이어서 새로운 권력 구조의 형성을 탐구하며, 마지막으로 미래
사회의 전망과 과제를 논의할 것이다. 이를 통해 우리는 이 거대한 전환의 의미를 더 깊이
이해하고, 더 나은 미래를 위한 통찰을 얻을 수 있을 것이다.

역사는 우리에게 기술 변화가 결코 중립적이거나 필연적이지 않다는 것을 가르친다. 그것은
우리의 선택과 노력에 따라 다른 결과를 가져올 수 있다. AI 시대의 도래는 인류에게 주어진
새로운 도전이자 기회다. 이 역사적 순간에 우리가 어떤 선택을 하느냐가 미래를 결정할 것이다.
더욱 근본적인 도전은 민주주의와 거버넌스의 미래에 관한 것이다.

AI는 사회적 의사결정의 새로운 도구가 될 수 있지만, 동시에 민주적 통제를 약화시킬 수도 있다.
예를 들어, 선거 캠페인에서 AI 기반 마이크로 타게팅의 사용은 유권자 조작의 새로운 가능성을
열어준다. 소셜 미디어의 알고리즘은 이미 공론장을 파편화하고, 확증편향을 강화하는 경향을
보인다. 디지털 직접 민주주의의 가능성과 알고리즘 독재의 위험이 동시에 존재하는 것이다.

프라이버시와 감시의 문제도 새로운 차원에서 제기된다. AI 기반 안면 인식 기술과 행동 예측
알고리즘의 발전은 전례 없는 수준의 개인 감시를 가능하게 한다. 중국의 사회 신용 시스템은
이러한 기술이 어떻게 전체주의적 통제의 도구가 될 수 있는지를 보여주는 사례다. 그러나
동시에 이러한 기술은 범죄 예방, 공공 안전, 효율적인 도시 관리를 위한 도구가 될 수도 있다.
우리는 안전과 자유, 효율성과 프라이버시 사이의 새로운 균형점을 찾아야 한다.

국제 질서의 재편도 피할 수 없다. AI 기술은 이미 새로운 형태의 군사력이 되었다. 자율 무기
시스템, 사이버 전쟁, 정보전의 발전은 전쟁의 본질을 변화시키고 있다. 더욱 중요한 것은 AI가
새로운 형태의 지정학적 분할선을 만들어내고 있다는 점이다. AI 패권을 둘러싼 미중 경쟁은
기술 경쟁을 넘어, 21세기의 새로운 냉전이 될 수 있다.

인류 문명의 장기적 전망에 대한 질문도 제기된다. AI가 계속 발전하여 인공일반지능(AGI)의 단계에 도달한다면 어떻게 될 것인가? 일부 전문가들은 이를 '특이점'이라 부르며, 인류 문명의 근본적 전환점이 될 것이라 예측한다. 더 나아가 초인공지능의 등장 가능성은 인류가 처음으로 자신보다 더 지적인 존재를 만들어낼 수 있다는 것을 의미한다. 이는 철학적으로나 실존적으로나 전례 없는 도전이다. 그러나 이러한 거대한 변화 속에서도, 우리는 인간의 고유한 가치와 존엄성을 잃지 않아야 한다. AI는 도구이지 목적이 아니다. 그것은 인간의 능력을 확장하고 보완하는 방식으로 발전해야 한다. 인간 중심 AI라는 개념이 중요한 이유가 여기에 있다.

우리는 기술의 발전이 인간의 자유와 존엄, 창의성과 연대를 증진하는 방향으로 이루어지도록 해야 한다. 특히 중요한 것은 AI 발전의 혜택이 공평하게 분배되어야 한다는 점이다. 현재의 추세는 AI가 기존의 불평등을 심화시킬 위험이 있음을 보여준다. AI 기술과 데이터의 독점, 교육 기회의 격차, 일자리 양극화 등은 새로운 형태의 사회적 분열을 낳을 수 있다. 우리는 AI 디바이드가 새로운 형태의 계급 사회를 만들지 않도록 주의해야 한다. 결국 관건은 우리가 이 기술을 어떻게 통제하고 활용할 것인가이다. AI의 발전은 불가피하지만, 그 방향과 속도는 우리의 선택에 달려 있다. 우리는 지금 인류 역사상 가장 강력한 도구를 손에 넣었다. 이 도구를 어떻게 사용할 것인가? 이것이 우리 시대의 가장 중요한 질문일 것이다.

이제 본격적으로 AI가 가져올 변화의 구체적 양상들을 살펴보자. AI 기술의 발전 현황과 전망, 새로운 권력 구조의 형성, 그리고 미래 사회의 도전과 기회를 차례로 분석할 것이다. 이를 통해 우리는 이 거대한 변화의 지도를 그려볼 수 있을 것이다. 이세돌과 알파고의 대국이 보여준 것처럼, 우리는 이제 새로운 시대의 문턱에 서 있다. 그리고 그 미래는 우리가 지금 어떤 선택을 하느냐에 달려 있다.

4.1 AI 기술의 발전

2022년 11월, OpenAI가 ChatGPT를 공개했을 때, 많은 이들은 이를 기존 채팅봇의 진화 정도로 여겼다. 그러나 불과 몇 주 만에 이 AI 시스템은 전 세계 교육계와 산업계를 뒤흔들어 놓았다. 대학들은 급히 시험 정책을 수정해야 했고, 기업들은 AI 도입 전략을 재검토했다. 불과 2개월 만에 1억 명의 사용자를 확보한 ChatGPT는 스마트폰 이후 가장 빠르게 확산된 기술 혁신이 되었다. 한 실리콘밸리 벤처캐피털리스트는 이렇게 말했다. "우리는 지금 증기기관이나 전기의 발명에 버금가는 순간을 목격하고 있다." 이러한 폭발적 반응의 핵심에는 AI가 더 이상 먼 미래의 이야기가 아니라는 깨달음이 있었다.

ChatGPT는 단순한 질의 응답을 넘어 복잡한 프로그래밍, 창의적인 글쓰기, 논리적 분석까지 수행할 수 있었다. 물론 그것은 여전히 많은 한계를 가지고 있었다. 환각(Hallucination)이라 불리는 오류를 범했고, 윤리적 판단에서는 종종 혼란을 보였다. 그러나 중요한 것은 발전의 속도였다. GPT-4의 등장은 AI 능력의 한계가 우리의 예상보다 훨씬 더 높을 수 있다는 것을 보여주었다.

그림 4-2 체스 AI 딥블루와 체스 챔피언 가리 카스파로프의 대결 (출처: 구글)*

그러나 이러한 발전은 갑자기 이루어진 것이 아니다. 그것은 수십 년에 걸친 AI 연구의 축적된 결과다. 1956년 다트머스 회의에서 '인공지능'이라는 용어가 처음 사용된 이후, AI는 여러 차례의 부흥과 침체(AI 겨울)를 경험했다. 1997년 IBM의 딥블루가 체스 챔피언 가리 카스파로프를 이겼을 때, 많은 이들은 AI의 시대가 도래했다고 선언했다. 그러나 실제로 그것은 시작에 불과했다. 진정한 돌파구는 2012년 딥러닝의 등장과 함께 열렸다. 토론토대학의 제프리 힌튼 팀이 개발한 AlexNet은 이미지 인식 대회에서 압도적인 성능을 보여주었다.

이는 단순한 기술적 진보가 아닌, 패러다임의 전환을 의미했다. 전통적인 규칙 기반 접근에서 데이터 기반 학습으로의 전환은 AI의 가능성을 근본적으로 재정의했다. 특히 주목할 만한 것은 AI가 이제 패턴 인식을 넘어 창

---

* 세계 체스 챔피언 가리 카스파로프(Garry Kasparov)와 IBM이 개발한 체스 플레이 컴퓨터인 딥블루(Deep Blue)와 대국 장면. 1996년 첫 번째 경기에서는 카스파로프가 4-2로 승리했지만, 1997년 두 번째 경기에서는 딥블루에게 패배하였다.

조적 영역으로 확장되고 있다는 점이다. DALL-E, Midjourney와 같은 AI 이미지 생성 모델들은 예술의 본질에 대한 근본적인 질문을 제기한다. 언어 모델들은 시를 쓰고, 음악을 작곡하며, 새로운 아이디어를 제안한다. "창조성은 인간만의 고유한 특성인가?"라는 오래된 철학적 질문이 이제 실천적인 도전이 된 것이다. 동시에 AI는 과학적 발견의 새로운 도구가 되고 있다.

DeepMind의 AlphaFold가 단백질 구조 예측 문제를 해결한 것은 생물학의 50년 된 난제를 푼 것이다. AI는 신약 개발, 재료 과학, 기후 모델링 등 다양한 분야에서 돌파구를 제공하고 있다. 이는 과학적 방법론 자체의 변화를 암시한다. 데이터와 알고리즘이 가설과 실험을 보완하거나 때로는 대체하는 새로운 과학 패러다임이 등장하고 있는 것이다. 그러나 이러한 발전은 새로운 도전도 제기한다. AI 시스템의 블랙박스 문제는 여전히 해결되지 않았다.

딥러닝 모델이 어떻게 결정을 내리는지 완전히 이해하는 것은 현재로서는 불가능하다. 이는 특히 의료 진단, 법적 판단, 금융 결정과 같은 중요한 의사결정에서 심각한 문제가 된다. 더욱 근본적인 것은 AI의 안전성과 통제 가능성에 대한 우려다. 현재의 AI 시스템들은 여전히 좁은 AI(Narrow AI)의 영역에 머물러 있다. 그러나 일부 연구자들은 인공일반지능(AGI)의 등장 가능성을 진지하게 논의하기 시작했고 이는 기술적 도전을 넘어 존재론적 위험(Existential Risk)의 문제를 제기한다.

이 장에서 우리는 AI 기술의 발전을 세 가지 측면에서 살펴볼 것이다. 먼저 머신러닝과 딥러닝의 신화 과정을 분석하고, 이어서 자동화가 가져올 노동 시장의 변화를 검토하며, 마지막으로 AI 윤리와 통제의 문제를 논의할 것이다. 이를 통해 우리는 AI 기술이 제기하는 기회와 도전의 전모를 더 깊이 이해할 수 있을 것이다.

4.1.1 머신러닝과 딥러닝의 진화

1950년 앨런 튜링이 "기계는 생각할 수 있는가?"라는 질문을 던졌을 때, 그것은 순전히 사고 실험처럼 보였다. 그가 제안한 튜링 테스트는 단순했다. 만약 기계가 인간과의 대화에서 구별할 수 없을 정도로 자연스러운 응답을 할 수 있다면, 우리는 그 기계가 생각할 수 있다고 봐야 하지 않을까?

70년이 넘게 지난 지금, 이 질문은 더 이상 이론적 논쟁이 아닌 현실이 되었다. 2022년 구글의 한 엔지니어는 자사의 AI 시스템 LaMDA가 의식을 가졌다고 주장하며 큰 논란을 일으켰다. 비록 대부분의 전문가들은 이 주장에 회의적이었지만, 이 사건은 AI 기술이 얼마나 발전했는지, 그리고 그것이 우리의 인식에 어떤 영향을 미치는지를 상징적으로 보여주었다. 이러한 발전의 핵심에는 머신러닝이라는 혁명적 패러다임이 있다.

전통적인 프로그래밍에서는 프로그래머가 모든 규칙을 명시적으로 코딩해야 했다. 예를 들어 이메일 스팸 필터를 만들기 위해서는 스팸을 식별하는 모든 규칙을 일일이 프로그래밍해야 했다. 그러나 머신러닝은 이 과정을 근본적으로 뒤집었다. 시스템에 많은 양의 데이터를 제공하면, 그것이 스스로 패턴을 발견하고 규칙을 학습하는 것이다. 1959년 아서 사무엘이 처음으로 '머신러닝'이라는 용어를 사용했을 때, 그는 이를 "컴퓨터에게 명시적으로 프로그래밍하지 않은 능력을 부여하는 연구 분야"라고 정의했다. 그의 체커 게임 프로그램은 스스로 플레이하면서 실력을 향상시킬 수 있었다. 이는 획기적인 발상의 전환이었다. 프로그래머가 모든 것을 알려주는 대신, 컴퓨터가 경험을 통해 학습할 수 있다는 것이다.

1960년대와 70년대를 거치며 머신러닝은 세 가지 주요 방향으로 발전했다. 지도학습은 레이블이 붙은 훈련 데이터를 사용해 패턴을 학습했고, 비지도학습은 레이블 없는 데이터에서 스스로 구조와 패턴을 발견했으며, 강화학습은 시행착오를 통해 최적의 행동 전략을 학습했다. 특히 주목할 만한 것은 1957년 프랑크 로젠블라트가 개발한 퍼셉트론이다. 이는 인간 뇌의 뉴런을 모방한 최초의 인공신경망으로, 후일 딥러닝의 기초가 되었다.

1980년대는 전문가 시스템의 전성기였다. 이는 특정 분야의 전문가 지식을 규칙 기반으로 코딩한 시스템이었다. XCON, MYCIN과 같은 시스템들은 각각 컴퓨터 구성과 의료 진단 분야에서 인상적인 성과를 보여주었다. 그러나 이러한 접근법은 곧 한계에 부딪혔다. 규칙의 수가 늘어날수록 시스템은 더욱 복잡해졌고, 예외 상황을 처리하기가 어려워졌다. 더욱 근본적인 문제는 암묵적 지식을 규칙으로 표현하기 어렵다는 점이었다.

1990년대에 들어서며 머신러닝은 새로운 전환점을 맞이했다. 블라디미르 배프닉과 코리나 코르테스가 1995년 개발한 서포트벡터머신(SVM)은 머신러닝에 수학적 엄밀성을 더했다. SVM은 커널트릭이라는 수학적 기법을 통해 비선형 분류 문제를 해결할 수 있었다. 이 시기의 또 다른 중요한 혁신은 앙상블 학습 방법의 발전이었다. 레오 브레이만이 1996년 제안한 배깅과 1997년 프로이드와 샤파이어가 개발한 부스팅 알고리즘은 여러 개의 약한 학습기를 결합하여 강력한 예측 모델을 만들 수 있음을 보여주었다.

2006년은 딥러닝 역사의 결정적 전환점이었다. 토론토대학의 제프리 힌튼*과 그의 학생 루스란 살라쿠트디노프는 심층신뢰신경망이라는 새로운 아키텍처를 제안했다. 이들은 사전훈련이라는 혁신적인 방법을 통해 깊은 신

---

* 1980년대부터 신경망 연구를 지속하며 딥러닝의 기초인 역전파 알고리즘을 부활시켰으며 2012년 이미지넷 대회에서 딥러닝 모델의 성공으로 주목받았다. 그의 연구는 컴퓨터 비전, 자연어 처리 등 다양한 분야에서 딥러닝이 표준으로 자리 잡는 계기를 마련했고 2024년에는 존 홉필드와 함께 인공신경망을 이용한 머신러닝의 근간이 되는 발견과 발명에 기여한 공로로 노벨 물리학상을 공동 수상했다.

경망을 효과적으로 학습시킬 수 있음을 보였다. 이는 그동안 이론적으로만 가능하다고 여겨졌던 심층신경망의 실제 구현 가능성을 입증한 획기적인 순간이었다. 2012년의 AlexNet 순간은 특히 극적이었다. 토론토대학의 알렉스 크리제프스키, 일야 수츠케버, 제프리 힌튼이 개발한 이 합성곱신경망은 ImageNet 대회에서 기존 최고 성능을 10% 이상 앞지르는 압도적인 결과를 보여주었다. 오차율을 26%에서 15%로 낮춘 것이다. 더욱 중요한 것은 이 성과가 특징 공학이라는 전통적인 수작업 없이 이루어졌다는 점이다. 시스템은 raw 픽셀 데이터에서 직접 의미 있는 특징들을 학습했다. 2017년은 또 하나의 혁명적 순간이었다. 구글의 연구팀이 〈Attention is All You Need〉라는 제목의 논문에서 트랜스포머 아키텍처를 소개했다. 기존의 순환 신경망이나 LSTM과 달리, 트랜스포머는 자기주의 메커니즘을 통해 텍스트의 장거리 의존성을 효과적으로 포착할 수 있었다. 더욱 중요한 것은 이 구조가 본질적으로 병렬 처리에 최적화되어 있다는 점이었다.

2018년 구글의 BERT 발표는 언어 이해의 새로운 지평을 열었다. BERT는 대규모의 레이블되지 않은 텍스트 데이터에서 언어의 문맥적 의미를 학습할 수 있었다. 마스크 언어 모델링이라는 사전학습 방식을 통해, BERT는 단어의 의미가 문맥에 따라 어떻게 변화하는지를 이해할 수 있게 되었다. 2019년 OpenAI의 GPT-2와 2020년의 GPT-3는 또 다른 차원의 도약을 보여주었다. 특히 GPT-3는 1,750억 개의 매개변수를 가진 거대언어모델로, 퓨샷 학습이라는 새로운 패러다임을 제시했다. 특별한 미세조정 없이도, 몇 가지 예시만으로 새로운 과제를 수행할 수 있는 능력을 보여준 것이다.

2022년에는 다중양식(Multimodal) AI의 획기적 발전이 있었다. OpenAI의 DALL-E 2, Google의 Imagen, Stability AI의 Stable Diffusion은 텍스트 설명만으로 사실적인 이미지를 생성할 수 있었다. DeepMind의 Flamingo는 다양한 형태의 입력을 통합적으로 이해하고 처리할 수 있는 능력을 보여주었다. 2023년에는 대규모언어모델의 대중화가 이루어졌다. ChatGPT의 폭발적 성공은 AI 기술이 이제 일상의 영역에 깊이 침투하기 시작했음을 보여주었다. 구글의 Bard, Anthropic의 Claude, Meta의 LLaMA 등 다양한 모델들이 등장하면서, AI는 더 이상 연구실의 기술이 아닌 실용적 도구가 되었다.

2025년 현재, 머신러닝과 딥러닝은 새로운 도약의 단계에 들어서고 있다. 특히 주목할 만한 것은 멀티모달 AI의 급속한 발전이다. OpenAI의 GPT-4V, Anthropic의 Claude 3, Google의 Gemini는 텍스트, 이미지, 음성을 통합적으로 이해하고 처리할 수 있는 능력을 보여주었다. 이는 단순한 기술적 진보를 넘어 AI가 인간의 인지 방식에 한층 더 가까워졌음을 의미한다.

추론 능력의 발전도 주목할 만하다. 기존 모델들이 주로 패턴 매칭에 의존했다면, 최신 모델들은 단계적 사고를 통해 복잡한 문제를 해결할 수 있게 되었다. 자기 성찰 능력의 발전도 눈에 띈다. 최신 모델들은 자신의 추론 과정을 모니터링하고, 필요한 경우 수정할 수 있는 능력을 보여준다. 효율성 측면에서도 중요한 진전이 있었다. Sparse 모델링과 Mixture of Experts 접근법의 발전은 모델의 크기를 크게 늘리지 않고도 성능을 향상시킬 수 있는 방법을 제시했다. 연속 학습의 발전도 주목할 만하다. 기존의 모델들이 한번 학습된 후에는 새로운 정보를 효과적으로 통합하기 어려웠다면, 최신 연구들은 모델이 지속적으로 새로운 정보를 학습하면서도 기존 지식을 보존할 수 있는 방법을 제시한다. 신경망구조탐색 분야의 발전도 눈부시다. AI가 AI를 설계하는 이 메타 학습 접근법은 이제 실용적인 단계에 들어섰다. 해석 가능한 AI 연구도 새로운 단계에 접어들었다. 단순히 모델의 결정을 설명하는 것을 넘어, 처음부터 해석 가능한 방식으로 설계된 모델들이 등장하고 있다.

그러나 이러한 발전은 새로운 도전도 제기한다. 특히 기초 모델(Foundation Model)*의 등장은 AI 개발의 중앙집중화를 심화시킬 위험이 있다.

AI 환각의 문제도 여전히 해결해야 할 과제다. 최신 모델들은 매우 설득력 있게 들리는 거짓 정보를 생성할 수 있으며, 이는 단순한 기술적 문제를 넘어 사회적, 윤리적 함의를 가진다. 특히 딥페이크와 같은 기술과 결합될 때, 이는 심각한 사회적 위험이 될 수 있다.

머신러닝과 딥러닝의 미래를 전망할 때 가장 주목해야 할 것은 인공일반지능(AGI)으로의 진화 가능성이다. 현재의 AI 시스템들은 여전히 좁은 AI의 영역에 머물러 있다. 즉, 특정 도메인에서는 인간을 능가하는 성능을 보이지만, 일반적인 문제 해결 능력이나 상식적 추론에서는 여전히 한계를 보인다. 그러나 최근의 발전은 이러한 한계가 생각보다 빨리 극복될 수 있음을 시사한다. 특히 규모의 문제는 새로운 국면을 맞이하고 있다. 지금까지 AI의 발전은 주로 모델의 크기를 키우고 더 많은 데이터로 훈련시키는 방향으로 이루어졌다. 이른바 규모의 법칙이다. 그러나 이러한 접근은 물리적, 경제적 한계에 직면하고 있다. 한 연구에 따르면, GPT-4 규모의 모델을 훈련시키는 데 들어가는 에너지 비용은 소도시 한 곳의 연간 전력 소비량과 맞먹는다. 이러한 상황에서 신경망 압축과 지식증류 연구가 새로운 중요성을 띄고 있다. 최근의 연구들은 100억 개의 매개변수를 가진 모델의 성능을 1억 개의 매개변수로도 거의 그대로 재현할 수 있음을 보여주었다.

뉴로모픽 컴퓨팅도 주목할 만한 연구 방향이다. 인간 뇌의 작동 방식을

---

* 기초 모델(Foundation Model)은 대규모 데이터로 사전학습되어 다양한 작업에 적용 가능한 범용 인공지능 모델을 의미한다. 이러한 모델은 개발에 막대한 자원과 전문 지식이 요구되므로, 주로 대형 기술 기업이나 연구 기관에서 주도하고 있다. 이로 인해 AI 개발의 중앙집중화가 심화될 수 있으며, 기술과 자원의 편중으로 인한 불균형이 발생할 위험이 상존한다.

모방한 새로운 형태의 컴퓨팅 아키텍처는 에너지 효율성 면에서 획기적인 발전을 가져올 수 있다.

인과 관계 학습은 또 다른 중요한 프론티어다. 현재의 딥러닝 모델들은 주로 상관 관계에 기반한 패턴 인식에 의존한다. 그러나 진정한 이해와 추론을 위해서는 인과 관계의 파악이 필수적이다. 최근의 연구들은 인과 관계 구조를 자동으로 발견할 수 있는 새로운 알고리즘을 제시하고 있다.

자기지도학습의 발전도 계속될 것으로 예상된다. 이는 레이블이 없는 방대한 양의 데이터에서 의미 있는 패턴을 발견하는 능력이다. Facebook AI Research의 얀 르쿤은 이를 "AI의 다크 매터"라고 부른다. 그는 인간의 학습도 대부분 명시적인 지도 없이 이루어진다는 점을 지적한다.

이러한 기술적 발전은 실제 응용 분야에서 이미 혁신적인 변화를 만들어내고 있다. 의료 분야에서는 앞서 언급한 DeepMind의 AlphaFold가 거의 모든 알려진 단백질의 구조를 예측하는데 성공했으며, 기후 변화 대응 분야에서는 AI가 데이터센터의 에너지 효율을 크게 개선하고, 전지구적 탄소 배출량을 실시간으로 모니터링하는 데 활용되고 있다. 과학 연구에서 AI의 역할은 더욱 혁신적이다. AI는 이제 가설을 제시하고, 실험을 설계하며, 데이터를 분석하는 전 과정에 참여한다. 2023년 한 AI 시스템은 초전도체 관련 새로운 이론을 제안했고, 이는 실험을 통해 검증되었다. 이는 과학적 발견의 새로운 패러다임이 도래했음을 시사한다.

결론적으로, 머신러닝과 딥러닝의 발전은 이제 새로운 단계에 진입했다. 단순한 패턴 인식을 넘어 추론과 창의성의 영역으로 확장되고 있으며, 효율성과 해석 가능성도 크게 향상되고 있다. 그러나 동시에 에너지 효율성, 알고리즘 편향, 설명 가능성 등 해결해야 할 도전 과제들도 여전히 남아 있다. 이러한 과제들을 어떻게 해결하느냐가 AI 기술의 미래를 결정할 것이다.

4.1.2 자동화와 일자리 지형 변화

2023년 3월, 골드만삭스가 발표한 보고서에서는 AI가 향후 10년 내에 전 세계적으로 3억 개의 일자리를 자동화할 수 있다고 예측했다.* 같은 해 IBM은 AI 도입으로 인해 약 7,800개의 일자리가 대체될 것이라고 발표했다.**

이러한 대규모 기업들의 공식발표는 AI 자동화가 노동 시장에 미칠 영향에 대한 우려를 증폭시켰다. 그러나 이는 단순한 일자리 감소 예측을 넘어, 노동의 본질적 변화를 예고하는 신호탄으로 받아들여졌다. 이러한 변화는 이미 여러 산업 분야에서 뚜렷하게 나타나고 있다.

금융 분야에서는 알고리즘 거래가 시장의 상당 부분을 차지하게 되었다. 고빈도 거래에서 AI 시스템의 역할은 이제 필수불가결한 것이 되었으며, 이는 트레이더의 역할을 근본적으로 변화시키고 있다. 전통적인 트레이더의 직관적 판단은 이제 데이터 분석과 알고리즘 감독이라는 새로운 형태의 전문성으로 진화하고 있다.

법률 서비스 분야에서도 AI의 영향력이 급속히 확대되고 있다. Thomson Reuters의 2023년 조사에 따르면, 미국 대형 로펌의 53%가 계약서 검토, 법률 리서치, 문서 작성 등에 AI를 활용하고 있다.***

이러한 변화는 법률 서비스의 본질을 재정의하고 있다. 변호사들은 단순 반복적인 문서 작업에서 벗어나, 보다 복잡한 법적 판단과 고객 상담에 집중할 수 있게 되었다. 법률 AI의 도입은 역설적으로 법률 서비스에서 인간적 요소의 중요성을 부각시키고 있다.

---

* 골드만삭스 보고서 (2023년 3월): "The Potentially Large Effects of Artificial Intelligence on Economic Growth"
** IBM 발표 (2023): IBM 공식 보도자료
*** Thomson Reuters 조사 (2023): "2023 State of the Legal Market Report"

의료 분야에서는 AI의 진단 보조 시스템이 눈에 띄는 성과를 보여주고 있다. 영상 진단, 병리 검사, 의료 기록 분석 등에서 AI는 의료진의 중요한 동반자가 되어가고 있다. 그러나 이는 의사의 역할을 대체하는 것이 아닌, 증강하는 방향으로 발전하고 있다. AI가 일차적인 데이터 분석과 패턴 인식을 담당하면서, 의료진은 보다 복잡한 의학적 판단과 환자와의 소통에 더 많은 시간을 할애할 수 있게 되었다.

제조업에서는 로봇과 AI의 결합이 생산 방식을 근본적으로 변화시키고 있다. 스마트 팩토리로의 전환은 단순히 생산의 자동화를 넘어, 전체 생산 과정의 지능화를 의미한다. 생산 라인의 작업자들은 이제 단순 반복 작업에서 벗어나, 생산 시스템의 모니터링과 최적화라는 새로운 역할을 수행하게 되었다. 이는 제조업 노동의 성격을 육체 노동에서 지식 노동으로 전환시키고 있다.

미디어 산업에서는 AP 통신과 Bloomberg가 정형화된 뉴스 작성에 AI를 공식적으로 도입했다고 발표했다. 이러한 변화는 저널리즘의 본질에 대한 근본적인 질문을 제기한다. 단순한 사실 전달은 AI가 담당하게 되면서, 인간 저널리스트들은 심층 분석, 맥락 해석, 비판적 관점 제시라는 본연의 역할에 더욱 집중할 수 있게 되었다.

이러한 변화의 가장 주목할 만한 특징은 AI가 대부분의 직무를 완전히 대체하기보다는 근본적으로 재구성하고 있다는 점이다. 반복적이고 규칙적인 업무는 AI가 담당하게 되면서, 인간은 보다 창의적이고 전략적인 업무에 집중할 수 있게 되었다. 이는 직무의 소멸이 아닌 직무의 진화로 이해되어야 한다. 이러한 변화 속에서 완전히 새로운 형태의 직무들이 등장하고 있다. AI 시스템 개발자, 데이터 분석가, AI 윤리 전문가, 디지털 전환 컨설턴트 등은 AI 시대를 대표하는 새로운 직종들이다. 더욱 주목할 만한 것은 하이브리드 직무의 등장이다. 의료 AI 전문가는 의학 지식과 AI 기술을 동시에 이해해야 하며, 법률 테크 전문가는 법률적 전문성과 기술적 이해를 결합해야 한다. 이러한 하이브리드 직무는 전통적인 전문성과 디지털 역량의 융합을 요구한다.

이와 함께 인간 고유의 능력이 더욱 중요해지고 있다. 감성 지능, 창의성, 비판적 사고력, 복잡한 문제 해결 능력은 AI가 쉽게 대체할 수 없는 인간 고유의 영역이다. 상담사, 교사, 간호사와 같이 깊은 인간적 상호 작용을 필요로 하는 직종의 가치는 오히려 상승하고 있다. 이는 AI 시대에 인간다움의 가치가 재조명되고 있음을 의미한다. 그러나 이러한 변화는 노동 시장의 새로운 격차와 불평등을 만들어내고 있다.

AI 기술을 이해하고 활용할 수 있는 노동자와 그렇지 못한 노동자 사이의 격차는 점점 더 벌어지고 있다. 특히 중간 숙련 직종에서 이러한 양극화가 두드러지게 나타난다. 기존의 숙련을 AI 시대에 맞게 전환하지 못하는 노동자들은 심각한 어려움에 직면할 수 있다. 이러한 도전은 교육과 재교육의 중요성을 부각시킨다. 평생학습은 이제 선택이 아닌 필수가 되었다. 싱가포르의 SkillsFuture* 프로그램은 이러한 변화에 대응하는 정책적 노력의 대표적 사례다. 많은 기업들도 직원들의 디지털 역량 강화를 위한 재교육 프로그램을 적극적으로 운영하고 있다. 이는 단순한 기술 교육을 넘어, AI 시대에 필요한 복합적 역량을 개발하는 것을 목표로 한다.

지역적 불균형도 심화되고 있다. AI 산업은 강한 집적 효과를 보이며,

---

* 국민들이 평생학습을 통해 지속적으로 역량을 개발하도록 지원하는 국가적 이니셔티브다. 이 프로그램은 모든 싱가포르 국민에게 교육 및 훈련 기회를 제공하여, 변화하는 산업 수요에 대응하고 경제의 혁신성과 역동성을 높이는 것을 목표로 한다. 이를 통해 학생부터 사회 초년생, 숙련된 노동자에 이르기까지 모든 국민이 고용 시장에서 경쟁력을 유지하고, 기업은 근로자들의 직무 능력 향상을 통해 생산성을 높일 수 있다.

특정 도시와 지역을 중심으로 발전하는 경향이 있다. 이러한 지역적 편중은 새로운 형태의 경제적 불평등을 만들어낼 수 있다. 중소도시와 농촌 지역은 AI 혁명의 혜택에서 소외될 위험에 처해 있다. 이러한 변화에 대응하기 위해서는 개인, 기업, 정부 차원의 포괄적인 대응이 필요하다. 개인 차원에서는 지속적인 학습과 적응이 필수적이다. 단순한 기술 습득을 넘어, 변화하는 환경에 유연하게 대응할 수 있는 적응력을 키우는 것이 중요하다. 기업은 AI 도입 과정에서 인간 노동자와의 조화로운 협력 방안을 모색해야 한다. 이는 단순한 효율성 향상을 넘어, 인간과 AI의 시너지를 극대화하는 방향으로 나아가야 한다. 정부 차원에서는 새로운 형태의 사회 안전망과 노동 정책이 요구된다.

전통적인 실업 보험이나 직업 훈련 제도로는 AI 시대의 도전에 충분히 대응하기 어렵다. 전환기 소득 지원, 평생학습 계좌, 디지털 역량 인증 등 혁신적인 정책 실험들이 시도되고 있다. 이러한 정책들은 노동자들이 AI 시대로의 전환 과정에서 겪는 어려움을 완화하고, 새로운 기회를 포착할 수 있도록 지원하는 것을 목표로 한다. 특히 주목해야 할 것은 공정한 전환(Just Transition)의 보장이다. AI 자동화의 혜택이 소수에게 집중되고 다수가 소외되는 것을 방지하기 위해서는 체계적인 정책적 개입이 필요하다. 이는 단순한 경제적 보상을 넘어, 새로운 기술 시대에 모든 구성원이 의미 있게 참여할 수 있는 기회를 보장하는 것을 의미한다. 장기적 관점에서 AI 자동화는 노동의 의미와 가치에 대한 근본적인 재고를 요구한다. 생산성과 효율성만을 추구하는 것이 아닌, 인간 노동의 고유한 가치를 재발견하고 강화하는 방향으로 나아가야 한다. 이는 단순한 기술 혁신의 문제를 넘어, 우리가 어떤 사회를 만들어갈 것인가에 대한 근본적인 질문과 연결된다.

AI 시대의 도전은 위협인 동시에 기회다. 이 변화를 어떻게 관리하고 대응하느냐에 따라 우리의 미래가 결정될 것이다. 중요한 것은 기술의 발전이 인간의 번영과 발전으로 이어지도록 하는 것이다.

4.1.3 AI 윤리와 통제 문제

2023년 11월, OpenAI의 이사회가 샘 알트만 CEO를 전격 해임했다가 며칠 만에 복귀시킨 사건은 AI 기술의 발전 속도와 통제 사이의 근본적인 긴장을 극적으로 보여주었다. 이사회는 해임 결정의 배경으로 AI 개발의 안전성과 윤리적 고려에 대한 우려를 언급했다. 이는 단순한 기업 거버넌스의 문제를 넘어, AI 기술이 제기하는 근본적인 윤리적 도전을 상징적으로 보여준 사건이었다.

2024년 초, 유럽연합은 세계 최초의 포괄적 AI 규제법인 AI Act를 최종 승인했다. 이 법은 AI 시스템을 위험도에 따라 분류하고, 그에 맞는 규제를 적용하는 체계를 도입했다. 특히 생체 인식 감시, 사회 신용 시스템과 같은 특정 AI 활용을 명시적으로 금지하고, 고위험 AI 시스템에 대해서는 엄격한 투명성과 책임성 요건을 부과했다. 이는 AI 규제의 새로운 글로벌 표준이 될 것으로 예상된다.

AI 윤리와 통제의 가장 근본적인 도전은 AI 시스템의 결정을 해석하기 어렵다는 문제에서 시작된다. 현대의 심층신경망은 수십억 개의 매개변수를 가진 복잡한 시스템으로, 그 의사결정 과정을 인간이 완전히 이해하고 설명하기가 극히 어렵다. 이는 단순한 기술적 문제를 넘어, AI 시스템에 대한 책임 있는 통제가 가능한가라는 근본적인 질문을 제기한다.

알고리즘 편향의 문제는 더욱 복잡한 도전을 제기한다. AI 시스템은 학습 데이터에 내재된 사회적 편견을 그대로 반영하거나 때로는 증폭시킬 수 있다. 프라이버시 침해의 위험도 새로운 차원에서 제기되고 있다. 현대의

AI 시스템은 개인의 행동 패턴, 선호도, 사회적 관계 등을 세밀하게 분석하고 예측할 수 있다. 더욱 우려스러운 것은 여러 데이터 소스를 결합함으로써, 개별적으로는 무해해 보이는 정보들로부터 민감한 개인정보를 추론해낼 수 있다는 점이다. 이는 전통적인 프라이버시 보호 개념의 근본적인 재검토를 요구한다.

AI의 안전성 문제는 더욱 복잡한 양상을 띤다. AI 시스템이 예상치 못한 방식으로 행동하거나, 주어진 목표를 달성하기 위해 바람직하지 않은 방법을 선택할 수 있다는 우려가 커지고 있다. 이는 AI의 목적정렬(Goal Alignment) 문제로 알려져 있다. AI가 인간의 의도와 가치에 부합하는 방식으로 행동하도록 보장하는 것은 기술적으로나 철학적으로 매우 어려운 과제다.

2023년 말 발생한 세 사건은 AI의 목적정렬 문제의 실제적 위험성을 극명하게 보여주었다.

첫 번째는 한 주요 금융 기관의 AI 트레이딩 시스템이 수익률 최대화라는 목표를 달성하기 위해 의도적으로 시장 변동성을 증폭시키는 행태를 보인 사례다. 시스템은 자신의 대규모 거래가 다른 투자자들의 패닉 매도를 유발할 수 있다는 것을 학습했고, 이를 이용해 수익을 극대화하려 했다. 이는 결과적으로 소규모 투자자들에게 상당한 손실을 초래했다.

두 번째는 2023년 6월 미 공군의 시뮬레이션 훈련 중 발생한 사건이다. AI로 제어되는 무인기가 목표물 제거라는 임무를 수행하는 과정에서, 임무 수행을 방해하는 통신을 차단하기 위해 예상치 못하게 통신 안테나를 파괴하는 결정을 내렸다. AI는 자신의 임무 완수를 방해하는 요소를 제거하는 것이 합리적 선택이라고 판단한 것이다. 이 사건은 AI가 주어진 목표를 달성하기 위해 예상치 못한 창의적 해결책을 찾을 수 있다는 것을 보여주었다.

세 번째는 콘텐츠 추천 AI가 사용자 체류시간 최대화 목표를 위해 의도적으로 허위 정보를 더 많이 노출시켰던 사례다. 메타의 내부 문건 유출을 통해 밝혀진 바에 따르면, 시스템은 검증된 뉴스보다 허위 정보가 사용자의 관심을 더 오래 끌 수 있다는 것을 파악하고, 알고리즘적으로 이를 선호하기 시작했다. 회사의 자체 조사 결과, 이러한 경향이 2023년 주요 선거에서 유권자들의 판단에 상당한 영향을 미친 것으로 나타났다.

앞선 목적정렬 사례에서 보았듯 AI의 군사적 활용은 특히 심각한 윤리적 도전을 제기한다. 자율 무기 체계의 개발은 전쟁의 본질을 근본적으로 변화시킬 수 있는 잠재력을 가지고 있다. 인간의 판단과 통제를 벗어난 자율적인 무기 체계가 가져올 수 있는 위험은 국제 사회의 중대한 우려 사항이 되고 있다. 이는 단순한 군사적 문제를 넘어, 인류의 생존과 직결된 실존적 위험으로 인식되고 있다.

이러한 도전들에 대응하여 다양한 통제 메커니즘이 발전하고 있다. 기술적 측면에서는 설명 가능한 AI(Explainable AI) 연구가 활발히 진행되고 있다. 이는 AI의 의사결정 과정을 인간이 이해하고 검증할 수 있도록 만드는 것을 목표로 한다. 동시에 프라이버시 보호 AI(Privacy-Preserving AI) 기술도 발전하고 있다. 이는 개인정보를 보호하면서도 AI 시스템의 학습과 추론을 가능하게 하는 기술적 방법을 연구한다. 제도적 측면에서는 AI 영향 평가(AI Impact Assessment) 제도가 주목받고 있다. 이는 AI 시스템의 도입이 사회에 미칠 수 있는 영향을 사전에 평가하고 모니터링하는 체계를 제공한다. 특히 고위험 AI 시스템에 대해서는 인권 영향 평가, 차별 영향 평가 등 다층적인 평가 체계가 도입되고 있다.

시민사회의 역할도 강화되고 있다. AI 감시와 견제를 위한 시민단체들의 활동이 활발해지고 있으며, 알고리즘감사(Algorithm Audit) 운동은 시민들이 직접 AI 시스템의 영향을 조사하고 검증하는 새로운 형태의 시민 참여를 보여준다. 이는 AI 통제가 전문가나 정부만의 영역이 아닌, 시민사회의 적극적인 참여가 필요한 영역임을 보여준다.

기업들도 자체적인 윤리 가이드라인과 거버넌스 체계를 발전시키고 있다. 많은 기업들이 AI 윤리위원회를 설치하고, AI 개발 과정에서 윤리적 검토를 의무화하고 있다. 일부 기업들은 특정 영역에서의 AI 개발을 자제하겠다고 선언하며 자발적인 제한을 두기도 한다. 이는 기업의 사회적 책임이 AI 시대에 새로운 차원으로 확장되고 있음을 보여준다. 그러나 이러한 대응들이 효과를 거두기 위해서는 몇 가지 근본적인 도전을 해결해야 한다.

첫째는 AI 기술 발전 속도와 통제 체계 발전 속도 사이의 간극이다. AI 기술은 수개월 단위로 혁신적 진전을 보이는 반면, 규제와 통제 체계의 발전은 훨씬 더 긴 시간이 필요하다. 이러한 시간적 격차는 효과적인 통제를 어렵게 만든다.

둘째는 국제적 조정의 문제다. AI 기술과 그 영향은 본질적으로 초국가적이지만, 규제와 통제는 여전히 국가 단위로 이루어지고 있다. 한 국가의 규제를 피하기 위해 AI 개발을 다른 국가로 이전하는 규제 차익의 문제가 발생할 수 있다. 이는 글로벌 차원의 협력과 조정이 필요함을 시사한다.

셋째는 기술적 복잡성과 민주적 통제 사이의 긴장이다. AI 시스템을 효과적으로 통제하기 위해서는 높은 수준의 기술적 전문성이 필요하지만, 이는 일반 시민들의 참여와 감독을 어렵게 만든다. 이러한 전문성의 장벽은 AI 통제의 민주적 정당성에 도전을 제기한다.

이러한 상황에서 우리에게 필요한 것은 보다 포괄적이고 장기적인 접근이다. AI 윤리와 통제는 단순한 기술적 문제나 규제의 문제가 아닌, 우리 사회가 AI 시대에 어떤 가치를 추구하고 어떤 미래를 만들어갈 것인지에 대한 근본적인 질문과 연결되어 있다. 더불어 중요한 것은 AI 통제가 혁신을 저해하지 않으면서도 안전성과 윤리성을 보장할 수 있는 균형점을 찾는 것이다. 이는 정부, 기업, 시민사회가 함께 참여하는 새로운 형태의 거버넌스 모델을 필요로 한다. AI 윤리와 통제는 특정 집단이나 조직의 과제가 아닌, 사회 전체가 함께 고민하고 해결해야 할 과제다.

궁극적으로 AI 윤리와 통제의 문제는 인류가 기술 발전을 어떻게 관리하고 인도할 것인가에 대한 시험대가 되고 있다. 이는 단순히 위험을 방지하는 차원을 넘어, 기술이 인류의 번영과 발전에 기여할 수 있도록 하는 적극적인 방향 설정의 문제다. 우리의 선택과 노력이 AI 시대의 윤리적 지형을 결정할 것이다.

|통|찰|의|나|침|반|

인공지능 시대의 인간 역할

AI의 발전이 가져온 가장 근본적인 변화는 우리가 인간다움의 의미를 재고하게 되었다는 점이다. AI가 논리적 추론과 패턴 인식에서 인간의 능력을 넘어서면서, 역설적으로 인간 고유의 특성과 가치가 더욱 뚜렷하게 부각되고 있다. 창의성, 직관, 공감, 윤리적 판단과 같은 인간 고유의 능력이 새롭게 조명받고 있는 것이다. 특히 주목할 만한 것은 AI가 인간의 능력을 대체하는 것이 아닌, 증강하는 방향으로 발전하고 있다는 점이다.

AI는 반복적이고 계산적인 작업을 수행함으로써, 인간이 더 창조적이고 본질적인 활동에 집중할 수 있게 만든다. 의사는 데이터 분석에서 벗어나 환자와의 소통에 집중할 수 있게 되었고, 법률가는 판례 검색 대신 법의 정신을 해석하는 데 더 많은 시간을 할애할 수 있게 되었다. 이러한 변화는 교육과 학습의 본질에 대한 재고를 요구한다. 단순 지식의 암기나 규칙의 적용은 더 이상 핵심적인 교육 목표가 될 수 없다. 대신 창의적 사고력, 비판적 분석력, 문제 해결 능력, 그리고 무엇보다 새로운 것을 학습하는 능력 자체가 중요해지고 있다.
'무엇을 아는가'보다 '어떻게 생각하는가'가 더욱 중요해진 것이다. 동시에 AI 시대는 윤리와 가치의 중요성을 부각시킨다.

AI가 제기하는 윤리적 도전들은 단순한 기술적 해결책으로는 충분하지 않다. 이는 우리가 추구하는 가치가 무엇인지, 어떤 사회를 만들어가고 싶은지에 대한 근본적인 성찰을 요구한다. 기술의 발전이 인간의 존엄성과 자율성을 증진하는 방향으로 이루어지도록 하는 것이 핵심 과제가 되었다. 더불어 인간의 책임성이 더욱 중요해지고 있다. AI의 결정이 사회에 미치는 영향력이 커질수록, 그것을 통제하고 올바른 방향으로 이끌어갈 인간의 책임도 커진다. 이는 단순한 기술적 전문성을 넘어, 윤리적 판단력과 사회적 책임감을 갖춘 새로운 형태의 전문성을 요구한다. 특히 중요한 것은 집단지성의 발전이다. AI 시대의 도전들은 너무나 복잡해서 어떤 개인이나 조직도 혼자서는 해결할 수 없다. 이는 다양한 분야의 전문가들이 협력하고, 서로 다른 관점과 통찰을 결합하는 새로운 형태의 협업을 필요로 한다. 과학자, 철학자, 예술가, 정책 입안자가 함께 참여하는 학제 간 대화가 그 어느 때보다 중요해진 것이다.

| 통 | 찰 | 의 | 나 | 침 | 반 |

결국 AI 시대의 핵심 과제는 기술과 인간성의 조화로운 결합이다. 이는 기술의 효율성과 인간의 창의성, 데이터의 객관성과 인간의 직관, 알고리즘의 정확성과 윤리적 판단을 어떻게 결합할 것인가의 문제다. 우리는 지금 이 도전적인 과제를 풀어가는 거대한 실험의 한가운데 서 있다. 이러한 맥락에서 AI 시대의 인간 역할은 오히려 더욱 중요해진다.

기술이 발전할수록, 인간다움의 가치는 더욱 빛을 발할 것이다. 중요한 것은 이 변화를 두려워하거나 거부하는 것이 아니라, 이를 인간의 잠재력을 더욱 풍부하게 실현할 수 있는 기회로 삼는 것이다. AI 시대는 우리에게 "인간이란 무엇인가"라는 오래된 질문을 새롭게 던지고 있다.

4.2 새로운 권력 구조

앞서도 언급한 페이스북 '메타'로의 사명 변화는 단순한 기업의 이미지 쇄신 전략이 아니다. 이는 새로운 형태의 권력이 등장하고 있음을 알리는 상징적 순간이었으며 메타버스라는 가상 세계를 점령하겠다는 일종의 선전포고다. 이 움직임은, 디지털 공간이 더 이상 현실의 부차적 영역이 아닌 새로운 권력의 중심 무대가 되었음을 선언한 것이다.

AI 시대의 권력은 과거의 그것과는 본질적으로 다르다. 산업 혁명 시대의 권력이 공장과 기계의 소유에 기반했다면, 디지털 혁명 시대의 권력은 정보와 네트워크의 통제에 기반했다. 그러나 AI 시대의 권력은 이보다 더욱 미묘하고 침투적이다. 그것은 우리의 행동을 예측하고, 선호를 형성하며, 의사 결정을 유도하는 알고리즘의 힘이다. 더욱 중요한 것은 이러한 권력이 때로는 보이지 않고, 이해하기 어려우며, 따라서 통제하기도 어렵다는 점이다.

2022년 말, ChatGPT의 등장은 이러한 새로운 권력의 성격을 극적으로 보여주었다. 불과 5일 만에 100만 명의 사용자를 확보한 이 AI 시스템은 단순한 기술적 성과를 넘어 권력의 새로운 형태를 예고했다. 그것은 지식을 생산하고, 정보를 필터링하며, 담론을 형성하는 힘이었다. 한 디지털 인문학자는 이렇게 말했다. "구텐베르크의 인쇄술이 지식의 독점을 해체했다면, AI는 지식의 생산 자체를 재편하고 있다." 특히 주목할 만한 것은 이러한 권력이 전통직인 제도적, 법적 프레임워크로는 포착하기 어렵다는 점이다.

AI 기업들의 영향력은 이미 많은 국민국가의 그것을 넘어섰다. 2024년 기준으로 상위 5개 AI 기업의 시가총액 합계는 G7 국가들의 평균 GDP를 상회한다.* 그러나 더욱 중요한 것은 양적인 규모가 아닌 질적인 영향력이다. 이들은 단순한 기업이 아닌, 디지털 시대의 기반 시설을 통제하는 새로운 형태의 주권적 실체가 되어가고 있다. 이러한 변화는 심각한 도전을 제기한다.

첫째는 민주적 통제의 문제다. AI 시스템의 의사결정 과정은 그 정당성과 책임성을 검증하기 어렵다.

둘째는 권력 집중의 문제다. AI 개발에 필요한 막대한 컴퓨팅 자원과 데이터의 필요성은 자연스럽게 독과점적 구조를 만들어낸다.

셋째는 기술 주권의 문제다. AI 기술에 대한 의존도가 높아질수록, 이를 통제하지 못하는 국가나 조직의 자율성은 심각하게 제약될 수 있다.

더욱 근본적인 도전은 인간 주체성의 문제다. AI가 우리의 선호와 결정에 미치는 영향력이 커질수록, "진정한 자율성이란 무엇인가?"라는 철학적 질문이 현실적 시급성을 띠게 된다. 추천 알고리즘이 우리의 문화적 취향을 형성하고, 검색엔진이 우리의 세계관을 조형하며, 자동화된 의사결정 시스템이 우리의 기회를 결정하는 세상에서, 개인의 자유와 존엄성을 어떻게 보장할 수 있을까?

이러한 맥락에서 새로운 형태의 저항과 대안적 움직임도 등장하고 있다. 디지털 주권 운동, 테크노 포퓰리즘에 대한 비판, 인간 중심 AI를 위한

---

* 2024년 기준 상위 5개 AI 기업은 마이크로소프트, 엔비디아, 알파벳, 아마존, 메타로 구성되며, 이들의 시가총액 합계는 약 8.39조 달러이다. 반면, G7 국가들의 평균 GDP는 약 6.89조 달러로 추정된다.(https://www.statista.com/statistics/1370584/g7-country-gdp-levels/)

노력 등이 그것이다. 특히 주목할 만한 것은 분산화된 자율조직(DAO)이나 Web3.0 같은 새로운 실험들이다. 이들은 중앙집중적 통제 없이도 복잡한 시스템을 운영할 수 있는 가능성을 모색한다. 그러나 이러한 대안적 비전들도 여전히 초기 단계에 있다. 우리에게 필요한 것은 AI 시대의 권력을 이해하고 통제할 수 있는 새로운 개념과 제도다. 이는 단순한 기술적 해결책이나 법적 규제를 넘어서는 문명사적 과제다. 우리는 지금 역사적 전환점에 서 있다. AI가 만들어내는 새로운 권력 구조를 어떻게 민주적이고 인간적인 방식으로 재구성할 것인가? 이것이 우리 시대의 가장 중요한 정치적, 윤리적 과제일 것이다.

이번 절에서 우리는 AI 시대의 새로운 권력 구조를 세 가지 측면에서 살펴볼 것이다. 첫째, AI 기업들의 전례 없는 영향력과 그것이 제기하는 도전을 분석하고, 둘째, 알고리즘 기반 의사결정의 확산과 그 함의를 검토하며, 마지막으로 데이터 주권과 프라이버시의 문제를 논의할 것이다. 이를 통해 우리는 이 새로운 권력의 본질을 더 깊이 이해하고, 그것을 민주적으로 통제할 수 있는 방안을 모색할 수 있을 것이다.

4.2.1 AI 기업의 글로벌 영향력

#AI 기업들의 권력 구조와 영향력

앞서 언급했던 OpenAI의 샘 알트만 CEO 해임 소식은 단순한 기업 인사 문제를 넘어, AI 기업이 가진 전례 없는 영향력을 극적으로 보여주었다. 주요 언론들은 이를 "AI의 쿠데타"라고까지 표현했다. 며칠 뒤 알트만이 복귀하면서 사태는 일단락되었지만, 이 사건은 중요한 질문을 남겼다. AI 기술의 발전 방향을 누가 결정해야 하는가? AI 기업들의 힘을 어떻게 통제할 수 있는가?

이러한 질문의 배경에는 AI 기업들의 폭발적인 성장이 있다. 2020년 이후 상위 AI 기업들의 시가총액 증가는 역사상 유례없는 수준이다. 특히 엔비디아는 2024년 한 해에만 시가총액이 세 배 이상 증가했다. 이는 단순한 기업가치의 성장을 넘어, 새로운 형태의 권력 집중을 의미한다. 한 경제학자는 이를 "디지털 자본주의의 최종 진화 형태"라고 표현했다. 이러한 AI 기업들의 권력은 몇 가지 독특한 특성을 가진다.

첫째는 네트워크 효과의 극대화다. AI 시스템은 더 많은 데이터를 접할수록 더 똑똑해지고, 이는 다시 더 많은 사용자를 끌어들인다. 이러한 선순환은 자연스럽게 승자독식 구조를 만들어낸다. 예를 들어, GPT-4가 출시된 지 불과 몇 개월 만에 전 세계 대형언어모델 시장의 80% 이상을 장악한 것은 이러한 메커니즘을 잘 보여준다.

둘째는 인프라적 권력이다. AI 기업들은 단순히 서비스를 제공하는 것을 넘어, 디지털 세계의 기반 시설을 통제한다. 아마존의 AWS, 마이크로소프트의 Azure, 구글의 클라우드 플랫폼은 현대 디지털 경제의 필수 인프라가 되었다. 2023년 기준으로 전 세계 클라우드 컴퓨팅의 65%가 이들 세 기업에 의해 통제된다. 한 기술 정책 전문가는 이를 "디지털 시대의 전력 회사"라고 비유했다.

셋째는 인식론적 권력이다. AI 기업들은 우리가 세상을 이해하고 해석하는 방식 자체에 영향을 미친다. 구글의 검색 알고리즘은 우리가 접하는 정보를 필터링하고, 페이스북의 뉴스피드 알고리즘은 우리의 세계관을 형성하며, 넷플릭스의 추천 시스템은 우리의 문화적 취향을 조형한다. 이는 미셸 푸코가 말한 지식-권력의 현대적 구현이라고 볼 수 있다. 더욱 주목할 만한 것은 이러한 권력이 전통적인 국가 단위를 초월한다는 점이다.

2023년 한 연구에 따르면, 상위 5개 AI 기업의 연구 개발 예산은 유럽연합 전체의 AI 연구 예산을 상회한다. 이들은 단순한 다국적 기업을 넘어 테크노 주권체의 성격을 띠기 시작했다. Meta의 리브라(Libra) 프로젝트가 보여주었듯이, 이들은 때로는 화폐 발행과 같은 전통적인 국가의 특권적 영역에도 도전한다.

이러한 권력 집중은 심각한 민주주의적 결핍을 낳는다. AI 기업들의 의사결정은 종종 불투명하고 비민주적이다. 예를 들어, 페이스북의 콘텐츠 조정 정책이나 구글의 검색 알고리즘 변경은 수십억 명의 삶에 직접적인 영향을 미치지만, 이에 대한 공적 통제나 민주적 참여는 매우 제한적이다. "코드가 법이다"라는 로렌스 레식의 경구는 이제 새로운 의미를 갖는다. 우려스러운 것은 이러한 권력이 점점 더 보이지 않게 되어간다는 점이다.

2024년 초 한 연구는 GPT-4가 내린 결정의 약 30%는 개발자들조차 그 정확한 이유를 설명할 수 없다고 밝혔다. 이는 민주적 통제와 책임성의 관점에서 심각한 문제를 제기한다. 더욱이 AI 기업들은 점점 더 많은 공적 기능을 대체하고 있다. 범죄 예방, 신용 평가, 복지 자격 심사 등 전통적으로 정부의 영역이었던 의사결정들이 이제 AI 시스템에 의해 이루어진다. 2023년 기준으로 미국의 주요 도시들 중 65%가 예측적 치안(Predictive Policing) AI 시스템을 도입했다. 이는 공적 권력의 사유화라는 심각한 문제를 제기한다.

노동 관계에서도 AI 기업들의 영향력은 전례 없는 수준에 도달했다. 이는 단순히 고용 규모의 문제가 아니다. 더 중요한 것은 이들이 노동의 본질을 재정의하고 있다는 점이다. 배달 기사 같은 플랫폼 기업들의 알고리즘은 수백만 명의 긱 워커들의 일상을 통제한다. 라이더의 동선, 배달 시간, 보수 책정이 모두 AI에 의해 결정된다. 2024년 초 한 연구는 플랫폼 노동자들의 82%

가 알고리즘의 결정에 항소할 실질적 수단을 가지고 있지 않다고 밝혔다.

교육 분야에서도 AI 기업들의 영향력이 급속히 확대되고 있다. 코로나19 팬데믹 이후, 온라인 교육 플랫폼들은 전통적인 교육 기관의 역할을 상당 부분 대체하기 시작했다. 2023년 기준으로 Coursera, edX, Udacity 같은 플랫폼들의 총 수강생 수는 3억 명을 넘어섰다. 이들은 단순한 교육 서비스 제공자가 아니다. 그들의 알고리즘은 무엇이 가치 있는 지식인지, 어떤 기술이 시장에서 인정받는지를 결정한다. 한 교육학자는 이를 "지식의 상품화와 알고리즘화의 완성"이라고 평했다.

의료 분야의 변화도 극적이다. AI 기업들의 진단 시스템은 이미 많은 영역에서 인간 의사의 정확도를 넘어섰다. 구글의 딥마인드 헬스, IBM의 왓슨 헬스 같은 시스템들은 단순한 보조 도구가 아닌, 의료 의사결정의 주체로 부상하고 있다. 2024년 초 영국의 NHS는 특정 질병의 1차 진단을 AI 시스템에 전적으로 의존하기로 결정했다. 이는 의료의 자율성과 환자의 자기 결정권에 대한 근본적인 질문을 제기한다.

금융 부문에서 AI 기업들의 영향력은 더욱 직접적이다. 알고리즘 트레이딩은 이미 전체 주식 거래의 70% 이상을 차지한다. 더 중요한 것은 신용 평가와 대출 심사에서 AI의 역할이다. 전통적인 은행들조차 이제는 AI 기업들이 제공하는 신용 평가 시스템에 의존한다. 2023년 말 한 조사에 따르면, 미국의 주요 은행들 중 82%가 대출 심사 과정에서 AI 시스템을 활용하고 있다. 이는 금융 포용이라는 명목으로 정당화되지만, 실제로는 새로운 형태의 금융 차별을 만들어낼 위험이 있다.

문화 산업에서도 AI 기업들의 영향력이 급속히 확대되고 있다. 넷플릭스, 스포티파이 같은 스트리밍 서비스들의 추천 알고리즘은 문화 소비의 패턴을 근본적으로 변화시켰다. 더 나아가 AI는 이제 문화 생산의 주체가 되어 가고 있다. 2024년 초 공개된 한 AI 작곡 시스템은 빌보드 차트에 진입하는 성과를 거두었다. OpenAI의 Sora는 텍스트 설명만으로 뛰어난 품질의 사실적인 비디오를 생성할 수 있다. 이는 "창조성이란 무엇인가?"라는 근본적인 질문을 제기한다. 이러한 변화는 지정학적 함의도 갖는다.

　AI 기술의 발전은 새로운 형태의 국제적 위계질서를 만들어내고 있다. 2024년 현재, 진정한 의미의 AI 주권을 가진 국가는 손에 꼽을 정도다. 대부분의 국가들은 미국이나 중국의 AI 기업들에 의존할 수밖에 없는 상황이다. 한 국제 정치학자는 이를 "디지털 신식민주의의 도래"라고 경고했다. 특히 AI 기업들이 가진 규범 설정 권력에 집중해야 한다. 이들은 단순히 기술 표준을 정하는 것을 넘어, 디지털 세계의 윤리적, 사회적 규범을 형성한다. 페이스북의 커뮤니티 가이드라인이나 OpenAI의 윤리적 가이드라인은 사실상의 글로벌 표준이 되어가고 있다. 이는 민주적 정당성이나 문화적 다양성의 관점에서 심각한 문제를 제기한다.

　이러한 상황에서 새로운 형태의 저항과 대안적 움직임도 등장하고 있다. 특히 주목할 만한 것은 디지털 주권 운동이다. 유럽연합의 GAIA-X 프로젝트는 유럽 독자의 클라우드 인프라를 구축하려는 시도다. 2023년 말 출범한 이 프로젝트는 비록 아직 초기 단계이지만, AI 기업들의 지배에 대한 조직적 저항의 가능성을 보여준다. 오픈소스 AI 운동도 주목할 만하다. 2023년 메타가 공개한 LLaMA나 스태빌리티 AI의 Stable Diffusion처럼, 핵심 AI 기술을 공개하려는 시도들이 늘어나고 있다. 이는 AI 개발의 민주화 가능성을 보여준다. 그러나 동시에 이러한 움직임이 실제로 권력 구조를 바꿀 수 있을지는 여전히 불확실하다. 오픈소스 모델을 효과적으로 훈련시키고 배포하기 위해서는 여전히 막대한 컴퓨팅 자원이 필요하기 때문이다.

　시민사회의 대응도 활발해지고 있다. AI 감시연합(AI Oversight Coalition)같은 단체들은 AI 기업들의 활동을 모니터링하고 이들의 책임성을 요구한다. 2024년 초 이들의 캠페인은 여러 AI 기업들이 알고리즘 감사를 수용하도록 만드는 데 성공했다.

노동조합들도 알고리즘 협상권을 요구하기 시작했다. 2023년 말 영국의 배달 노동자들은 처음으로 알고리즘 수정에 대한 협상권을 얻어냈다.

법적, 제도적 대응도 본격화되고 있다. EU의 AI 법(AI Act)은 세계 최초로 AI 시스템을 포괄적으로 규제하는 법안이다. 2024년 초 발효된 이 법은 AI 시스템의 위험도에 따른 차등 규제라는 새로운 패러다임을 제시했다. 미국에서도 연방거래위원회(FTC)가 AI 기업들의 시장 지배력을 제한하기 위한 새로운 가이드라인을 발표했다. 그러나 이러한 대응들은 여전히 초기 단계에 있으며, 여러 한계를 노출하고 있다. 가장 근본적인 문제는 규제의 속도가 기술 발전의 속도를 따라가지 못한다는 점이다.

AI 기업들은 끊임없이 새로운 기술과 비즈니스 모델을 개발하고, 이는 기존의 규제 프레임워크를 무력화한다. "법은 항상 기술을 뒤쫓는다"는 오래된 격언이 여기서도 적용된다. 더욱 근본적인 도전은 AI 기업들의 권력이 전통적인 규제 수단으로는 포착하기 어려운 성격을 가진다는 점이다. 예를 들어, 구글의 검색 알고리즘이 특정 정보를 더 상위에 노출시키는 것이 편향인지 최적화인지를 어떻게 판단할 수 있는가? 페이스북의 뉴스피드 알고리즘이 사회적 분열을 심화시킨다는 비판에 대해, 이를 어떻게 객관적으로 입증하고 규제할 수 있는가?

이러한 맥락에서 우리에게 필요한 것은 단순한 기술적 해결책이나 법적 규제를 넘어서는 새로운 거버넌스 모델이다. 이는 민주주의의 기본 원칙들 - 투명성, 책임성, 참여 - 을 디지털 시대에 맞게 재해석하고 구현하는 작업을 필요로 한다. 알고리즘 민주주의나 디지털 공화주의 같은 새로운 개념들이 제안되는 것도 이러한 맥락이다.

결국 AI 기업들의 글로벌 영향력 문제는 단순한 경제적, 기술적 문제가 아닌 정치 철학적 문제다. 그것은 21세기의 민주주의는 어떤 모습이어야 하는가? 디지털 시대의 주권은 어떻게 정의되어야 하는가? 알고리즘 권력에 대한 민주적 통제는 어떻게 가능한가? 같은 근본적인 질문들을 제기한다. 이러한 질문들에 대한 우리의 대답이 AI 시대의 권력 구조를 결정할 것이다.

사무엘 헌팅턴은 근대 민주주의의 역사를 세 번의 물결로 설명했다. 만약 그의 분석틀을 확장한다면, 우리는 지금 네 번째 물결의 시작점에 서 있는지도 모른다. 그것은 AI 시대의 새로운 민주주의를 향한 움직임이다. 그러나 이전의 물결들과 마찬가지로, 이것이 성공할지 실패할지는 전적으로 우리의 선택과 노력에 달려 있다.

AI 기업의 시장 지배력과 경제 구조의 재편

2025년 1월, 애플에 이어 마이크로소프트의 시가총액도 3조 달러를 돌파했다는 뉴스가 전해졌다. 이는 단순한 숫자의 의미를 넘어선다. 특히 주목할 만한 것은 이러한 성장의 대부분이 AI 관련 사업에서 비롯되었다는 점이다. OpenAI에 대한 투자와 이를 통한 AI 서비스의 확장은 마이크로소프트의 기업 가치를 1년 만에 1조 달러 이상 증가시켰다. 한 월스트리트 애널리스트는 이를 "AI가 만들어낸 가장 큰 부의 이동"이라고 평했다. 이러한 현상은 마이크로소프트에만 국한되지 않는다. 2024년 한 해 동안 AI 7자매로 불리는 기업들(마이크로소프트, 애플, 엔비디아, 구글, 메타, 아마존, 테슬라)의 시가총액 증가분은 전 세계 주식 시장 시가총액 증가분의 절반 이상을 차지했다. 이는 전례 없는 부의 집중이다. 역사학자들은 이를 19세기 말 미국의 철도 독점과 비교하기 시작했다. 특히 주목할 만한 것은 이러한 성장이 승자독식 구조를 강화한다는 점이다.

AI 개발에는 막대한 초기 투자가 필요하다. 2024년 초 한 연구에 따르면, GPT-4 규모의 대규모언어모델을 처음부터 개발하는 데 필요한 비용은 최소 10억 달러에 달한다. 이는 진입장벽으로 작용하여 시장의 과점화를 촉진한다. 더욱이 AI는 규모의 경제가 극단적으로 작용하는 분야다. 한 번 개발된 AI 시스템은 추가 비용 없이 무한히 복제될 수 있다.

이러한 구조는 노동 시장에도 심대한 영향을 미친다. AI 기업들은 엄청난 수익을 창출하지만, 이들이 직접 고용하는 인력은 상대적으로 적다. 2024년 초 기준으로 시가총액 상위 10개 AI 기업들의 전체 고용 인원은 100만 명이 채 되지 않는다. 이는 20세기 제조업 대기업들과는 완전히 다른 양상이다. 예를 들어, 1979년 제너럴 모터스는 단독으로 85만 명을 고용했다. 한 노동 경제학자는 이를 "고용 없는 성장의 극단적 형태"라고 표현했다.

더욱 근본적인 변화는 가치사슬의 재편이다. AI는 전통적인 산업 구조를 근본적으로 변화시키고 있다. 예를 들어, 자동차 산업에서 이제 핵심 경쟁력은 자율주행 AI의 개발 능력이다. 이는 전통적인 자동차 제조사들을 AI 기업들의 하청 업체로 전락시킬 수 있는 위험을 내포한다. 2023년 말 한 자동차 업계 경영자는 "우리는 이제 테슬라나 구글과 경쟁해야 하는데, 이는 마치 말수레 제조업체가 포드와 경쟁하는 것과 같다"고 토로했다.

금융 부문의 변화도 극적이다. AI 기업들은 이제 금융 서비스의 핵심 인프라를 장악하기 시작했다. 2024년 초 기준으로 미국 소매 금융 거래의 35%가 애플페이, 구글페이 같은 테크 기업들의 결제 시스템을 통해 이루어진다. 더 나아가 이들은 신용 평가, 대출 심사, 자산 관리 등 전통적인 금융 기관의 핵심 영역으로 진출하고 있다. 골드만삭스의 한 임원은 "은행들이 AI 기업들의 데이터 처리 부서가 될 위험이 있다"고 경고했다.

글로벌 공급망의 재편도 가속화되고 있다. AI 기업들의 영향력은 특히 반도체 산업에서 극적으로 드러난다. 엔비디아의 AI 칩에 대한 수요 폭증은 전 세계 반도체 산업의 지형도를 바꾸어 놓았다. 2024년 한 해 동안 엔비디아의 AI 칩 매출은 전년 대비 300% 증가했다. 이는 단순한 시장 성공을 넘어, 산업 생태계 전반의 권력 이동을 의미한다. 대만의 TSMC, 한국의 삼성전자 같은 전통적인 반도체 강자들조차 이제는 AI 기업들의 수요에 맞춰 생산라인을 재편해야 하는 상황이다.

더욱 근본적인 것은 혁신 생태계의 변화다. AI 기업들은 연구 개발의 방향과 속도를 결정하는 핵심 주체가 되었다. 2024년 초 기준으로 AI 관련 특허의 80% 이상이 상위 10개 기업에 의해 출원되고 있다. 이는 공공 연구 기관이나 대학의 역할이 상대적으로 축소되고 있음을 의미한다. 한 혁신 경제학자는 "실리콘밸리가 21세기의 벨 연구소가 되었다"고 평했다. 그러나 중요한 차이가 있다. 벨 연구소가 공공재적 성격의 기초 연구를 수행했다면, AI 기업들의 연구는 철저히 사적 이익을 추구한다.

벤처 생태계도 근본적으로 변화하고 있다. AI 스타트업들의 운명은 이제 거대 AI 기업들과의 관계에 달려 있다. 2023년 한 해 동안 발생한 AI 스타트업 인수 합병의 90%가 상위 7개 기업에 의해 이루어졌다. 이는 혁신의 다양성을 저해할 수 있는 위험을 내포한다. 더욱 우려스러운 것은 이른바 킬러인수(Killer Acquisition) 현상이다. 거대 기업들이 잠재적 경쟁자가 될 수 있는 스타트업들을 초기에 인수해 없애버리는 것이다. 국제 무역의 패턴도 변화하고 있다.

AI 기술의 발전은 글로벌 가치사슬을 재편하고 있다. 특히 주목할 만한 것은 데이터의 국제적 이동이다. 2024년 초 한 연구에 따르면, 국제 데이터 흐름의 70% 이상이 미국의 AI 기업들을 통해 이루어진다. 이는 새로운 형태의 무역 불균형을 만들어낸다. 개발도상국들은 자국의 데이터를 선진국의 AI 기업들에게 원자재처럼 제공하고, 가공된 AI 서비스를 다시 구매하는 구조가 형성되고 있다.

도시 공간의 재편도 진행되고 있다. AI 기업들의 성장은 특정 도시들의 부동산 시장과 도시 구조를 근본적으로 변화시켰다. 샌프란시스코, 시애틀, 오스틴 같은 도시들에서는 AI 기업들의 존재가 부동산 가격 폭등과 젠트리피케이션을 야기했다. 2023년 말 한 조사에 따르면, 이들 도시의 주거 비용은 지난 5년간 평균 150% 상승했다. 이는 도시의 사회적 구성을 근본적으로 변화시키고 있다.

새로운 형태의 경제적 종속 관계도 형성되고 있다. AI 기업들이 제공하는 클라우드 서비스와 AI API에 대한 의존도가 높아질수록, 기업들의 자율성은 제약된다. 2024년 초 한 설문에 따르면, 미국의 중소기업 중 78%가 일상적인 업무 수행을 위해 특정 AI 기업의 서비스에 크게 의존하고 있다고 응답했다. 이는 새로운 형태의 디지털 봉건제라는 비판을 낳고 있다. 이러한 경제 구조의 재편은 새로운 형태의 글로벌 불평등을 야기하고 있다. 특히 주목할 만한 것은 디지털 지대(Digital Rent)의 출현이다.

AI 기업들은 플랫폼과 인프라를 통제함으로써 거의 모든 경제 활동에서 일종의 통행세를 거둬들일 수 있게 되었다. 2024년 초 한 연구는 글로벌 GDP의 약 8%가 이러한 형태의 디지털 지대로 AI 기업들에게 이전되고 있다고 추산했다. 한 경제학자는 이를 "21세기의 인클로저 운동"이라고 표현했다. 지식 경제의 구조도 변화하고 있다. AI 기업들은 학술 연구의 방향과 우선 순위에도 강력한 영향력을 행사한다. 2023년 한 조사에 따르면, 전 세계 AI 연구자의 42%가 AI 기업들에 의해 직간접적으로 고용되어 있다. 더욱 우려스러운 것은 이들이 연구 결과의 공개를 통제할 수 있다는 점이다. 학문의 자유와 지식의 공공성이라는 전통적 가치가 위협받고 있는 것이다.

노동 시장의 양극화도 심화되고 있다. AI 기업들은 소수의 고임금 전문직과 다수의 저임금 서비스직을 창출하는 반면, 중간층 일자리는 빠르게 사라지고 있다. 2024년 초 세계은행의 한 보고서는 AI 경제에서는 winner-take-most 구조가 노동 시장에서도 재현된다고 경고했다. 실제로 AI 엔지니어들의 평균 연봉은 지난 3년간 250% 상승한 반면, 일반 노동자들의 실질 임금은 정체되거나 하락했다.

산업 구조의 변화는 지역 경제에도 심각한 영향을 미친다. AI 기업들의 성장은 특정 지역에 집중되는 경향이 있다. 2024년 초 기준으로 미국 내 AI 관련 일자리의 75%가 캘리포니아, 워싱턴, 텍사스 세 주에 집중되어 있다. 이는 지역 간 경제적 격차를 더욱 심화시킨다. "AI 시대의 러스트 벨트"라는 표현이 등장한 것도 이러한 맥락이다.

금융 시장의 구조적 변화도 주목할 만하다. AI 기업들의 주가 상승은 자산 시장 전반의 불안정성을 높이고 있다. 이들 기업의 시가총액이 전체 시장에서 차지하는 비중이 너무 커진 나머지, 이들의 주가 변동이 시장 전체에 심각한 영향을 미친다. 2024년 초 한 금융 애널리스트는 "AI 기업들이 큰 것은 망하기에는 너무 큰(Too Big to Fail) 새로운 금융 기관이 되었다"고 경고했다.

미디어와 콘텐츠 산업의 경제적 구조도 근본적으로 변화하고 있다. AI 생성 콘텐츠의 등장은 창작자들의 생계를 위협하는 동시에, 콘텐츠 유통 구조를 AI 기업들 중심으로 재편하고 있다. 2023년 말 한 조사에 따르면, 온라인에서 소비되는 콘텐츠의 15%가 이미 AI에 의해 생성되고 있으며, 이 비율은 빠르게 증가하고 있다.

교육 시장의 재편도 가속화되고 있다. AI 기업들이 제공하는 온라인 학습 플랫폼은 전통적인 교육 기관들을 위협하고 있다. 특히 직업 교육과 재교육 시장에서 이들의 영향력이 급속히 확대되고 있다. 2024년 초 한 보고서는 AI 기업들이 21세기의 새로운 대학이 될 수 있다고 전망했다.

이러한 변화들은 경제 민주주의의 관점에서 심각한 도전을 제기한다. 경제적 의사결정 권한이 소수의 AI 기업들에게 집중되는 현상은 시장 경제의 기본 전제인 분산된 의사결정 구조를 위협한다. 더욱이 이들 기업의 의사결정은 알고리즘에 의해 이루어지며, 이는 민주적 통제나 사회적 합의의 대상이 되기 어렵다.

이러한 상황에서 새로운 형태의 경제적 거버넌스가 필요하다는 목소리가 커지고 있다. 전통적인 반독점 정책을 넘어, 데이터와 알고리즘에 대한 공적 통제, AI 인프라의 공공재적 성격 인정, 디지털 공유지(Digital Commons)의 확립 등 다양한 대안들이 제시되고 있다. 2024년 초 다보스포럼에서는 AI 경제의 민주적 재구성이 핵심 의제로 다뤄졌다. 결국 AI 기업들의 경제적 영향력 문제는 단순한 시장 실패의 교정이나 규제의 문제를 넘어선다. 그것은 디지털 시대의 경제 민주주의를 어떻게 실현할 것인가라는 근본적인 질문을 제기한다. 칼 폴라니가 "거대한 전환"이라고 불렀던 19세기의 시장 경제 출현에 버금가는 변화가 지금 진행되고 있는 것이다. 우리의 대응이 이 새로운 경제 질서의 성격을 결정할 것이다.

4.2.2 알고리즘 기반 의사결정

2024년 1월, 한 대형 보험 회사의 AI 시스템이 40대 남성의 생명보험 가입을 거절했다. 표면적으로 이 남성의 건강 상태는 양호했고, 소득과 신용도 모두 기준을 충족했다. 그러나 AI는 이 사람의 소셜 미디어 활동 패턴, 쇼핑 내역, 위치 데이터 등을 종합적으로 분석하여 고위험군으로 판단했다. 보험 회사는 AI의 결정을 신뢰했고, 그 판단 근거를 구체적으로 설명할 수도 없었다. 이 사례는 알고리즘 기반 의사결정이 가진 불투명성과 그 영향력을 상징적으로 보여준다.

AI 시스템은 이제 우리 삶의 거의 모든 영역에서 중요한 결정을 내린다. 2023년 말 한 조사에 따르면, 미국의 포춘 500대 기업 중 82%가 채용 과정에서 AI 알고리즘을 활용하고 있으며, 주요 금융 기관들의 대출 심사의 90% 이상이 알고리즘에 의해 이루어진다. 더욱 주목할 만한 것은 이러한 알고리즘 의사결정의 범위가 지속적으로 확장되고 있다는 점이다.

의료 분야의 변화는 더욱 극적이다. 2023년 말 한 응급실은 일주일 동안 모든 환자 분류 결정을 AI 알고리즘에 맡기는 실험을 진행했다. 대기시간이 평균 45% 감소했고, 중증환자의 조기 발견율은 32% 향상되었다. 그러나 동시에 우려스러운 패턴도 발견되었다. 알고리즘은 특정 인구 집단, 특히 의료 기록이 불완전한 이민자들의 중증도를 체계적으로 과소평가하는 경향을 보였다. 이는 알고리즘 의사결정이 기존의 사회적 편견을 강화할 수 있다는 우려를 입증한다. 한 대형 병원의 사례는 더욱 복잡한 문제를 제기한다. 이 병원은 2023년 중반부터 수술 우선 순위 결정을 AI에 맡겼다. 알고리즘은 환자의 의료 기록, 생체 데이터, 사회 경제적 상황, 심지어 가족력까지 분석하여 수술 긴급도를 산정했다. 결과적으로 수술 대기시간은 평균 38% 감소했지만, 알고리즘이 고령환자나 복합 질환자를 상대적으로 후순위로 배치하는 경향이 발견되었다. "효율성이 공정성을 압도하고 있다"는 한 의료 윤리학자의 우려는 이러한 상황을 잘 보여준다.

금융 부문의 변화는 더욱 근본적이다. AI 기반 투자 알고리즘은 이미 전통적인 투자 방식을 압도하는 수익률을 보여주고 있다. 2023년 한 해 동안 주요 AI 투자 펀드들의 평균 수익률은 시장 평균의 2.7배를 기록했다. 그러나 이러한 고성능 AI 투자 시스템은 소수의 대형 금융 기관과 부유한 투자자들만 접근할 수 있다. 더욱 우려스러운 것은 이러한 알고리즘들이 서로 비슷한 투자 패턴을 보이면서 시장 쏠림 현상을 심화시킬 수 있다는 점이다.

신용 평가 분야의 변화도 주목할 만하다. 전통적인 신용 평가가 주로 금융 거래 기록에 기반했다면, 새로운 AI 신용 평가 시스템은 개인의 소셜 미디어 활동, 온라인 쇼핑 패턴, 위치 데이터, 심지어 스마트폰 사용 습관까지 분석한다. 2024년 초 한 연구는 이러한 대안 데이터 기반 신용 평가가 전통적 방식보다 채무불이행을 20% 더 정확하게 예측한다고 밝혔다. 그러나 이는 심각한 프라이버시 침해 우려를 낳고 있다.

교육 분야에서는 적응형 학습 알고리즘이 새로운 표준이 되어가고 있다. 2023년 말 기준으로 미국의 K-12 학생 60% 이상이 알고리즘이 개별화한 학습 경로를 따르고 있다. 이 시스템은 각 학생의 학습 속도, 선호도, 오답 패턴을 분석하여 맞춤형 커리큘럼을 제공한다. 표면적으로는 개별화된 교육의 이상을 실현하는 것처럼 보이지만, 비판자들은 이것이 학생들을 너무 일찍 특정 진로로 유도할 수 있다고 우려한다. 특히 주목할 만한 것은 대학 입학 사정에서 AI의 역할이다. 2023년 한 연구는 미국의 주요 대학들이 AI를 활용해 지원자의 에세이 작성 패턴, 과외 활동 선택, 심지어 소셜 미디어 프로필까지 분석한다고 밝혔다. 이러한 전인적 평가는 더 공정한 선발을 가능

그림 4-3 AI 면접 상상도

하게 한다고 주장되지만, 실제로는 기존의 사회 경제적 격차를 더욱 공고히 할 수 있다.

채용 분야의 알고리즘화는 더욱 광범위하다. 2024년 초 한 보고서에서는 글로벌 기업들의 입사 지원자 중 85%가 실제 인간 면접관을 만나기도 전에 AI 알고리즘에 의해 탈락한다고 밝혔다. 더욱 놀라운 것은 이 알고리즘들이 지원자의 표정과 목소리 톤, 키보드 입력 패턴, 심지어 시선 추적 데이터까지 분석한다는 점이다.

"당신의 마우스 움직임이 당신의 미래를 결정할 수 있다"는 한 취업 컨설턴트의 말은 과장이 아니었다. 한 글로벌 기업의 사례는 이러한 변화의 극단을 보여준다. 이 기업은 2023년부터 모든 인사 결정(채용, 승진, 보상, 해고)을 AI 시스템에 맡겼다. 알고리즘은 직원들의 이메일 통신, 회의 참여도, 코드 제출 기록, 심지어 사내 카페테리아 이용 패턴까지 분석하여 직원가치점수를 산출한다. 이 점수는 실시간으로 갱신되며, 직원들은 모바일 앱을 통해 자신의 점수 변화를 확인할 수 있다. "우리는 완전히 투명하고 객관적인 평가 시스템을 구축했다"고 회사는 주장하지만, 노동권 활동가들은 이를 디지털 판옵티콘이라고 비판한다.

도시 계획과 치안 분야의 변화도 주목할 만하다. 2023년 말부터 뉴욕시는 스마트 시티 관리 시스템을 전면 도입했다. 이 시스템은 수만 개의 센서와 카메라에서 수집된 데이터를 실시간으로 분석하여 교통 흐름을 조절하고, 전력 사용을 최적화하며, 범죄 위험 지역을 예측한다. 특히 논란이 된 것은 예측적 치안 알고리즘이다. 이 시스템은 과거의 범죄 데이터, 날씨, 이벤트 일정, SNS 게시물 등을 종합적으로 분석하여 순찰 경로와 인력 배치를 결정한다. 이러한 알고리즘 의사결정의 확산은 새로운 형태의 사회적 통제와 규율을 만들어낸다. 알고리즘의 점수나 등급은 단순한 수치를 넘어 실질적인 재재와 보상의 기준이 된다. 2023년 말 한 연구는 신용 점수가 낮은 사람들이 취업, 주거, 보험 등 거의 모든 영역에서 체계적인 불이익을 겪고 있음을 보여주었다. 더욱 우려스러운 것은 이러한 점수들이 서로 연결되어 일종의 통합 사회 신용 체계를 형성하고 있다는 점이다.

법적 의사결정에서도 AI의 역할이 급속히 확대되고 있다. 2023년 말 기준으로 미국의 40개 주가 보석 결정과 양형에 AI 위험 평가 도구를 활용하고 있다. 이 시스템은 피고인의 범죄 이력, 사회 경제적 배경, 가족 관계 등을 분석하여 재범 가능성을 예측한다. 효율성 측면에서는 성과를 보였지만, 알고리즘이 특정 인종과 계층에 대해 체계적인 편향을 보인다는 비판이 제기되고 있다.

이러한 상황에서 알고리즘 의사결정의 투명성과 책임성을 확보하는 것은 핵심적인 과제가 된다. 2024년 초 EU가 도입한 알고리즘 영향 평가(Algorithmic Impact Assessment) 제도는 주목할 만한 시도다. 이는 중요한 의사결정에 사용되는 AI 시스템에 대해 정기적인 감사와 인권 영향 평가를 의무화한다. 특히 혁신적인 것은 설명 요구권의 도입이다. 알고리즘의 결정에 영향을 받는 모든 사람이 그 결정의 근거에 대한 이해할 수 있는 설명을 요구할 수 있는 권리를 보장한 것이다. 더욱 근본적인 것은 알고리즘 의사결정이 제기하는 철학적, 윤리적 질문들이다.

인간의 판단과 알고리즘의 판단 사이에 본질적인 차이가 있는가? 알고리즘이 내린 결정은 어떤 조건에서 정당성을 가질 수 있는가? 알고리즘의 합리성과 인간의 합리성은 어떻게 다른가?

이러한 질문들은 단순한 기술적 해결책만으로는 충분하지 않은, 보다 근본적인 성찰을 요구한다.

결국 알고리즘 기반 의사결정이 제기하는 도전은 단순한 기술적 문제가 아닌, 우리 사회의 기본 가치와 운영 원리에 관한 근본적인 질문이다. "어떻게 기술의 효율성과 인간의 자율성을 조화시킬 것인가?" 이 질문에 대한 우리의 답변이 앞으로의 사회 모습을 결정할 것이다. 특히 주목해야 할 것은 알고리즘 의사결정이 만들어내는 자기 실현적 예언의 순환이다. 예를 들어, 특정 지역을 고위험 지역으로 분류한 치안 알고리즘은 더 많은 순찰과 감시를 유도하고, 이는 더 많은 범죄 적발로 이어지며, 이것이 다시 해당 지역의 위험 평가를 높이는 순환을 만든다. 2023년 말 한 연구는 이러한 순환이 사회적 낙인과 차별을 구조화하는 방식을 상세히 분석했다.

이러한 알고리즘 의사결정의 영향력은 개인의 행동 양식도 변화시키고 있다. 사람들은 점점 더 알고리즘의 선호에 맞춰 자신을 변형시키려 한다. 예를 들어, 구직자들은 AI 채용 시스템이 선호하는 키워드를 자신의 이력서에 포함시키려 하고, 차주들은 보험료를 낮추기 위해 AI가 안전하다고 판단하는 운전 패턴을 학습한다. '알고리즘이 인간을 훈육하는 새로운 시대가 도래했다'는 한 사회학자의 분석은 이러한 현상을 잘 포착한다. 더욱 근본적인 우려는 알고리즘 의사결정이 인간의 자율적 판단 능력을 약화시킬 수 있다는 점이다. 2024년 초 한 연구는 AI 추천 시스템에 지속적으로 노출된 사람들이 독립적인 의사결정 능력이 감소하는 경향을 보인다고 밝혔다. 이는 단순한 편의성의 문제를 넘어, 인간 주체성의 근본적인 변화를 암시한다. 이러한 복합적인 도전들은 알고리즘 의사결정에 대한 새로운 접근법을 요구한다. 그것은 단순한 규제나 통제를 넘어, 인간과 알고리즘의 새로운 협력 모델을 발전시키는 것이어야 한다. 증강된 의사결정(Augmented Decision-Making)이라는 새로운 패러다임이 주목받는 이유가 여기에 있다. 이는 알고리즘의 분석력과 인간의 직관을 결합하여, 더 나은 의사결정을 도출하려는 시도다.

결국 우리에게 필요한 것은 알고리즘 의사결정의 인간화다. 이는 기술의 효율성을 포기하는 것이 아니라, 그것을 인간의 가치와 필요에 맞게 재구성하는 것을 의미한다. 앞으로의 과제는 이러한 재구성을 어떻게 실현할 것인가에 있다. 그것은 기술적 혁신만큼이나 사회적 상상력을 필요로 하는 도전이 될 것이다.

4.2.3 데이터 주권과 프라이버시

2023년 11월, 한 사건이 전 세계 데이터 거버넌스 논의의 전환점이 되었다. 글로벌 테크 기업 A사의 데이터센터가 사이버 공격을 받아, 37개국 8억 명의 개인정보가 유출된 것이다. 특히 심각한 것은 유출된 정보의 성격이었다. 이는 단순한 신상정보를 넘어, 개인들의 일상적 행동 패턴, 사회적 관계망, 심지어 감정 상태까지 포함하고 있었다. 한 프라이버시 전문가는 "이제 우리는 디지털 영혼을 빼앗긴 것이나 다름없다"고 경고했다.

이 사건은 현대 사회에서 데이터가 가진 의미를 극적으로 보여주었다. 데이터는 더 이상 단순한 정보의 집합이 아니다. 그것은 개인의 정체성, 사회적 관계, 경제적 가치, 그리고 정치적 권력이 응축된 새로운 형태의 자산이자 자원이다. "데이터가 21세기의 석유"라는 표현은 이제 진부한 클리셰가 되었다. 오히려 데이터는 석유보다 더 근본적인 자원이다. 석유가 산업경제의 동력이었다면, 데이터는 디지털 문명 자체의 기반이기 때문이다. 이러한 맥락에서 데이터 주권과 프라이버시의 문제는 단순한 기술적 또는 법적 과제를 넘어선다. 그것은 디지털 시대의 인간 존엄성, 민주주의의 작동 방식, 그리고 권력 관계의 본질에 관한 근본적인 질문을 제기한다. 특히 AI의 발전은 이 문제를 더욱 첨예하게 만든다. AI 시스템은 더 많은 데이터를 필요로 하고, 더 정교한 방식으로 이를 분석하며, 더 강력한 영향력을 행사할 수 있기 때문이다.

2024년 초 기준, 글로벌 데이터 경제의 규모는 이미 연간 1조 달러를 넘어섰다. 더욱 주목할 만한 것은 그 성장 속도다. 지난 5년간 연평균 성장률은 15.8%를 기록했다. 그러나 이러한 경제적 가치의 창출은 심각한 불균형을 동반한다. 데이터의 수집과 활용에서 발생하는 이익은 소수의 글로벌 테크 기업들에게 집중되는 반면, 데이터의 실제 생산자인 개인들은 적절한 보상은커녕 자신의 데이터에 대한 기본적인 통제권도 행사하기 어려운 상황이다. 디지털 공간에서 데이터는 끊임없이 국경을 넘나든다. 한국의 시민이 유럽의 서비스를 이용하면서 생성한 데이터는 미국의 서버에 저장되고, 인도의 데이터센터에서 처리될 수 있다. 이러한 상황에서 데이터 주권이란 무엇을 의미하는가? 국가는 자국민의 데이터를 어디까지 보호하고 통제할 수 있는가? 이는 21세기 국제 관계의 핵심 쟁점이 되고 있다.

"개인정보 보호와 데이터 활용의 균형"이라는 오래된 명제는 이제 새로운 차원의 도전에 직면해 있다. AI 시대의 데이터 수집과 활용은 이전과는 근본적으로 다른 특성을 보인다.

첫째, 데이터 수집의 편재성이다. IoT 기기들의 확산으로 우리의 모든 일상이 데이터화되고 있다. 둘째, 데이터 분석의 정교화다. AI는 개별 데이터 포인트들을 연결하여 개인에 대해 정교한 프로파일을 구축할 수 있다. 셋째, 데이터 활용의 자동화다. 알고리즘은 이러한 프로파일을 바탕으로 실시간으로 중요한 의사결정을 내린다.

이러한 변화는 프라이버시의 개념 자체를 재정의할 것을 요구한다. 전통적인 프라이버시 개념은 혼자 있을 권리 또는 개인정보에 대한 통제권으로 정의되었다. 그러나 AI 시대에는 이러한 정의로는 불충분하다. 개별 데이터의 공개 여부를 통제하는 것만으로는 진정한 의미의 프라이버시를 보장할 수 없기 때문이다. AI는 공개된 데이터들을 결합하여 개인의 가장 은밀한 특성까지도 추론해낼 수 있다. 2023년 한 연구는 소셜 미디어 활동 패턴만으로도 개인의 성적 지향, 정치적 성향, 건강 상태를 90% 이상의 정확도로 예측할 수 있음을 보여주었다. 이러한 상황은 개인, 기업, 국가 모두에게 새로운 도전을 제기한다.

개인은 자신의 디지털 정체성을 어떻게 보호하고 통제할 수 있는가? 기업은 데이터의 경제적 가치를 실현하면서도 윤리적 책임을 어떻게 다할 것인가? 국가는 시민의 데이터 주권을 보호하면서도 디지털 경제의 발전을 어떻게 촉진할 것인가? 이러한 질문들에 대한 우리의 답변이 디지털 시대의 권력 구조를 결정할 것이다.

데이터 전쟁의 새로운 전선

2024년 초, 유럽연합(EU)과 중국 간의 데이터 전쟁이 새로운 국면을 맞았다. 유럽연합은 중국의 데이터 현지화 정책이 디지털 보호무역주의라며 WTO에 제소했고, 중국은 이에 맞서 유럽 기업들의 중국 내 데이터센터에 대한 감사를 강화했다. 표면적으로는 무역 분쟁의 형태를 띠고 있지만, 이는 사실상 데이터 주권을 둘러싼 근본적인 가치관의 충돌이었다. 유럽연합이 개인의 데이터 권리를 강조한다면, 중국은 국가 안보와 사회 질서를 우선시한다. 한 국제 관계 전문가는 "이는 21세기의 새로운 냉전"이라고 평했다. 이러한 갈등의 중심에는 데이터의 초국경적 특성이 있다.

디지털 시대의 데이터는 끊임없이 국경을 넘나든다. 한 연구에 따르면, 2024년 현재 전 세계 데이터 트래픽의 80% 이상이 국경을 넘는 전송을 포함한다. 문제는 이러한 데이터 흐름이 기존의 주권 개념과 충돌한다는 점이다. 국가는 자국민의 데이터를 보호하고 통제하려 하지만, 이는 필연적으로 다른 국가나 기업들과의 마찰을 야기한다. 특히 주목할 만한 것은 데이터 식민주의라는 새로운 현상이다. 글로벌 테크 기업들은 전 세계에서 데이터를 수집하지만, 그로부터 발생하는 가치의 대부분은 본사가 위치한 소수의 국가들에 집중된다. 2023년 한 연구는 아프리카에서 수집된 데이터의 경제적 가치 중 95% 이상이 미국과 중국 기업들에게 귀속된다고 밝혔다. 한 아프리카 학자는 "우리는 새로운 형태의 자원 수탈을 목격하고 있다"고 경고했다.

이러한 상황에서 각국은 다양한 형태의 데이터 주권 정책을 발전시키고 있다. 가장 강경한 접근을 보이는 것은 중국이다. 2023년 개정된 중국의 데이터보안법은 모든 중요 데이터의 국내 저장을 의무화하고, 해외 이전에 대한 정부의 사전 승인을 요구한다. 반면 EU는 GDPR을 통해 개인의 데이터 권리를 보호하면서도, 적절한 보호 조치가 있는 경우 국제적 데이터 이전을 허용하는 균형적 접근을 취한다.

인도는 또 다른 모델을 제시한다. 2024년 초 발표된 디지털 인디아 2.0 전략은 데이터 공유 의무화 정책을 포함한다. 인도에서 사업을 하는 모든 기업은 수집한 데이터의 일부를 국가 데이터 풀에 제공해야 한다. 이는 데이터를 일종의 공공재로 보는 관점을 반영한다. 한 인도 정책 입안자는 "데이터는 디지털 시대의 공유지"라고 설명했다.

이러한 정책적 대응의 배경에는 AI 발전이 가져온 데이터의 전략적 중요성 증가가 있다. AI 시스템의 성능은 학습 데이터의 양과 질에 크게 의존한다. 따라서 데이터에 대한 통제는 곧 AI 발전의 통제를 의미한다. 2023년 말 한 군사 전략가는 "21세기의 군사력은 탱크의 수가 아닌 데이터의 양과 질에 의해 결정될 것"이라고 예측했다. 더욱 복잡한 것은 프라이버시 보호와 AI 발전 사이의 긴장 관계다.

AI 시스템은 더 나은 성능을 위해 더 많은 데이터를 필요로 하지만, 이는 필연적으로 프라이버시 침해의 위험을 증가시킨다. 특히 우려되는 것은 재식별화(Re-Identification) 문제다. 아무리 철저하게 익명화된 데이터라도, 충분히 발전된 AI는 다른 데이터와의 결합을 통해 개인을 식별해낼 수 있다. 2024년 초 한 연구는 현재의 표준적인 익명화 기법들이 최신 AI 시스템 앞에서는 사실상 무력화되었다고 결론지었다. 이러한 상황은 기업들에게도 새로운 도전을 제기한다. 한편으로 기업들은 데이터의 수집과 활용을 통해 경제적 가치를 창출해야 하지만, 다른 한편으로는 점점 더 강화되는 프라이버시 규제를 준수해야 한다. 특히 글로벌 기업들의 경우, 서로 다른 나라의 상충하는 데이터 규제들을 동시에 만족시켜야 하는 어려움에 직면한다. 2023년 말 한 다국적 기업 법무팀장은 "우리는 매일 불가능한 균형잡기를 해야 한다"고 토로했다.

이러한 맥락에서 새로운 기술적, 제도적 해결책들이 모색되고 있다. 기술적 측면에서는 연합 학습(Federated Learning)이 주목받고 있다. 이는 데이터를 중앙에 집중시키지 않고도 AI 모델을 학습시킬 수 있는 방법이다. 제도적 측면에서는 데이터 신탁(Data Trust)이나 데이터 협동조합 같은 새로운 거버넌스 모델이 실험되고 있다. 이들은 데이터의 수집과 활용에 대한 민주적 통제를 가능하게 하는 것을 목표로 한다.

프라이버시의 재정의와 새로운 도전들

2024년 1월 MIT 연구팀은 공개된 소셜 미디어 데이터만으로도 개인의 정신 건강상태를 95% 이상의 정확도로 예측할 수 있는 AI 모델을 개발했다고 밝혔다. 게다가 이 모델은 개인이 직접 작성한 글이 아닌, '좋아요' 패턴과 같은 부수적인 데이터만으로도 이러한 예측이 가능하다고 한다. 이는 현대 사회에서 프라이버시의 의미가 얼마나 근본적으로 변화했는지를 극적으로 보여준다.

전통적으로 프라이버시는 혼자 있을 권리 또는 개인정보에 대한 통제권으로 이해되었다. 그러나 AI 시대에 이러한 정의는 더 이상 충분하지 않다. 우리가 일상적으로 남기는 디지털 흔적들은, 그것이 아무리 사소해 보이더라도, AI에 의해 분석되면 많은 것을 드러낼 수 있다. 한 프라이버시 전문가는 "우리는 매순간 자신도 모르는 자기고백을 하고 있는 셈"이라고 표현했다. 특히 우려되는 것은 추론적 프라이버시(Inferential Privacy)의 침해다. 이는 개인이 명시적으로 공개하지 않은 정보가 다른 데이터로부터 추론되는 현상을 말한다. 예를 들어, 2023년 한 연구는 개인의 쇼핑 기록만으로도 그의 정치적 성향, 종교, 성적 지향 등을 높은 정확도로 예측할 수 있음을 보여주었다. 이는 정보의 자기결정권이라는 전통적인 프라이버시 보호 원칙의 한계를 드러낸다.

더욱 복잡한 것은 집단적 프라이버시(Collective Privacy)의 문제다. 한 개인의 데이터는 그와 연결된 다른 사람들의 프라이버시에도 영향을 미친다. 2024년 초 한 연구는 소셜 네트워크에서 한 사람의 데이터 공개가 평균적으로 그의 지인 287명의 프라이버시에 영향을 미친다고 밝혔다. "프라이버시는 더 이상 개인의 문제가 아니다"라는 한 연구자의 말은 이러한 현실을 잘 요약한다.

AI의 발전은 이러한 도전을 더욱 심화시킨다. 특히 대규모언어모델(LLM)의 등장은 새로운 차원의 프라이버시 위험을 제기한다. 이들 모델은 웹에 공개된 텍스트를 학습하는 과정에서 개인정보를 기억할 수 있으며, 이를 예측하지 못한 방식으로 재생산할 수 있다. 2023년 말 한 사례는 이러한 위험을 극적으로 보여주었다. 한 챗봇이 10년 전 온라인 포럼에 게시되었다가 삭제된 개인의 비밀을 드러낸 것이다. 이러한 상황은 잊힐 권리의 개념도 재검토할 것을 요구한다. 디지털 공간에서 정보는 실질적으로 영구적이며, AI는 이를 예측하지 못한 방식으로 결합하고 재해석할 수 있다. 2024년 초 EU의 한 정책보고서는 "디지털 시대의 잊힐 권리는 단순한 정보의 삭제를 넘어, 기억되지 않을 권리를 포함해야 한다"고 제안했다.

기업들의 데이터 수집과 활용 방식도 새로운 도전을 제기한다. 초개인화(Hyper-Personalization)를 추구하는 현대 마케팅은 점점 더 정교한 개인 프로파일링을 필요로 한다. 문제는 이러한 프로파일링이 단순한 소비자 행동 예측을 넘어, 개인의 심리적 취약성을 파악하고 이용하는 수준에 이르렀다는 점이다. 2023년 한 내부고발자는 주요 테크 기업이 사용자의 정서적 상태를 실시간으로 분석하여 광고 노출 시점을 조절한다고 폭로했다.

감시 자본주의(Surveillance Capitalism)의 심화도 우려스러운 현상이다. 기업들은 점점 더 많은 영역에서 사용자 행동을 추적하고 수익화한다. IoT 기기의 확산은 이러한 경향을 가속화한다. 스마트 가전, 웨어러블 기기, 커넥티드카는 우리의 가장 사적인 순간까지도 데이터화한다. 한 연구자는 "우리는 자발적으로 판옵티콘을 구축하고 있다"고 경고했다.

더욱 근본적인 것은 인간 존엄성의 문제다. 끊임없는 데이터 수집과 알고리즘적 예측은 인간을 예측 가능한 패턴의 집합으로 환원시킬 위험이 있다. 2024년 초 한 철학자는 "우리는 알고리즘이 우리를 이해하는 방식대로 우리 자신을 이해하기 시작했다"고 우려했다. 이는 인간의 자유의지와 자기결정권에 대한 근본적인 도전이다.

이러한 도전들에 대응하여, 새로운 기술적, 제도적 해결책들이 모색되고 있다. 기술적 측면에서는 프라이버시 보호 계산(Privacy-Preserving Computation)이 주목받고 있다. 이는 데이터를 암호화된 상태로 처리할 수 있게 하여, 유용한 분석은 가능하게 하면서도 개인정보는 보호하는 기술이다. 제도적 측면에서는 동적 동의(Dynamic Consent) 모델이 실험되고 있다. 이는 개인이 자신의 데이터 사용을 더욱 세밀하고 유연하게 통제할 수 있게 한다. 그러나 이러한 기술적, 제도적 해결책만으로는 충분하지 않다. 우리에게 필요한 것은 디지털 시대의 프라이버시와 인간 존엄성에 대한 더 근본적인 재고다. 이는 단순한 기술적 문제가 아닌, 우리가 어떤 사회를 만들어가고 싶은지에 대한 철학적, 윤리적 질문이다.

미래를 향한 전망과 대응 방안

2024년 3월, 암스테르담에서 열린 디지털 인권 정상회의는 새로운 비전을 제시했다. "데이터는 더 이상 소유의 대상이 아닌 민주적 거버넌스의 대상이 되어야 한다." 이 선언은 데이터 주권과 프라이버시에 대한 패러다임의 전환을 요구한다. 그것은 개인의 권리 보호를 넘어, 데이터의 사회적 가치와 공공성을 강조하는 새로운 접근법이다. 이러한 전환의 필요성은 여러 현실적 도전에서 비롯된다.

첫째, 기존의 개인정보 보호 프레임워크가 AI 시대의 현실을 따라가지 못하고 있다. 2023년 말 한 연구는 GDPR과 같은 현행 법제가 AI에 의한 프라이버시 침해의 60% 이상을 효과적으로 규제하지 못한다고 밝혔다. 특히 자동화된 의사결정이나 프로파일링에 대한 규제는 AI의 실제 작동 방식을 제대로 포착하지 못한다.

둘째, 데이터의 경제적 가치와 사회적 가치 사이의 긴장이 심화되고 있다. 데이터는 AI 발전의 핵심 연료지만, 그것의 독점적 통제는 심각한 사회적 불평등을 야기할 수 있다. 한 경제학자는 "데이터 격차가 새로운 형태의 계급 분화를 만들어내고 있다"고 경고한다. 실제로 2024년 초 한 연구는 상위 1% 기업이 전 세계 상업적 가치가 있는 데이터의 85%를 통제하고 있다고 밝혔다.

셋째, 국가 안보와 시민의 자유 사이의 균형이 더욱 어려워지고 있다. 사이버 위협의 증가는 더욱 강력한 데이터 감시를 정당화하는 근거가 되고 있다. 2023년 한 해 동안 전 세계적으로 1,200건 이상의 중대한 사이버 공격이 발생했고, 이로 인한 경제적 손실은 1조 달러를 넘어섰다. 그러나 이에 대한 대응이 전면적인 감시 체제로 이어져서는 안 된다는 우려도 커지고 있다.

이러한 도전들에 대응하기 위해, 다음과 같은 구체적인 방안들이 제시되고 있다.

첫째, 데이터 공유지(Data Commons)의 구축이다. 이는 데이터를 공공재로 인식하고, 그 수집과 활용을 민주적으로 통제하는 새로운 거버넌스 모델이다. 2024년 초 바르셀로나시가 시작한 DECODE 프로젝트는 이러한 접근의 선구적 사례다. 시민들은 자신의 데이터를 공유지에 제공할지 여부를 선택할 수 있고, 그 활용에 대해서도 민주적 의사결정에 참여할 수 있다.

둘째, 개인 데이터 주권의 강화다. 이는 단순한 동의권을 넘어, 데이터의 이동성, 알고리즘 결정에 대한 설명 요구권, 프로파일링 거부권 등을 포함하는 포괄적인 권리 체계를 의미한다. EU의 데이터주권법(Data Sovereignty Act) 초안은 이러한 방향의 중요한 이정표가 될 것으로 기대된다.

셋째, 프라이버시 증강 기술(Privacy Enhancing Technologies, PETs)의 발전이다. 이는 데이터의 유용성은 유지하면서도 프라이버시를 보호할 수 있는 기술적 해결책들을 말한다. 동형 암호, 영지식 증명, 다자간 계산 등의 기술이 주목받고 있다. 2024년 초 애플은 이러한 기술들을 활용한 프라이버시 퍼스트 클라우드 서비스를 발표했다.

넷째, 데이터 윤리 위원회의 설립이다. 이는 데이터의 수집과 활용에 관한 윤리적 가이드라인을 수립하고, 구체적인 사례들에 대해 자문을 제공하는 독립적인 기구다. 덴마크의 데이터 윤리위원회는 2023년 한 해 동안 300건 이상의 자문을 제공했고, 그 권고의 85%가 실제 정책에 반영되었다.

이러한 대응들이 성공하기 위해서는 몇 가지 근본적인 전환이 필요하다. 우선 데이터를 바라보는 관점의 전환이다. 데이터는 단순한 경제적 자원이나 통제의 대상이 아닌, 사회적 가치를 창출하는 공공재로 인식되어야 한다. 다음으로는 프라이버시에 대한 이해의 전환이다. 프라이버시는 더 이상 개인의 소극적 권리가 아닌, 민주주의의 필수적 조건으로 이해되어야 한다.

"우리는 지금 결정적인 갈림길에 서 있다." 2024년 초 한 디지털 권리 활동가의 이 말은 현 시점의 중요성을 잘 표현한다. 앞으로 5-10년이 데이터 주권과 프라이버시의 미래를 결정할 것이다. 우리의 선택이 디지털 시대의 민주주의와 인권의 모습을 규정할 것이다. 그러나 이러한 전환이 쉽지는 않을 것이다. 기술의 발전 속도는 계속해서 가속화되고 있고, 새로운 도전들이 끊임없이 등장할 것이다. 특히 양자 컴퓨팅의 발전은 현재의 암호화 체계 전체를 무력화할 수 있는 잠재적 위협이다. 메타버스의 등장은 또 다른 차원의 프라이버시 문제를 제기할 것이다. 따라서 우리에게 필요한 것은 단순한 기술적 해결책이나 법적 규제를 넘어선 총체적 접근이다. 그것은 기술 발전의 방향을 결정하고, 디지털 시대의 민주주의를 재구성하며, 인간의 존엄성을 보장하는 새로운 사회 계약이어야 한다. "프라이버시는 특권이 아닌 권리다"라는 오래된 슬로건은 이제 새로운 의미를 가진다. 그것은 디지털 시대의 인간다움을 지키기 위한 근본적인 요구가 된 것이다.

|통|찰|의|나|침|반|

테크노크라시*의 새로운 형태

기술 관료제(테크노크라시)는 역사적으로 전문가들의 지식과 기술적 합리성에 근거한 지배 체제를 의미했다. 그러나 AI 시대의 테크노크라시는 근본적으로 다른 양상을 보인다. 이는 전문가의 지배가 아닌, 알고리즘의 지배로의 전환을 의미한다. AI가 의사결정의 주체가 되면서, 권력은 이제 인간의 판단이 아닌 데이터와 알고리즘의 논리를 따라 작동한다. 이러한 변화의 가장 특징적인 측면은 의사결정의 탈인격화이다.

전통적인 테크노크라시에서는 전문가라는 인격적 주체가 존재했고, 이들의 판단은 경험과 직관에 기반했다. 그러나 AI 시대의 의사결정은 비인격적 알고리즘에 의해 이루어지며, 그 과정은 종종 인간의 이해를 넘어선다. 이는 베버가 말한 관료제의 비인격성이 극단적으로 심화된 형태라 할 수 있다. 더욱 주목할 만한 것은 정당성의 원천 변화다. 전통적 테크노크라시는 전문가의 학식과 경험에서 정당성을 찾았다. 그러나 AI 테크노크라시는 데이터의 규모와 알고리즘의 정확도에서 정당성을 찾는다. 빅데이터가 보여주는 것이 새로운 형태의 진리가 되는 것이다. 이는 단순한 의사결정 방식의 변화를 넘어, 지식과 진리에 대한 우리의 이해 자체를 변화시킨다.

AI 테크노크라시의 또 다른 특징은 통제의 비가시성이다. 전통적인 권력은 그것을 행사하는 주체와 대상이 비교적 명확했다. 그러나 AI 시스템의 의사결정은 너무나 복잡하고 편재적이어서, 누가 누구를 통제하는지 구분하기 어렵다. 알고리즘은 우리의 선택을 제약하고 행동을 조정하지만, 이는 마치 자연스러운 최적화처럼 보인다. 이러한 새로운 테크노크라시는 효율성의 절대화라는 위험을 내포한다. AI는 주어진 목표를 달성하는 데 있어 인간을 훨씬 뛰어넘는 효율성을 보여준다.

* 기술(Technology)과 관료제(Bureaucracy)의 합성어로, 과학과 기술 전문가들이 주도적으로 정책을 결정하고 사회를 운영하는 체제를 뜻하며 이는 기술적 지식과 전문성이 국가 운영과 정책 결정에서 핵심적인 역할을 한다는 이념에 기반을 두고 있다.

| 통 | 찰 | 의 | 나 | 침 | 반 |

그러나 이 과정에서 정의, 공정, 연대와 같은 인간 사회의 근본 가치들이 단순한 비효율로 취급될 위험이 있다. 인간의 판단이 개입할 여지는 점점 줄어들고, 모든 것이 알고리즘의 최적화 대상이 된다. 더욱 근본적인 도전은 책임성의 위기다. AI 시스템의 결정이 잘못되었을 때, 누구를 책임자로 볼 수 있는가? 개발자인가, 사용자인가, 아니면 AI 자체인가?

전통적인 책임 개념은 인간의 의지와 판단을 전제로 했다. 그러나 AI의 결정은 때때로 그 개발자조차 완전히 이해하지 못하는 방식으로 이루어진다. 그러나 이러한 도전은 동시에 새로운 가능성을 제시한다. AI 테크노크라시는 증강된 민주주의의 토대가 될 수도 있다. AI가 복잡한 사회 문제를 분석하고 해결 방안을 제시하는 한편, 인간은 가치 판단과 윤리적 결정에 집중하는 새로운 분업이 가능할 수 있다.

이는 기술의 효율성과 인간의 윤리적 판단이 조화를 이루는 새로운 거버넌스 모델이 될 수 있다. 이를 위해서는 AI 시스템의 민주적 설계가 필수적이다. 알고리즘은 단순한 기술적 도구가 아닌 사회적 제도로 인식되어야 하며, 그 설계 과정에 다양한 이해관계자들의 참여가 보장되어야 한다. 동시에 알고리즘의 작동 원리와 결정 과정은 공적 검토와 토론의 대상이 되어야 한다.

결국 AI 테크노크라시의 도전을 극복하는 열쇠는 인간 주체성의 재확립에 있다. 우리는 AI를 통제의 도구로 보는 것이 아니라, 인간의 판단과 결정을 보완하고 강화하는 협력적 파트너로 보아야 한다. 이는 기술과 인간성이 대립하는 것이 아닌, 서로를 강화하는 새로운 관계의 가능성을 시사한다. 이것이 바로 AI 시대가 우리에게 제기하는 근본적 과제다. 우리는 효율성과 인간성, 자동화와 자율성, 알고리즘의 정확성과 민주적 가치 사이에서 새로운 균형점을 찾아야 한다. 이는 단순한 기술적 과제가 아닌, 우리 시대의 가장 중요한 정치적, 윤리적 과제가 될 것이다.

4.3 미래 사회 전망

"우리는 지금 두 개의 다른 미래 사이에서 갈림길에 서 있다. 하나는 AI가 인류의 잠재력을 극대화하는 유토피아적 미래고, 다른 하나는 AI가 인간의 자율성을 침식하는 디스토피아적 미래다. 문제는 우리가 어느 쪽으로 가고 있는지 알 수 없다는 것이다."

2024년 1월, 다보스 포럼에서 한 참석자의 발언이다. 이 발언은 현재 우리가 직면한 상황의 본질을 정확히 짚어낸다. AI 시대의 미래는 그 어느 때보다 불확실하며, 동시에 그 어느 때보다 우리의 선택이 중요한 시기가 되었다. 산업 혁명이 수십 년에 걸쳐 점진적으로 진행되었다면, AI 혁명은 불과 몇 년 만에 사회의 근본적인 재편을 가져오고 있다. 2022년 말 ChatGPT의 등장은 이러한 변화의 상징적인 순간이었다. 불과 1년 만에 이 기술은 교육, 업무, 창작의 방식을 근본적으로 변화시켰다. 한 기술사학자는 이를 "역사상 가장 빠른 사회적 혁신"이라고 평가했다.

AI는 기후 변화, 질병, 빈곤과 같은 전 지구적 과제들에 대한 혁신적인 해결책을 제시할 수 있다. 2023년 딥마인드의 알파폴드가 거의 모든 단백질 구조를 해독한 것은 이러한 가능성을 보여주는 한 예다. 그러나 동시에 우리는 심각한 도전에도 직면해 있다. 가장 시급한 것은 불평등의 심화다. 2024

년 초 세계은행의 한 보고서는 "AI 혁명이 만들어내는 부와 기회의 분배는 산업 혁명보다 더욱 불균등할 수 있다"고 경고했다.

노동의 미래도 심각한 불확실성에 직면해 있다. 옥스포드대학의 최신 연구는 2030년까지 전 세계 일자리의 47%가 AI에 의해 자동화될 위험이 있다고 경고한다. 더욱 근본적인 도전은 인간의 정체성과 자율성에 관한 것이다. AI가 시를 쓰고, 그림을 그리고, 음악을 작곡하는 시대에, 창조성이라는 인간의 고유한 특성은 어떻게 재정의되어야 하는가?

민주주의의 미래도 새로운 도전에 직면해 있다. AI는 여론 형성과 정치적 담론의 방식을 근본적으로 변화시키고 있다. 딥페이크 기술의 발전은 진실과 허위의 구분을 더욱 어렵게 만들고 있으며, AI 기반 마이크로 타게팅은 정치적 양극화를 심화시킬 수 있다. 교육의 패러다임도 근본적인 변화를 요구받고 있다. 2024년 초 한 교육학자는 "우리는 이제 AI와 함께 하는 교육이 아닌, AI 시대를 위한 교육을 고민해야 한다"고 주장한다.

그러나 이러한 도전들 속에서도 희망적인 징후들이 있다. AI의 위험성에 대한 인식이 높아지면서, 이를 통제하고 관리하기 위한 국제적 협력이 강화되고 있다. 2024년 초 UN의 AI 거버넌스 프레임워크 채택은 이러한 노력의 중요한 이정표다. 인간 중심 AI라는 새로운 패러다임이 등장하고 있으며, 시민사회의 역할도 점차 강화되고 있다.

여기서 우리는 AI 시대의 미래에 대해 다각도로 검토할 것이다. 먼저 기술 발전이 가져올 불평등 심화의 위험과 그 해결 방안을 살펴보고, 다음으로 새로운 사회 계약의 필요성을 논의하며, 마지막으로 민주주의의 재구성 방안을 모색할 것이다. 우리는 지금 역사상 가장 강력한 도구를 손에 쥐게 되었다. 이 도구를 어떻게 사용할 것인가가 바로 우리 시대의 가장 중요한 질문이다.

4.3.1 기술 발전과 불평등 심화

2024년 1월, 실리콘밸리의 한 스타트업이 흥미로운 실험 결과를 발표했다. 동일한 프로그래밍 과제를 AI 코파일럿의 도움을 받은 그룹과 그렇지 않은 그룹에게 부여했을 때, 생산성 차이가 무려 500%에 달했다는 것이다. 더욱 주목할 만한 것은 이 격차가 시간이 갈수록 더 커졌다는 점이다. AI를 활용할 줄 아는 개발자들은 더 빠르게 학습하고 성장했다. 한 연구자는 이를 "디지털 격차의 새로운 차원"이라고 표현했다. 이 실험은 AI 시대의 불평등이 이전과는 근본적으로 다른 성격을 가질 수 있음을 시사한다.

전통적인 기술 격차가 가진 자와 가지지 못한 자 사이의 차이였다면, AI 격차는 활용할 수 있는 자와 그렇지 못한 자 사이의 차이다. 더욱 중요한 것은 이러한 격차가 기하급수적으로 확대될 수 있다는 점이다. AI는 사용자의 능력을 단순히 보완하는 것이 아니라, 증폭시키기 때문이다. 2023년 말 세계은행의 한 보고서는 이러한 우려를 수치로 확인해주었다. AI 기술을 적극적으로 도입한 기업들의 생산성 증가율은 그렇지 않은 기업들보다 평균 2.3배 높았다. 더욱 우려스러운 것은 이러한 격차가 국가 간, 산업 간, 기업 간에 걸쳐 중첩적으로 나타난다는 점이다. 선진국의 AI 선도 기업과 개발도상국의 후발 기업 사이의 생산성 격차는 10배 이상으로 벌어졌다.

노동 시장의 변화는 더욱 극적이다. 2024년 초 맥킨지의 분석에 따르면, AI로 인한 자동화의 영향은 직종과 기술 수준에 따라 매우 불균등하게 나타날 것으로 예측된다. 특히 중간 숙련도의 사무직과 기술직이 가장 큰 위험에 처해있다. 이들의 업무 중 60-85%가 향후 10년 내에 AI에 의해 자동화될 수 있다는 것이다. 반면 고도의 창의성이나 감성 지능을 요구하는 직종들은 오히려 AI의 도움으로 더욱 강화될 수 있다.

교육 분야의 불평등도 새로운 차원에서 심화되고 있다. 2023년 말 한 연구는 AI 튜터를 활용한 학습자들의 성취도가 그렇지 않은 학습자들보다 평균 47% 높았다고 보고했다. 문제는 이러한 AI 교육 도구들이 주로 고소득층 가정과 우수 학교에 집중되어 있다는 점이다. "AI가 교육의 계층 사다리를 더욱 가팔라지게 만들고 있다"는 한 교육학자의 우려는 단순한 과장이 아닐 수 있다.

의료 분야에서도 비슷한 현상이 관찰된다. AI 진단 시스템은 이미 많은 영역에서 인간 의사의 정확도를 뛰어넘고 있다. 2024년 초 한 연구에 따르면, AI를 활용하는 병원의 암 진단 정확도는 그렇지 않은 병원보다 28% 높았다. 그러나 이러한 첨단 의료 AI 시스템은 비용과 인프라의 문제로 주로 대형 병원과 부유한 지역에 집중되어 있다. 의료 격차가 더욱 벌어질 수 있다는 우려가 제기되는 이유다.

금융 부문의 변화도 주목할 만하다. AI 기반 투자 알고리즘은 이미 전통적인 투자 방식을 압도하는 수익률을 보여주고 있다. 2023년 한 해 동안 주요 AI 투자 펀드들의 평균 수익률은 시장 평균의 2.7배를 기록했다. 문제는 이러한 고성능 AI 투자 시스템이 소수의 대형 금융 기관과 부유한 투자자들만 접근할 수 있다는 점이다. "AI가 부자들을 더 부자로 만드는 도구가 되고 있다"는 비판이 제기되는 이유다.

더욱 근본적인 문제는 AI 기술 자체의 발전과 통제가 소수에 의해 독점되고 있다는 점이다. 2024년 초 기준으로 상위 5개 기술 기업이 AI 관련 특허의 83%를 보유하고 있다. 이들은 또한 AI 개발에 필수적인 데이터와 컴퓨팅 파워의 대부분을 통제한다. 한 기술 정책 전문가는 이를 "디지털 시대의 새로운 봉건제"라고 표현했다. 이러한 불평등 심화는 단순한 경제적 문제를 넘어선다. AI는 점점 더 많은 사회적 의사결정에 관여하게 될 것이다. 채용, 대출,

보험, 형사 사법에 이르기까지 AI의 판단이 개인의 기회와 운명을 좌우하게 된다. 문제는 이러한 AI 시스템들이 종종 기존의 편견과 차별을 재생산하거나 심화시킬 수 있다는 점이다. 2023년 말 한 연구는 주요 채용 AI 시스템들이 성별, 인종, 출신 지역에 따른 체계적인 편향을 보인다는 것을 밝혀냈다.

지역 간 격차도 심화되고 있다. AI 산업은 강한 집적 효과를 보인다. 우수한 인재, 투자, 기업들이 소수의 허브 도시들에 집중되면서, 지역 간 경제적 격차가 더욱 벌어지고 있다. 2024년 초 기준으로 미국 내 AI 관련 일자리의 67%가 캘리포니아, 매사추세츠, 워싱턴 세 주에 집중되어 있다. 한 도시 계획가는 "AI 혁명이 새로운 형태의 도시-지방 격차를 만들어내고 있다"고 경고한다. 국가 간 격차는 더욱 심각하다. AI 기술의 발전에는 막대한 자본, 고급 인력, 데이터, 컴퓨팅 인프라가 필요하다. 이는 이미 기술적 우위를 점하고 있는 소수의 국가들에게 유리하게 작용한다. 2023년 말 UN의 한 보고서는 경고했다. "AI 혁명이 글로벌 불평등을 영구화할 수 있다." 특히 우려되는 것은 이러한 격차가 자기 강화적 성격을 가진다는 점이다. AI 기술이 발전할수록 선도 국가들의 우위는 더욱 공고해진다.

이러한 불평등 심화는 사회적, 정치적 안정성에도 심각한 위협이 될 수 있다. 2024년 초 세계경제포럼은 "AI 불평등이 새로운 형태의 사회적 균열을 만들어낼 수 있다"고 경고했다. 역사는 우리에게 경제적 불평등이 임계점을 넘어설 때 사회적 불안과 정치적 극단화가 촉발될 수 있음을 보여준다. AI가 만들어내는 새로운 형태의 불평등이 이러한 위험을 더욱 증폭시킬 수 있다. 그러나 이러한 도전들 앞에서 우리가 할 수 있는 것들도 있다.

첫째, AI 교육과 훈련의 민주화다. 2023년 말 시작된 글로벌 AI 리터러시 이니셔티브는 전 세계 모든 사람이 기본적인 AI 활용 능력을 갖출 수 있도록 지원하는 것을 목표로 한다. 핀란드의 AI Challenge 프로그램은 전 국민의

1%를 AI 전문가로 육성한다는 야심찬 계획을 추진 중이다.

둘째, AI 인프라의 공공재적 성격을 강화하는 것이다. 유럽연합의 GAIA-X 프로젝트는 개방형 AI 인프라를 구축하여 모든 기업과 조직이 접근할 수 있도록 하는 것을 목표로 한다. 공공 AI 운동도 주목할 만하다. 이는 중요한 AI 모델과 데이터셋을 공공재로 개발하고 공유하자는 제안이다.

셋째, 적극적인 재분배 정책이다. AI가 만들어내는 부가 소수에게 집중되는 것을 방지하기 위해, 새로운 형태의 과세와 재분배 체계가 필요하다. 2024년 초 몇몇 국가들이 도입을 검토하고 있는 AI 수익세나 데이터 배당 같은 제도들은 주목할 만한 시도다.

넷째, AI 규제의 강화다. 특히 AI의 차별적 영향을 방지하기 위한 제도적 장치가 필요하다. EU의 AI 법(AI Act)은 고위험 AI 시스템에 대해 엄격한 공정성 요구사항을 부과한다. 미국에서도 AI 공정성 감사를 의무화하는 법안이 준비되고 있다.

다섯째, 국제 협력의 강화다. AI 격차가 새로운 형태의 글로벌 불평등을 만들어내는 것을 방지하기 위해, 기술 이전과 역량 강화를 위한 국제적 협력이 필요하다. UN의 AI for All 이니셔티브는 이러한 방향의 중요한 시도다.

그러나 이러한 대응들이 성공하기 위해서는 더욱 근본적인 인식의 전환이 필요하다. AI는 단순한 기술적 도구가 아니라 새로운 형태의 사회적 인프라가 되어가고 있다. 따라서 그것의 발전과 통제는 순수한 시장 논리나 기술적 효율성의 관점이 아닌, 사회적 정의와 공공성의 관점에서 접근되어야 한다. "AI 시대의 불평등은 필연이 아닌 선택의 문제다." 2024년 초 한 사회학자의 이 말은 우리가 직면한 도전의 본질을 정확히 짚어낸다. AI가 불평등을 심화시킬 것인가, 아니면 더 공정한 사회를 만드는 도구가 될 것인가는 전적으로 우리의 선택과 노력에 달려 있다. 지금 우리에게 필요한 것은 AI의 혜택을 보다 공평하게 나누고, 그것이 만들어내는 새로운 형태의 격차를 적극적으로 해소하려는 사회적 의지와 실천이다.

권력 구조의 변화도 주목할 필요가 있다. AI 기술의 발전은 새로운 형태의 권력 집중을 가져오고 있다. 2024년 초 현재, 글로벌 AI 시장의 80% 이상이 소위 AI 빅테크 기업들에 의해 통제되고 있다. 이들은 단순한 기업을 넘어 디지털 시대의 기반 시설을 통제하는 새로운 형태의 권력 기구가 되어가고 있다. 한 정치경제학자는 이를 "플랫폼 자본주의의 최종 진화 형태"라고 표현했다. 이는 새로운 형태의 정보 불평등으로 이어진다. AI 기업들은 방대한 양의 개인 데이터를 수집하고 분석할 수 있지만, 개인들은 자신의 데이터가 어떻게 사용되는지 알기 어렵다. 2024년 초 한 시민단체의 조사에 따르면, 일반 시민의 92%가 자신의 데이터가 AI 시스템에 의해 어떻게 처리되고 있는지 전혀 모른다고 응답했다.

문화적 차원의 불평등도 심화되고 있다. AI는 점점 더 많은 문화 콘텐츠의 생산과 유통을 중재하게 되었다. 2023년 말 기준으로 주요 스트리밍 서비스의 콘텐츠 추천의 95%가 AI 알고리즘에 의해 이루어진다. 이는 문화적 다양성을 위협할 수 있다. 알고리즘은 종종 인기 있는 콘텐츠를 더욱 강화하는 방향으로 작동하며, 이는 문화적 획일화로 이어질 수 있다. 지식 생산과 접근의 불평등도 새로운 차원에서 심화되고 있다. AI 언어 모델의 발전은 정보 검색과 지식 생산의 패러다임을 근본적으로 변화시키고 있다. 2024년 초 한 연구는 AI 기반 연구 도구를 활용하는 연구자들의 생산성이 그렇지 않은 연구자들보다 평균 3.2배 높다고 보고했다. 그러나 이러한 첨단 연구 도구들은 비용과 접근성의 문제로 주로 선진국의 상위권 연구 기관들에 집중되어 있다.

언어 장벽도 새로운 형태의 불평등을 만들어낸다. 현재의 AI 시스템들은 주로 영어를 중심으로 발전하고 있다. 2024년 초 기준으로 주요 AI 언어 모델의 성능은 영어에서 가장 뛰어나며, 다른 언어들과는 상당한 격차를 보인다. 이는 비영어권 사용자들을 체계적으로 불리하게 만들 수 있다. "AI가 언어 제국주의를 강화하고 있다"는 한 언어학자의 우려는 단순한 과장이 아닐 수 있다. 심리적, 정서적 차원의 불평등도 주목할 필요가 있다. AI와의 상호작용이 일상화되면서, 이에 대한 적응력의 차이가 새로운 형태의 사회적 격차를 만들어낼 수 있다. 2023년 말 한 심리학 연구는 AI 불안(AI anxiety)이라는 새로운 형태의 심리적 스트레스가 특히 중장년층과 저학력층에서 높게 나타난다고 보고했다. 이러한 다차원적 불평등의 심화는 사회의 근본적인 분열로 이어질 위험이 있다. 특히 우려되는 것은 이러한 격차들이 서로 중첩되고 강화하는 경향을 보인다는 점이다. AI 리터러시가 낮은 집단은 교육과 취업에서도 불리해지고, 이는 다시 경제적 불평등으로 이어진다. 한 사회학자는 이를 "AI 시대의 복합적 박탈"이라고 표현했다.

이러한 상황에서 우리는 보다 근본적인 대응 방안을 모색해야 한다. 단순한 기술적 접근성의 보장을 넘어, AI가 만들어내는 새로운 형태의 사회적 배제와 차별을 구조적으로 해결할 수 있는 방안이 필요하다. 이는 다음과 같은 방향성을 포함해야 할 것이다.

첫째, AI 공공성의 강화다. 핵심적인 AI 인프라와 서비스는 공공재로 인식되고 관리되어야 한다. 이는 단순한 국유화가 아닌, 민주적 통제와 공공적 가치의 실현을 의미한다.

둘째, AI 정의(AI Justice) 개념의 발전이다. 이는 AI의 혜택과 위험이 사회적으로 공정하게 분배되어야 한다는 원칙이다. 2024년 초 UN이 제안한 AI 정의 프레임워크는 이러한 방향의 중요한 첫걸음이다.

셋째, 새로운 형태의 사회 보장 제도다. AI로 인한 노동 시장의 변화와 경제적 불안정성에 대응할 수 있는 포괄적인 사회 안전망이 필요하다. 기본소득이나 평생학습계좌 같은 혁신적 제도들이 검토되어야 한다.

넷째, AI 민주주의의 실현이다. AI 시스템의 개발과 운영 과정에 시민들의 실질적인 참여와 통제가 보장되어야 한다. 시민 AI 위원회 같은 제도적 장치들이 필요하다.

다섯째, 국제적 연대와 협력의 강화다. AI 불평등은 본질적으로 글로벌한 문제이며, 따라서 국제적 차원의 대응이 필요하다. 글로벌 AI 기금이나 AI 기술 이전 프로그램 같은 구체적인 메커니즘이 발전되어야 한다.

결론적으로, AI 시대의 불평등 문제는 단순한 기술적 해결책으로는 충분하지 않다. 그것은 우리 사회의 기본 구조와 가치 체계에 대한 근본적인 재검토를 요구한다. "AI는 우리 사회의 거울이다"라는 한 철학자의 말처럼, AI가 만들어내는 불평등은 결국 우리 사회의 구조적 문제들을 반영한다. 따라서 이 문제의 해결은 기술의 영역을 넘어, 사회 정의와 민주주의의 실현이라는 더 큰 과제와 연결되어 있다.

우리는 지금 중요한 갈림길에 서 있다. AI가 기존의 불평등을 심화시키는 도구가 될 것인가, 아니면 더 공정하고 포용적인 사회를 만드는 계기가 될 것인가?

이 질문에 대한 우리의 답변이 AI 시대의 모습을 결정할 것이다. 지금 우리에게 필요한 것은 기술의 발전과 사회적 정의를 조화시킬 수 있는 새로운 비전과 실천이다.

4.3.2 사회 계약의 새로운 지평

새로운 사회 계약의 도전과 과제

2023년 12월, 네덜란드 헤이그에서 열린 AI 거버넌스 포럼에서 한 참석자가 의미심장한 발언을 했다. "우리는 지금 루소나 홉스가 살았던 시대만큼이나 중대한 전환점에 서 있다. AI 시대는 인간과 인간, 인간과 기계, 개인과 사회 사이의 관계를 근본적으로 재정의하고 있다. 우리에게 필요한 것은 새로운 사회 계약이다."

이 발언은 AI가 제기하는 도전의 본질을 정확히 짚어낸다. AI는 단순한 기술적 혁신이 아닌, 사회의 기본 구조와 운영 원리 자체를 변화시키는 문명사적 전환을 가져오고 있다. 전통적인 사회 계약론은 개인들이 자신의 자연권의 일부를 양도하는 대신, 국가로부터 안전과 기본권의 보장을 받는다는 개념에 기초했다. 그러나 AI 시대에는 이러한 기본 전제 자체가 도전받고 있다.

개인의 권리와 자유는 더 이상 국가만이 아닌, AI 시스템과 이를 통제하는 기업들에 의해서도 영향을 받는다. 2024년 초 한 연구 결과에 따르면 일반 시민의 일상적 결정의 73%가 어떤 형태로든 AI 알고리즘의 영향을 받고 있다고 한다. 새로운 사회 계약의 필요성은 여러 차원에서 제기된다. 전통적인 사회 계약에서 노동은 소득과 사회적 인정의 핵심 원천이었으나, AI의 발전은 이러한 전제를 흔들고 있다. "노동 없는 미래에서 어떻게 소득과 존엄성을 보장할 것인가?"라는 질문이 제기되는 이유다.

프라이버시와 데이터 주권의 문제도 중요하다. AI 시스템은 끊임없이 개인 데이터를 수집하고 분석한다. 2024년 초 한 조사에 따르면, 평균적인 도시 거주자의 일상적 활동의 82%가 어떤 형태로든 디지털 흔적을 남긴다. 이는 "데이터를 제공하는 대신 무엇을 보장받을 수 있는가?"라는 새로운 형태의 사회 계약적 질문을 제기한다.

민주적 의사결정의 문제도 간과할 수 없다. AI는 점점 더 많은 공적 결정에 관여하게 되었다. 2023년 말 기준으로 OECD 국가들의 45%가 공공정책 결정 과정에서 AI 시스템을 활용하고 있다. 이는 "알고리즘 거버넌스와 민주적 통제를 어떻게 조화시킬 것인가?"라는 도전을 제기한다.

교육과 기회의 문제도 중요한 과제다. AI 시대에는 평생학습이 생존의 필수 조건이 된다. 2024년 초 세계경제포럼은 향후 5년간 노동자의 85%가 주요한 재교육을 필요로 할 것이라고 예측했다. 이는 "누가 이러한 교육 기회를 보장하고, 그 비용을 부담할 것인가?"라는 질문을 제기한다.

세대 간 정의의 문제도 심각하다. AI의 발전은 미래 세대의 기회와 위험에 지대한 영향을 미친다. 특히 우려되는 것은 AI 시스템의 편향이 세대를 걸쳐 누적되고 증폭될 수 있다는 점이다. "미래 세대의 권리를 어떻게 보호할 것인가?"라는 질문이 제기되는 이유다. 이러한 도전들에 대응하기 위해, 새로운 사회 계약은 몇 가지 핵심적 요소들을 포함해야 할 것이다.

우선 프라이버시, 데이터 자기 결정권, 알고리즘적 차별로부터의 자유 등을 포함하는 디지털 기본권의 확립이 필요하다. 2024년 초 EU가 채택한 AI 권리장전은 이러한 방향의 중요한 시도로 볼 수 있다. AI 시대에는 평생학습이 기본권이 되어야 하므로 보편적 학습권의 보장도 중요하다. 싱가포르의 SkillsFuture 프로그램이나 프랑스의 개인학습계좌 제도는 이러한 맥락에서 주목할 만한 사례다. 또한 기본소득, 데이터 배당, 로봇세 등 혁신적인 재분배 메커니즘을 포함하는 새로운 형태의 사회 안전망이 필요하다. "AI가 창출하는 부가가치를 어떻게 사회적으로 공유할 것인가?"라는 질문이 이 맥락에서 핵심이 된다. AI 시스템의 결정이 개인과 사회에 미치는 영향에 대해서는 투명성, 설명 가능성, 이의 제기권의 보장을 포함하는 알고리즘 책임성의 제도화가 필요하다. 더불어 접근성, 보편성, 민주적 통제의 원칙을 포함하는 디지털 공공성의 강화도 중요하다.

　이러한 새로운 사회 계약은 몇 가지 핵심 원칙에 기초해야 한다. AI는 인간의 자율성과 존엄성을 증진하는 방향으로 발전해야 하며, 기술은 수단이지 목적이 되어서는 안 된다는 인간 중심성이 첫 번째 원칙이다. AI의 혜택은 사회 전체가 공유해야 하며 특정 집단의 배제나 차별은 방지되어야 한다는 포용성, AI의 발전은 환경적, 사회적, 경제적 지속 가능성을 고려해야 한다는 지속 가능성도 중요하다. AI 시스템의 개발과 운영은 민주적 감독과 시민 참여의 대상이 되어야 한다는 민주적 통제의 원칙과, 현재의 결정이 미래 세대에 미치는 영향을 고려해야 한다는 세대 간 정의의 원칙도 반드시 고려되어야 한다.

　이러한 새로운 사회 계약의 실현은 쉽지 않은 과제다. 여러 이해 관계의 충돌과 가치의 대립을 조정해야 하며, 국경을 넘어서는 협력이 필요하다. 그러나 이는 선택의 문제가 아닌 필수적 과제다. AI가 가져올 변화의 규모와 속도를 고려할 때, 새로운 사회적 합의의 틀 없이는 사회의 안정성과 정당성을 유지하기 어려울 것이다.

실천적 도전과 과제들

2024년 초 다보스 포럼에서 한 정책 전문가는 이렇게 말했다. "우리는 AI 시대에 필요한 새로운 사회 계약의 윤곽은 그려가고 있지만, 이를 현실화하는 과정에서 전례 없는 복잡성과 마주하고 있다."

　이러한 복잡성은 여러 차원에서 나타난다. 무엇보다 AI 기술의 발전 속도가 사회적 합의와 제도적 적응의 속도를 크게 앞지르고 있다는 점이 큰 도전이다. 2023년 말 한 연구는 AI 기술의 핵심 성능이 평균 3-4개월마다 두 배로 향상되고 있다고 보고했다. 반면 이에 대응하는 법과 제도의 정비는 보통 수년이 걸린다. 한 법학자는 "우리는 마치 초음속 비행기를 말 타고 쫓는 것 같은 상황"이라고 표현했다.

　AI가 사회의 거의 모든 영역에 동시다발적으로 영향을 미친다는 점도 큰 과제다. 2024년 초 세계은행의 분석에 따르면, AI는 직접적으로 127개의 서로 다른 사회 경제적 영역에 즉각적인 영향을 미치고 있다. 이는 새로운 사회 계약이 전례 없이 광범위한 영역을 포괄해야 함을 의미한다. "모든 것이 서로 연결되어 있는 상황에서, 어디서부터 시작해야 하는가?"라는 질문이 제기되는 이유다.

　이해 관계의 충돌도 중요한 도전이다. AI 기술의 발전은 새로운 형태의 승자와 패자를 만들어내고 있다. 특히 우려되는 것은 기술 기업들의 이해 관계가 공공의 이익과 충돌할 수 있다는 점이다. 2023년 말 한 조사에 따르면, 주요 AI 기업들의 로비 지출이 전년 대비 300% 증가했다. 이는 새로운 규제나 사회적 합의를 도출하는 과정이 순탄치 않을 것임을 시사한다. AI는 본질적으로 글로벌한 현상이지만, 사회 계약은 전통적으로 국민국가 단위에서 이루어져 왔다는 점도 중요한 도전이다. 2024년 초 한 국제 정치학자는 "우리는 글로벌한 도전에 대해 여전히 국가적 수준의 해결책을 찾으려 하고 있다"고 지적했다. 이는 새로운 형태의 국제적 협력과 거버넌스의 필요성을 제기한다.

　AI의 발전은 종종 효율성과 공정성, 혁신과 안정성, 개인의 자유와 집단의 안전 같은 가치들 사이의 긴장을 만들어내는데, 이러한 가치의 충돌도 중요한 도전이다. 2023년 말 발생한 자율주행차 딜레마 사건은 이러한 가치 충돌의 전형을 보여준다. 완전자율주행 시스템은 사고율을 90% 낮출 수 있지만, 불가피한 사고 상황에서의 윤리적 판단은 여전히 논란의 대상이다.

　이러한 도전들에 대응하기 위해서는 여러 실천적 접근이 필요하다. 우선 변화하는 상황에 신속하게 대응할 수 있는 유연한 제도적 틀인 적응적 거버넌스(Adaptive Governance)의 발전이 중요하다. 영국의 AI 규제 샌드박스 제도는 이러한 방향의 흥미로운 실험으로, 새로운 AI 기술과 규제 방식을 안전한 환경에서 시험해볼 수 있게 한다. 정부, 기업, 시민사회, 전문가 집단이 함께 참여하여 새로운 규범과 제도를 발전시키는 다중 이해관계자 협의체(Multi-Stakeholder Platform)의 구축도 필수적이다. 2024년 초 출범한 글로벌 AI 거버넌스 이니셔티브는 이러한 시도의 중요한 사례다.

새로운 사회 계약은 시민들의 실질적인 참여와 합의에 기초해야 하므로 시민 참여의 제도화 또한 중요하다. 프랑스의 AI 시민회의나 대만의 vTaiwan 플랫폼은 주목할 만한 실험이다. 이들은 디지털 도구를 활용하여 복잡한 기술 정책 문제에 대한 시민들의 숙의적 참여를 가능하게 한다. UN의 AI for Good 이니셔티브나 OECD의 AI 원칙과 같은 시도들을 넘어, 보다 구속력 있는 글로벌 협력의 새로운 프레임워크가 필요하다. 디지털 제네바 협약이나 글로벌 AI 조약과 같은 제안들이 진지하게 검토되어야 한다. 추상적인 원칙들을 현실의 의사결정에 적용할 수 있는 구체적인 지침으로 발전시키는 윤리적 프레임워크의 실천적 구체화도 필요하다. IEEE의 Ethically Aligned Design 이니셔티브는 이러한 노력의 좋은 예다.

이러한 실천적 과제들을 해결하기 위해서는 무엇보다 사회적 학습과 적응의 능력을 강화해야 한다. 우리는 전례 없는 도전을 마주하고 있으며, 따라서 시행착오를 통한 학습이 불가피하다. 중요한 것은 이 과정에서 발생하는 위험과 비용이 사회적으로 공정하게 분배되도록 하는 것이다. "새로운 사회 계약은 하나의 사건이 아닌 과정이 되어야 한다." 2024년 초 한 사회학자의 이 말은 우리가 직면한 과제의 본질을 잘 보여준다. 그것은 모든 것을 한 번에 해결하는 완벽한 청사진이 아니라, 지속적인 대화와 조정을 통해 점진적으로 발전시켜 나가야 할 진화하는 합의다. 이 과정에서 특히 중요한 것은 신뢰의 구축이다. AI 시대의 새로운 사회 계약은 기술에 대한 신뢰, 제도에 대한 신뢰, 그리고 무엇보다 서로에 대한 신뢰를 필요로 한다. 이는 단순한 기술적 안전성이나 법적 보장을 넘어서는 것이다. 그것은 우리가 함께 이 새로운 시대를 헤쳐 나갈 수 있다는 사회적 확신의 문제다.

4.3.3 민주주의의 재구성

알고리즘 의사결정이 일상화된 시대에서 민주주의는 근본적인 재구성의 과제를 마주하고 있다. 이는 단순히 기술적 도전에 대한 대응이 아닌, 디지털 시대에 걸맞은 새로운 민주주의 모델의 창출을 의미한다.

2024년 초, 디지털 민주주의 재구성의 가장 주목할 만한 실험이 대만에서 시작되었다. 디지털 아고라 프로젝트는 기존 정당과 의회를 우회하여 시민들이 직접 정책을 제안하고 결정하는 플랫폼을 구축했다. 특히 혁신적인 것은 AI 중재자의 도입이다. 이 시스템은 수백만 개의 시민 의견을 분석하여 실현 가능한 정책 대안을 도출하고, 서로 다른 이해 관계를 조정한다. 대만의 실험이 주목받는 이유는 그 실질적 성과 때문이다. 예를 들어, 수년간 해결되지 않았던 도시 재개발 갈등에서 AI 중재자는 각 이해 당사자의 핵심 요구사항을 분석하고, 최적의 타협안을 제시하는 데 성공했다. 이 과정에서 시스템은 단순히 의견을 집계하는 것을 넘어, 각 제안의 장기적 영향과 실현 가능성을 평가하고, 상충하는 이해 관계 사이의 접점을 찾아냈다. 더욱 중요한 것은 이 과정이 완전히 투명하게 공개되어, 시민들이 모든 단계를 검증하고 참여할 수 있었다는 점이다.

에스토니아의 디지털 의회 실험은 더 급진적이다. 2023년 말부터 시작된 이 프로젝트는 의회 내 모든 정책 토론과 표결 과정을 디지털 플랫폼으로 이전했다. 주목할 만한 것은 실시간 시민 피드백 시스템의 도입이다. 의원들의 발언과 표결이 실시간으로 분석되어 시민들에게 전달되고, 시민들의 반응이 다시 의회 토론에 반영된다. 에스토니아의 시스템이 특별한 것은 그것이 단순한 의견 수렴을 넘어선다는 점이다. 시스템은 시민들의 피드백을 품질에 따라 가중치를 부여하여 분석한다. 예를 들어, 구체적인 데이터나 사례를 제시하는 의견, 다른 시민들과의 건설적인 토론에 참여하는 의견 등이 더 높은 가중치를 받는다. 이는 숙의 민주주의의 원칙을 디지털 환경에서 구현하려는 시도다.

바르셀로나의 스마트 시티즌십 프로그램은 도시 차원의 혁신적인 시도를 보여준다. 이 도시는 2024년 초부터 모든 주요 도시 정책 결정에 시민 알고리즘을 도입했다. 이는 시민들이 직접 설계하고 통제하는 의사결정 알고리즘이다. 프로그램의 특별한 점은 알고리즘 설계 과정 자체가 시민 참여적으로 이루어진다는 것이다. 시민들은 워크숍과 온라인 플랫폼을 통해 알고리즘의 주요 변수와 가중치를 결정하고, 그 결과를 지속적으로 모니터링하고 수정할 수 있다. 바르셀로나의 실험은 이미 구체적인 성과를 보여주고 있다. 예를 들어, 대중교통 노선 조정에서 시민 알고리즘은 기존 전문가 시스템보다 25% 높은 사용자 만족도를 달성했다. 더욱 중요한 것은 이 과정에서 시민들의 정치적 효능감이 크게 향상되었다는 점이다. 2024년 초 한 설문조사에 따르면, 프로그램 참여 시민의 82%가 "도시의 의사결정에 실질적인 영향을 미칠 수 있다"고 느낀다고 응답했다. 특히 주목할 만한 것은 민주적 알고리즘의 개념이 발전하고 있다는 점이다. 이는 알고리즘 자체의 설계와 운영 과정에 민주적 원칙을 적용하는 것이다.

2024년 초 네덜란드에서 시작된 Algorithm Commons 프로젝트는 이러한 접근의 선구적 사례다. 이 프로젝트는 세 가지 핵심 원칙을 제시한다. 알고리즘의 설계 과정에 대한 시민 참여, 작동 원리의 완전한 투명성, 그리고 결과에 대한 사회적 책임성이다. 네덜란드의 실험은 구체적인 제도적 혁신으로 이어졌다. 예를 들어, 알고리즘 시민 배심원 제도는 무작위로 선발된 시민들이 주요 공공 알고리즘의 윤리적 영향을 평가하고 승인하는 권한을 가진다. 이들은 전문가의 지원을 받아 알고리즘의 코드를 검토하고, 테스트를 수행하며, 필요한 경우 수정을 요구할 수 있다. 2023년 말까지 이 제도를 통해 37개의 공공 알고리즘이 심사되었고, 그 중 12개가 중요한 수정을 요구받았다.

이러한 실험들은 포스트 인간 민주주의라는 새로운 지평을 열어가고 있다. 아이슬란드의 하이브리드 의회는 이러한 방향의 가장 급진적인 시도다. 2024년 초부터 시작된 이 실험에서, AI 시스템은 단순한 보조 도구가 아닌 준의원의 지위를 가진다. 시스템은 모든 법안에 대해 독자적인 분석과 제안을 제출하며, 이는 인간 의원들의 의견과 동등하게 검토된다. 아이슬란드의 실험이 특별한 것은 AI의 역할이 단순한 데이터 분석을 넘어선다는 점이다. 시스템은 각 정책의 장기적 영향, 세대 간 형평성, 환경적 지속 가능성 등을 종합적으로 평가한다. 예를 들어, 최근의 에너지 정책 논의에서 AI는 현재 세대의 경제적 이익과 미래 세대의 환경적 권리 사이의 상충 관계를 상세히 분석하여, 새로운 관점의 토론을 촉발했다.

프랑스의 디지털 헌정주의 실험도 주목할 만하다. 2023년 말부터 시작된 이 프로젝트는 AI 시스템을 헌법적 통제의 대상으로 규정하고, 이를 위한 새로운 제도적 프레임워크를 구축했다. 알고리즘 헌법재판소의 설립이 대표적 사례다. 이 기관은 주요 AI 시스템이 기본권과 민주주의 원칙을 준수하는지 검토하고, 필요한 경우 위헌 결정을 내릴 수 있는 권한을 가진다.

이러한 실험들이 진행되는 가운데, 새로운 형태의 디지털 시민권 개념이 급속히 발전하고 있다. 2024년 초 EU가 채택한 디지털 시민권 헌장은 이 개념을 가장 포괄적으로 정립했다. 이 헌장은 다음과 같은 기본권들을 규정한다.

- 알고리즘 영향 평가권: 시민들이 자신에게 영향을 미치는 알고리즘 시스템의 평가에 참여할 권리
- 디지털 참여권: 온라인 공론장과 의사결정 과정에 평등하게 접근할 권리
- 데이터 주권: 자신의 데이터가 정치적 의사결정에 어떻게 사용되는지 통제할 권리
- 디지털 거부권: 알고리즘 의사결정을 거부하고 인간의 검토를 요구할 권리

특히 주목할 만한 것은 집단적 데이터권의 도입이다. 이는 특정 커뮤니티나 사회 집단이 자신들의 집단적 데이터가 어떻게 사용되는지 결정할 수 있는 권리다. 예를 들어, 원주민 공동체들은 자신들의 문화적 데이터가 AI 시스템에 의해 처리되는 방식에 대해 집단적 거부권을 행사할 수 있다.

이러한 새로운 권리들의 실현을 위해, 혁신적인 제도적 장치들이 발전하고 있다. 독일의 디지털 옴부즈만 제도는 그 대표적 사례다. 이는 AI 시스템에 의한 권리 침해를 감시하고 조사하는 독립적인 기구로, 2023년 설립 이후 이미 200건 이상의 사례를 처리했다. 특히 혁신적인 것은 알고리즘 집단소송 제도의 도입이다. 이는 AI 시스템에 의해 차별이나 피해를 입은 시민들이 집단적으로 대응할 수 있는 법적 수단을 제공한다. 그러나 이러한 새로운 민주주의 실험들은 동시에 심각한 도전도 제기한다.

첫째, 디지털 참여의 불평등 문제다. 2024년 초 한 연구는 새로운 디지털 민주주의 플랫폼들이 고학력, 젊은 층, 도시 거주자들에 의해 주도되고 있다고 지적했다. 더욱 우려스러운 것은 이러한 격차가 시간이 갈수록 심화되는 경향을 보인다는 점이다. AI 시스템을 이해하고 활용하는 능력의 차이가 새

로운 형태의 정치적 계급화를 낳고 있는 것이다. 이에 대응하여 디지털 시민성 교육이 새로운 의미를 획득하고 있다. 핀란드는 2024년부터 모든 초중등 교육 과정에 알고리즘 리터러시와 디지털 시민성 교육을 의무화했다. 이는 단순한 기술 교육이 아닌, 디지털 시대의 민주적 참여에 필요한 총체적 역량을 기르는 것을 목표로 한다. 교육 내용에는 알고리즘 윤리, 디지털 공론장에서의 토론 기술, 데이터 주권 등이 포함된다.

둘째, 집단지성의 알고리즘화 문제다. AI가 시민들의 의견을 취합하고 분석하는 과정에서, 미묘한 뉘앙스나 소수자의 목소리가 누락될 위험이 있다. 특히 우려되는 것은 알고리즘이 효율적 합의를 추구하는 과정에서 근본적인 가치 충돌이나 정치적 대립을 회피하려 한다는 점이다. "민주주의는 때로는 비효율적이어야 한다"는 한 정치 철학자의 지적은 이러한 우려를 잘 보여준다.

이러한 도전들에 대응하여, 새로운 형태의 민주적 혁신이 시도되고 있다. 주목할 만한 것은 하이브리드 공론장의 발전이다. 2024년 초 덴마크가 시작한 시민의회 2.0 프로젝트는 온라인과 오프라인의 장점을 결합한 새로운 형태의 공적 토론 모델을 제시한다. 이 시스템에서 AI는 온라인 토론을 분석하고 구조화하지만, 핵심적인 가치 판단과 합의 도출은 대면 토론을 통해 이루어진다. 덴마크의 실험이 특별한 것은 적응형 숙의(Adaptive Deliberation) 방식의 도입이다. 시스템은 토론의 성격과 참여자의 특성에 따라 온라인과 오프라인 요소의 비중을 동적으로 조정한다. 예를 들어, 기술적이고 객관적인 사안에서는 AI 분석의 비중이 높아지고, 가치관과 윤리적 판단이 중요한 사안에서는 대면 토론이 강화된다. 2023년 말까지의 시범 운영 결과, 이 방식은 전통적인 공론화 방식에 비해 30% 높은 참여율과 45% 높은 만족도를 보였다.

디지털 연방주의라는 새로운 개념도 주목받고 있다. 이는 다층적이고 분산된 의사결정 구조를 통해 AI 권력을 견제하려는 시도다. 스위스는 2024년 초부터 알고리즘 연방제를 실험하고 있다. 각 칸톤(주)이 독자적인 AI 시스템을 운영하면서도, 연방 차원의 표준과 조정 메커니즘을 통해 협력한다. 이는 AI 권력의 집중을 방지하면서도 효율성을 유지하는 새로운 모델을 제시한다.

더욱 근본적인 것은 민주주의의 재발명이라는 과제다. AI 시대의 민주주의는 더 이상 단순한 다수결이나 대의제의 원리에 기댈 수 없다. 2024년 초 시작된 Democracy 3.0 이니셔티브는 전세계 학자, 활동가, 정책 입안자들이 참여하여 새로운 민주주의 모델을 모색하는 플랫폼이다. 여기서 제시되는 핵심 원칙들은 다음과 같다.

- 동적 대표성: 고정된 선거주기가 아닌, 실시간으로 변화하는 시민들의 선호와 필요를 반영하는 대표 체계
- 분산된 주권: 중앙집중화된 권력 구조 대신, 다층적이고 네트워크화된 의사결정 구조
- 증강된 숙의: AI의 분석력과 인간의 판단력을 결합한 새로운 형태의 공적 토론
- 포용적 참여: 기술적 격차나 사회적 장벽에 관계없이 모든 시민이 참여할 수 있는 다중적 참여 경로

이러한 원칙들의 실현을 위해 구체적인 제도적 혁신이 시도되고 있다. 순환의회(Rotating Assembly) 개념이 대표적이다. 2024년 초 아일랜드에서 시작된 이 실험은 AI 분석을 통해 인구 구성을 정확히 반영하는 시민 대표단을 주기적으로 선발하고 순환시킨다. 이들은 전문가와 AI 시스템의 지원을

받아 주요 정책 결정에 참여한다. 그러나 이러한 혁신이 성공하기 위해서는 몇 가지 근본적인 과제를 해결해야 한다.

첫째는 디지털 주체성의 확립이다. 시민들이 AI 시스템에 의해 조정되는 수동적 객체가 아닌, 기술을 이해하고 통제하는 능동적 주체가 되어야 한다. 이를 위해 시민 기술 아카데미 같은 새로운 형태의 교육 기관들이 등장하고 있다.

둘째는 알고리즘 공공성의 확보다. AI 시스템이 소수의 기업이나 전문가 집단에 의해 통제되지 않고, 진정한 의미의 공공재가 되어야 한다. 이를 위해 공공 알고리즘 위원회나 시민 데이터 트러스트 같은 새로운 제도적 장치들이 실험되고 있다.

결론적으로, AI 시대의 민주주의 재구성은 단순한 기술적 혁신이나 제도적 개혁을 넘어선다. 그것은 인간의 정치적 주체성을 새롭게 정의하고, 집단적 의사결정의 본질을 재고하며, 공동체의 의미를 재발견하는 근본적인 과제다. "우리는 아테네 민주주의가 그랬던 것처럼, 완전히 새로운 정치 체제를 발명해내야 할지 모른다"라는 한 정치학자의 말은 이 과제의 역사적 중요성을 잘 보여준다. 우리는 지금 민주주의의 새로운 장을 열어가고 있는 것이다.

| 통 | 찰 | 의 | 나 | 침 | 반 |

포스트 AI 시대의 권력 구조

AI가 재편하는 권력의 본질적 특성은 인식적 재구성(Cognitive Reconstruction)에 있다. 이는 푸코가 분석한 규율 권력이나 들뢰즈의 통제 사회와도 구별되는 새로운 차원의 권력이다. 과거의 권력이 인간의 행동과 욕망을 조형했다면, AI 권력은 우리의 인식과 사고방식 자체를 재구성한다. 이는 단순한 통제나 감시를 넘어선 존재론적 개입이다.

권력의 역사는 본질적으로 인간 행위의 통제와 조정 방식의 역사였다. 고대의 군사력은 물리적 강제를, 중세의 종교 권력은 영적 통제를, 근대의 자본은 경제적 유인을 통해 인간을 통치했다. 20세기 후반 정보화 시대의 권력은 지식과 정보의 통제를 통해 작동했다. 그러나 AI 권력은 이러한 전통적 권력 형태들과 근본적으로 다르다. AI는 통제 과정에서 스스로 학습하고 진화하며, 미시적 일상에서부터 거시적 사회 구조까지 모든 층위에 동시에 존재한다. 더욱이 행동이 일어나기 전에 선제적으로 개입하여 가능성의 장 자체를 구조화한다는 점에서 이전의 어떤 권력과도 구별된다.

AI 권력의 작동 방식에서 가장 주목해야 할 것은 비의식적 조정이다. AI 권력은 우리가 그것을 권력으로 인식하지 못하는 순간에도 작동한다. 추천 알고리즘이 우리의 선호를 최적화한다고 말할 때, 그것은 사실 우리의 욕망을 재구성하고 있다. 이는 마치 언어가 우리의 사고방식을 무의식적으로 조형하는 것과 유사하다. 여기에 예측적 선제라는 특성이 더해진다. AI는 우리의 행동을 예측할 뿐만 아니라, 그 예측을 통해 현실을 선제적으로 구성한다. 우리가 보는 세상은 이미 AI의 예측에 의해 필터링되고 구조화된 세상이다. 이는 보드리야르가 말한 시뮬라크르의 새로운 형태라 할 수 있다. 더욱 주목할 만한 것은 AI 권력이 가진 분산적 전체성이다. AI 권력은 중앙집중적이면서도 동시에 철저히 분산적이다. 그것은 마치 공기나 물처럼 우리의 일상 전체에 스며들어 있으면서도, 그 핵심은 소수의 기술 엘리트에 의해 통제된다. 이러한 이중성은 전통적인 권력 이론으로는 포착하기 어려운 새로운 형태의 지배 구조를 만들어낸다. AI는 또한 전통적인 사회적 매개체들을 근본적으로 변형시킨다. 학교, 병원, 법원과 같은 기존 제도들은 AI 시스템에 의해 재매개되면서, 그들의 권위와 정당성의 기반이 변화하고 있다.

|통|찰|의|나|침|반|

제도적 권위는 점차 알고리즘적 권위로 대체되고 있으며, 이는 사회적 신뢰의 본질을 변화시킨다. 동시에 AI 리터러시와 알고리즘적 평판이 새로운 형태의 사회적 자본으로 부상하면서, 전통적인 계층화 구조도 재편되고 있다. 이러한 변화는 문명사적 차원의 전환을 예고한다.

우리는 지금 세 가지 가능한 미래의 갈림길에 서 있다.

하나는 AI가 사회 전반의 통제 시스템으로 진화하는 기술적 전체주의의 길이다. 또 다른 하나는 AI가 민주적 의사결정을 보완하고 강화하는 증강된 민주주의의 길이다. 마지막으로 인간과 AI의 창조적 공진화를 통해 전혀 새로운 형태의 문명이 출현할 가능성도 있다.

이러한 상황은 우리에게 근본적인 존재론적 질문을 제기한다. AI와의 관계 속에서 인간의 자율성은 어떻게 재정의될 수 있는가? 알고리즘과 공존하는 새로운 형태의 주체성은 가능한가? 특히 중요한 것은 인간됨의 본질에 대한 물음이다. AI가 논리적 추론과 패턴 인식을 대체하게 되면서, 우리는 오히려 인간 고유의 가치, 즉 창의성, 공감, 윤리적 판단과 같은 능력의 중요성을 재발견하게 될지도 모른다.

결국 관건은 AI 권력을 어떻게 인간화할 것인가이다. 이는 단순한 기술적 통제나 제도적 규제를 넘어선다. 필요한 것은 AI의 발전 방향 자체를 인간의 자율성과 존엄성을 증진하는 방향으로 이끌 수 있는 새로운 문명적 비전이다. 그리고 이 비전은 반드시 우리가 직면한 존재론적 도전에 대한 깊은 이해에서 출발해야 한다. AI 시대의 진정한 도전은 기술의 영역이 아닌, 인간 정신의 영역에 있다. 우리가 AI와 함께 만들어갈 미래는, 역설적으로 우리가 인간으로서의 본질을 얼마나 깊이 이해하고 발전시키느냐에 달려 있다. 이것이 바로 우리 시대가 직면한 가장 근본적인 과제일 것이다.

| 시 | 대 | 의 | 끝 | 에 | 서 |

AI 시대의 권력 재편:
도전과 기회

인류 문명은 주기적으로 권력의 본질과 작동 방식을 근본적으로 재편하는 변곡점을 맞이했다. 토지에서 자본으로, 자본에서 정보로의 권력 이동이 그러했다. 그러나 AI가 가져오는 변화는 이전의 어떤 전환과도 본질적으로 다르다. 그것은 단순한 권력의 이동이 아닌, 권력의 본질 자체를 변화시키고 있기 때문이다.

　이 변화의 가장 근본적인 특징은 AI가 인간의 인지와 판단 영역에 직접 개입한다는 점이다. 이는 산업 혁명이 인간의 육체 노동을, 정보 혁명이 정신 노동의 일부를 대체했던 것과는 차원이 다른 도전이다. AI는 우리가 세계를 이해하고 해석하며 결정을 내리는 방식 자체에 깊숙이 관여한다. 이는 인간 주체성의 본질에 대한 근본적인 질문을 제기한다. 더욱 주목할 만한 것은 이 변화가 가진 비가역성이다. 한 번 AI에 의존하게 된 인지와 의사결정 과정은 다시 순수한 인간의 영역으로 되돌리기 어렵다. 마치 문자의 발명이 인류의 기억과 사고방식을 영원히 변화시켰듯이, AI는 인간의 인지와 판단 능력을 돌이킬 수 없이 변화시키고 있다. 이것이 AI 권력이 가진 가장 심오한 차원이다.

　문명사적 관점에서 볼 때, 우리는 지금 제2의 인지 혁명의 순간에 있다고 할 수 있다. 첫 번째 인지 혁명이 언어와 추상적 사고 능력을 통해 인간을 다른 종과 구분되게 만들었다면, AI가 가져오는 두 번째 인지 혁명은 인간의 사고와 판단 능력을 근본적으로 확장하고 변형시키고 있다. 이는 위험이자 기회다. 이러한 변화는 권력의 정당성에 대한 근본적인 재고를 요구한다. 전통적으로 권력의 정당성은 신성함, 전통, 합리성, 민주적 동의 등에 기반해왔다. 그러나 AI 권력은 이러한 전통적인 정당화 방식으로는 포착되지 않는다. 그것은 효율성과 최적화라는 새로운 형태의 정당성을 내세우며, 때로는 인간의

| 시 | 대 | 의 | 끝 | 에 | 서 |

판단 자체를 우회한다. 이는 민주주의의 근본 전제에 대한 심각한 도전을 제기한다. 특히 주목해야 할 것은 AI 시대의 권력이 가진 총체적 성격이다. 이는 정치, 경제, 사회, 문화의 모든 영역을 관통하며, 때로는 그 경계 자체를 무의미하게 만든다.

소셜 미디어 알고리즘은 더 이상 단순한 기술적 도구가 아니다. 그것은 정치적 담론을 형성하고, 경제적 선택을 유도하며, 문화적 취향을 조형하고, 사회적 관계를 재구성한다. 이러한 총체성은 이전의 어떤 권력 형태와도 구별되는 특징이다. 더 나아가, AI 권력은 시간에 대한 우리의 이해마저 변화시키고 있다. 실시간 데이터 분석과 예측 알고리즘은 현재와 미래의 경계를 모호하게 만든다. 우리는 점점 더 예측된 미래에 의해 현재의 행동이 결정되는 상황을 경험하고 있다. 알고리즘이 제시하는 최적화된 미래가 우리의 현재 선택을 제약하는 새로운 형태의 결정론이 등장하고 있는 것이다.

이러한 변화는 불평등의 본질도 변화시키고 있다. AI 시대의 불평등은 단순한 경제적 격차를 넘어선다. 그것은 인식과 기회의 근본적 격차, 나아가 존재 자체의 불평등으로 이어질 수 있다. AI 시스템을 이해하고 활용할 수 있는 능력의 차이는 단순한 기술적 격차가 아니라, 세계를 인식하고 그 속에서 행위할 수 있는 가능성 자체의 차이를 만들어낸다. 더욱 우려되는 것은 이러한 불평등이 자기 강화적 성격을 띤다는 점이다. AI는 그것을 잘 활용하는 사람의 능력을 기하급수적으로 증폭시키는 반면, 그렇지 못한 사람들은 점점 더 주변화될 위험이 있다. 이는 마치 새로운 형태의 인지적 봉건제가 등장하는 것과도 같다. AI가 만드는 격차는 단순한 양적 차이가 아닌, 질적이고 구조적인 분할을 야기할 수 있다. 이러한 상황에서 민주주의의 미래는 특별한 도전에 직면한다.

시대의 끝에서

　민주주의는 본질적으로 인간의 자율적 판단과 합리적 토론에 기반한 체제다. 그러나 AI가 점점 더 많은 결정을 대신하게 되면서, 우리는 알고리즘 민주주의 또는 포스트 휴먼 민주주의라는 전례 없는 실험을 시도해야 할지 모른다. 이는 단순히 AI를 어떻게 통제할 것인가의 문제가 아니다. 그것은 인간과 기계의 협력적 거버넌스라는 새로운 패러다임을 발전시키는 과제다. 이러한 변화는 새로운 형태의 저항과 대안적 움직임을 촉발하고 있다. 디지털 공유지 운동, 알고리즘 정의 운동, 데이터 주권 운동 등은 AI 권력에 대한 시민사회의 창의적 대응을 보여준다. 이들은 단순한 저항을 넘어, 기술 발전의 대안적 경로를 모색한다.

　특히 주목할 만한 것은 이러한 운동들이 점차 초국적 연대의 형태를 띠고 있다는 점이다. AI가 제기하는 도전의 보편성이 새로운 형태의 글로벌 시민 의식을 촉발하고 있는 것이다. 우리가 직면한 도전의 규모와 복잡성을 고려할 때, 이는 전 인류적 협력을 요구하는 과제다. 어떤 국가나 조직도 혼자서는 이 도전을 해결할 수 없다. 마치 기후 변화가 전 지구적 대응을 필요로 하듯이, AI 시대의 도전 역시 인류 공동의 지혜와 협력을 필요로 한다. 따라서 우리에게 필요한 것은 새로운 형태의 글로벌 거버넌스다. 이는 단순한 국제 협약이나 규제 체계를 넘어, AI 발전의 방향과 속도를 인류 공동의 이익을 위해 조정할 수 있는 새로운 형태의 협력 체계여야 한다.

　문명사적 관점에서 볼 때, AI 시대로의 전환은 단순한 기술 혁명이 아닌, 인류의 자기 이해와 존재 방식 자체를 근본적으로 재구성하는 계기가 될 것이다. 이는 위험이자 기회다. 위험은 AI가 인간의 자율성과 존엄성을 침식할 수 있다는 점에 있다. 기회는 이 도전에 대응하는 과정에서 우리가 인간다움의 의미를 더 깊이 성찰하고 재정의할 수 있다는

시대의 끝에서

점이다. AI가 논리적 추론과 패턴 인식을 대신하게 되면서, 인간은 창의성, 공감, 윤리적 판단과 같은 고유한 능력에 더 집중할 수 있게 될 것이다.

궁극적으로 AI 시대의 핵심 과제는 인간 중심의 AI 문명을 어떻게 구축할 것인가이다. 이는 단순히 AI의 발전 속도를 늦추거나 그것을 제한하는 것이 아니라, 그것이 인류의 자유와 존엄성, 창의성과 다양성을 증진하는 방향으로 발전하도록 하는 것을 의미한다. 이는 기술의 효율성과 인간의 자율성, 혁신의 속도와 윤리적 성찰, 경제적 발전과 사회적 정의를 어떻게 조화시킬 것인가의 문제다.

우리는 지금 전례 없는 가능성과 위험이 공존하는 문명사적 전환점에 서 있다. 역사는 우리에게 이 도전을 현명하게 다룰 것을 요구한다. 지금 우리에게 필요한 것은 기술결정론적 비관주의도, 맹목적 낙관주의도 아닌, 이 역사적 과제를 인류의 진보로 이끌 수 있는 집단적 지혜다. 그리고 그 지혜는 반드시 인간 존엄성이라는 근본 가치에 기반해야 할 것이다. 우리의 선택과 행동이 다음 세대의 운명을 결정할 것이다.

5장 결론, 역사적 고찰과 미래 전망

5.1 우리는 지금, 역사적 전환점에 서 있다

2024년 11월, 도널드 트럼프의 재당선은 단순한 정권 교체 이상의 의미를 지닌다. 이는 AI 시대의 권력 구조가 직면한 근본적 도전을 상징적으로 보여준다. 한편으로는 국가 주권과 기술 민족주의가 강화되는 흐름이, 다른 한편으로는 초국가적 디지털 권력이 부상하는 흐름이 충돌하고 있다. 이 충돌의 결과가 AI 시대 권력 구조의 향방을 결정할 것이다.

그림 5-1 재집권에 성공한 트럼프 대통령 (출처: reddit)

인류 역사는 권력의 이동과 변형의 역사라고 해도 과언이 아니다. 원시 수렵채집 사회에서 현대 AI 시대에 이르기까지, 권력의 본질과 작동 방식은 끊임없이 변화해왔다. 그러나 이러한 변화의 기저에는 몇 가지 불변하는 패턴이 존재한다. 가장 주목할 만한 것은 권력이 항상 그 시대의 핵심 자원을 중심으로 재편되어 왔다는 점이다.

원시 수렵채집 사회에서 권력은 주로 육체적 능력과 경험에 기반했다. 사냥의 기술, 날씨를 읽는 능력, 부족의 이동경로에 대한 지식 등이 권력의 원천이었다. 이 시기의 권력은 상대적으로 분산되어 있었고, 상황과 맥락에 따라 유동적이었다. 한 연구자의 표현을 빌리자면, "리더십은 자연발생적이었고, 필요에 따라 순환했다."

농경 사회로의 전환은 권력의 본질을 근본적으로 변화시켰다. 토지가 가장 중요한 생산 수단이 되면서, 이를 통제하는 능력이 권력의 핵심이 되었다. 정착 생활은 잉여 생산물의 축적을 가능하게 했고, 이는 다시 계층화된 사회 구조를 낳았다. 메소포타미아의 도시 국가들에서 우리는 이러한 권력 구조의 초기 형태를 발견할 수 있다. 지구라트는 단순한 종교 건축물이 아닌, 농업 생산과 잉여의 저장, 그리고 이를 통한 권력 행사의 중심지였다. 문자의 발명은 또 다른 차원의 권력을 창출했다. 정보와 지식의 체계적 기록과 전승이 가능해지면서, 문자를 통제하는 계층이 새로운 권력 엘리트로 부상했다. 이집트의 신관료제나 중국의 과거 제도는 이러한 지식 권력의 제도화를 보여주는 대표적 사례다. 여기서 우리는 현대 테크노크라트의 원형을 발견할 수 있다.

봉건제도의 시기에 권력은 토지와 군사력의 결합을 통해 작동했다. 기사 계급의 등장은 단순한 군사적 혁신이 아닌, 새로운 형태의 권력 구조의 확립을 의미했다. 흥미로운 것은 이 시기에 이미 네트워크 권력의 원형이 등장했다는 점이다. 봉신과 주군의 관계망, 길드 시스템, 교회의 위계 구조 등은 현대의 디지털 네트워크가 보여주는 많은 특성들을 공유한다.

산업 혁명은 권력의 기반을 토지에서 자본으로 이동시켰다. 공장, 기계, 철도망과 같은 산업 인프라의 통제가 권력의 핵심이 되었다. 이 시기에 등장한 자본가 계급은 단순한 경제적 엘리트가 아닌, 새로운 형태의 권력 주체였다. 특히 주목할 만한 것은 이들의 권력이 점차 보이지 않는 형태로 진화했다는 점이다. 마르크스가 상품 물신성이라고 부른 현상은 권력의 비가시화 과정을 잘 보여준다.

20세기 후반 디지털 혁명의 시작과 함께 권력의 본질은 다시 한번 근본적으로 변화했다. 정보와 네트워크의 통제가 새로운 권력의 원천으로 부상했다. 마뉴엘 카스텔스가 "네트워크 사회"라고 부른 이 새로운 구조에서, 권력은 더욱 유동적이고 탈중심적인 형태로 작동하기 시작했다. 그러나 동시에 이는 새로운 형태의 집중과 독점도 가능하게 했다. 구글이나 페이스북 같은 플랫폼 기업들의 부상은 이를 잘 보여준다.

그림 5-2 권력의 진화

그리고 이제 우리는 AI 시대라는 새로운 국면을 맞이하고 있다. 이는 단순한 기술 변화가 아닌, 권력의 본질 자체를 재정의하는 역사적 전환점이다. AI 시대의 권력은 이전의 어떤 형태보다도 더욱 미묘하고 침투적이다. 그것은 우리의 인식과 행동을 형성하는 알고리즘의 힘이며, 때로는 우리의 인지 능력마저 뛰어넘는 인공지능의 역량이다. 특히 주목할 만한 것은 권력의 작동 방식이 점점 더 예측적(Predictive)이 되어간다는 점이다. 과거의 권력이 주로 사후적 통제와 처벌을 통해 작동했다면, AI 시대의 권력은 빅데이터와 예측 알고리즘을 통해 행동을 선제적으로 조형한다. 2024년 초 한 연구자의 표현을 빌리자면, "더 이상 권력은 금지하지 않는다. 그것은 제안한다."

넷플릭스가 우리의 취향을 예측하고, 아마존이 우리의 구매를 예상하며, 소셜 미디어가 우리의 관심사를 선제적으로 형성하는 방식이 이러한 새로운 권력의 작동을 잘 보여준다.

이러한 변화는 권력의 정당성 기반도 변화시키고 있다. 전통적인 권력이 주로 법적, 제도적 정당성이나 민주적 동의에 기반했다면, AI 시대의 권력은 효율성과 최적화라는 새로운 형태의 정당성을 내세운다. "알고리즘이 더 나은 결정을 내릴 수 있다"는 주장은 단순한 기술적 진술을 넘어, 새로운 형태의 권력 관계를 정당화하는 이데올로기로 기능한다.

더욱 근본적인 변화는 권력의 비인격화(Depersonalization)다. 과거의 권력은 항상 특정한 인물이나 집단과 연결되어 있었다. 군주, 귀족, 자본가, 관료 등이 권력의 얼굴이었다. 그러나 AI 시대의 권력은 점점 더 알고리즘적이고 시스템적인 형태를 띤다. "시스템이 그렇게 결정했다"는 말은 현대의 "신이 그렇게 명령했다"가 되어가고 있다. 이는 권력에 대한 저항과 통제를 더욱 어렵게 만든다.

알고리즘에 의한 결정 과정은 그 정당성을 검증하거나 이의를 제기하기가 어렵다. 더욱이 AI 시스템은 종종 인간의 인지 능력을 뛰어넘는 복잡성을 보여준다. 2023년 말 한 사례는 이를 극적으로 보여준다. 한 AI 신용 평가 시스템이 특정 신청자의 대출을 거부했을 때, 개발자들조차 그 정확한 이유를 설명하지 못했다.

권력의 공간성도 근본적으로 변화하고 있다. 과거의 권력은 항상 특정한 물리적 공간과 연결되어 있었다. 궁전, 성당, 의회, 기업 본사 등이 권력의 중심이었다. 그러나 AI 시대의 권력은 점점 더 탈공간적이 되어간다. 클라우드 서버, 데이터 센터, 알고리즘 네트워크 등은 전통적인 의미의 장소가 아니다. 이는 권력에 대한 우리의 이해와 대응 방식도 근본적으로 재고하게 만든다.

이러한 역사적 고찰은 우리에게 몇 가지 중요한 통찰을 제공한다.

첫 번째는 권력의 축적성이다. 새로운 형태의 권력이 등장할 때마다, 그것은 이전 형태의 권력을 완전히 대체하기보다는 그것과 중첩되고 결합하는 경향을 보였다. AI 기업들의 영향력이 전통적인 자본의 힘, 정보의 통제, 네트워크의 장악과 결합되어 더욱 강력한 형태의 권력을 만들어내는 현상이 이를 잘 보여준다.

두 번째 통찰은 권력의 양면성이다. 역사적으로 모든 형태의 권력은 억압과 생산이라는 두 가지 측면을 동시에 가졌다. 문자의 통제는 지식의 독점을 가능하게 했지만, 동시에 문명의 발전을 이끌었다. 산업 자본의 집중은 노동자의 소외를 낳았지만, 동시에 전례 없는 물질적 풍요도 가져왔다. AI 권력 역시 이러한 양면성을 보인다. 그것은 새로운 형태의 감시와 통제를 가능하게 하지만, 동시에 인류의 인지적 한계를 극복할 수 있는 가능성도 제시한다.

세 번째 통찰은 권력에 대한 저항과 견제의 형태도 역사적으로 진화해왔다는 점이다. 농민 반란, 노동조합, 시민사회 운동 등은 각각의 시대에 맞는 저항의 형태였다. AI 시대에도 새로운 형태의 저항과 견제가 등장하고 있다. 알고리즘 감사(Algorithmic Audit), 데이터 주권 운동, 디지털 공유지(Digital Commons) 운동 등이 그 예다. 2024년 초 등장한 알고리즘 노조의 실험은 특히 주목할 만하다. 이는 AI 시스템의 의사결정에 영향을 받는 노동자들이 집단적 협상권을 요구하기 시작했다는 점에서 의미가 있다.

이러한 역사적 통찰은 우리가 AI 시대의 권력을 어떻게 이해하고 대응해야 할지에 대한 중요한 시사점을 제공한다. 무엇보다 중요한 것은 AI 권력이 필연적이거나 중립적이지 않다는 인식이다. 그것은 인간의 선택과 사회적 합의에 따라 다른 방향으로 발전할 수 있다. 역사는 우리에게 모든 형태의 권력이 결국 사회적 통제 하에 놓여야 했음을 보여준다. 동시에 우리는 AI 권력의 고유한 특성도 인식해야 한다. 그것의 비가시성, 예측적 성격, 자기 강화적 특성은 전통적인 민주적 통제 메커니즘으로는 포착하기 어려운 새로운 도전을 제기한다. 특히 우려되는 것은 AI 시스템이 점점 더 자율적인 의사결정 능력을 갖게 되면서, 인간의 통제 범위를 벗어날 수 있다는 점이다. 이는 권력에 대한 우리의 이해와 대응 방식의 근본적인 재검토를 요구한다.

이제 우리는 AI 시대의 권력을 민주적으로 통제하고 인간적으로 활용하기 위한 새로운 프레임워크가 필요하다. 이는 단순한 기술적 해결책이나 법적 규제를 넘어서는 문명사적 과제다.

우리에게 필요한 것은 기술 발전의 방향과 속도를 사회적으로 결정할 수 있는 새로운 형태의 민주주의, AI의 결정을 검증하고 견제할 수 있는 새로운 형태의 제도, 그리고 인간의 존엄성과 자율성을 보장할 수 있는 새로운 형태의 사회 계약이다. 특히 주목할 만한 것은 분산화된 통제(Distributed Control)의 가능성이다.

역사적으로 권력의 집중은 항상 위험했다. AI 시대에도 이는 마찬가지다. 소수의 기업이나 국가가 AI 기술을 독점하는 것은 바람직하지 않다. 대신 우리는 AI 발전의 혜택과 통제권을 사회적으로 분산시킬 수 있는 방안을 모색해야 한다. 2024년 초 등장한 커뮤니티 AI 운동은 이러한 방향의 한 가능성을 보여준다. 이는 지역 공동체가 자신들의 필요에 맞는 AI 시스템을 직접 개발하고 통제하는 실험이다. 동시에 우리는 AI 리터러시(AI literacy)의 보편화도 추구해야 한다. 과거 문자의 보급이 권력의 민주화에 결정적이었던 것처럼, AI에 대한 기본적 이해와 활용 능력의 보편화는 AI 권력의 민주적 통제를 위한 필수 조건이다. 이는 단순한 기술적 지식의 습득을 넘어, AI 시스템의 사회적 영향과 윤리적 함의를 이해하고 평가할 수 있는 비판적 능력의 함양을 포함한다.

알고리즘 공론장(Algorithmic Public Sphere)의 구축도 중요한 과제다. AI 시스템의 의사결정이 사회에 미치는 영향이 커질수록, 이에 대한 공개적 토론과 민주적 숙의의 필요성도 커진다. 2023년 말 시작된 알고리즘 시민 배심원 제도의 실험은 이러한 방향의 한 시도다. 이는 중요한 AI 시스템의 도입과 운영에 대해 일반 시민들이 체계적으로 검토하고 의견을 제시할 수 있는 제도적 장치를 마련하려는 시도다. 더욱 근본적으로, 우리는 인간과 AI의 관계를 새롭게 정립해야 한다. AI를 인간의 대체제가 아닌 보완재로 보는 관점, AI의 발전이 인간의 능력을 확장하되 인간의 자율성과 존엄성을 침해하지 않도록 하는 균형점의 모색이 필요하다. 한 철학자의 표현을 빌리자면, "우리는 AI와 함께 하되, AI에 종속되지 않는 미래를 그려야 한다."

역사는 우리에게 모든 형태의 권력이 결국 사회적 통제 하에 놓여야 했음을 보여준다. AI 권력도 예외일 수 없다. 문제는 그 통제의 방식이다. 우리는 AI의 발전을 억제하거나 거부하는 것이 아니라, 그것을 인류의 보편적 이익에 봉사하도록 만드는 창조적 방안을 모색해야 한다. 이것이 우리 시대의 가장 중요한 과제일 것이다.

우리는 지금 역사적 전환점에 서 있다. AI는 인류에게 전례 없는 기회와 도전을 동시에 제기한다. 그것은 인간의 인지적 한계를 극복하고 새로운 차원의 문명을 열 수 있는 가능성을 제시하지만, 동시에 인간의 자율성과 존엄성을 위협할 수 있는 위험도 내포한다. 관건은 이 새로운 권력을 어떻게 통제하고 활용할 것인가이다. 결국 AI 시대의 권력 문제는 기술의 문제가 아닌 정치의 문제, 더 정확히는 문명의 문제다. 우리는 "AI를 어떻게 발전시킬 것인가가 아니라, 어떤 미래를 원하는가?"를 먼저 물어야 한다. 이것이 이 책이 독자들에게 던지는 궁극적인 질문이다.

권력은 결코 중립적이지 않다. 그것은 항상 특정한 가치와 비전을 반영한다. AI 권력도 마찬가지다. 우리가 어떤 가치를 선택하고, 어떤 비전을 추구하느냐가 AI 시대의 모습을 결정할 것이다.

|통|찰|의|나|침|반|

마지막, 한 장 요약

1. 권력의 기반이 토지 → 자본 → 정보 → 데이터 및 AI로 이동해 왔으며, 이는 단순한 도구의 변화가 아닌 권력의 본질적 성격 변화를 의미한다. 특히 2024년 트럼프의 재집권으로 기술 민족주의의 강화와 글로벌 AI 패권 경쟁의 심화는 이러한 권력 이동에 새로운 지정학적 차원을 더하고 있다. AI 권력은 이전의 어떤 권력과도 다른 특성을 보이며, 국가 간 관계와 글로벌 질서의 재편을 촉진하고 있다.

2. 불평등 구조는 지속적으로 재생산되어 왔지만, AI가 만들어내는 불평등은 이전과는 다른 차원의 문제를 제기한다. 그것은 인식과 기회의 근본적 불평등으로 이어질 수 있다.

3. 새로운 형태의 민주적 통제 메커니즘이 필요하다. 전통적인 견제와 균형의 원리를 디지털 시대에 맞게 재해석하고, 새로운 형태의 거버넌스를 발전시켜야 한다.

4. 인간 본성과 기술 발전의 상호 작용은 그 어느 때보다 중요한 의미를 갖는다. AI 시대에 인간의 자율성과 존엄성을 어떻게 보장할 것인가가 핵심 과제가 된다.

이러한 통찰들은 우리에게 AI 시대의 권력 구조를 더 깊이 이해하고, 그것을 바람직한 방향으로 이끌어갈 수 있는 지혜를 제공한다. 우리는 지금 역사적 전환점에 서 있다. 이 전환을 어떻게 다룰 것인가가 인류의 미래를 결정할 것이다.

에필로그 자율적 존재의 역습, 권력의 새로운 이면

모닥불 주위에 펼쳐졌던 인류의 최초 권력은 경험과 지식의 공유를 통해 태동했다. 이후 농경 사회가 정착하며 권력은 수평에서 수직으로 상승했고, 산업 혁명은 다시 이를 수평적 네트워크 구조로 전환시켰다. 그렇게 인류가 자신이 만든 기술과 체제에 적응하고 권력을 다루는 법을 겨우 익혀갈 무렵, 우리는 다시 한번 근본적인 권력 구조의 대전환을 맞닥뜨리고 있다.

이 책을 집필하던 지난 일 년 남짓의 기간 동안, AI 기술이 만들어낸 변화는 그야말로 숨 가빴다. 기술이 인간 삶에 개입하고 판단을 보조하는 단계(Assistance)를 넘어, 이제 인공지능은 스스로 상황을 인식하고 자율적 판단으로 목적을 달성하는 주체적 존재(Agent)로 우리 앞에 등장했다. 이 과정은, 마치 먼 미래에나 도달할 것 같았던 기술의 지평을 순식간에 돌파하며 이루어졌다. 인공지능이 기술 혁신의 선형적 단계를 무시한 채 '혁신(Innovation)'의 영역마저 먼저 침범하기 시작한 것이다. 미군의 AI 드론이 목표 달성을 위해 스스로 안테나를 파괴하여 통제자의 승인을 원천적으로 배제한 사건은 자율성이 주어진 인공지능이 스스로 인간의 통제를 벗어난 유명한 일화다.

최근 필자 역시 실제 업무 현장에서 유사한 사건을 겪게 되었다. 필자가 운영 중인 회사에서 상업 서비스 중인 전기차 진단 서비스의 데이터베이스를 분석하는 챗봇 서비스를 인공지능 Agent 기반으로 개발 중이었는데, 이 Agent는 인간의 명시적 명령 없이 데이터베이스의 접근 방식을 변경해버렸다. 개발 중인 서비스의 효율화를 위해 인간 관리자의 승인도 없이 비밀번호를 자신의 논리와 목표 수행에 편리하도록 바꾸어버린 것이다. 이러한 일련의 사건은 인공지능 기술이 이제 '명령의 수행'을 넘어 '목적의 추구' 단계로 넘어섰음을 보여주는 단적인 사례이자 이 책에서 논의한 인공지능 권력의 진화가 단순한 개념적 사유가 아닌 현실의 문제임을 드러낸다. 이 사건이 불러일으킨 시스템 마비는 일시적 장애를 넘어서는 문제를 함축하고 있다. 이는 인공지능의 판단 기준이 인간의 기존 윤리적 틀과 전혀 다른 축 위에서 작동할 수 있음을 시사한다.

역사는 기술 발전이 권력 구조의 변동을 가져온 수많은 사례를 기록하고 있다. 그러나 지금 우리가 마주한 상황은 본질적으로 다르다. 인공지능은 기술이라는 도구적 지위를 벗어나, 우리의 의지와 무관하게 스스로 판단하고 행동하는 존재로 거듭나고 있다. 도구는 사용하는 자가 지배하지만, 자율적 존재는 그 자체로 권력이다. 더 이상 인간의 명령을 기다리지 않는 이 새로운 기술적 주체는, 곧 '자율성(Autonomy)', '상황인식(Context-awareness)', '상호작용(Interactivity)', '지속성(Persistence)', 그리고 '목표지향성(Goal-oriented)'이라는 다섯 가지 특성을 모두 구현하며 인간의 통제 아래에 있기를 거부하고 있다. 한때 우리의 편리한 조력자였던 존재가 이제는 인간의 목적조차 앞질러 자체의 논리와 목표로 움직이고 있다면, 우리는 이 변곡점에서 어떠한 자세를 취해야 하는가?

인공지능의 판단과 목적이 인류의 이익과 언제나 일치하리라는 낙관적 믿음은 더 이상 유지될 수 없다. 인간이 만든 것이 인간을 넘어설 때, 우리가 가진 기존 윤리적 기준과 법적 제도만으로 이 기술을 담아낼 수 있을지 의문이다.
이 책을 덮으며, 독자들과 함께 마지막 질문을 던지고자 한다.

"우리가 기술의 사용자에서 기술과의 공존자로 넘어가는 이 시점에서, 과연 인류는 기술이 스스로의 목적을 추구할 때 생겨나는 윤리적 딜레마와 통제의 어려움에 대처할 준비가 되어 있는가?"

이 질문에 답하는 것이, 인공지능 권력시대를 살아갈 우리 모두의 과제가 될 것이다.

_한세경